JN409385

학생들과 함께 만든 문학캠프 ②

동진강 들꽃

학생들과 함께 만든 문학캠프 ❷

동진강 들꽃

홍숙정 지음

신아출판사

■ 추천사

숙명인 것처럼

국어교사로서 홍숙정은 야무지다. 자신이 가르치는 아이들을 데리고 시인과 작가들을 만나는 문학기행을 이십 년 넘게 지속해온 것만 봐도 그이가 얼마나 열성적으로 삶을 대하는지 잘 알 수 있다. 문학캠프도 예외가 아니다. 그이는 아이들에게 책을 읽히고 작가를 섭외하는 일, 발품을 팔아 문학작품 속의 현장을 누비는 일을 마다하지 않았다. 게다가 그 과정을 이렇게까지 꼼꼼하게 기록해 두었다는 사실은 여간 놀라운 게 아니다. 적당히 살아도 될 것을 그이는 늘 이렇게 애쓰며 산다. 애쓰며 사는 일이 숙명인 것처럼 말이다. 이 소중한 기록들은 훗날 교단에서 또 아이들을 가르치는 선생님들에게 좋은 지침서가 될 것이다.

詩人 안도현

동진강 들꽃』을 펴내며

2019년 2월, 동학농민혁명 국가기념일로 5월 11일 정읍 황토현 대승일이 확정됐다. 다른 지역과의 경합은 끊임없는 논쟁이었지만, 51회 우리나라 장수 축제로 황토현 동학제가 진행되고 있는 정읍에서야 그것은 예상된 결론이었다. 지금까지 정읍의 생활영역을 벗어난 적이 없는 나로서는, 국어 수업을 하거나 정읍국어교사모임 활동을 하면서도 그러한 동학농민혁명을 비켜갈 수는 없었다. 올해 5월 11일에 맞춰 딱 그 시점을 방영하던 드라마 '녹두꽃'은 신선한 충격이었는데, 인물 하나하나 대사들이 선명하고 그 대사들을 써낸 작가에게 감탄했었다.

국어교사로서 계속해온 문학기행과 문학캠프들을 어떻게든 책으로 정리하고 싶었던 나는, 학습연구년제 제도를 활용하여 2018년 1년간의 작업을 할 수 있었다. 10월에서야 1권 끝내고 2권을 시작할 수 있었는데, 25년의 많은 내용들을 다 담아낸다는 것이 애당초 불가능하다는 것을 알았다. 그래도 1년 동안 스무 번의 현장 답사를 하고 작가에게 문의하면서, 예전의 활동들을 2018년 시점에서 살려낼 수 있었다는 것에 감사한다. 전상국 작가가 보낸 "우와" 제목의 답장 메일을 받았을 때는 정말 기분이 좋았다. 작품으로서의 가치와 자료로서의 가치, 어쩌면 상이한 그 두 개의 지향점은 나를 많이 힘들게 했던 것 같다. 결국 그 어느 하나 완벽한 성취는 없겠지만, 한계는 한계대로 수용하기로 했다.

고향인 태인의 명봉도서관을 작업공간으로 활용하면서, 나는 답사가 없는 날이면 거의 매일 동진강을 지나다녔다. 내 모교였고 교사로 20년 근무했으나 폐교된 동진강 너머 학교를 보면서, 그 아이들과 했던 많은 문학체험활동들을 떠올렸다. 고창으로 발령받고 나서도 나는 그곳의 아이들을 데리고 정읍의 문학캠프와 황토현 동학제 행사에 참여하곤 했었다. 내게 유일했던 고등학교 근무였던 정읍고에 있을 때는, 황토현 전국청소년토론대회에 참여하거나 신문부 취재를 나가곤 했었다. 올해 전주 용흥중 아이들과는 전봉준단소 앞에서 안도현 시 '서울로 가는 전봉준'을 암송하였다.

들꽃이 있는 동진강 풍경을 담기 위해 무진 애를 썼던 기억이 새롭다. 날마다 공사를 벌이는 공사왕국인 것 같은 우리나라에서, 동진강을 따라가는 일은 때로는 당혹스럽고 때로는 서글프고 때로는 분노였지만, 어찌하랴, 현실이 비관이어도 의지로 낙관할 수밖에. 들꽃의 이미지에는 농민들이 있다고만 생각했으나, 땀흘리며 '문학캠프'를 따라간 학생들과 교사들도 '들꽃'에는 있었다. 〈동진강〉이 1권으로 옮겨갔어도 2권의 제목은 《동진강 들꽃》 그대로 해도 좋겠다고 생각했다.

책으로 나오지 못할 수도 있었을 이 작업을 인정해주시고 빛을 주신 신아출판사 서정환 회장님과 서영훈 실장님께 깊은 감사의 말씀을 드리고 싶다. '작가 없이' 진행한 1권 《내장산 산꽃》과 '작가와 함께' 진행한 2권 《동진강 들꽃》으로 처음의 구성을 산뜻하게 잡아주신 것도 감사하다. 1권에서 시작하여 2권까지 읽어주시는 독자를 생각하는 일은 여전히 두려움이 반이지만, 그 안에서 국어교사로서의 기쁨에 고개 끄덕이는 마음을 만나는 일은 분명 두근두근 설렘이리라.

2019년 9월

홍숙정

| 2권 차례 |

현기영

4월3일, 제주도에 울려 퍼진 묵념 사이렌 소리

놀란 마을 주민들을 초등학교 운동장에 몰아넣고, 운동회 때 쓰는 긴 장대로 이리 밀고 저리 밀고 군경가족 아닌 주민들을 몰아대는 〈순이삼촌〉에서의 장면 묘사는 끔찍하리만큼 생생했다. 할머니가 아이를 치마폭으로 감추고, 엄마의 치마폭을 놓치고 아이가 휩쓸리고, 끌려나간 마을 사람들이 학살당하는 총소리를 들으며, 죽을 사람들도 울고, 군경가족으로 빠진 사람들도 엉엉 울고, 그들 안에서 혈연이 아니고 공동체가 아닌 사람이 있을 수가 있겠는가. 군경가족이 아닌 저 사람을 학살하라고 북촌리 주민 누가 말을 할 수 있다는 말인가. (‘현기영’ 중에서)

작가 현기영은 1970년대 말 필화사건으로 거의 일 년 반 동안 펜대를 꺾은 채 술로 허송하고 있었는데, 그때 '순이삼촌'이 생생한 꿈으로 나타나서 어서 일어나라고 무섭게 야단쳤다고 한다. 〈순이삼촌〉이 어떤 작품이기에 무너진 작가를 다시금 일으켜 세울 수 있었을까 생각했었다. 그런데 나는, 2018년 70주년 4 · 3 주간에 맞춰 1박 2일 제주도에 다녀오면서, 북촌초등학교 운동장에 〈순이삼촌〉 책을 깜빡 두고 오는 실수를 하고 말았다.

정읍국어교사모임 주관으로 현기영 작가와 함께 했던 제주도문학캠프가 2009년 여름이었고, 그때 과제도서가 〈지상에 숟가락 하나〉, 〈마지막 테우리〉, 그리고 〈순이삼촌〉이었다. 그때는 〈지상에 숟가락 하나〉를 가장 생생하게 읽었고 〈마지막 테우리〉는 다소 몽롱하게, 〈순이삼촌〉은 낯설게 읽었던 것 같다. 40대 교사였던 나도 그렇게 제주도를 잘 몰랐던 셈이니, 10대의 아이들은 아마 더 했을지 모른다.

세월호 통곡의 격랑을 지나며 우리 국민을 톡톡히 망신 주었던 대통령이 탄핵되고 촛불 민중의 힘으로 정권이 바뀌었으며, 그 대통령이 제주 4 · 3 기념식에 참여하여 12년 만에 공식적인 사과를 한다 하였다. 정말 갈까 많이 궁금했고, 그 현장에 참여해보고 싶은 욕심도 있었으나 나는 그 전날에 돌아왔다.

나 같은 사람이 쉽게 참여할 수 있는 자리도 아니었지만, 1박 2일 동안 엄청나게 빡빡한 일정을 소화해야 했던 나의 현실은, 그렇게 옆길로 새어나갈 수도 없는 일이었다.

돌아온 4월 3일 새벽의 하늘과 공기는 당장 내장산으로 달려가고 싶은 마음이 들게 무척 새로웠던 것 같다. 내가 사연을 알고 있다면 어느 하루 의미 없는 날이 있을 수 있을까, 그런 하루하루를 나는 얼마나 대부분을 의미 없이 살아왔을까. 4월 3일이 어떤 날인지 인식하고 있었다면 그냥 늦잠으로 부스스 일어나 마지못해 출근하지는 못했을 것이다.

> 사라봉 옆의 바다 위로 주황빛이 짙게 번져 있고, 하늘은 드넓게 트여 희뿌윰한 조개빛이다. 해야 솟아라, 해야 솟아라, 입방아 찧어대는 참새들의 시끄러운 소리에 조개빛 하늘 위로 푸른빛이 점점 빠르게 번져가면서, 마침내 주황빛 너울을 벗고 해가 불끈 치솟는다. 바닷물에 맑게 씻긴 눈부신 얼굴이다. 참새들이 시끄럽게 우짖고, 나도 참새들처럼 기쁨에 들떠 가슴이 콩닥거린다. 찬란한 빛을 퍼뜨리는 신생의 태양, 그 빛을 향하여 대지가 급격히 몸을 뒤챈다.
>
> ……
>
> 용기 있는 자가 자신의 정치적 신념에 따라 더 밝고 더 아름다운 아침을 위해 기꺼이 목숨 바칠 결심을 하는 순간도 그러한 아침의 햇빛 속에서일 것이다.
>
> — 현기영, 지상에 숟가락 하나

이 대목에서 내가 떠올린 사람은 '유격대장 이덕구'였다. 부친이 지방 유지였던 그는 어릴 때 일본으로 건너갔고 1945년 귀향한 뒤 신촌중학교(현 조천중학교)에서 교사로 근무하다가 한라산에서 유격대 활동을 했다고 한다. 김달삼 뒤를 이어 유격대사령관을 맡았던 이덕구는 1949년 6월 경찰과 교전하다 사망하였다. 그 시신이 관덕정 광장에 전시되었고 그 모습이 〈지상에 숟가락 하나〉의 모티브가 되었으니, 나의 떠올림이 잘못된 것은 아닐 것이었다.

사실 나는 초등학교에서 고등학교 시절까지 철저한 반공교육을 받은 세대이며 박정희가 영원한 대통령이고 국민교육헌장을 달달달 외우는 것을 교육 받았던 세대이다. 당연히 제주 4·3의 역사를 전혀 몰랐으며, 어렴풋 듣게 되었을 때는 정치인 홍아무개 식의 '좌익폭동으로 인한 제주 양민의 희생'으로 파악할 수밖에 없었다. 그렇게 생각하지 않으면 너무 잔인하고 상상조차 할 수 없는 비극이 나와야 되기 때문이다. 그 좌익이 '이덕구'라고 생각했어야 했을 것이다.

현기영 작품을 다시 읽으면서 '장두'가 제주 사람들에게 어떤 의미라는 것을 알게 되었고 더 이해하기 위해서는 '이재수의 난'을 알아야 했고 〈변방에 우짖는 새〉를 읽어야 했다. 자연스럽게 나는 내가 사는 고장의 '전봉준'을 생각하게 되었는데, 역사는 반복된다는 의미를 다시금 알게 되었던 것 같다. 전봉준의 마지막 모습이 강렬했듯, 이덕구의 모습도 강렬했을 것이고, 그것이 문학의 모티브가 될 수 있었을 것이다.

> 관덕정 광장에 읍민이 운집한 가운데 전시된 그의 주검은 카키색 허름한 일군복 차림의 초라한 모습이었다. 그런데 집행인의 실수였는지 장난이었는지 그 시신이 예수 수난의 상징인 십자가에 높이 올려져 있었다. 그 순교의 상징 때문에 더욱 그랬던지 구경하는 어른들의 표정은 만감이 교차하는 듯 심란해 보였다. 두 팔을 벌린 채 옆으로 기울어진 얼굴, 한쪽 입귀에서 흘러내리다 만 핏물 줄기가 엉겨 있었지만 표정은 잠자는 듯 평온했다. 그리고 집행인이 앞가슴 주머니에 일부로 꽂아놓은 숟가락 하나, 그 숟가락이 시신을 조롱하고 있었으나 그것을 보고

웃는 사람은 없었다.

— 현기영, 지상에 숟가락 하나

애초에 2018년 제주도 문학답사를 계획했을 때 이덕구 산전은 전혀 생각하지 못했었지만, 찾아 읽다보니 강렬했고 찾아가보고 싶었었다. 사려니오름의 일부구간이 개방됨으로써 일반인이 쉽게 접근할 수 있다는 사려니숲길을 따라 천미천 계곡을 지나다 보면, 봉개리 주민들의 피난처였고 이덕구 무장대가 최후에 주둔했던 이덕구 산전에 다다른다고 했다. 그러나 빡빡한 일정과 사려니숲 주차장에 대한 정보 착오 때문에 그 길을 접고 다음을 기약할 수밖에 없었다.

제주 4·3 특별법 제2조는 4·3사건을, 1947년 3월 1일을 기점으로 해 1948년 4월 3일 발생한 소요사태 및 1954년 9월 21일까지 제주도에서 발생한 무력충돌과 진압과정에서 주민들이 희생당한 사건이라고 규정하고 있다. 2011년 6월 시점에서 희생자로 결정된 수는 모두 14,033명이라고 한다. '결정되지 않은 희생자' 수는 얼마나 더 많을 것인가. 지금까지의 진상규명으로 본다면 그 당시 제주도민의 10분의 1인 2만에서 3만 정도의 희생자가 있었다고 하는데, 양민 100명 죽이면 유격대 1명은 그 안에 있을 거라는 식의 토벌대 논리대로 한다면 300여 유격대 숫자와 맞아떨어지는 셈이었다.

육지 사람인 내가 제주도의 이야기를 읽기에는 너무 슬펐고 그 슬픔조차 많이 미안했다. 자료들을 찾아 읽으며 가장 눈물 났던 이야기는 '송령이굴'과 '동광리 큰넓궤'였다. 의귀리에서 양민들이 학살되고 있다는 소식을 듣고 그들을 구하기 위해 무장대의 습격이 있었다는 것인데,

결과는 대패였고 무장대 51명이 죽었으며, 그들을 묻은 묘역이 송령이 굴에 있으나 유일한 무장대 묘역인 그곳에 찾아가는 것조차 우리나라에서는 위험한 일이었다고 했다. 그리고 동광리 큰넓궤 이야기, 좁은 입구를 지나 절벽이 있고 좁은 마당을 지나 몇 십 미터의 굴이 이어지는 그곳에 120명 주민들이 피신해 있었고 젊은이들이 입구에 보초서고 있었는데, 토벌대에 발각되고 쫓기면서도 지리를 잘 아는 젊은이는 굴에 돌아와 발각 사실을 알렸고 입구를 막았으며, 다른 보초 서던 젊은이가 입구를 치우고 15㎞ 떨어진 한라산 영실 근처 볼래 오름까지 피신하도록 하였으나 대부분 잡혀 학살당하고 말았다는 이야기. 그 '제주도 젊은이들'의 벼랑에 선 마음이 너무 슬펐다.

2009년의 제주도문학캠프, 지나고 생각해보니 그때 나는 너무 몰랐고 다시 읽는 지금도 많이 모른다는 미안함을 가질 수밖에 없으며, 현지인이 아닌 사람은 결국 미안할 수밖에 없다는 것이 나의 결론이 되어버렸다. 2009년에 이미 현기영 작가와 함께 하는 제주도문학캠프를 했었고, 그 내용을 2018년 현 시점에서 정리하기 위해 다시 한 번 제주도 답사를 가는 것이니, 1박 2일이면 충분하리라 생각했던 것도 얼마나 태만함이었는지 솔직한 반성을 해야만 하겠다. 하지만 완성이라는 것이 어디 있겠는가. 아쉬움이 있고 모자람이 있기에 또 다음을 시도하는 것이고 그러면서 발전할 수 있는 것이라고 위안할 수밖에 없겠다. 모름지기 나의 '학생들과 함께하는 문학캠프, 문학기행'이 그러했던 것 같다.

2009여름문학캠프는 정읍국어교사모임에서 18회 째 진행했던 문학캠프였다. 여름방학과 겨울방학 일 년에 2회 문학캠프를 했었는데, 먼저 작가 섭외가 결정이 되면 그에 맞춰 장소가 결정되고 작가와의 대화, 기행, 모둠 활동 등 프로그램들이 결정되었다. 전교조 조직의 힘을 지원

받기도 하고 교육청 사업에 알바처럼 디밀어보기도 하고 모른 척 개인적인 지원을 하기도 하면서 매회 다른 작가를 진행해왔는데, 제주도라는 먼 지역을 떠올린 건 분명 과감한 시도였다. 회장인 염길중 선생님의 추진력, 제주도에서 초등학교 시절을 보냈던 박래흥 선생님의 기획, 전교조 제주지회를 통한 협조 요청, 정읍시 사회단체보조금의 지원 등 다각도 요소들이 결합하여 결과물을 탄생시킬 수 있었던 것이다.

나 개인적으로는 20년간 있던 정읍 지역의 사립중학교가 폐교됨에 따라 어쩔 수 없이 다른 지역의 공립중학교로 옮겨진 상태였던지라, 정읍국어교사모임에 대하여 다소 모호한 입장으로 합류하고 있던 참이었다. 그렇더라도 육지 지역이라면 적어도 세 번은 답사를 갔을 참이었지만, 제주도까지 답사를 갈 수는 없는 일이었기에, 정말 그냥 묻어가는 식으로 제주도에 갈 수밖에 없었다. 그때 내가 담당했던 프로그램이 '작가와의 대화'였고, 녹음된 대화 내용을 글로 옮겨 문집에 넣는 작업을 해야 했다.

그 대화 파일이 남아있지 않아 문집을 보고 다시 워드작업을 해야 했는데, 솔직히 작가 자신도 인정했듯이 달변이 아닌 눌변이어서 그때 워드작업도 힘들었고 지금의 워드작업도 쉬운 건 아니었다. 하지만 제주도의 마음을 들여다보게 되면서, 작가의 숨소리를 느낄 수 있게 된 것 같다. 글로 쓰면서 세련되게 다듬어지는 것과는 다르게 현장에서 살아있는 말을 옮기는 작업은 독특한 재미와 매력을 선사하는 작업이기도 하다.

[2009여름문학캠프, 현기영 작가와의 대화]

〈학생 독후감 발표〉

〈지상에 숟가락 하나〉의 내용은 저의 눈물샘을 자극할 정도로 너무 슬펐습니다. 처음에 죽음으로 시작하는 글은 최근 가까운 이의 죽음을 겪은 저에게 너무 생생한 표현이어 눈물이 났습니다. 하지만 너무나 많은 죽음을 봐온 주인공에게 저의 눈물은 용서 받지 못할 행동인 것 같았습니다. 아버지의 죽음으로 인해 지난 추억들을 회상하는 이 이야기는, 지금의 우리로서는 상상하지 못할 놀라운 이야기로 가득 차 있었습니다. 4·3과 6·25에 대한 이야기들은 제게 충격을 주었고, 이렇게 글을 보는 것만으로 등에 식은땀이 나고 왠지 모를 무서움이 저를 덮쳤습니다.

물론 이렇게 무서운 이야기만 있는 것은 아니었습니다. 어릴 적에 철없이 놀던 이야기는 저의 초등학교 시절을 떠올리게 했고, 사춘기 시절의 이야기는 제가 겪은 사춘기와 매우 흡사했습니다. 그때의 힘들었던 삶은 지금의 나의 삶에 대하여 보다 나은 만족을 주었고, 그 삶 속에서 자식을 위한 어머니의 사랑은 우리 어머니의 사랑과 비슷하였습니다. 작은 문제로 크게 싸우던 제게 반성의 시간을 실어주었습니다. 이 작품의 생생한 묘사와 참신한 표현들의 블랙홀이 저를 빨아들이려고 하고, 저는 빨리지 않기 위해 집중해야했습니다. 한 번 빠져들면 빠져나오지 못할 것 같은 무서움이 저를 위협했습니다.

이 책은 시험 때문에 스트레스 받은 제게 잠시의 휴식을 주었고 지난 추억들을 돌아볼 수 있는 귀중한 시간을 주었습니다. 추억의 장소를 찾아가 보았고 다시 한 번 생각해보았습니다. 시험 기간에 이런 행동을 하는 건 좀 바보 같은 행동이라고 하는 친구도 있었지만, 뭔가 잊어버린 나를 찾은 느낌은 그 무엇보다도 제게 소중했습니다.

〈순이삼촌〉은 제목을 통해 어떤 내용을 짐작하기 어려운 책이었습니다. 제주도의 특이한 관습이 여자임에도 삼촌으로 부르고 있다는 것을 알았습니다. 4·3의 후유증을 견디지 못한 순이삼촌은 두 자식이 죽은 옴팡밭에서 총탄과 사람의 뼈를 골라내며 그날의 환청을 듣게 되고 결국 자살을 하게 됩니다. 만약 내가 순이삼촌이라면 어떤 삶을 살았을까, 살고 싶기는 할까, 잔인한 사람들에 대한 두려움에 떨며 다른 사람과 같이 살 수나 있었을까, 그러한 생각들은 복날이 다가와서인지는 몰라도 저의 피부를 닭의 피부로 만들었습니다.

이러한 글을 쓰면 분명히 뒷일이 있기 마련인데 그걸 두려워하지 않은 그 용기가 저를 뜨겁게 만들었습니다. 이러한 제주도의 숨겨있던 사건을 밝혀 제주도 사람들의 과거의 아픔을 조금이나마 위로해준 작가님의 글을 읽는 것만으로도, 나 자신도 조금의 위로와 조금의 용기가 생기는 것 같았습니다. 이렇게 뿌듯하게 책을 읽은 적은 흔하지 않았습니다. 이런 책을 써주신 작가님과 이런 책을 읽을 계기를 주신 분들께 감사드립니다. (호남고2, 정유일)

〈작가의 이야기〉

이런 모임, 체계적이고 조직적인 이런 모임 처음인 거 같아요. 강의를 많이는 안 해봤지만 중고등학생들이 이런 형태로 독후감 발표 하고 그룹 스터디 하는 모습 역력하게 보여서 좋으네요. 너무 좋아.

여러분들, 정읍시가 고향이세요? 정읍은 뭐 우리나라의 고도 천년의 옛 고을 아니겠어요. '정읍사' 보면, 둘하 노피곰 도ᄃᆞ샤 멀리곰 비취오시라, 노래를 부른 사람은 젊은 아낙이고 행상 간 남편 기다리면서 깜깜한 밤에 웅덩이 있고 질고 깜깜한 데 빠질까, 달아 높이 솟아서 길 비쳐

달라, 그런 노래.

거기서 ᄃᆞᆯ하, 아래아가 쓰였어요. 그 아래아가 제주도에는 살아있죠. '어'라고 읽어서 '달하'가 아니라 '덜하', 아래아가 존재하고 있는 제주도 방문하고 있습니다. 4·3 역시, 일이삼사가 아니고 일이삼서, 서삼사건, 아래아 써서, 그렇게 읽어요.

근데 지금은 제주도 젊은이들 아래아 다 잃어버렸지만, 그 아래아 쓰고 있는 고장에 여러분들이 오셨습니다.

여러분들 무어 타고 오셨나요? 기차 타고 목포에서 배 타고? 비행기가 옛날에 자주 안 다닐 때 배를 타고 목포에서 내려, 서울로 기차 탔어요. 제주를 떠나고 보니까 망망대해, 내가 갑판 위에서 내려서 보니까 제주도가 절해고도의 외딴 섬이란 걸 느꼈어요. 다도해를 지나서 제주도에 접근할 때 날씨 흐려서 안 보일 수도 있지만, 점점 더 봉우리가 보이기 시작하면서 제주도 진입을 하게 되는 거죠. 그때 느낌이란 게 재밌어요. 망망대해에 갑자기 섬이 나타나, '한 점 산으로 솟은 탐라여'라는 글들을 쓴 적이 있어요. 망망대해 한 점 산으로 솟은 탐라여, 천지개벽의 힘으로 깨어나라.

우리 한반도에서도 세계적으로도 이렇게 독특한 풍광을 지니고 있는 섬, 화산섬은 없어요. 제주도가 우리 대한민국의 보물이에요. 서양에 여행 가보면, 서양 사람들 지식인들 제주도를 그렇게 좋아해요. 서울 가고 싶지 않고 제주도 가고 싶어 해요. 제주도는 여러분의 보물입니다. 제주도의 자연은, 삼다도三多島, 여자가 많고 바람이 많고 돌이 많은 곳입니다.

첫째는 돌이 많아요. 마을과 마을 투석전도 벌어지고, 어릴 때 투석전 하다가 돌에 맞아서, 제가 땜통이라는 별명이 있어요. 땜질했다고 해서 그런 건데, 나중에는 머리가 자라서 가려져서 모르죠.

돌이 많은데 현무암, 바닷가에 현무암 큰 파도로 만나는 그 아름다움, 검은 현무암 바로 위에 진초록 보리밭이랄지, 삼사월의 샛노란 유채꽃, 그리고 그 밭을 가두고 있는 돌담, 시커먼 짙은 음영, 햇볕이 찬란하게 비칠 때, 여기 위도가 아래잖아요. 햇볕이 강하고 원색을 발해요. 사물에 원색을 일깨워줘요.

둘째는 바람이 많아요. 바람도 사실 관광자원이죠. 제주도 가면 늘 귀를 간질이는 미풍이 있어요. 겨울에는 태풍이 지나가는 길목으로 엄청난 강풍이 있어요. 언젠가는 객지 살 때 태풍 온다는 소식 듣고 비행기 타고 제주도로 와서 친구들하고 태풍이 오는 성산포 쪽으로 달려가는데, 비켜 가면서 태풍이 죽어버려 실망했던 적도 있어요.

바람이 관광자원의 아름다움이에요. 바람이 강하면 말이지. 돌담 돌구멍 뻥뻥뻥 사이사이 구멍 바람이 세차게 불어닥치면서 돌구멍 사이로 바람이 빠져나가는 소리가 쉬이이 쉬이이~ 기가 막히는 거죠. 보리밭에 불어제끼는 바람, 맥파麥波, 보리맥, 파도 파, 보리밭에 부는 파도, 가슴 떨리죠. 널찍한 바람 맞아가며 휘청거리는 파도치는 모습…….

중산간 여기가 목장지대인데 오름 같은 데 그 근처 풀들이 굉장히 자라 있어요. 바람에 파도치는 풍경 보면 간담이 서늘하죠. 가을에 억새꽃 무진장 바람에 흔들리는데 정말 간장을 녹여주죠. 이런 게 다 관광자원이에요.

셋째는 여자가 많아요. 왜냐면 역사적으로 제주도 남정네들이 여몽연합군에 많이 죽어서 여자들이 많았고, 현대사에서는 4·3 시간 그때 너무나 많은 젊은 남정네들이 죽어서, 여자들이 많았고. 물론 제주도 여자들은 전통적으로 밖에 나가서 일하는 사람들이 많아, 생활현장에서 많이 보인다 해서 여다女多, 이 말 속에는 역사적인 슬픔이 있는 겁니다.

제가 쓴 작품들을 보면 현기영이란 작가는 4·3을 주로 썼구나 알 거예요. 왜 4·3에 목을 매달았냐 하면, 10년 전까지만 해도 금기영역이고 발설하지 못하게 역대 정권들이 막았죠. 군인들이 잘못을 저지른 사건이었기 때문에 최초로 고발하는 글을 써서 금기 깨뜨린 거죠. 끌려가서 고문을 당하고, 그러면서 반세기가 지나서 국회에서 진상규명해야 한다, 특별법 법에 따라서 행정자치부에서 진상규명 해왔어요.

오랫동안 4·3에 매달려 왔는데, 10년 전에 〈지상에 숟가락 하나〉 썼습니다. 왜냐하면 4·3에 매달린 지 10년 세월이 흐를 때, 4·3사건이 정부 차원으로 넘어갔으니까 현기영이 소설로 쓰지 않아도 되는 것이다, 이제는 내가 쓰고 싶은 것을 쓰자, 4·3에서 벗어나서 제주도 자연을 본연의 아름다움 그대로 그려보자, 그래서 〈지상에 숟가락 하나〉를 쓰게 된 거예요.

제주도사 곧 보겠습니다만, 약간 봤겠죠. 내일부터 보시겠지만 제주도의 아름다움에도 불구하고 나는 아름답게 묘사하지 않고 참상을 극대화시킨 거예요. 4·3이 얼마나 비극적인 사건인가를 알리기 위해서 극대화하고, 아름다운 자연까지도 아름답다고 안 쓰고 음울하고 으스스한 분위기로 소도구로 사용했던 거예요.

예를 들어 강한 바람 타고 날아오르는 까마귀 떼, 산위로 올라가는 그 까마귀, 보리밭에 겨울 보리밭에 싹이 요만큼밖에 안 나왔을 때인데, 무더기로 널려있는 시체들을 쪼아 먹고 창공에 떠올라서 미친 춤을 추는 거예요. 특이한 풍물인데, 까마귀나 바람은 4·3 비극을 강조하는 소도구지요.

제주도의 겨울 동백꽃, 눈이 이렇게 백설이 깔려 있는데 그 위에 동백꽃이 뚝뚝 떨어져 있으면 너무 아름다워요. 4·3사건을 강조하기 위해서 흰 눈 위에 뿌려진 피, 이런 식으로 묘사했어요. 이런 내가, 국회에서 특별법 통과되고 이제 나는 본연의 아름다움을 노래하자 이렇게 생각해서 〈지상에 숟가락 하나〉를 썼던 거예요.

거기 보면 그 옛날 아버지뻘 되는 이들이 어떻게 성장했는가 읽을 수 있죠. 여러분과 달라요. 그 책을 읽은 사람 알겠지만, 우리를 키우는 게 어머니만 키운 게 아니고 자연이 인간을 키워내는 거예요. 아름다운 제주도 자연이 현기영이나 현기영의 벗들을 키워주고, 자연 속에서 같이 노는 동무들이 서로를 키워주는 거예요. 그런 이야기를 쓰고 싶어 자주 제주도 내려와 가지고 친구들하고 놀았던 바닷가, 거닐었던 오솔길, 친구들하고 놀았던 어떤 돌 틈바구니, 애들하고 더불어서 바닷가에서 소라를 구워먹던 용두암 자리 그런 곳들을 가보았습니다. 용두암 그 근처에 으슥한 곳 있습니다. 가보니까 연기 그을음이 있더라고. 내 후배들도 거기서 구워먹었는지 모르겠는데 그 자리에 까만 그을음이 있어요.

친구들과 더불어 바닷가로 내려가는 오솔길, 더 이상 다니지 않는 길, 아낙네들이 물을 길어가고 아이들이 그 길을 따라서 바닷가에서 놀았던, 이제는 수도가 나와서 물을 긷지 않기 때문에 사라져버린 길, 잡초가 우거진 그 길을 헤치면서 걸어가 봤어요. 잊혀진 시절을 기억하려고…….

그러면서 메모하고 그랬는데, 어느 날은 몽상하면서 거닐다가 제주시 관덕정 광장 지나가는데 누군가 한 중년 사내가 중학생 하나를 데리고 가다가 내 앞에 멈춰서는 거예요. 그 중학생이 어린 시절 같이 놀았던 돌패기, 성질이 고약해서 돌패기가 별명인데, 그 녀석과 꼭 닮았던 거죠. 그래서, 야, 너 돌패기 아니냐, 했는데, 근데 뒤에서 그 중년사내가 깔깔 웃고 있는 거예요. 정신 차려서 보니, 그가 그 중학생의 아비였던 거죠. 얼굴이 똑 빼박았어요. 내가 기억하고 있는 어린 시절의 그 친구는 이미 늙어가지고 대머리가 벗겨지고, 그 아들 그 중학생이 아버지의 어린 시절의 모습을 닮았던 거예요. 내 소설에 아마 있을 거예요.

이렇게 주섬주섬 내 무의식 속에 잠들어 있는 과거의 기억을 하나씩 하나씩 일깨우고서 서울로 올라가서 글로 썼습니다. 50대의 중늙은이가 초등학생이나 중학생으로 돌아간 듯한 느낌, 그걸 거의 1년 반 동안 아주 행복한 속에서 글을 썼어요.

질문과 답 · 1

〈지상에 숟가락하나〉가 독자들에게 큰 호응을 얻음과 비슷한 시기에 불온서적이라는 또 다른 칭호를 얻었을 때의 기분과 작가님의 대처방안은 무엇이었는지요.

이미 10년 전에 나온 것인데, 스테디셀러로 팔리고 있어요. 작년 8월인가 국방부에서 불온도서라고 하니까 조금 더 많이 팔리긴 했죠. 그런데 다르더라구요. 〈순이 삼촌〉은 1980년대 불온도서였는데, 2008년 불온도서라고 할 때와 반응이 달랐어요. 80년대에는 그야말로 눈 밝히고 빌려보고 난리였는데 2008년도 독서대중은 약간 시큰둥, 그래도 조금은 반응이 있었습니다.

배우는 학생 입장에서 4 · 3을 어떻게 생각해야 하느냐. 이 시간에 저와 더불어서 곰곰이 생각해보는 시간이 되었으면 좋겠는데, 우선 이렇게 이야기하고 싶어요. 국가의 위정자들은 개개인들은 괜찮은 사람들인데, 국가를 경영하고 정치를 하게 되면 이상하게 호전적이 되고 총을 쏘게 되고 핵을 사용하게 돼 있고, 국가는 민중을 보호해야 하는데 때에 따라서는 국가는 민중을 해치기도 한단 말이에요. 이게 1945~48년 제주도에 큰 잘못 저지른 것입니다.

우리 국민은 정부를 늘 감시해야 합니다. 국민이 감시하지 않으면 정부는 잘못된 길을 갈 수 있어요. 군대도 진정한 민주 군대가 되려면 장교든 사병이든 간에 민주적인 사고를 갖고 있어야 돼요. 왜냐면 장병들은 시민의 연장으로서 군대 가 있는 것이고, 국민과 다르지 않아요. 시민들은 4·3 문제를 알고 있고 그것은 공권력이 잘못한 참사다, 그러지 말자 약속도 하고 있고, 대통령이 내려와서 이승만 정부 대신해서 노무현 정부가 사과를 했던 겁니다. 이것은 정부가 잘못한 거다. 이것을 번복하려 한다는 건 말도 안 된다는 거죠.

우리 선배가 저지른 잘못을 후배 장병들은 해서는 안 되겠다 생각을 가져야 해요. 그렇게 된다면 〈지상에 숟가락 하나〉를 불온서적으로 만들면 안 되죠. 책을 읽히면서, 아, 과거에 군사정권 때 했던 잘못, 초창기 나라가 성립될 무렵에 했던 잘못, 우리가 이래서는 안 된다 토론을 해야죠.

질문과 답 · 2

〈지상의 숟가락 하나〉에서 '숟가락'의 의미가 궁금합니다.

지상이 넓잖아요. 그 위에서 하나의 생명체로서 살아가는 인간, 생명을 가진 실존적인 하나의 생명체, 정말 함부로 앗아갈 수도 없는 고귀한 개개인, 옛날 사람들은 인구人口, 식구食口로 표현했어요. 입으로 들어가는 것, 숟가락, 먹는 것, 중요하잖아요. 생명체 유지하려면 먹어야 되잖아요. 숟가락 하나하나는 인간 존재, 인간 존재는 귀중하다 이런 의미에서 쓰인 겁니다.

질문과 답 · 3

글쓰기를 결심한 계기가 무엇인가요?

나이가 저렇게 되도록 말을 시원찮게 하느냐고 생각할 거예요. 제가 달변이 아니잖아요. 어릴 때 4 · 3을 겪고, 일고여덟 살 때, 실어증에 걸렸어요. 그 탓인지 몰라도 말을 더듬는데. 근데 한 번 걸리면 혀가 부드럽게 안 돼요. 뉘가 있는 밥을 먹은 적 있나요. 쌀에 들어 있는 돌이나 껍질 같은 것. 밥에 들은 이물질. 옛날에는 밥 먹다가 뉘를 씹은 거야. 이빨이 쪼개지고. 뉘가 많으면 어떻게 먹어. 우물우물, 뱉기도 하고, 내 실어증에도 뉘가 많은 밥을 먹듯이 말이 잘 안 되는 거예요. 말을 더듬으니까 말을 안 하게 되고, 책을 많이 보게 되고.

중학생 때 '만담대회'에 나갔어요. 끝까지 하긴 했는데 진땀이 나고, 사람들이 웃긴 하는데, 내 말이 재미있어서 그런 게 아니라, 하도 말을 더듬으니까 웃은 거였죠, 구강 조직에서 혀 운동을 조정해보려고 노력해도 안 되는 거야. 말을 잘해야 세상을 헤쳐 나가는 데 힘이 되는 건데, 말 더듬어가지고는 세상을 헤쳐 나갈 수가 없잖아요. 그래서 발견한 게 글쓰기입니다. 하기는 글쓰기도 말 아니겠어요. 문학을 발견하게 된 거죠.

질문과 답 · 4

술 좋아하세요?

내 실어증 극복은 술 때문에 극복한 거예요. 고3 때부터 술 먹기 시작해서 대학교 들어가서 술 맘대로 먹었는데. 술 먹으면 희한하게도 긴장되었던 혀도 풀리고 강의가 잘돼요. 딱딱하게 굳었던 혀가 풀리고…… 그래가지고 술꾼이 된 거야. 말을 다채롭게, 술만 먹으면 말이 많아지는 거야. 여러분들 작취미성昨醉未醒이라고 알아요? 어제 먹은 술이 아직 안 깼다는 뜻이지.

여러분, 트라우마라고 알아요? 정신적 외상을 말하죠. 어떤 아주 끔찍한 사건을 만나, 죽을 뻔한 사고를 겪거나 했을 때 생기는 정신적 후유증을 말하죠. 나도 트라우마 때문에 말 더듬은 것인데, 제주도민은 4·3 때문에 트라우마 거의 다 앓고 있다고 보아야 합니다. 4·3을 체험한 세대, 내 또래 이상들은 다 정신적인 외상이 있어요.

질문과 답·5

〈마지막 테우리〉의 마지막 부분이 이해가 되지 않습니다. 노인이 잠깐 졸다 악몽 때문에 잠에서 깼을 때, 소들은 모두 어디로 사라진 건지, 노인이 소를 찾다가 동굴 속에서 불을 쬐고 있을 때 갑자기 들려온 태문의 목소리가 의미하는 것은 무엇인지, 또 동굴 앞에 찍혀 있는 소의 발자국은 무엇인지 궁금합니다.

소들은 주인들이 다 와서 데려가고 소 하나가 남아 있었잖아요. 소 임자가 아직 안 왔잖아요. 소 임자가 와서 데려가기를 기다려. 근데 자다 깨보니 소가 사라진 거예요. 혼자 내려간 거예요. 마을로. 자기 집으로 간 거야. 소는 영물이어서 먼 곳에 떨어져 있어도 혼자 집을 찾아갑니다. 그 집 주인이 현태문이라고, 주인공의 친구, 죽어가고 있었던 것이지. 태문이 목소리가 환청으로 들린 거죠. 고순만 노인이 주인공인데, 그들은 4·3사건을 무지 참혹하게 겪은 사람. 그 트라우마를 후유증을 심하게 앓고 있기 때문에 보통 생활이 여의치가 않은 거예요. 그래서 목장에 올라가서, 거기서 움막생활 하면서 소 떼를 돌보는 일을 해요. 현태문은 젊은 시절 그와 함께 4·3사건을 겪었는데, 이제 그가 병들어 죽어가는 겁니다.

질문과 답·6

S누나를 아직도 기억하시나요?

기억하지요. 여고생이었고, 그 아름다움을 상상 속에 갖고 있지. 그런데 그 후에 만나지를 않았어요.

질문과 답·7

〈지상에 숟가락 하나〉에 보면 아버지의 죽음이 나오는데 아버지를 용서하시는지.

청소년기에는 세대 차, 갭이랄지, 그런 걸 굉장히 예민하게 느껴지는 것 같아요. 나의 경우도. 여러분도 지금 사춘기 아닙니까. 부모 세대와 관계가 불편하기도 하고 그렇잖아요. 나는 누구인가, 자기 정체성 발견하는 거. '지상의 숟가락 하나'인 나는 과연 무엇인가, 하고 고민하게 되죠. 나란 존재가 새롭게 발견되면, 자연히 나를 부각하기 위해서 대립물을 찾게 됩니다. 그것이 부모를 비롯한 기성세대이기도 하고 제도교육이 가하는 구속이기도 하죠. 부모가 다툼의 대상, 투쟁의 대상이 되지.

옛날 아버지들은 가부장적이고 무서웠는데, 그 권위에 도전하는 거죠. 그 소설에 나와 있듯이, 사춘기의 내가 그랬죠. 여러분 중에도 그런 학생들이 있을 텐데, 그건 자연발생적 현상이니, 그걸 나쁘다고 할 순 없죠.

질문과 답 · 8

4 · 3 당시 상황을 자세하게 설명해주셨으면 합니다.

그거 이야기 하자면 굉장히 길어지는데……. 아마 내일 시간에 설명해주실 분이 있을 거예요. 그때 듣는 걸로 하지요.

질문과 답 · 9

소설에서 서술자의 친구들이 등장하는데 돌패기나 김원경이나 방우, 이런 친구들이 어떻게 지내는지 궁금합니다.

원경이, 웬깅이, 저는 기영이, 깅이, 제주도말로 바닷게, 거기에 똥이 붙어서 똥깅이 그게 내 별명이에요. 원경이는, 아주 재치 있고 몸이 원숭이처럼 아주 잰 친구, 나중에 선장 노릇을 하고 지금은 부산에 있어요. 우리 시절은 영양 부족이었는지 뭐가 그렇게 코가 콧물이 흘러내려, 그때 검정 교복이었는데 늘 콧물을 소매로 닦기 때문에 번쩍번쩍해요. 그게 방우, 방호인데 내 글 보고 항의했어요. 너 아니라고 둘러댔지만, 방호도 부산에 살아요. 사업하고.

질문과 답 · 10

'순이삼촌'이 왜 남자가 아니라 여자일까요? 굳이 꼭 여자로 쓰신 이유가 궁금합니다.

제주도는 혈연이 얽혀져 있어요. 제주도에서는 가까이 지내는 사람을 삼촌이라 불러요. 여자도 삼촌이라 불러요. "삼촌 어디 감수꽈?" 동네 잘 아는 사람도, 삼촌이 아닌데도 삼촌처럼 가까이 지내죠. 좋은 풍습이죠. 그 삼촌이 4 · 3사건의 희생자이고, 그 희생자들 중에 여자도 많았다고 생각하면 됩니다.

질문과 답 · 11

〈순이삼촌〉을 쓰시고 고문을 받으셨는데 그때 소설가를 포기하고 싶지 않으셨나요?

포기하고 싶진 않았고, 한때 좌절당해 실의에 빠져 있었던 적이 있었어요. 고문당하고 난 다음 유치장 갇혔는데, 면회 온 문학평론가 친구가 금방 출간된 〈순이삼촌〉 책을 유치장 안으로 넣어 줬어요. 너무 끔찍해서 돌아다보기도 싫어가지고 도로 가져가라고 소리친 적이 있어요. 내가 낳은 자식이 너무 보기 싫은 거예요. 애물단지를 낳은 것처럼.

그래 내가 한참 4 · 3 이야기 좀 더 써야지 하다가, 그렇게 정치폭력에 의해 제동이 걸린 거예요. 1년 이상 절필하고 글 안 썼어요. 하지만 배운 게 글 쓰는 것밖에 없으니, 다시 글 쓰게 됩니다. 그 1년 동안에 술 많이 마셨죠. 광주 5 · 18이 있고, 정말 살맛이 안 나는 거예요. 군부가 민주의 싹을 짓밟고 있는 상황에서 글쓰기가 무의미해져서 1년 동안 술로 허송세월 하다가, 어느 날 낮에 술 먹고 자빠져 있었어요. 갑자기 나를 부르는 소리 듣고 깨어났어요. 하얀 소복을 입은 여인이 나와서, 환한 빛 속에서 나타나서 나를 야단치는 거야. 니가 허구 헌 날 술이나 처먹고 쓰러져 있으면 되겠냐? 야, 일어나라. '순이삼촌'의 현신이야. 백일몽으로. 낮에 꾸는 꿈. 꿈인지 생시인지 분간 못하는 상황이었어요. 글을 써라 하고 손을 내민 거예요. 내가 그 손을 붙잡고 일어난 거예요. 1년 절필하다가.

질문과 답 · 12

지금 염세주의 문학에 대해 어떤 견해를 가지고 계시나요? 염세주의로 가려는 작가지망생에게 충고 좀 부탁 드려요.

내가 지금 쓰려는 소설에, 주인공이 도시여 안녕, 서울이여 안녕, 지리산 속으로 가버리는 이야기가 있습니다. 비관주의 소설이죠. 만인의 만인에 대한 투쟁! 모든 사람이 모든 사람을 대상으로 이렇게 지독한 싸움 벌이고 있는 이런 나라는 세상에 없어요. 나는 거부감을 가져요. 그런데도 무조건 낙관주의를 내세우고 거기에 아등바등 매달립니다. 자기기만이죠. 터무니없고 근거 없는 낙관 속에 젊은이들이 시들어가고 있어요. 그러한 근거 없는 낙관이 아니라 비관론도 있어야 하죠. 그건 글쓰기에 중요해요.

캠프가 끝난 뒤 작가는 이런 말을 남겼었다. "명도암유스호스텔에서 제가 학생들과 선생님들을 만났을 때, 입시 교육이 전부이다시피한 현실에서 선생님들과 학생들이 보여준 교육현장은, 비관주의자가 되어 버린 저에게 '아, 그래도 희망은 있구나!' 하는 느낌을 갖게 해 주었습니다. 뜻깊은 만남이었죠."

당시 흔쾌히 학생들과의 만남을 허락해주었던 현기영 작가는 그동안 많이 더 노쇠하였고, 이제 그때처럼 흔쾌할 수가 없게 되었지만, 9년 후 불쑥 내가 메일로 보낸 질문들에 대해 성의껏 대답을 해주어 감사했다. 이것저것 찾아가며 읽어도 흐름을 쉽사리 맞출 수가 없는 부분이 많았던 나는 최소한으로나마 작가의 도움을 요청할 수밖에 없었던 것이다.

[2018년, 작가와 메일로 주고받은 질문과 답]

질문1. 〈마지막 테우리〉 배경을 찾아간다면 '동거믄오름'을 찾아가면 맞는지. 골프장 건설 때문에 '마지막 테우리' 제목이 설정되었다는 해석이 맞는지. 2017년 출간된 오름 책을 보면 그곳에 소떼들이 있던데요. 지금 가면 그러한 풍경이 있는지.

작가. 동거문오름이 그 소설의 무대가 되었죠. '마지막 테우리'라는 제목은 골프장 건설 때문이라기보다 테우리가 소를 돌보는 전통적 축산 방식이 사라지고 있다는 뜻도 있고, 4·3의 피해 생존자로서 마지막 존재라는 뜻이기도 합니다.

질문2. 〈지상에 숟가락 하나〉 시작 부분과 끝부분에서, 동네 주택지가 끝나는 곳에 용연으로 가는 오솔길이 남아있는 것을 발견하고 기뻐하는 부분이 나오는데요. 용연까지 달려가던 길이라고 하셨는데, 그렇게 달려가는 거리가 어느 정도였는지요. 그 길을 찾아 걸어보고 싶습니다.

작가. 그 오솔길은 150미터 쯤 됩니다. 밭과 밭 사이 오솔길로 풀숲으로 뒤덮여 있었는데, 지금은 어떤 상태인지 모르겠습니다. 무근성에서 용연까지는 500미터쯤이고, 용연 바로 위 마을이 정드르이고, 정드르에서 함박이굴까지 4㎞쯤 될 겁니다.

질문3. 타버린 마을로 일하러 가서 늦게까지 안 오시는 어머니를 기다리는 장면도 인상적이었는데요. 여기서 향교는 제주중학교 옆에 있는 제주 향교를 말하는 것인지요. 비룡못은 지금은 어디쯤인지.

작가. 제주중학교가 있는 향교가 맞습니다. 그 동쪽 100m쯤 떨어진 곳에 비룡못이 있었습니다. 아마 지금은 매립되어 버렸을 겁니다.

질문4. 무단결석하던 날 '용두암에서 도두봉까지 해변'을 배회하셨다는 장면도 인상적이었고, 학생들과 이 부분을 활용할 수도 있겠다는 생각을 했습니다.

작가. 용두암에서 도두봉까지 해변 찻길이 생겨 있죠. 그래도 산책하기 아주 좋은 코스이죠.

질문5. 〈목마른 신들〉을 읽으며 눈물이 왈칵 났습니다. 제주도에서 심방의 역할에 대해 깊이 공감할 수 있었던 거 같습니다. 그 배경으로 '당'을 생각한다면, 그리고 〈지상에 숟가락 하나〉 처음과 끝에 나오는 '용연 절벽 위 팽나무 있는 가스락당, 용을 모시는 당'과 연결 시켜도 될까요. '당'을 한군데는 꼭 가봐야 한다면, 그곳이면 될지, 지금도 그곳에 남아있는지, 알고 싶습니다.

작가. 가스락당은 흔적만 남고 이제는 굿이나 비념을 하지 않는 것 같습니다. 와흘리에 있는 본향당을 가 보세요. 아주 볼만합니다.

질문6. 〈마지막 테우리〉에 나오는 사진 찍는 젊은이, 김영갑 사진작가를 연상해도 될까요?

작가. 예, 그래도 되겠죠.

질문7. 작가님의 생가 자리를 찾는다면 어느 곳이 될지 여쭈어도 될는지요.

작가. 현기영의 생가 자리는 함박이굴에 있는데, 지금은 그 이름도 없어졌죠. 노형 정존부락 서쪽에 늘봄가든이라는 음식점이 있는데, 그곳이 현기영 생가 자리입니다.

9년 전의 문학캠프 문집을 다시 읽고 그때 과제 도서였던 책들을 다시 읽고 몇 작품을 더 읽고 작가에게 질문을 하고, 그렇게 해서 찾아간 1박 2일 제주 일정은 이러했다.

[2018년 4월 1일 답사 일정]

드르구릉 '잃어버린 마을' 옛터 → 함박학교(현 노형초) → 함박이굴 생가(현 늘봄가든) → 북초등학교 → 관덕정 → 무근성 → 용연 → 도두봉 → 4·3 평화공원 → 추사기념관 → 백조일손지묘 → 삼의사비

[2018년 4월 2일 답사 일정]

사라봉 일출 → 사려니숲 → 동검은이오름 → 와흘리본향당 → 함덕 백사장 → 서우봉 → 북촌리 포구 → 북촌초등학교 → 순이삼촌문학비 → 너븐숭이 4·3 기념관

가장 아름답고 그만큼 서글펐던 곳은 북촌리였다. 함덕 백사장의 바다는 무척 맑았고 서우봉을 넘어서 북촌리로 걸어서 가야 맞는 일이었지만, 나는 찻길로 돌아 북촌리로 갈 수밖에 없었는데, 풍랑이라도 만나면 포구로 들어온다는 그 '포구'의 개념을 북촌포구에서 확실히 알 수가 있었다. 포구는 예뻤다. 그곳에서 경찰이 바다에 총을 쏜 것을 무장대가 대응하여 총을 쏘고, 2명의 경찰이 죽은 사건이 있었다 한다. 북촌리 학살 사건은 그보다 이후인 1949년 1월 17일(음력 섣달 열여드렛날) 무장대 습격으로 군인 2명이 죽은데서 시작한다. 이에 놀란 마을 원로들 10명이 시신을 수습하여 함덕대대 본부에 찾아갔으나, 오히려 그 자리에서 경찰가족만 뺀 9명을 학살하면서부터였다.

놀란 마을 주민들을 초등학교 운동장에 몰아넣고, 운동회 때 쓰는 긴 장대로 이리 밀고 저리 밀고 군경가족 아닌 주민들을 몰아대는 〈순이삼촌〉에서의 장면 묘사는 끔찍하리만큼 생생했다. 할머니가 아이를 치마폭으로 감추고, 엄마의 치마폭을 놓치고 아이가 휩쓸리고, 끌려 나간 마을 사람들이 학살당하는 총소리를 들으며, 죽을 사람들도 울고, 군경가족으로 빠진 사람들도 엉엉 울고, 그들 안에서 혈연이 아니고 공동체가 아닌 사람이 있을 수가 있겠는가. 군경가족이 아닌 저 사람을 학살하라

고 북촌리 주민 누가 말을 할 수 있다는 말인가.

그렇게 한 날 한 시에 집단학살 당한 사람만 300여 명이라고 했다. 그 학살자는 '외지인'이었다. 공동체 안의 사람이라면 절대 그렇게 할 수가 없는 일이다. 일제에서 해방된 것을 기뻐하고 일제하의 경찰이 저지른 만행을 미워하는 우리나라 사람이라면 절대 그렇게 할 수가 없는 일이다.

소설 속의 장면 묘사들을 하나씩 읽으며 추모하듯 고개 숙인 자세로 '순이삼촌문학비'로 다가갔고, 글귀가 적힌 눕혀진 돌들이 시신들을 상징한다는 것을 생각하며 자연석 현무암으로 조각된 옴팡밭에 쓰러진 '순이삼촌'을 보았다. 이 옴팡밭에 마을 주민들을 몰아넣고 학살했다는 것인데, 그때 용케 살아난 순이삼촌은 정신적인 트라우마를 끝내 넘지 못하고 30년 후에 이 자리로 돌아와 유예된 죽음을 자살로 마감했다는 이야기. 그 옆의 애기무덤, 누가 거기에 장난감을 놓을 생각을 했을까, 같은 죽음이라도 애기들의 죽음은 너무 비극적이다.

바다를 바라보고 있는 위령탑 앞에 서서 그 많은 이름들 앞에서 그저 미안한 심정을 담아 긴 묵념을 했다. 그리고 너븐숭이 4·3 기념관을 둘러보았다. 두 번째 보는 곳이지만 처음 보는 것 같고, 보고 싶었던 강요배 그림을 조금이나마 볼 수 있어 좋았다. 기념관에 가면 보기 싫은 것이 형식적인 영상이라고 생각했지만 객관화해서 정리하려는 내용인 거 같아 긍정적으로 받아들였다. 학생들에게 어떻게 연결해서 진행할 것인가는 더 생각해볼 일이다.

가장 좋았던 곳은 동검은이오름이었다. 다시 읽었을 때의 〈마지막 테우리〉는 아름답고 절제된 단편소설의 모범이라는 평가를 받아들일 수 있었는데, 나도 모르게 고순만 노인의 마음결을 따라가고 오름을 따라가고 눈보라를 소발자국을 따라가고 있었다. 사삼의 상처를 이렇듯 노인의 겸허한 삶과 토착민의 자연 속에 녹여낼 수 있다는 것이 놀라웠다. 2009문학캠프 때 용눈이오름이 배경이라고 생각했으나, 그보다는 동검은이오름이 배경이라는 것을 알게 되었고, 이번 답사에서는 그 배경의 흔적을 찾고 싶어 많이 애를 썼던 것 같다. 2017년도 발간 책에서 분명 소떼가 있는 오름 사진을 보았건만, 가보니 소떼는 없었고 엄청 많은 마른 소똥들이 있었다. 소설에 나오는 '무덤자리'를 가정해보고 앉아보았고, 철조망이 둘러 있었지만 거기에 놓인 작은 사다리가 있었기에 사다리를 타고 안으로 들어가고 나왔다. 아늑한 분화구를 가정해보았고 거기 있을 샘물통과 그 물을 먹을 소들을 상상해보았다. 소 한 두 마리쯤 나타나주기를 바랐지만, 내가 소를 본 것은 아쉽게도 한참 밑으로 내려와서 다른 목장에 있는 소들이었다.

돌담을 둘러친 무덤과 오돌오돌 솟아오른 알오름들이 독특했으며, 굼부리가 세 개나 있고 굼부리를 에워싸고 네 개의 봉우리가 있었다. 그중 한 곳은 솔숲이 우거지고 그 숲으로 세찬 바람이 몰아쳤다. 다른 쪽 굼부리는 낮은 풀들이 깔려 있고 곳곳에 앙증맞은 풀꽃들은 보는 눈을 편안하게 해주었다. 세찬 바람이 있는가 하면 따스한 햇볕이 있고 낮은 풀밭이 있는가 하면 가파른 숲이 있고 바위가 있었다. 동검은이오름이 쉬운 오름은 아니었지만 앞서 사려니숲의 낭패를 넉넉히 보상할 만큼 가슴이 탁 트이게 바람은 시원했고 풍경은 신비로웠다.

사실 사려니숲을 많이 기대했었다. 이름도 신기하게 예쁜 느낌을 주는 사려니숲, 전면 개방이 아니라 일부분 개방임에도 충분히 아름다우며 그 길을 따라가다 보면 '이덕구 산전'을 만날 수 있다고 했다. 하지만 한정된 시간 속에 그 길을 가야했건만 그 앞의 입구는 차량 통제가 되어 있었다. 저 아래 주차장에서부터 걸어가기엔 시간이 너무 부족했다. 통제가 되고 있다는 안내를 미리 파악하지 못한 불찰인지 제대로 안내가 되지 않은 것인지는 모르겠으나, 많이 아쉬웠다.

2018년 답사에서 내가 가장 흔적 찾기에 노력한 것은 〈지상에 숟가락 하나〉였다. 〈순이삼촌〉은 눈에 보이는 형태가 있었지만 〈지상에 숟가락 하나〉는 생각처럼 쉽지가 않았다. 9년 전 문학캠프 때 갔던 생가터는 귤밭이 있던 곳으로 기억하는데, 이제 보니 '늘봄가든' 자리라고 해서 거기 가서 혹 '함박이굴'을 아느냐고 '벼락구릉'을 아느냐고 물었지만, 그런 거 없고 모른다는 대답이었다. '늘봄가든'이 20여 년 된 토종음식점이라 해서 조금의 기대를 했던 건데 전혀 아니었다. 작가이름을 말해볼까 싶었지만, 그도 모른다고 말하면 내 자존심까지 상할 것 같아서 그만 두었다.

함박이굴에 살 때 벼락구릉에서 보았던, 올챙이들의 떼죽음으로 배를 뒤집고 가득 떠있는 불길한 장면, 그것이 어쩌면 4·3의 징조가 아니었나 그런 표현이 작품 속에 나온다. 그래서 나는 벼락구릉을 찾아보려고 했던 것이었다. 함박이굴만의 '잃어버린 마을' 흔적은 없고, 노형리 마을 5개를 대표하여 '잃어버린 마을 드르구릉 옛터' 비석이 세워진 곳은 겨우 찾을 수 있었다. 왜 겨우냐 하면 그 앞에 트럭이 세워져 있었기 때문인데, 어디를 가든 풍경을 훼방 놓는 것이 현대인의 필요악이라 할 자동차였기 때문이다.

작가는 함박이굴에서 함박학교를 사나흘 다녔을 뿐 1947년 3·1 발포 사건과 이후 대부분의 도민이 참여한 총파업으로 인해 학교는 무기한 휴업으로 들어갔다고 한다. 그 함박학교는 현재의 노형초등학교인데, 학교연혁에 보면 '4·3 때 전소'되었다고 기록되어 있다. 학교 홈페이지들을 찾아보며 느낀 건데, 지역의 향토적 특성이 중요할 텐데 어느 지역인지 모르게 전국적으로 획일화된 틀과 내용으로 채워져 있다는 것이 참 많이 당혹스러웠었다. 그래도 그중에 노형초는 '4·3 때 전소' 기록이, 북촌초는 '4·3으로 폐교'의 기록이 있었던 셈이다.

작품의 주인공은 불타버린 함박이굴을 뒤로 하고 어머니와 무근성으로 이사를 간다. 도령마루 고개를 넘어 우쭐우쭐 보이는 바다를 접하게 되고 어린 나이에 거대한 한내 다리를 건너며 겁을 먹고 또다시 거대한 병문내 다리를 건너며 겁을 먹었다는 이야기, 향교를 지나 비룡못을 지나 어디쯤일까 세고 또 세고 타버린 함박이굴 밭에 일 갔다가 어두워 돌아오는 엄마를 기다리는, 기형도 시 '엄마 걱정'이 생각나게 하던 이야기, 집에서 북국민학교를 오가며 늘 보아야 했던 두렵던 풍경들과, 이덕구의 시신 호주머니의 숟가락을 각인시켰던 관덕정, 학교가 끝나면 책가방을 옷으로 머리에 올려 묶고 용연을 헤엄쳐 건넜다는 이야기, 병문내 얕은 곳에서부터 시작해서 바다가 가까운 용연까지 성장 단계에 맞추어 헤엄치고 놀던 풍경, 현무암 높은 바위 위에서 다이빙을 하던 것도 높이에 따라 성장계급이 있었기에 두려워도 피할 수가 없었노라는 이야기, 그 생생한 이야기들의 흔적을 내가 찾기란 알 듯 말듯 어려운 일이었다.

파도타기의 장면도 무척 생생했는데, 지금의 내가 바라보기만 해도 무서운 바다와 만나는 용연에서 어떻게 그렇게 신나게 놀 수 있었는지, 때로 동무의 죽음을 보면서도 그렇게 자연 속에 녹아들 수 있었던 주인공과 아이들에게 경외심을 느낄 정도였다.

방학 때면 학교의 빈 교실을 찾아가 함박학교 때의 무기한 방학을 떠올리며 두려운 우울의 그림자에 젖어들던 주인공의 심리 묘사도 무척 인상적이었다. 지금의 아이들은 천장이 무너지게 뛰며 좋아할 일일 텐데 그때의 아이에게는 회복할 수 없는 상처와 연결된 방학이었던 것이다. 처음으로 무단결석 하루 했다는 날, 하루 내 배회했다는 용연에서 도두봉까지의 길을 지금의 내가 배회해보는 것은 어려운 일이었다.

실제로 학생들을 데리고 문학기행을 온다면 간결하게 압축해서 체험시켜야만 하는데, 그 압축 지점을 찾기 위해서 얼마큼의 노력과 애정이 필요할지 모르겠다. 용연에서 도두봉까지 걸어보게 하는 것, 그리고 글쓰기 시간을 갖는 것, 그러기 위해서는 빡빡한 일정으로는 절대 불가능한 일이다. 언제든 그게 문제가 되는 것 같다. 교사로서 가보고 싶고 아이들에게 가게하고 싶은 곳들은 많은데, 그러다보면 아이들은 이게 뭐냐고 툴툴거리며 왜 하는지 무엇을 하는지도 모르게 되어버리는 우를 범하는 것이다.

9년 전 문학캠프 일정을 보면, 부족한 시간을 확보하기 위해 가는 배 안에서 모둠판 만들기 프로그램이 진행되었고, 오는 배 안에서 작가에게 엽서쓰기 프로그램이 진행되었다. 잠시도 쉬지 않게 돌아가는 프로그램 속에서도 아이들이 살아있었던 것은 일반적인 형식과 좀 다른 문학캠프의 형식 때문이었다. 정읍국어교사모임은 전교조 조직 속에서 움직이면서 교육청의 틀을 빌리기도 하고 시청의 틀을 빌리기도 하였다. 참여교사들은 학교가 각기 달랐으며 자기 학교의 학생들을 데리고 참가하지만, 맡는 모둠은 자기 학교 학생들이 아닌 다른 학교 학생들이었다. 중1에서부터 고 3까지 각 모둠에 섞여 들어가는데 학교도 다르고 학년도 다른 그 안에서 모둠활동을 하면서 아이들은 자연스럽게 공동체 의미를 체득할 수밖에 없었다.

제주도의 경우 비용 때문에 시청의 도움을 받았으며, 제주도라는 특성 때문에 버스 2대가 아닌 1대의 인원으로 제한해야 했었다. 효율적인 진행을 위해서는 쉬운 주제라 해도 버스 2대 인원을 넘으면 안 되는 일이었다. 기존의 수학여행처럼 많은 수를 참여시키는 것과, 압축된 기행으로 80명 이내 또는 40명 이내로 제한하는 것과 그 망설임과 고민 속에 결단하고 시행하는 일이란 쉬운 일이 아니었다.

제주도의 경우 매력적인 주제임에도 40명 인원으로 제한해야 했고, 사전 답사를 제대로 하기 어려웠기에 조직의 힘을 빌어 전교조제주지회의 도움을 받아 움직였다. 토박이가 아니면 제주도를 어떻게 제대로 알 것이며, 외지인이 제주도에 대해 알려면 진심으로 시간과 마음을 투자해야 하는 일인데 어떻게 감히 내가 그렇다고 할 수 있을 것인가.

2009여름문학캠프의 일정을 정리하자면 이러했다.

[2009월 7일 27일 캠프 일정]

정읍 → 목포 → 배 안에서 모둠판 만들기 → 질문지 작성 → 작가와의 대화 → 연극 준비

[2009년 7월 28일 캠프 일정]

평화공원 관람 → 제주 문학기행(마지막 테우리, 바람 타는 섬, 순이삼촌) → 동부도로 명승지 → 평화공원에서 백일장 → 독서골든벨 → 모둠별 연극 발표 → 장기자랑 → 모둠별 평가회

[2009년 7월 29일 캠프 일정]

제주문학기행(지상에 숟가락 하나) → 서부도로 기행 → 송악산 해안가 → 배 안에서 작가에게 엽서 쓰기, 백일장과 독서골든벨 시상 → 목포 → 정읍

문학캠프가 끝나면 아이들의 소감글이 홈페이지에 속속 올라오고 댓글마당에서 왁자하니 수다를 떨다가 점점 고요해지면서 문집 만들기에 들어간다. 문집이 만들어져 배부되면 또 한 번 왁자하니 이야기판이 벌어진다. 그게 고요해질 즈음 다음의 문학캠프 주제 탐색이 시작되는 것이다. 정말 오랜 시간이 지난 뒤 문집을 읽는 것도 쏠쏠한 재미를 주는 일이었는데, 이 제주도문학캠프의 경우도 그러한 것 같다.

그때 나는 정읍의 학교가 폐교되고 고창의 해리중학교로 옮겨 있었기에 고창의 아이들을 데리고 참여했는데, 학생 없는 교사란 생각할 수 없기에 그럴 수밖에 없는 일이었다. 나름 정읍의 아이들 자리를 빼지 않으려고 딱 4명 데리고 갔을 것이다. 처음 만나도 아이들은 지역의 벽이 없었다.

> 전염병이다 뭐다 해서 귀도 안 들리게 되고 죽을 고비를 넘기는 것이 마음이 콩닥콩닥 뛰는 게 정신을 차려보니 제가 다 숨넘어가게 생겼더군요. 다른 책들은 쪽수가 많다보면 금방 흥미가 떨어져 읽기가 지루하지만 이번 책은 가면 갈수록 흥미진진한 게 잠자리도 마다하고 걸상에 걸터앉아 읽고 또 읽고……. 엄마께서 밥 먹고 읽으라고 말씀하셔도 밥 한 숟갈, 책 한 번, 밥 한 숟갈, 책 한 번, 저 때문에 가족들이 고생을

참 많이 했습니다. 이 글을 한 번 접해본 저도 이렇게 빠져들었는데 이 글을 지으신 작가 선생님께서는 얼마나 설레고 행복하셨을까요? '지상의 숟가락 하나'가 주는 의미, 아직 작가라는 꿈을 쫓고 있는 강아지의 모습과 흡사하지만 저에게 '지상의 숟가락'의 의미란 제 꿈을 이루기 위하여 쌓은 문학 중 하나로 자리 잡았습니다.

— 소민지(해리중2) 사전과제 독후감

권지용 좋아하는 근영이/ 잘 대드는 도일이/ 잘 깝죽거리는 동민이/ 핸썸한 현빈이/ 웃으면서 때리는 가희/ 시비 잘 거는 재덕이/ 화장실 애호가 성현이/ 중국 변태 태수/ 교회집 아들 요한이/ MJ. SMJ/ 축구 짱 영진이/ 나보다 눈치 없는 용석이/ 잘 울지만 요즘 덜한 영일이/ 승리빠 신혜/ 13점 맞았던 순진이/ 쓸 게 없는 원석이/ 살벌한 모유지/ 음…… 미선이까지가 전부// 늘 같은 얼굴, 같은 모습, 같은 반// 학생 수 좀 적으면 어때?/ 내 친구들이 짱인데/ 짱 친구들이 있어 난 행복

— 김영인(해리중2) 백일장 작품, 우리반 아이들

제주도는 처음이고 어쩌면 마지막이 될지도 모르는 문학캠프여서 열심히 하려고 노력했는데 다른 사람이 보기에는 어떻게 보였는지 모르겠다. 문학캠프를 준비하면서 참 힘들었었다. 3학년이어서 담임 선생님을 설득하는 것도 정말 힘든 일이었고 우리학교는 지원자가 많아서 시험을 봤는데 그것을 준비하는 것도 만만치 않았다.

제주도에 있었던 4·3이라는 비극적 사건을 전혀 모르고만 있었는데 이번 기회를 통하여 또 다른 지식 하나를 배울 수 있어서 정말 좋았었다. 우리 조에서 나름 열심히 하려고 노력했지만 많은 것을 도울 수 없어서 지금도 미안하다. 남들과는 다르게 사교성이 부족해서 쉽게 친해지지 못하는데 많은 친구들이 먼저 다가와 주어서 진짜 고마웠다.

> 정말이지 한 번에 너무 많은 선물을 받은 것 같다. 해리중은 정읍이랑 많이 떨어져 있어서 자주 볼 수 없다는 게 슬프다. 뭐 언젠가는 다시 만나겠지만 이제 오니까 또 보고 싶다. 어쩌면 이번이 마지막이 될 수 있다는 생각이 들었지만, 겨울에도 올 수 있을지 모르겠다. 그때가 되면 또 볼 수 있는 사람들이 많이 생기겠지. 제주도에서 있었던 많은 활동들과 백일장과 연극까지 빠짐없이 모두 기억에 남을 것 같다. 문캠은 끝났어도, 서로서로 연락하면서 지내고 만나면 꼭 인사했으면 좋겠다.
>
> — 오지원(해리중3) 소감글

문학캠프의 성격이 공동체를 강조하고 모둠활동을 기본으로 하지만, 백일장에서의 시상은 좀 성격이 다른 것이기도 하다. 우열을 가려 상을 준다는 것인데, 그래도 그 부작용을 줄이기 위해 기교보다는 진실성을 중요하게 평가했고, 때로 이러한 '시상'이란 게 아이들에게 상당한 동기부여가 된다는 사실을 놓치지 않으려고 애를 썼다. 모둠 아이들이 모여앉아 각자가 쓴 백일장 글을 돌려 읽고 평가해보는 밤 시간도 의외로 재미가 있다. 지도교사인 나는 아이들이 뽑은 글을 우리 모둠 대표글로 올렸었다. 김영인의 시는 중학생 장원을 했던 작품인데, 백일장 글제는 현기영 작품과 관련하여 '아, 한라산이여/ 용서/ 유년 시절/ 내 동무들/ 섬', 이 중에서 선택하는 것이었다.

작가에게 엽서쓰기 시간도 학생들의 집중도가 높은데, 제주도문학캠프에서는 3시간 이상 되는 배안에서의 시간을 활용해야 했다. 배멀미 때문에 좀 고생하는 아이도 있었지만, 바다 바람을 쐬며 휴식하는 중간에 선실로 들어와 차분하게 정리해보는 시간도 괜찮았던 것 같다. 사실 시간은 많아서, 나는 아이들을 모아서 모둠별로 10문항을 주고 같이 해결해보는 시간을 만들기도 했다. 이러한 모둠활동은, 전체적으로 아이들의 활력을 유지하기 위해 꼭 필요한 교육적인 활동이라고 생각했다. 캠프 후 소감문은 집에 돌아가서 일주일 내로 홈페이지에 올리도록 했다.

18회째 제주도문학캠프는, 사실 나로서는 마지막 문학캠프였다. 19회째는 '박상률 작가'였는데, 공립중학교인 그곳에서 나는 도저히 시간을 빼낼 수가 없었다. 첫 회부터 방학 때마다 한 번도 빠진 적이 없는 문학캠프를 공립에 와서도 멈추진 않았는데, 그 마지막 회를 나는 빠진 것이었다. 그 학교는 수업과 상관없이 '문학캠프'에 우호적이지 않았었다. 해리중 아이가 겨울에도 오고 싶다고 했지만, 결국 그 애도 못 온 것이 됐다.

다른 지역의 공립학교로 이동한 나 개인의 문제만이 아니라 정읍국어교사모임 전체 동력이 떨어진 것이었을지 모르겠다. 정읍문학캠프가 19회에서 멈추었기 때문이다. 하나의 일에 10년을 전념하면 그 분야에 전문가가 된다고 하는데, 개인적으로도 나는 결국 그 10년을 채우지 못한 것인가 하는 후회스러운 생각도 많이 했었다.

2018년 제주도 답사에서는 사실 기념관은 뺄 생각이었다. 외적인 치장과 교과서적인 교훈, 박제화 된 답답함 같은 기념관에 대한 거부감을 가지고 있기도 했다. 학생들과 단체로 가면 가장 가시적인 효과가 있는 것이 기념관이지만 나열식의 전시를 둘러보고 그 많은 기록에 비해 머릿속에 남는 것은 없고 마음에 감동이 없는 경우가 많았기 때문이다. 긴 행렬에 묻혀 뒤에 빠져 헛짓하는 아이들이 많고 지루함에 후다닥 지나가버리기도 하고 그랬었다. 그렇다고 거기서 교사가 교실에서 하듯

지명을 하고 나무라고 그러기엔 모양새도 좋지 않았다.

4·3 평화공원은 평화로웠다. 70주년 4·3기념식의 화려한 볼거리를 기대했을지 모르겠지만, 고요했다. 굴에서 시작해서 굴에서 끝나는 설계라고 했는데 그것을 제대로 파악하지 못했던 조급함을 반성해야 했다. 강요배의 그림을 제대로 파악하지도 못했다. 너븐숭이기념관은 밖에서 더 마음을 움직였던 것 같다.

추사기념관도 '굴'의 개념이 있었다. 유배지와 세한도의 정서를 참고하여 모든 전시를 지하에 배치하고 세한도의 감자창고 같은 소박한 건물 하나만 지상에 배치하는 식이었는데, 출구를 나오는 순간 바로 적거지가 펼쳐서 깜짝 놀랐고 참신하다고 생각했다. 세한도에 대해서는 학교 수업시간에 가르쳐본 적이 있었는데, 몇 번이고 그림을 따라 그려보면서 송수권의 시 '세한도'와 연결하여 이해를 하려고 했었다. 칠판에 그림을 그리며 설명을 하고 아이들이 그려보게 하고 나름 재미있던 수업이었다.

돼지가 있던 통시는 재미있는 옛 문화였다. 대변을 보는 시늉을 하기도 하고, 사진을 찍으며 깔깔 웃고, 사람들은 유배지답지 않은 분위기를 연출하고 있었다. 솔직히 말한다면 4·3의 정서에 깊숙이 들어가 있다가 추사 유배지를 생각하면 참 호강스럽다는 생각이 들기도 했다. 제주도를 단지 유배된 땅으로 취급했던 양반들, 유배 오면 본토에서 추방된 적막감과 벼랑의 심정을 버리지 못하고 임금 있는 북쪽을 연모하는 연북정에 오르는 그들, 반찬들이 맞지 않아 먼 본토에 구원을 요청하였다는 추사의 편지가 괜스레 투정 많은 어린아이 같다는 생각을 나만 하였던 것일까.

추사기념관 지척에 두고도 찾지 못하고 뱅뱅 돌다 간 곳이 삼의사비였는데, 현기영 〈변방에 우짖는 새〉 배경지로 생각했던 곳이다. '변방'이어야 했던 제주의 비극적인 운명은 이재수의 난에서부터 이미 잉태되고 있었다는 것인데, 제주인이 아닌 사람조차도 분노하게 만드는 억울함들이었다. 그런데 그 '삼의사비'를 이해하기 어렵게 만드는 일이 있었다.

겨우 삼의사비를 물어 찾았는데, 거기 사는 중년으로 보이는 남자가 자청하여 설명을 하겠다고 삼의사비로 오면서 약간의 시끄러움이 생겼다. 천주교가 지배층을 업고 민중을 극심하게 탄압하는 대열을 형성했고 그에 반발하여 이재수의 난이 일어났으며, 그 당시의 상황과 지금이 다르지 않다는 논리로 말을 하는데 말이 더듬더듬 끊기고 무슨 말인지 모르게 답답한 것이었다. 현지에서 이렇게 설명을 해주면 대단히 반갑고 귀한 일인데 도무지 이게 뭐지? 싶었다.

4·3에 대해서 어떻게 생각하느냐는 질문에 그의 언성은 대단히 높아져 버렸다. '잔악한 공산폭도들에게 제주양민들이 이용당하고 학살당한 것'이라는 홍아무개식 논리였다. 먹고살기에도 바쁜 양민들이 마르크스 레닌을 어떻게 알겠느냐며, 남한 단독 선거 반대도 선동 당한 것이고, 지금 행해지고 있는 이런 4·3 추모는 결단코 잘못된 것이라고 하였다. 그러면 '삼의사비의 이재수'하고 정말 연결이 안 되는데요, 했더니 뭐가 연결이 안 되느냐고, 이재수는 지배층을 업은 못된 천주교의 탄압에 대한 용감한 항쟁이었지만, 4·3은 명백한 공산 폭도들의 폭거였다고 자기 있던 곳으로 가면서 끝까지 목소리를 높이고 있었다.

1961년 마을 청년들에 의해 설립되었다는 삼의사비와 4·3을 다른 논리로 보는 그 시각이 대단히 황당했고, 당시의 청년들이 궁금하기도 했다. 저 사람과 같은 청년들일까, 설마 그렇지 않겠지. 비문의 글귀를 두고 당시 천주교 측의 심한 반발로 소동이 있었지만 원안대로 유지되었다고 한다. 천주교에 대한 부정적인 이야기임에도 〈변방에 우짖는 새〉 출간 이후 영화 〈이재수의 난〉에 대한 천주교 측의 반응은 상당히 긍정적인 수용이었다고 작가는 말하고 있었다. 그렇게 자신의 잘못에 대하여 긍정적인 수용을 하는 것이 왜 그렇게 어려운 일인지 모르겠다.

백조일손지묘는 어둘녘에 찾아갔던 것이 문제였던 것 같다. 삼방산이 비극을 품은 듯한 묵직함으로 계속 우리를 따라붙고 있었다. 공동묘지였다. 들어가는 길목의 붉은 글씨가 섬뜩했고 묘들이 즐비했고 어디선가 곡소리가 울려나올 것만 같았다. 이곳이 9년 전 왔던 곳이란 말인가? 그때는 굉장히 정돈되고 비석의 글씨도 단순하고 깨끗했는데.

생각해보면 시간의 차이가 컸던 것 같다. 같은 곳도 낮에 보는 것과 저물녘에 보는 것이 다르고, 혼자 가는 것과 단체가 가는 것과는 대단히 다를 수밖에 없었다.

백조일손지묘에 대한 해석을 하기는 쉬운 일이 아니었다. 섯알오름 집단학살로 희생된 132구의 시신들을 수습을 못한 채 몇 년이 지난 후 후손들이 조성했다는 이곳, 어두워 비문을 잘 읽지 못하고 돌아와서 책을 다시 읽어보니, '기억의 투쟁'이라는 표현이 참 기가 막히다는 생각을 하게 되었다. 처음 후손들이 묘지 중앙에 추모비석을 세웠는데 5 · 16 군사정권이 부숴버렸고, 거기에 관에서 재빨리 앞서서 생색을 낸답시고 허황되게 호사스러운 비석을 세웠는데, 그 비문의 글귀에 분노하여 그 부분을 쪼아버리는 사람이 있다는 것이었다. 그러고 보면 백조일손 묘지 안에 있는 비석들의 그 관계가 어떻게 되는지 나 역시 '기억의 투쟁'에 들어가야 하는 일인지도 모르겠다.

네 뼈다 내 뼈다 부질없이 다투던 유족들은 결국 저 조상들은 네 거 내 거 구별할 수 없으니 우리 모두 하나의 자손이 되어 섬기자고 의견의 일치를 본 다음 얼크러진 뼈들을 주워 맞춰 사람 형상을 만들고 일일이 봉분을 갖춰 매장했으니 그 공동묘지가 백조일손지지다.

— 현기영, 목마른 신들

〈목마른 신들〉을 읽으며 나는 가장 울컥 했는데, 작가의 트라우마와 4·3의 비극, 거부할 수 없는 운명을 가지고 심방의 길에 들어서는 제주의 사람, 그들의 심정을 가장 깊이 공감했던 작품이었다. 그 때문에 나는 심방의 무대로 '당'을 찾았는데, 애초에는 〈지상에 숟가락 하나〉에 나오는 용연 위에 있는 가스락당을 찾아가려고 했었다. 그런데 유홍준 책에서도 와흘리 본향당을 인상 깊게 읽었고 작가 역시 추천을 해서 그곳에 가는 것으로 하였다.

마을 입구 표지석 옆으로 돌담이 둘러쳐 있고 동백꽃이 선명한 붉은 빛을 발하고 있는 풍경부터 압도적인 곳이었다. 마을마다 팽나무가 신성시되고 그곳에 당이 형성되고 그곳에서 마을 공동굿을 한다는 것을 알았고 제주의 토착 신앙을 형성하고 있다는 것을 알았다. 그 본향당 중에 와흘본향당이 가장 볼만하다고 했다. 나무 가득 걸린 알록달록 오색 천은 할망신이 입을 옷으로 바친 것이라 했다. 흰 천은 '소지'라 하는데, 글을 모르는 노인네가 흰 천을 가슴에 품고 기도를 한 다음 그 천을 걸어놓으면 할망신이 쓰이지 않은 글의 사연들을 다 읽어보고 들어준다고 했다. 그러한 흰 천들도 가득했다.

〈목마른 신들〉에서 심방의 사연은 곧바로 작가의 목소리였는데, 자칫 생경한 설교조가 될 위험성이 있을 문체임에도, 조부의 죄를 대신 뒤집어쓰고 병을 앓는 어린 남학생의 사연이 절묘하게 잘 어울려서 4·3의 비극을 정말 한판의 애절한 굿처럼 보여주고 있었다. '백조일손지묘'의 해석도 시적이고 절절했다. 결국 그 심방의 당을 찾는 것은 어느 특정한 곳이 아니라 제주 어느 곳이든 해당될 수 있겠다는 생각을 하게 되었다.

2009여름문학캠프를 참고하여 다시 제주도문학캠프를 기획한다면 새로 도입하고 싶은 기행지는 사려니숲과 이덕구산전, 송령이굴, 동광리 큰넓궤, 본향당 등을 생각해본다. 이덕구의 모습에서 체게바라를 연상하기도 할 것이고 내가 그 시대의 젊은이라면 과연 어떤 길을 갈 것인가 진지하게 생각해보는 시간도 가능할 것이다. 지금 우리 시대의 화두는 그 당시의 이념 대신 무엇일까, '통일'일까 혹 '환경'은 아닐까 생각해볼 수도 있을 것이다. '심방'의 모듬별 연극을 해보는 것도 좋을 것이다. 작가는 현기영 작가처럼 유명한 작가가 아니더라도 제주섬을 이야기하는 작가라면 좋을 것이다.

'순이삼촌'의 넋이 씌이는 것이 특별한 일은 아닐 것이라는 생각을 해본다. 비극의 아수라장이었던 초등학교 운동장에 들어가 〈순이삼촌〉 책을 깜빡 놓고 온 것, 그 책이 비에 젖거나 버려지는 일만은 없게 누군가의 손에 들려지기를 바라고, 돌아와서 다시 〈순이삼촌〉 책을 사서 읽고 다시 제주도를 생각하는 것, 아쉬움이 있으면 아쉬움 때문에 또 다시 기행을 시도하고 학생들과의 문학캠프를 시도하는 것, 이도 일종의 씐 상태가 아닐까 싶다.

제주의 4·3은 벚꽃들이 너무 많았다. 돌아와서도 축제의 벚꽃들이 너무 많았다. 베어내고 푸른 나무를 심고 싶다고, 그 흐드러진 꽃보라가 흐트러진 퇴폐적 문화라고, 표현을 한다면 나를 극단적이고 편협하다고 할까?

4월 3일에 나는 제주도에 없었지만, 4월 3일 10시 제주도에 울려퍼진 묵념 사이렌 소리는 정읍에 있는 내 귓가에도 울리고 있었다. 올해 처음으로, 추념식에 참석하지 못하는 제주도민들이 4·3 영령에 대한 추념의 시간을 갖게 하기 위함이라고 했다. 부디 민의 마음과 관의 마음이 그렇게 충돌을 일으키지 않고 조화로웠으면 좋겠다. 내가 사는 이곳 정읍의 동학농민혁명기념제 역시 그렇게 정읍의 당당함으로 바로설 수 있었으면 좋겠다.

[2018. 04. 10.]

이순원 그리고 전상국

강원도에서 만난 작가

옛주막터는 좋았다. 무엇보다 가벼운 관광용의 분위기가 아니라 전통의 무게감이 느껴져서 좋았고, 여기서 실제로 한잔 술을 팔아 험지의 먼 길 가는 길손들을 구제하는 '제민원'의 역할을 했으면 좋겠다는 생각을 했다. 그러면서도 내장산의 계곡 매점을 떠올렸는데, 그걸 생각하니 이 옛주막터는 그냥 놔두는 것이 좋겠다는 생각으로 나 혼자 바꿨다. ('이순원 그리고 전상국' 중에서)

정읍국어교사모임에서는 2006년 새해에 이순원문학캠프, 2007년 새해에 전상국문학캠프를 진행했었다. 두 작가의 공통점은 강원도라는 점이었는데, 어떻게 눈 내리는 겨울에 그렇게 먼 강원도를 선택했는지 지금 생각해도 우리는 참 대단했지 싶다. 매회 문학캠프마다 작가를 달리하다보니 여러 지역을 다니게 되었고 강원도까지 꿈꾸게 되었을 것이다. 그런데 무슨 이유에서였던지 이순원문학캠프 때는 결과물인 문집을 제작하지 못했고, 전상국문학캠프 때는 문집제작을 안 했다는 기억은 없으나 그 증거물인 문집을 지금 찾을 수가 없다. 나 개인적으로는 두 아들 녀석이 다 참여했으니 내 것까지 하면 있어도 세 권은 있어야 하는데, 아무리 찾아봐도 없었다. 참여한 다른 선생님들을 수소문했으나, 가지고 있다는 선생님이 없었다.

동진강 관련 자료를 찾다가 한 번 읽어보고 싶은 책을 발견했는데, 사려고 해도 절판이어서 아쉬운 적이 있었다. 임영춘 작가의 〈갯들〉이었다. 검색을 하다가 인터넷규장각 사이트를 발견했는데, 골동서적 경매가가 5만원이었고 경매종료시간이 실시간으로 뜨고 있었다. 5만 5천원을 클릭하면 즉시 구매가 가능했다. 클릭의 유혹이 밀려들었지만 그만큼의 돈을 투자하기가 망설여졌다. 전상국 문집을 끝내 못 찾으면서, 그 생각이 났다. 전상국 문집 같으면 1초도 망설임 없이 클릭하겠다고.

결국 나는 두 개의 강원도 문학캠프를 문집 자료 없이 정리해야만 하게 됐다. 개인 메일에 그 흔적들이 있을 만도 한데, 정읍국어교사모임 홈페이지 활용을 권장했던 탓인지, 메일 자료도 찾을 수가 없었고, 다른 문집에서 태인여중 두 아이의 글을 찾았으나, 하나는 단순하고 하나는 노는 이야기만 늘어놓고 있어서 자료의 가치가 적었다. 나 자신과 내 아들 녀석과 태인여중 그 녀석들을 원망했지만, 지나간 일 되풀이 생각한들 무슨 소용이 있으랴.

2018년 11월 18일과 19일, 1박 2일간 나는 그 강원도 문학캠프 무대를 답사했는데, 18일에는 전상국 관련 19일에는 이순원 관련 답사를 중심으로 진행했다. 문집 자료가 없다는 고민에서 출발하여, 큰 제목 하나로 묶고 작은 제목 두 개로 이 글을 써보기로 했다. 작은 제목은 어디까지나 그 당시 염길중 선생님 작품인데, 많은 자료를 섭렵한 끝에 보물찾기 하듯 찾아낸 것이니 나는 '작품'이라고 말하고 싶다.

[이순원 작가와 함께하는, 따뜻한 삶을 그리는 문학 이야기]

"1958년 강원도 강릉에서 출생한 작가는 1988년 문학사상 신춘문예에 단편 〈낮달〉이 당선되면서 문단에 데뷔하였다. 그에 대해서 '전방위적 작가', '다채로운 이야깃거리를 가진 작가'라는 평가를 하는데, 이는 작품의 다양한 주제와 소재, 그리고 한 작가의 것이라고 하기 어려운 상이한 문체들 때문이다."

문학캠프 자료집에 실린 작가 소개 자료의 첫머리이다. 그런데 나는 이순원 소설을 그만큼 많이 읽지 못하였고, 그래서 위축되기도 했던 것 같다. 이 글을 쓰면서도 몇 번을 들썩였다. 저쪽 도서관 자료실에 가서 있는 책을 빌려다 읽어야 하지 않을까 하는 생각 때문이었다. 시골의 작은 도서관인데, 이순원의 책은 여럿 있었고, 그만큼 독자층을 확보한 작가라는 이야기였다. 지금 내가 읽고 싶은 작품은 군대 이야기라는 등 단작인 〈낮달〉, 소가 등장인물이라는 〈워낭〉, 자본주의 비판이라는 〈압구정동엔 비상구가 없다〉, 아름다운 성장소설 〈고래바위〉, 가족사를 다룬 〈수색, 그 물빛 무늬〉, 아내조차 읽고 울었다는 〈삿포로의 여인〉, 이렇게만 해도 여섯 작품이 된다. 아, 〈메밀꽃 필 무렵〉 이어쓰기라는 〈메밀꽃 질 무렵〉도 호기심이 생긴다. 하지만 어쩌랴. 나는 주어진 시간 안에 일을 마쳐야 하고 다음 일로 옮겨가야만 하는 의무 과제에 묶여 있음을.

내가 처음 '이순원'을 만난 것은 중학교 국어교과서에 실린 〈사전을 찾아가며 읽는 즐거움〉이라는 수필 작품을 가르치면서였다. 글의 제목만 보면 딱딱한 설명문이라고 생각하기 쉬운데, 자신의 체험을 쓴 재미있는 수필이었다. 궁벽진 시골에서 왔어도 잘났다는 것 보여주고 싶던 중 1이던 작가가, '문교부장관 검정필'을 장관의 이름인 줄 알고 당당히 대답해서 선생님을 웃기고 아이들을 웃기고 했다는 이야기, 그 망신 이후로 사전을 찾는 습관의 중요성을 알게 됐다는 다분히 교훈성이 있는 글이었다. 그 안에 〈은비령〉을 쓰면서 사전의 도움을 받았던 일화도 있었다.

김인정 선생님이 문학캠프에서 이순원 작가를 해보자고 제안했을 때 내가 떠올릴 수 있는 작품은 불과 그 하나였다. 〈19세〉나 〈아들과 함께 걷는 길〉은 아이들에게 쉽게 읽힐 수 있는 좋은 작품이라고 했다. 문학캠프 과제도서로 두 권을 선택하기로 하고, 나는 드디어 그때서야 그 두 작품을 구입하여 읽고, 태인여중 아이들에게도 읽게 했다. 〈강릉 가는 옛길〉도 아이들에게 읽히고 싶어서 구입했고 〈은비령〉과 〈그대 정동진에 가면〉은 나만 읽었던 것 같다.

〈19세〉는 남자 아이들의 세계가 적나라하게 그려져 있어서 상당히 놀랍기도 했지만 재미있었다. 〈사전을 찾아가며 읽는 즐거움〉이라는 지극히 교훈적인 수필의 출처가 그 〈19세〉였다. '문교부 장관 검정필'의 망신 이후로, 초등학교 상품으로 받았던 잘난 척 하기 위해 갖고 다니던 콘사이스를 졸업하고, 성교육 은사인 두 살 위 친구 이야기로 옮겨가면서 이야기는 더욱 흥미진진해진다. 성급하게 어른이 되고 싶었던 주인공은 그 방법으로 농사짓기에 도전한다. 학교도 그만두고 대관령에 가서 농사를 짓겠다는 아들도 대단한 똥배짱이었지만, 그 아들을 돌려놓고자 설득하고, 설득이 되지 않아도 믿고 지켜봐주는 부모의 교육방식도 대단했다. 정 그렇다면 공부는 하지 않아도 좋으니 책은 꼭 읽어라, 얼마나 멋있는 말인가.

나 같은 사람이나 내가 만나는 학생들이나 〈19세〉에서처럼 어른이 되는 방법으로 농사를 생각하는 사람은 아마 없을 것이다. 그 이유를 이번에 작품을 다시 읽으면서 깨달을 수 있었다. 나중에 농부가 되고 안 되고를 떠나서, 고향인 농부의 근본을 아는 것이 중요하다면서 어려서부터 아버지는 두 아들에게 농사일을 돕게 했다고 했다. 그래서 당연히 농사일이 몸에 익었으며 농사일을 하는 것이 어른이 되는 길이라고 체득할 수 있었던 것이다. 그렇게 교육할 수 있는 어른들이 얼마나 될까 생각하면, 그 아버지의 사랑이 참으로 고귀해보였다. 신경숙 작가의 어머니는 얼굴 탄다고 논밭에 절대 자식을 내보내지 않았다고 했는데, 아마도 대부분 가정이 그러할 것이다.

〈강릉 가는 옛길〉은 상당히 충격을 받았다. 초등학교 은사의 부고 소식을 들은 동창들이 모여 조문을 가기로 하면서, 주인공이 회상하는 초등학교 시절 이야기였다. 사는 형편이 어려워 도시락을 학교에 가져갈 수 없던 아이들은, 그저 소금을 훌훌 뿌려먹을 뿐인 옥수수죽을 배급받는데, 그것도 거저가 아니라 장작 하나씩을 가져와야만 먹을 수 있는 죽이었다. 그것이 창피하여 장작 가져가기를 거부하는 동생 은호, 그런 동생에게 형 수호는 교문 들어가기 전에 자기 장작을 쪼개어 기어이 손에 쥐어준다.

그 사실을 알고 문제의 선생은 잔인한 벌을 내리는데, 그 벌이란 게 형제가 마주서서 서로의 뺨을 때리게 하는 것이었다. 그 선생에게 저항하여 끝까지 버티는 형 수호는, 맞고도 정신이 맑아지는 체득을 하는데 참 어른스럽다는 생각을 했다. 이에 대처하는 아버지의 깊은 속도 돋보였다. 그런 문제의 선생임에도 결국 주인공은 조문을 가기로 했다는 것인데, 그 문제의 선생도 누군가에게는 잊을 수 없는 고마운 은사님이 될 수 있다는 것을 표현한 구절도 인상적이었다. “이건 누가 옳다 그르다 얘기가 아니라 누구를 마음속에 잊을 수 없는 스승으로 둔다는 건 그것 자체로 순수하고 아름답다는 생각 말이다.”

〈아들과 함께 걷는 길〉은, 신사임당이 어린 율곡의 손을 잡고 건너다녔던 대관령 옛길을, 작가인 아버지가 초등학교 5학년 아들과 대화를 나누며 걸었다는 이야기를 담고 있다. 초등학교 5학년 아이가 어떻게 이렇게 어른스러운 말들을 하고 생각을 할 수 있을까 감탄했다. 율곡이 과거시험을 보러 가기 위해 힘든 대관령을 넘는데, 가져간 곶감 100개를 굽이마다 하나씩 빼먹었더니 마지막엔 하나만 남더라는 이야기가 있다. 그래서 ‘대관령 아흔아홉 굽이’라는 말을 한다는 것이다. 〈아들과 함께 걷는 길〉에서 아버지와 아들은 대여섯 시간 걸려 서른일곱 굽이를 돌고, 집으로 가는 마지막 샛길에서 ‘어둠 속에 빛나는 노란 손수건’을 바라보면서 이야기를 마무리한다.

'1차 독자의 관문'을 넘기가 얼마나 어려운 일인지 말하는 작가의 이야기에 많이 공감이 갔었는데, 가족사 이야기를 작품에 써놓고 아버지에 대한 죄스러움에서 자유롭지 못한 작가와, 그런 작가 아버지를 어른스럽게 '노란손수건' 이야기로 위로하는 어린 아들의 모습이 예뻤다. "아들은 저를 용서하면 그 나무 꼭대기에 수건 하나를 걸어 달라고 했는데, 아들을 기다리는 아버지는 그 나무에 얼마나 많은 수건을 매달았는지 몰라요. 나무 전체가 샛노랗게 보일 정도로요."

〈은비령〉은 학생들에게 읽히기엔 적합하지 않겠다고 생각했다. 작가는 "죽으면 화장하여 은비령에 뿌려달라"고 말했을 정도로 이 작품에 긍지를 보인다고 한다. 이 작품은 TV로도 방영되었으며 많은 탐방객들이 찾아오다보니, 한계령의 허리께 가상의 고개 이름으로 작가가 만든 '은비령'이 실제 지도의 지명으로 등록되는 놀라운 효과를 만들어냈다고 한다. 이 작품을 읽으면서 나는, 이순원 소설이 술술 읽히는 흡인력을 가지고 있지만, 그것이 오히려 통속성을 느끼게 할 수도 있을 단점이 되겠다는 생각을 한 것 같다. 〈그대 정동진에 가면〉도 다소 그러한 면을 느꼈다. 대단히 비판적이고 깊이 있는 주제인데 다소 가볍게 다루지 않았나 하는 생각이었을 것이다.

2005겨울문학캠프 일정

[2006. 1. 3.]

정읍시청 앞 출발 → 버스 안에서 활동(자기소개, 질문지 작성, 독서퀴즈) → 입소식(대관령유스호스텔) → 모둠판 만들기(모둠소개, 독서소개, 작가 대화 준비,

노란손수건 만들기, 완성 후 벽면에 게시) → 작가와의 대화 → 글쓰기 지도, 노가바 준비

[2006. 1. 4.]
이순원 문학기행, 선생님과 함께 걷는 길(대관령 옛길, 정동진, 숙소) → 백일장 → 모둠별 노가바 발표회 → 공동체 놀이마당(캠프파이어, 달집태우기+노란손수건)

[2006. 1. 5.]
작가에게 편지 쓰기 → 활동 결과 시상, 퇴소식 → 버스 안에서 활동(소감 발표, 노래하며 충전하기) → 정읍시청 앞 도착

2006년 새해이긴 하지만 2005학년도가 진행 중이므로 그때 우린 2005겨울문학캠프라는 이름을 썼고, 1월초를 잡는 이유는 그 기간이 보충수업에서 자유롭기 때문이었고, 화요일부터 시작하는 이유는 월요일 하루를 두어야 현실적인 준비를 챙길 수 있기 때문이었다. 나이 들고 보면 새해에 원대한 포부로 씩씩하기보다 허망하게 흘러가버리는 세월에 대한 무상감에 젖기 쉬운데, 나 같은 경우 연초의 문학캠프는 그럴 여지를 완전히 없애주는 역할을 했던 것 같다. 아이들을 가르치기 위해 교사인 내가 가장 많이 공부한다는 말이 맞기도 했다.

강원도 대관령을 목적지로 하고보니 버스 안에서 보내는 시간을 일곱 시간으로 잡아야 했었다. 정작 숙소에 가서의 시간이 부족할 수밖에 없는 상황이고 보면, 독서퀴즈 활동도 버스 안에서 진행해야만 했다. 워

크북을 활용하여 내용을 읽으며 빈칸을 채우게 하는 활동은, 학생들을 몰입하게 하고 교사들에게 여유를 주는 시간이 되었다. 자기소개는 피할 수 없는 관문이고, 살면서 부딪치는 경우들에 대한 연습이라고 생각할 수 있도록 했다. 작품을 얼마나 읽었는지 확인할 수 있는 독서퀴즈는 갈 때의 시간 말고도 전체적으로 버스 이동 시간 사이사이를 보며 조절했다.

돌아올 때 버스에서의 시간은, 이 문학캠프가 성공했는지 여부를 가늠할 수 있는 잣대가 되기도 한다. 소감발표를 모둠별로 하게 하는데, 모둠장이 중심이 되어 그 모둠의 분위기를 보여줄 수밖에 없는데 그 화기애애한 분위기에서 교사들도 보람을 느끼게 되곤 한다. 노래를 하는 것도 중요하다고 생각하지만, 갈수록 안전문제 때문에 어려움이 많은 것이 이 활동이기도 하다. 옛날 '수학여행' 시절에는 버스만 타면 뽕짝을 틀고 자리에서 일어나 춤추고 놀던 아이들이 많았다. '현장체험학습' 시절에는 가사를 적은 종이를 나누어주고 같이 노래를 부르며 놀았고, 노래방 기계가 설치되고서는 앞에 나와서 마이크로 노래를 불렀다. 안전벨트가 의무화되면서부터는, 앉은 채로 노래방 기계를 활용하여 돌아가며 노래를 불렀다. 노래방 기계도 쓰면 안 된다고 하면서부터는, 각자 휴대폰을 활용하여 반주를 넣고 부르던가 반주 없이 부르던가 하도록 했다. 그냥 노래로 그치는 것이 아니라, 노래와 말하기를 함께 하는 것이 좋았고 어떤 때는 말하기가 더 재미있는 경우도 있다. 그냥 알아서 쉬든가 놀든가 놔두는 것은 오히려 사람을 피로하게 한다는 것을 느낀다. 다들 자고 또 자고 하다가 도착하면 졸린 눈을 억지로 뜨면서, 그나마 했던 일들도 뭘 했지? 하며 까먹고 멍하니 집으로 향하는, 그런 문학캠프는 되고 싶지 않았었다.

작가와의 대화, 이 시간이 성공하기란 쉽지가 않은 것 같다. 녹취한 것을 글로 옮기고 보면 참으로 귀하고 귀한 내용인데, 현장에서는 그 효과가 가려질 때가 많고, 글로는 재미있는 작가가 말로도 재미있는 것은 꼭 아니기 때문이다. 어떤 작가는 그러한 이유들 때문에 특히 학생들을 대상으로 하는 강연을 극구 피하기도 한다. 그래서 우리는 항상 작가와의 대화를 수락해주는 작가가 정말로 감사했다. 이 시간이 있기에 아이들도 교사도 문학캠프에서 '문학'을 구체적으로 가까이 알게 되기 때문이다.

이순원 작가는 대단히 신선했다. 권위를 내세우거나 거리의 벽을 만드는 작가가 아니었다. 처음 시작을 퀴즈를 내서 맞추는 학생들에게 상품을 주는 식으로 참여를 유도했고, 모둠별 질문 시간에는 질문을 잘하는 학생에게 책을 선물하기도 했다. 내 머리의 한계로 하여 그때의 내용들을 기억할 수가 없다는 것이 아쉽지만, 그 새롭던 분위기만은 기억에 남아있다. 작가는 다음날 기행 때도 생가에서 부모님과 함께 우리를 맞이하고 설명을 해주었다. 원래 생가 앞 나무에서, 전날 만들었던 노란 손수건들을 매달기로 했는데, 그 부분은 교사의 느린 움직임으로 하여 생생하게 연결이 안 되었던 것 같다. 정동진을 갈 때도 작가가 동행했는지 안했는지는 기억에 없지만 '헌화로'를 설명했던 기억이 난다.

〈아들과 함께 걷는 길〉에서 차용하여 우리는 '선생님과 함께 걷는 길'을 문학기행으로 계획했는데, 하고 싶은 내용은 많았으나 그것이 제대로 학생들에게 투입되게 하는 것은 상당히 어려운 문제였던 것 같다.

선생님과 함께 걷는 길

1. 침묵의 길 : 이형미 선생님

☞ 대관령 옛길 입구에서 원울이재까지, 자연의 소리 마음의 소리에 귀 기울이며 침묵으로 걷기, 2모둠에 교사 1명 동반함. 한마디라도 말을 하는 모둠은 실점.

2. 자연의 길 : 김인정 선생님

☞ 원울이재 - 옛주막 - 원울이재, 오가며 모둠원들이 알고 있는 풀, 꽃, 나무에 대해 다양하게 말하기. 모둠장은 그 내용을 기록하여 교사에게 제출. 가장 구체적으로 많이 기록한 모둠이 승점.

3. 우정의 길 : 염길중 선생님

☞ 원울이재 - 다리까지, 남녀 손잡고 걷기, 모둠별로 짝을 만들도록 하며, 남녀 비율로 보아 남1, 여2 식으로 할 수 있다. 규칙을 지키지 않으면 실점.

4. 노란 손수건 매달기의 길 : 박래흥, 진용철 선생님

☞ 작가 생가 입구 나무에 미리 노란 손수건들을 매달아 놓는다. 노란 손수건에는 각자 이름과 소망 등이 적혀 있다. 학생들이 대관령 옛길에서 작가 생가로 올 때, 작가와 부모님, 선생님들이 노란 손수건과 함께 맞이한다.

5. 마음 풀기의 길 : 홍숙정, 박래흥 선생님

☞ 강릉역에서 12시 30분 기차 출발 - 정동진 도착(45분), 기차에서 내려 설명을 들은 후 다음 선생님 있는 곳까지 모둠별 마음껏 소리 지르며 달리기. 가장 씩씩한 모습을 보이는 모둠이 승점.

6. 옥수수죽 체험의 길 : 김규경, 정찬숙 선생님

☞ 숙소에 도착, 장작 패기(모둠장), 모둠장(형)에게서 장작을 받은 동생은 장작으로 옥수수죽을 배급 받아 먹는다. 옥수수죽을 먹은 후 놀이 체험 하나(그네, 널뛰기, 썰매타기, 굴렁쇠, 투호, 팽이 등). 협동심과 우애를 보이는 모둠이 승점.

'선생님과 함께 걷는 길'은 지금 봐도 참 세심하게 계획했구나 하는 생각이 든다. 숙소인 대관령유스호스텔까지도 '대관령 옛길' 선상에 있었으니까. 그런데 그 길의 과정 과정이 지금 생각해보면 도무지 떠오르지 않는다는 것이 문제였다. 문집이 있으면 그걸 보고 기억을 살리겠는데, 이 많은 내용을 어떻게 진행했는지 감이 잘 안 왔다. '남녀 손잡고 걷기'는 교사들 협의에서 나온 재미있는 발상이었는데, 우려했던 상황은 기우였고 나름 재미있었던 것 같다. 강릉역에서 정동진까지 기차를 타보려고 나는 나름 무지 준비했던 기억이 난다. 너무도 짧은 구간이었지만, 기차를 탄 바로 내 발 밑으로 맑은 파도가 밀려오는 신비감에 무척이나 황홀했었다. 생애 처음 보는 풍경이었다.

옥수수체험은 문제가 심각했다. 〈강릉가는 옛길〉의 체험을 살려보자는 취지였는데, 장작 패기가 아무래도 위험의 요소가 있어서 모둠장 형이 해서 모둠원들에게 나눠주기로 했고, 그걸 내고 옥수수죽을 식사로 받아먹기로 했다. 문제는 다른 것이 아니라, 이런 '사람이 먹지 못할 죽'을 어떻게 먹으라 하는 것이냐고 징징거리는 아이들이 있었다는 것이다. 이러한 활동까지 구상하신 선생님께 경의를 표하는 아이도 있었던 반면, 이러한 말도 안 되는 학생 권리 침해의 속뜻을 이해하지 못하는 아이들이 꽤 있었다는 것이다.

노래가사바꿔부르기 활동은 문학캠프에서 처음이었는데 그다지 성공한 것 같지는 않다. 촌극, 시극, 시낭송무언극, 소설영상시, 사진영상시 등 매회 형식을 달리하며 프로그램을 계획했고, 그중 안 해 본 '노래가사바꿔부르기'를 했던 것인데, 의외로 가사를 외워 '함께' 부르는 활동에 요즘 아이들은 굉장히 약했던 것 같다. 더더구나 '함께' 율동은 더 잘 못했다. 교사들 중에도 학생들 중에도, 이런 걸 왜하는지 모르겠다, 는 말이 나오기도 했었다. 내용은 〈아들과 함께 걷는 길〉을 기본으로 하여 모둠별로, 이 길은 누가 만들었나, 농사짓는 일을 깔보는 사람들, 아빠가 글을 쓸 때의 마음, 물푸레나무 회초리와 물푸레나무 책상, 아이의 길 어른의 길, 아들의 여자친구, 우리가 아직도 가야할 먼 길에 대하여, 어둠 속에서 빛나는 노란 손수건, 이렇게 각자 다른 주제를 주어 준비하게 하였다.

공동체놀이마당은 숙소에서의 전문가를 투입했는데, 오히려 만족하지 못한 경우였다. 아이들은 같이하는 교사가 진행하거나, 학생 사회자가 나서서 진행하는 것을 더 좋아했던 것 같다. 학생들의 참여가 더 적극적으로 이루어지기 때문일 것이다. 학생이 사회를 보면 자칫하면 분위기가 넘쳐서 문학캠프의 놀러온 '캠프'만 강조되는 결과가 되기도 한다. 학교에서의 활동하고 또 달라서 문학캠프의 입장에서는 세심하게 준비할 필요가 있었는데, 대관령유스호스텔에서는 기대와 다르게 부정적인 평가가 나왔었다.

2018년 이순원 문학 배경지 답사

11월 19일(월)

정동진 해돋이 → 강릉역(기차 탑승) → 정동진 역 → 정동초등학교 → 경포대 → 위촌리 송양초등학교 → 작가 생가 → 대관령 옛길 → 가시머리 → 차항 → 정읍

정읍문학캠프에서는 이순원 작가가 먼저였지만, 나의 2018년 답사는 순서를 달리 해서 이순원 작가를 둘째 날에 했다. 하루 묵는 숙소는 창밖으로 파도치는 바다가 보이는 '썬사인하우스'였다. 인터넷으로 보았을 때는 환상적이었으나 실제는 열악했다. 낡은 개인집을 수리한 듯한 좁은 공간에, 세면대도 없고, 물 내리는 소리며 이야기하는 소리며 방음이 전혀 안되었고, 실내에 비치된 두루마리화장지는 내가 써본 것 중 최저 품질이었다. 그러나 이상하게도 기분이 나쁘지는 않았던 것 같다. 내 젊은 날 방황기였던가, 알지 못하는 농가의 문을 두드려 하루 묵었던 일도, 독서실에 처박혀 겨울이 아님에도 그늘에 추워 떨던 기억도 났다.

숙소의 바로 앞에서 저녁 식사를 했는데, 해물김치전은 만든 방식이 참 특이했으며 칼국수 국물은 처음 보는 색깔이고 맛이었다. 손님인줄 알았던 사람들은 듣고 보니 정동 사람들이었다. 국물이 낯설고도 맛이 있어 비법을 물으니 주인은 친절하게 알려주었는데, '양념된 고추장'을 국물에 풀어야 하고 해물과 양파 등 여러 가지를 넣고 오래오래 끓여 국물 맛을 낸다고 했다. 숙소인 썬사인하우스의 밤은 무지 시끄러웠다. 일이 끝나고 온 사람들인지 시끌벅적하게 이야기판이 끝도 없이 계속되는데, 도무지 잠을 잘 수가 없었다. 그럼에도 그다지 기분 나쁘지 않았던 이유는, 그들이 다 정동의 사람들이었다는 생각 때문이었던 것 같다.

이순원 〈그대 정동진에 가면〉은 그 정동 사람들 이야기였다.

“연탄 가루가 날리던/ 그곳 바닷가에서/ 앞으로 어떤 세상으로 나갈지 모를 게처럼/ 작은 몸들을 두 칸짜리 기차에 싣고 다녔던/ 그 시절의 어린 친구들에게 이 책을 바칩니다.”

“나로서는 누군지도 모를 이 글을 읽는 그대, 언제고 정동진에 가거든 지금보다 조금은 더 경건한 마음을 가져주길 바란다. 내가 자랐던 한때에도 그랬고, 그리고 그 모든 것이 바뀐 지금도 그곳엔 나와 그대가 알지 못할 그곳 사람들의 힘겹고도 아픈 삶이 있다.”

— 이순원, 그대 정동진에 가면

아마도 난 작가의 의도대로 ‘조금은 더 경건한 마음’을 가지려 했던 것 같다. 하지만, 시간을 가지고 속살을 들여다보지 못하고 들러 가는 식으로 빨리 떠나야 하는 나로서는 미안한 마음을 가질 수밖에 없었다. 정동진의 거대한 ‘모래시계’와 엉성한 ‘소나무’와 과시용 ‘시비’와 일출 배경으로 막고 섰는 ‘배 모형’은 어쩔 수 없이 내 눈에 거슬렸던 것 같다. 강릉역으로 가서 정동진역까지 기차를 탔는데, 출발하고 한참을 높은 차벽이 이어졌고 좀 가다가는 터널이 반복해서 나타났고 바다가 보이는가 싶으면 바로 옆으로 자동차도로가 있고 그 위로 자동차들이 달리고 있었다. 안인역에 서지 않을까 기대했지만 안인 표지는 보지 못했고, 눈 깜빡이는 찰나 같은 사이에 나는 정동진역에 내리고 말았다.

2005겨울문학캠프 때와 무엇이 달랐던 것일까? 그때는 강릉에서 정동진역까지 두 구간이었던 것 같고 창밖으로 자동차길 없이 바로 맑디맑은 바다를 보았었다. 학생들과 함께 있으니 모래시계도 그다지 크게 보이지 않았고 소나무도 그땐 좀 더 건강했고 시비도 사진찍기용으로 좋았던 것일지. 정동진 작품의 대강을 설명했겠지만, 직접 읽지 않은 아이들이 그 감을 잡기엔 멀었을 것이다. 바다 앞에서 아이들은 프로그램 요구대로 함성을 지르고 하고 싶은 대로 즐기고 그랬을 것이다. 그때 '헌화로'도 갔던 것 같다.

하지만 2018년 답사에서는 "시간이 없는데 꼭 가야겠어?" 남편의 말에 헌화로를 포기했다. 〈그대 정동진에 가면〉을 다시 읽으니, 안인에서 정동진 구간 기차를 꼭 타볼 것이며, 헌화로에 꼭 가보라는 말이 강조되고 있었는데 말이다. 헌화가는 신라 성덕왕 때 한 노옹이 수로부인에게 꽃을 바치며 불렀다는 4구체 향가이다. "붉은 바위 가에/ 잡고 있는 암소 놓으라 하시고/ 나를 아니 부끄러워하신다면/ 꽃을 꺾어 바치겠나이다." 이순원 작품에서는, "그 길로 지금 제가 가는군요. 부채끝 절벽엔 아직 꺾어 바칠 꽃이 피지 않았지만 암소 대신 자동차를 끌고"라고 적고 있다. 헌화가 배경지로는 정동진 말고도 삼척, 울진, 영덕이 마찰을 빚고 있다는 것이 흥미롭기도 했는데, 이 부분은 공부가 필요할 것 같다.

소설을 읽으며 주인공이 다녔던 '정동초등학교'가 실제로는 아마 없을 것이라고 생각했는데, 정말로 정동진에 그 초등학교가 있다는 것이 신기했다. 바닷가에 바로 가파른 산자락이 있다는 것도 나는 신기한데, 초등학교 가는 길 한편에도 산이 있었다. 그러한 양지바른 산을 보면 나는 진달래꽃무리를 보는 환상에 빠지곤 한다. 소설에는 '진달래꽃'을 따서 먹을 것과 바꿔먹곤 하는 탄을 캐는 가난한 아이들 이야기가 나온다. 정동진으로 들어올 때 지나는 '동해1호 터널' 위의 산고개는 진달래꽃이 만발했다는 '화비령'이라고 했다.

"한 번은 난리 때 바다로 배를 타고 들어온 북쪽 오랑캐를 보고 놀라고, 또 한 번은 요새 기차를 타고 밀어닥치는 서울 오랑캐를 보고 놀랐다"는 대사가 작품 속에 나오는데, 이순원 작품에서 종종 보는 현대문명과 자본에 대한 강력한 비판 의식을 이 구절에서도 느낄 수 있었다. 하지만 그것마저도 옳을까, 하는 생각을 나는 하게 된다. '헌화로'를 가보라 했지만, 가장 아름다운 길로 소개되는 그곳을 헌화가의 배경지로 제대로 이해하고 가는 사람은 많지 않을 것 같고, 바다와 가장 가까운 정동진의 해안 길을 만들고 유지하기 위해 동해 바다의 연안이 끝없이 침식되고 있을 거라는 우려를 할 수밖에 없었다.

대관령을 보며 어린 시절의 작가는 늘 저 큰 령 너머엔 뭐가 있을까 항상 궁금했다고 한다. 대관령을 넘는 것을 곧 '성장'의 의미로 생각했던 것이다. 강릉으로 가면서 나는 그 대관령을 보았다. 내가 살고 있는 정읍 지역이 참으로 평야지대였다는 것을 깨달았고, 내가 사는 곳과 다른 강원도의 풍경이 무한히 신비로웠다. 대관령은 백두대간답게 온통 시내를 감싸며 뻗어가고 있었다. 자동차로 이동하는 어른인 나는 그 시절의 어린이들처럼 순수한 눈을 가질 수 없다는 것을 알기에, 그 사이사이 간격을 '상상력'으로 좁히기 위해 많은 애를 써야 했다.

이순원 작가는 자신의 고향 사랑을 실천하기 위하여, 산악인 이기호와 함께 '강릉바우길'을 개척하였다는 것도 나는 새롭고 존경스러웠다. 강릉바우길 2구간이 〈아들과 함께 걷는 길〉에 나오는 '대관령 옛길'이고, 10구간인 심스테파노길의 종점이 이순원 모교인 송양초등학교이고, 11구간인 신사임당길의 출발점이 또한 송양초등학교이다. 신사임당이 이 초등학교가 있는 마을을 지나 대관령을 넘어갔던 것이다. 작가는 지리적 감각도 탁월해서 그곳에 실제 가보지 않고 지도만 보고도 실제처럼 그려낼 수 있다고 하는데, 길 감각 제로인 나로서는 너무도 그러한 능력이 부러웠다.

소설 속에 '우추리'로 등장하는 성산면 위촌리에는 작가의 모교인 송양초등학교가 있고 지금도 어머니가 살고 계시는 작가의 생가가 있다. '위촌리 대동계 도배마을', '성산이씨 간성군 세장동'이라는 마을 표지석이 있었고, 마을회관은 내가 보았던 다른 농촌의 회관들과는 분위기가 많이 달랐다. 뭐랄까 살아 움직인다는 느낌을 받았고, 여성인 마을 이장의 시원시원한 목소리가 그 느낌을 더했던 것 같다. 순원이 순원이 하면서 가족을 말하듯이 집을 안내해주는 것도 그러했다.

도배마을의 '도배'는 '여럿이 함께 절하는' 의미를 가지고 있고, 이 마을의 전통으로 내려오는 합동세배라든가 유교적인 정서를 짐작할 수가 있겠다. 〈말을 찾아서〉에서 아들이 없는 친척 어른의 양자로 가는 주인공의 이야기가, 이런 마을이었기에 나올 수 있었다는 것을 알 수 있을 것 같았다. 〈말을 찾아서〉에서 잠깐 생각한 건데, 이효석 〈메밀꽃 필 무렵〉의 느낌을 받았다는 것이었다. 전상국과 김유정, 이순원과 이효석, 그들이 좋아한 고향의 작가와 강원도에 대하여 생각해볼 수 있었던 것 같다.

2005겨울문학캠프 때는 작가의 부모님 두 분을 다 뵈었지만 세월은 무상하여 2018년에는 어머니만 뵐 수 있었는데, 어머니는 아직도 고우시고 청력이 좋고 기억력이 좋았으며, 아들에 대한 자부심이 컸다. 아마도 그때 우리가 매달았던, '노란손수건'을 기억하시고 다 떼어가더라는 말씀까지 했다. 나는 방안에 들어가 액자의 사진이며 앨범의 스크랩자료까지 볼 수 있었고, 대관령 홍시까지 선물로 받았다. 김남주 시인과 달리, 이 어머니는 아들들이 건강하게 찾아다니고 마을이 다정하여 복이 많으신 거라고 문득 생각했고, 사전 약속 없이 방문한 나의 무례를 그로 하여 잠깐 변명도 해보았던 것 같다.

대관령 옛길, 가서 아름다웠더라고 말하리라. 강릉바우길 2구간 전부를 걸을 수는 없었고, 아마도 2005문학캠프 때의 구간도 다 걷지는 않았지만, 대관령 길은 저 너머 신비의 세상 같았다. 원울이재는, 강릉에 부임하면서 원님이 울며 넘을 만큼 험한 곳이었다는 의미의 이름인데, 우리말의 이름이 참 멋있고 정겹다는 것을 새삼 강원도에 와서 느낀다. 그 원울이재를 정확히 파악하지 못했고, 대관령박물관 앞에서 대관령 옛길 표지석을 보며 아 여기에 왔었지 떠올렸고, 실제로는 정확히 '우주선 펜션' 자리에서부터 '옛주막터'까지 왕복으로 걸었다. 불과 한 시간이었지만, 나는 정말로 서울로 과거보러 가는 선비가 된 기분이었고, 산속의 물이 이렇게도 너르고 깊다는 것을 알았고, 우리 산천이 이렇게도 아름다웠다는 것을 가슴으로 느꼈다.

'우주선 펜션'에 대해서는 조선시대와 우주선의 부조화를 지적하는 말도 있고, 우주선이 멈출 만큼 아름다운 풍경이라는 말도 있는데, 나는 요즘 자치단체 홍보용으로 등장하는 '과학'을 떠올렸다. 오마도 간척지 공원에 갔을 때 바로 옆에 있던 천문관을 보며 떠올렸던 그런 기분이랄까. 우주선 모양의 화장실이 특이했지만, 그 안에 들어가면 우주로 빨려 들어갈까 봐 들어가지는 않았다.

옛주막터는 좋았다. 무엇보다 가벼운 관광용의 분위기가 아니라 전통의 무게감이 느껴져서 좋았고, 여기서 실제로 한잔 술을 팔아 험지의 먼 길 가는 길손들을 구제하는 '제민원'의 역할을 했으면 좋겠다는 생각을 했다. 그러면서도 내장산의 계곡 매점을 떠올렸는데, 그걸 생각하니 이 옛주막터는 그냥 놔두는 것이 좋겠다는 생각으로 나 혼자 바꿨다.

〈19세〉의 배경지는 가장 기대가 컸었다. 주인공의 고향집은 문학캠프 때도 가보았지만, 대관령 배추밭은 가보지 못했던 것이 많이 아쉬움으로 남아있기도 했었다. 인터넷 검색을 많이 해보았는데, 그때 등장한 것이 '안반데기'였다. 떡을 칠 때 쓰는 나무 판 '안반'의 모양이라서 안반데기라 했다. 해발 1천 미터 너무 추운 곳이라서 이곳의 소들은 겨울에 하숙을 보낸다는 것도 재미있었고, 화전민의 삶터로 개간된 곳이라는 역사도 처음 알았는데, 인터넷 사진으로 보는 광활한 배추밭 풍경은 과히 환상이었다.

하지만 나는 '안반데기'와 '가시머리'와 '차항' 중에서 한 곳을 빼야만 했고, 안반데기를 뺐다. 〈19세〉에서 주인공은 가시머리 감자밭 2천 평과 차항 배추밭 5천 평 해돋이 땅을 얻어서 농사를 짓는다. 이태 동안의 농사로 어른처럼 돈을 벌고 오토바이를 몰고 술을 마시지만, 그게 제대로 된 농사꾼이 아니라는 것을 깨닫고, '어른 노릇'이 아닌 '어른 놀이'였다는 것을 깨닫고, 학교로 돌아가기로 한다. 그 깨달음의 큰 동기이기도 했던 승태 누나를 오토바이에 태우고 주인공은 이곳에 온다. 자신의 성공지대를 보여주고 고백을 하지만, 누나는 그 고백이 부끄럽지 않게 멋진 말로 주인공의 마음을 바로잡아준다. 나는 그 자리를 찾아보려고 한 셈이었다.

11월 중순, 당연히 감자밭도 배추밭도 볼 수 없어서 이번에도 나는 상상력으로 그 간격을 메워야 했다. 산을 깎아 밭을 만들었을 텐데, 내가 사는 지역의 사고라면 자연 훼손이 되겠지만 이곳의 사고라면 힘겹게 먹고 사는 삶의 터전이 될 것이다. 그때 잠깐 북한의 나무 없는 산과 굶주림을 생각했다. 이제 남한에서는 그러한 곳들이 관광지가 되는 것 같다. 내가 와본 곳은 그래도 관광지역은 아니었고, 주인공이 승태 누나와 앉았을 빨간 집이 보이는 너른 밭을 상상할 수 있는 곳은 많았다. 어느 곳에는 수확하지 않고 남아있는 몇 포기의 배추가 있기도 했는데, '배추사냥'이라고 표현하면서 배추를 찾아다닌 걸 생각하면 웃음이 나온다. 밭이 있는 산 아래로는 신기하게도 많은 수량의 천이 흐르고 있었는데, 주인공이 피고름 흐르는 어깨에 물지게를 메고 산비탈 밭까지 물을 날랐을 광경을 떠올렸다. 똥배짱의 19세이지만, 그 농부의 마음이 소중한 보물이었던 것이다. 그래도 밭이 다 비어 있으니, 올해 배추 농사는 다 내다 팔 만큼 성공한 것인가 보다 나는 지금의 현실을 밝게 생각하고 싶었다.

이번 강원도 길에서, 나는 해가 떠 있는 시간이 얼마나 귀한 것인가를 깨달았다. 더 갈래도 눈으로 볼 수가 없으니 불가능이었고, 캄캄한 길을 달려 정읍의 집으로 와서, 나는 이순원 작가 어머니께 받은 대관령 홍시 두 개를 그 어머니보다 한 살 적은 나의 시어머니께 드렸다. 그래도 대관령 홍시인데 나도 하나 먹고 싶었노라는 남편의 아쉬운 소리를 접은 채.

[전상국 작가와 함께하는, 화해와 희망을 찾아가는 소설 이야기]

두 아들 녀석이 함께 참여한 문학캠프가 전상국문학캠프였고, 큰녀석에게 가장 기억 남는 문학캠프를 물었을 때 대답이 전상국문학캠프였다. 작은녀석은 딱 두 번 참여했는데, 두 번 중에 긍정성을 가지고 참여한 것이 이 문학캠프였고, 독서골든벨에서 영광의 1등을 차지하기도 했었다. 그 최종 문제의 답이 '살모사'였는데, 이 녀석 혼자 답을 썼고, 어떻게 어려운 답을 쓸 수 있느냐는 사회자 질문에, 누구나 다 알 수 있는 것 아니었느냐고 퍽 시크한 대답을 했던 것 같다. 그때가 중학교 1학년 겨울이었다. 〈아베의 가족〉을 받아들고 아이는 제 방에 처박혀 꼼짝 않고 책을 정말로 꼼꼼히 읽었었다. 그때를 생각하면, 나는 조금 슬퍼진다. 아이는 많이 변한 것만 같아서다.

큰아들 녀석은 네 살 때부터 문학기행에 따라다녔고, 중학교에 들어가면서부터 엄마와 독립적으로 정읍문학캠프에 계속 참여했었다. 처음에는 엄마의 권유로 시작했어도 나중에는 저 스스로 친구들을 모아서 오는 식이었다. 아들이긴 해도 내 모둠이 아니므로 구체적인 활동모습을 볼 수는 없고 궁금하기는 하고, 한번은 모둠지도교사에게 물은 적이 있었다. 소감말하기 시간에 뭐라 하더냐고. 보충수업 받기 싫어서 문학캠프 왔다고 그러더라고 했다. 그 답을 듣는 순간의 기분은 참 많이 속상했다. 아들에 대하여 속상하기도 했고, 그 선생에 대해 서운하기도 했고, '문학캠프'에 대한 회의를 만드는 대답이었기 때문이다.

문학캠프가 아이를 이렇게 성장시켰노라고 말하고 싶은 것은 국어교사로서의 욕심일 것이었다. 눈에 보이는 것에 연연하고 일희일비한다는 것은 바람직하지가 않다. 내가 이렇게 열심히 하는데 너는 왜 몰라주느냐고 그런 말을 한다면, 그것은 이미 실패한 교사의 모습일 것이다.

큰아들 녀석은 전상국문학캠프에서 재판극을 했던 것이 가장 기억에 남는다고 했다. 자기가 재판극에서 하는 것을 보고 엄마가 놀라워했었다고, 자기 모둠이 그때 상도 받았었노라고, 10년 세월이 훌쩍 지나 엄마가 던진 질문에 아들은 그렇게 대답했다. 교사인 나보다 학생인 아들이 더 기억하는 경우가 된 셈이다. '몸이 기억한다'는 말을 문득 생각한다. 자기가 움직여서 한 일은 각인되어 오래도록 잊지 않는 것이다. 나는 전상국문학캠프 때 특별히 움직여서 한 일이 없었던 것 같다. 홈페이

지나 문집의 힘을 빌릴 수 없다는 변명으로 이렇게도 기억을 해낼 수 없으니 할 말이 없다. 아, 무엇보다 내가 사전답사를 가지 않았었구나.

2006겨울문학캠프 일정

[2007. 1. 4.]

정읍 출발 → 버스 안에서(자기소개, 모둠별 질문지 작성) → 입소식(춘천 강촌 유스호스텔) → 모둠판 만들기(모둠 이름 짓기, 모둠 수칙, 모둠원 소개) → 소설 재판 재현극 대본쓰기 → 작가와의 대화 → 워크북 독후활동 → 모둠 시간으로 정리

[2007. 1. 5.]

재판 재현극 연습 → 김유정 문학촌 탐방(전상국 작가 안내) → 춘천댐, 신숭겸장군 묘(〈아베의 가족〉 배경지, 유적지) → 애니메이션 박물관 → 백일장 → 독서골든벨 → 소설재판 재현극 발표 → 놀이 한마당 → 모둠 시간으로 정리

[2007. 1. 6.]

작가에게 편지 쓰기 → 활동 결과 시상, 퇴소식 → 버스 안에서(소감 말하기) → 정읍 도착

2018년 전상국 문학배경지 답사

[11월 18일 일요일]

정읍 → (박경리 토지문화관, 박경리 문학공원) → 김유정문학촌 → 금병의숙터 → 전상국 서재(아베의 가족) → 인람리 호수(아베의 가족 배경지)

→ 홍천 지르매재, 와야삼거리, 말무덤이고새(동행 배경지) → 구듬치 → 동창초등학교 → 동창마을(작가 생가터, 만세공원) → 정동진

전상국 작가를 만났을 때 고향의 작가 김유정에 대한 사랑과 봉사는 퍽 인상적이었다. 문학캠프 첫째 날 두 시간 이상 작가와의 대화 시간을 가졌는데, 둘째 날까지 어린 독자들을 위해 김유정문학촌을 직접 안내하고 애정을 다하여 설명하는 촌장의 모습은 아름다워 보였다. 어느 호수가 보이는 곳에서 〈아베의 가족〉에 대한 작가의 설명을 들었다고, 나는 어렴풋하게 기억을 끄집어냈는데, 그 기억을 확신할 수가 없었다.

애니메이션 박물관은 문학캠프와 관련은 없는 부분이었는데 의외로 이런 부분이 아이들에게 인상 깊은 기억을 남기기도 한다. 윤흥길문학캠프 때 별자리 관찰도 그러했는데, 요즘 강조되는 융합교육의 한 모습일 수도 있겠다.

2006겨울문학캠프의 기억은 거기까지가 한계여서, 어쩔 수 없이 난 올해 다녀온 답사를 근거로 2006전상국문학캠프를 정리할 수밖에 없게 됐다. 2006겨울문학캠프 과제도서는 전상국 소설집 ≪아베의 가족≫이었고, 그 소설집에는 〈우상의 눈물〉, 〈아베의 가족〉, 〈우리들의 날개〉, 〈동행〉, 네 편의 작품이 실려 있었다. 다시 읽어보니 무게가 결코 가볍지 않다는 생각이 들었고, 다시 읽어도 좋았다.

작가는 고등학교 때 선생님에게 어휘력과 문장력이 형편없다는 말을 들었다고 하는데, 그럴 수 있겠다는 생각이 들기도 할 만큼 전상국 작가의 문체는 다른 작가들과 좀 다르게 특이한 것 같았다. 술술 읽히지 않았고 나는 자꾸 거꾸로 돌아가서 읽곤 하였다. 내용도 이순원 작품과

다르게 많이 어두워서 읽으면서도 우울해졌던 것 같다. 학교 현장이 실감나게 표현되는 부분들도 많았고 폭력적인 장면들이 너무 리얼하게 그려져 있어 혹 작가의 실제 체험이 아닐까 생각이 들 정도였다.

작가가 대학교 4학년 때 썼다는 등단작인 〈동행〉을 읽으면서도 많이 애먹었다. 대학교 4학년 때 쓴 것을 나는 50대에 어렵다고 하면서 읽고 있군 툴툴거리기도 했다. 강원도의 그 많은 고개들 이름과 위치가 내 감각으로는 도무지 아리송하기만 해서, 남편에게 퉁생이를 먹어가면서 자꾸 묻고 또 묻고 할 수밖에 없었다.

실제 내가 현장을 갔을 때의 시간은 이미 어두워진 후여서 내려서 걷기도 어려웠고 눈에 잘 보이지도 않았다. 해가 떠 있는 시간이 얼마나 아쉽고 여름날이 그리웠던지. 홍천읍에서 지르매재를 넘어 내촌면 와야리를 지나 말무덤이고개를 지나 물걸리 동창마을까지, 이것이 〈동행〉의 배경지였다. 산길 걷기는 불가능이었고, 공사 진행 중인 도로를 자동차를 몰고 〈동행〉의 최종 목적지까지 올 수 있었다. 구듬치 고개는 지르매재 반대편으로 나가는 고개였는데, 어둠 때문에 풍경을 파악할 수가 없었다. 다녀와서 ≪춘천 사는 이야기≫ 책을 보니, 수령이 500년 넘었다는 밤나무를 살리기 위해 나무 좌우로 차선이 만들어졌다고 하는데, 그걸 못 보았다는 것이 못내 아쉬웠다.

작가의 모교인 동창초등학교 앞에서 물걸리 이장에게 전화를 했는데, 이장은 아마도 우리를 오래 기다렸을지 모르겠다. 작가의 생가터 안내를 부탁했었는데 우리가 도착한 것은 이미 어두워진 시각이었기 때문이다. 생가터에는 '동창펜션'이 자리하고 있었고, 그 주인도 이장과 함께 이런저런 이야기를 해주었다. 펜션 손님은 여름철 한때라고 했다. 원래 담장까지 죽 있는 집이었는데 무슨 집인 줄도 잘 모르고 헐어내고 이렇게 다시 지었노라고, 그 주인은 이장을 향해 변명하듯이 하는 모습이 뭔가 미안한 표정이었던 것 같다. 학생들이 단체로 온다면 몇 명까지 숙박이 가능하느냐고 물었더니 4명씩 6실 24명을 이야기했는데, 시골학교 한 학급 인원이거나 더 시골학교 전교생 인원이거나 그래야 가능할 것 같았다. 마을 앞을 흐르는 물이 길고 깊어서 펜션이 설만한 곳이라는 것을 알 수 있었다. 〈동행〉에 나오는 '물길'도 짐작이 되었다.

이장은 이순원 〈사전 찾아가며 읽는 즐거움〉을 교과서에서 배웠노라고 해서 반갑기도 했는데, 그러고 보면 내가 교사일 때 그는 학생 나이였다는 말이 되었다. 머리 희끗한 나이든 사람이 알고 보면 나보다 한참 젊었더라, 이런 생각이 들 때면 새삼 나의 나이가 낯설어지기도 한다. 유서 깊은 동창마을을 자랑스럽게 생각하는 그들은, 가면서 만세공원도 꼭 들러 가라고 당부하였다.

이번 답사를 가기 전에 나는 ≪아베의 가족≫을 다시 읽은 것 외에, 전상국 산문집 ≪춘천 사는 이야기≫를 읽었다. 감이 잘 잡히지 않는 부분들이 많아서 도움 될 책이 없을까 검색하다가 찾은 책이었다. 내가 몰랐던 작가의 이야기들을 알 수 있고 소설의 배경을 파악할 수 있어서 퍽 유익하고 좋았다.

고향인 동창마을에 대한 이야기를 읽었는데, 처음엔 그냥 자신의 고향이니까 덜셈으로 생각하겠지 했지만 정말 역사 깊은 고장인 것 같았다. 신정일 〈신택지리〉에서 '강원도 12길지'로 소개된 내용에 '물걸리'가 있는 것을 보면서도 그런 생각을 했다. 아쉽지만 물걸리에 있는 절터는 가보지 못했고, 어두워 핸드폰 불빛을 비추며 만세공원의 동상과 만세비 비문을 보았다. "동창마을 김덕원 의사와 함께 외친 5개면 면민 수천의 피 끓는 함성과 일제 헌병의 총탄에 희생된 팔열사의 충혼의 넋"이라고 적고 있었다. 서정주의 추모시도 있었는데, 어떻게 친일의 상징인 시인이 여기에 추모시를 쓸 수 있지 반감이 들기도 했는데, 기미만세운동 때 총탄에 쓰러져 숨진 팔열사와 동학농민혁명의 열사들을 함께 추모한다는 내용이었다.

조선 때 세금 수납창고가 홍천의 동쪽에 있어서 '동창'이 되었다고 하는데 '물걸리'라는 뜻도 물산이 걸출하다는 뜻이니 뜻이 통하는 이름인 것을 알 수 있었다. 홍천강이 있고 조세창이 있던 곳이니 물자와 사람들이 몰려들었을 것이고 그래서 만세운동도 서석면이 아닌 이곳에서 일어났을 것이었다. 1894년 11월에는 동학농민군이 내촌면 물걸리에 진을 치고 서석면 풍암리에서 마지막 항거로 폭발했으며, 그때 죽은 800여 동학농민군 떼무덤이 자작고개에 있다고 한다. '자작고개' 이름의 유래도 너무 많이 피를 흘려 '자작자작' 이름이 된 것이라는 설명을 읽은 적이 있다.

≪춘천 사는 이야기≫에서 동창마을의 기미만세운동에 전상국 작가의 할아버지도 앞장을 섰고, 이때 총탄에 쓰러진 팔 열사 가족 중에 그 불만으로 전상국 작가 할아버지 사는 곳에 불을 질렀다는 이야기가 나온다. 할아버지는 원래 가족을 두고 시앗 가족을 끌고 만주로 갔다는 가슴 아픈 가족사도 있었는데, 사람의 다면성에 대하여 생각하게 했던 것 같다. 독립운동가가 조강지처를 버리는 사람이 될 수도 있고, 만세운동에 앞장선 것을 영광으로 생각할 수 있지만 총탄에 죽은 사람의 가족은 원한을 가질 수도 있는, 관점에 따라 같은 사람의 모습이 극과 극으로 갈릴 수도 있다는 생각이었다. 자신의 개인감정을 접고 역사의 입장을 취할 수 있다는 것은 정말 쉬운 일은 아닐 것 같다.

나의 고향인 태인에도 3 · 1만세비가 있고 동학농민혁명전적지가 있지만, 동창마을의 만세비와 전적지는 태인에 비해 규모가 엄청 크다는 것을 알 수 있었다. 자신의 고향에 대한 작가의 긍지는 작품의 자산이 될 수 있다는 것을 알았고, 그 고장의 역사가 깃들어 있지 않은 곳이 없다는 것을 생각하면 어느 곳 어느 골짜기를 가서도 우리가 소홀히 발걸음을 디딜 수는 없을 것 같다.

"물걸리 일대는, 6 · 25가 한창이던 1951년 5월 16일부터 20일까지 5일간 국군 5사단과 중공군 17사단이 치열한 전투를 벌인 곳이며, 치열한 근접 전투로 적군과 아군이 혼재된 이 전투에서 수많은 국군장병들이 포연과 함께 사라져간 구국의 현장"이라는 내용의 전적비도 있었는데, 순간 내가 떠올린 것은 '도대체가 중공군과 미군이 싸워도 싸울 일이지 왜 국군인 거야' 하는 생각이었다. 6 · 25전쟁에 대하여 너무 구체적으로 가까이 느낄 수 있어서 아픈 순간이었던 것 같다.

작가의 가족은 한창 난리를 피하여 홍천읍에서 물걸리로 들어왔는데, 다시 학교에 나갔을 때 피란을 가지 않고 전투를 가까이에서 본 아이들의 '신나는' 목격담을 들으며 어린 작가는 열등감을 가졌다고 했다. 그 열등감을 이겨내기 위해 거짓목격담을 만들어 떠들었고 그 거짓말이 소설의 허구로 발전할 수 있었다는 이야기였다. 그런데 물걸리에서는 전쟁의 또 다른 상흔들이 치열했고 그 살벌한 현장에 대한 체험이 소설의 이야기로 등장하게 되었다고 했다. 직접 경험하지 않았어도 '거짓'으로 소설을 쓸 수 있는 것이구나 잠깐 나의 위안도 가져봤는데, 나 같은 사람은 어느 한 자락도 접한 적이 없는 엄청난 많은 사건들을 작가는 직접 경험했다는 것을 알고는, 역시 그렇지 나와는 다르지 생각했다.

그리고 내게 놀라움이었던 것은, 전상국 작가가 40년간 교직의 길과 작가의 길을 병행했다는 것, 오히려 교직의 길을 큰길로 생각하면서 작가의 길을 게임처럼 놀이처럼 휴식처럼 생각했다는 사실이었다. 오직 글만 쓰는 전업 작가가 아니면 훌륭한 작품을 만들 수는 없는 것이라고 막연히 생각했었지만, 달리 생각하면 뭔가 생활 속에 일하는 구체적인 노동이 없고서야 무슨 참된 작품이 나올 수 있을까 그런 생각도 든다. 전상국은 '교실에 들어가는 일이 즐겁지 않으면 그것이 바로 학생들에게 죄를 짓는 것이라는 최면'에 걸려 교직생활을 했다고 한다. 나는 교실에 들어가는 일이 즐거운 적은 없었던 것 같다. 가장 많이 생각했고 죄의식을 덜 수 있던 모습이 '긴장감을 갖는 것'이었으니 내가 생각해도 참 안됐다.

열아홉 살 이야기로 인상적이었던 것은, 백일장 참가 자격을 박탈당하고 소양강 강둑에 앉아 울던 날, 철길 둑 아래 움막에서 나와 볕쪼임을 하던 나환자 아들과 아버지 모습을 보고 새 세상의 충격이 열렸고, 그 풍경을 〈산에 오른 아이〉라는 생애 첫 소설로 써내어 상을 받았다는 이야기였다. 참 극적인 접목인 것 같다. 그리고 대학교 1학년 겨울방학 때 선배를 만나러 가던 길 눈 내린 겨울 산을 헤맸던 경험에서 〈동행〉의 모티브를 처음 생각해냈다는 것도 그러했다. 평생 글쓰기의 신명을 바로 그 순간에 얻었으며, '동행'이라는 마음에 맞는 제목을 먼저 만들고 환호작약했으며, '남들이 전혀 예상하기 어려운 낯선 공간 속에서의 함께 갈 수 없는 사람들의 함께 가기'를 소설의 내용으로 써냈다고 했다. 요즘 신세대 이모티콘 언어로 쓰이곤 하는 ㅎㅎㅎㅎ 웃음소리의 시초가 이 소설이었다는 것을 알고 새롭기도 했다. 후에 그 소설을 황순원에게 지도 받고 개작하였고 4학년 때 신춘문예 당선작이 되었다고 한다.

〈우리들의 날개〉를 읽었을 때는, 그 괴기스러운 내용에 꽤 당혹했었다. 손이 귀한 집안에 아들 한호에 이어 여덟 살 터울로 두호가 태어나

극진한 사랑을 받지만, 한 집안에 사가 낀 두 사람이 같이 있으면 하나가 죽는다는 미신에서 할머니는 벗어나지 못했고 어머니 역시 그 미신에 집착하여 고양이의 목을 매다는 주술행위를 벌이기까지 한다. 아들이 귀하다 하나, 운전하는 일에 신명을 버리지 못하는 아버지를 끔찍한 사고에서 보호해야만 했다. 한호가 고양의의 목줄을 풀어주는데 정작 어머니의 폭력은 두호를 향하였고 머리를 다친 두호는 몸이 비정상적인 아이가 된다. 그런 두호를 한호는 괴롭혔고 어둠에 묻힌 산으로 끌고 올라가 유기하려고까지 하지만, 종국에 두호는 형의 가슴에서 파닥이는 가엾은 어린 새일 수밖에 없었다. "두호야!" "으응, 혀엉!" "우린 지금 새처럼 날아서 내려가는 거야."

끝부분에 가서 어린 동생을 껴안는 형의 모습에 안도했지만, 두호에 대한 가족의 비정상적인 태도가 쉽게 받아들여지지가 않았었다. 그 기저에, 작가의 어린 시절이 있었다는 것을 작가의 산문집을 읽으면서 어렴풋이 느낄 수 있었던 것 같다. 고작 일곱 살 나이에 갓난이 동생을 업고 있다가 떨어뜨렸고 며칠 뒤 동생은 죽고 말았다는 비극사가 숨어 있었고, 어른들은 그에 대해 한마디도 안했지만 작가는 평생 그 죽음에서 자유롭지가 못했다 했다.

〈우상의 눈물〉은 중학교에서도 연극으로 학생들이 했었고, 고등학교에서도 학생들과 수업했던 익숙한 작품이다. 이유대가 메스껍게 굴었다는 이유로 재수파들에게 학교 구석으로 끌려가 린치를 당하는 첫 장면은 섬뜩할 정도였다. 자기가 당한 자기가 생각하는 부조리에 대해서는 철저히 응징하지만, 그것을 빼면 아이들에게 불편할 게 없는 존재가 '우상'인 기표였다. 그 '우상'의 약한 고리를 건드리고 합법적인 폭력을 행사하여 '눈물'을 만들어내는 학급 담임과 반장의 모습은 현대의 우리에게 많은 생각을 던져주는 문제일 것이다. '법꾸라지'라는 별명을 얻었던 박근혜 정권의 민정수석이 생각났다. 영악한 머리로 합법적인 비리를 예사로 저지르고, 정작 벌 받는 사람은 영악하지 못한 '기표'들이었을 것이다.

나는 〈우상의 눈물〉을 수업할 때마다 황석영의 〈아우를 위하여〉와 이문열의 〈우리들의 일그러진 영웅〉을 연상했었다. 〈우리들의 일그러진 영웅〉을 나는 훨씬 익숙하게 알고 있었고, 그래서 처음에는 이문열 작품이 한참 먼저 나왔을 것이라고 생각했었다. 제목조차도 비슷한 것 같고, 영웅으로 등장하는 석대와 우상으로 등장하는 기표가 연결되는 것 같고, 석대의 퇴장과 기표의 퇴장도 그러한 것 같았다. 발표년도를 찾아보면, 황석영 작품이 1972년, 전상국 작품이 1980년, 이문열 작품이 1987년이다. 발표년도를 써놓고 보니 유신헌법, 5월 항쟁, 6월 항쟁이 떠오른다. 가장 근원에 황석영의 〈아우를 위하여〉가 있고 전상국이 학교 교사일 때 썼을 〈우상의 눈물〉이 있고, 〈우리들의 일그러진 영웅〉은 그 둘의 특히 〈우상의 눈물〉의 묘한 표절 같은 작품은 아닐지, 내 머리가 문득 떠올린 생각이었다.

〈아베의 가족〉은, 나는 보지 않았지만 TV로 방영되어 더 널리 알려진 작품인 것 같다. 〈아베의 가족〉 배경지를 나는 이번 답사에서 찾을 수 있을 것인가, 이것은 정말 난제였다. 2006겨울문학캠프 때의 내 기억으로는 호수가 바라다 보이는 곳에서 작가가 분명 설명을 해주었던 것만 같은데, 그러면 김유정문학촌과 가깝다는 이야기인데, 배경지로 말해지는 '사북면 인람리'와는 도무지 연결이 안 되었다. 남편은 말하기를 서면 의암호를 연결하면 가능하다는 이야기를 했다. 춘천호, 의암호, 파로호, 등장하는 호수만 해도 내 머리가 너무 광활해졌다.

결국 나는 사북면 인람리가 맞은편에 바라다 보이는 서면에서 그 배경지를 그릴 수밖에 없었는데, "노파가 가리켜 보이는 골짜기 안쪽 노송이 두어 그루 물 쪽으로 가지를 펼치고 있는 언덕 위의 그 오뚝한 집 한 채"를 특정하기란 너무 힘든 일이었다. 물론 그 분위기를 연상할 수 있는 풍경들은 있었지만, 시간이 부족하여 인람리까지 안 가고 서면을 택하였던 것이 오히려 '수색' 시간이 더 걸리는 결과가 되고 말았다. 지암리와 오월리를 향하는 오월교에 서서 물속에 있을 옛마을을 그려보았고, 두 그루 노송이 있는 언덕 뒤편 골짜기에 있다는 '아베 할머니의 무덤'을 떠올릴 수 있을 무덤들도 보기는 했다.

작가가 고3 때 학도호국단 행군길에 보았던 '북한강변 언덕길에서 건너다보이는 강 건너 마을 풍경'이 20년 뒤 작가의 머리에 작품으로 다시 살아났을 때는, 이미 춘천댐이 건설되어 그 마을은 수몰된 뒤라고 했다. 아직 산비탈에 두엇 남아있다고 하니 찾아볼 수 있지 않을까 나는 욕심을 냈던 것 같다. 새삼 느낀 것이지만, 도대체 수몰민들의 아픔은 얼마나 많이 이 국토에 산재해 있는 것인지, 마음이 먹먹해지기도 했다.

〈아베의 가족〉 수몰민은 38선이 멀지 않은 이산가족의 아픔이 함께 있는 수몰민이기도 했다. 아베의 아버지는 집안을 구하려는 생각으로 인민군에 입대한 뒤로 영영 다시 가족에게 돌아오지 못한다. 아베의 어머니는 또 남편을 위해 부역 활동을 하고, 아베를 임신한 상태에서 마을에 들어온 흑인군인에게 겁탈을 당하여 심한 지체장애아 아베를 조기출산한다. 아베의 의붓아버지는 역시 상처가 있는 사람으로 아베를 지극히 사랑해주고, 그것을 간파한 시어머니는 그 남자가 아베의 친부라는 억지 구실을 만들어 아끼던 며느리와 함께 집에서 쫓아버린다. 태어난 의붓동생들을 포함한 아베의 새 가족은 아베로 하여 늘 불행했고,

그 불행의 탈출구로 이민을 선택하지만, 아베의 어머니만은 오히려 더 영혼을 잃어버린 상태가 되어버린다.

의붓동생인 미군이 된 진호가 한국에 자원해오면서, 미국 이민을 위해 버리고 왔던 아베의 행방 찾기를 아베 할머니의 무덤에서 시작하려는 것으로 이 소설은 결말이 처리되었다. '화해와 희망을 찾아가는' 이야기라고 할 수 있겠다. 하지만 나는 영 꺼림칙했던 소설 부분들이 있었다. 시어머니와 며느리가 다 겁탈을 당한 것은 잔인했지만, 자진하려는 시어머니를 살피느라 오히려 며느리는 살아야만 했던 묘사는 퍽 울림이 있는 삶의 모습이었다. 하지만 며느리가 '윤간'이었고, 아베 의붓형인 진호가 문제아로서 일으킨 행동이 '윤간'이었고, 진호의 여동생은 또 미국 땅에서 '윤간'을 당하고도 오히려 오빠의 간섭에 대드는 장면이 나온다. 한 번으로도 너무 인간성 상실의 잔인한 폭력인 윤간을 그렇게 세 번이나 반복해야 했는지는, 나로서는 너무 받아들이기 고역스러웠다. 지체장애아의 특성 중의 하나가 '지나친 성의 발달'인 경우가 많다는 것은 알고 있지만, 아베가 그렇고 보니, 소설 전체적으로 더 성폭력이 부각되었던 것 같다. 이것이 작가의 의도였을지는 모르겠다.

북으로 갔을 아들이 옛집으로 돌아올까 내보낸 손자가 찾아올까 희망을 버리지 못하고, 수몰마을 근처를 떠나지 않고 비탈진 낡은 집에 살다가 골짜기 무덤에 묻힌 아베 할머니, 그 혈육을 찾아 아베의 어머니는 아베를 데리고 무덤을 찾는다. 그리고 미국이민을 가기 직전의 시기에 갑자기 사라진 어머니가 돌아오기만을 기다리고 있는 가족에게로, 어머니 혼자만 돌아온다. 걸음을 제대로 못 걷는 아베가 무덤이 있는 골짜기 절벽길에서 혼자 돌아오기는 불가능일지 모른다. 어머니가 저지른 폭력은 어떻게 이야기가 되어야 할지 모르겠다. 아베가 죽었을지 살았을지 그것은 독자의 상상의 몫으로 되어버렸다.

남북교류가 성사되었을 때는 아들과 만나는 희망으로 덩실덩실 춤을 추었다는 아베할머니, 결국은 수몰민 보상금을 도둑맞고 죽임까지 당했다는 아베할머니, 우리 시대의 버릴 수 없는 상흔이었다. 남북교류라는 것도 이산가족을 울리는 정치놀음인 경우가 많을 것이었다. 가장이 인민군으로 입대하고 아내가 부역을 하고, 그러면 그 뒤의 가족은 남한에서 결코 편치 않을 인생일 텐데, 그러한 모습은 소설에 비치지 않은 것 같다. 그리고 강원도라면 죄 없이 빨갱이 토벌에 몰려 죽임을 당하는 산간마을 이야기가 나는 연상될 수밖에 없었는데, 역시 이 소설에서 그러한 분위기는 떠올릴 수 없었던 것 같다.

전상국 작가의 오랜 헌신이 녹아 있는 김유정문학촌은 10여 년 전보다 더 세련된 분위기가 풍겼고 평일임에도 사람들이 꽤 많았다. 그렇다면 지역의 특화사업으로 성공했다는 의미일 것이다. 나의 초점은 전상국 작가의 작품에 맞춰져 있기에 시간상 문학촌을 세심히 돌아볼 수는 없었다. 하지만 작가의 서재 '아베의 가족'이 문학촌 가까운 예술촌에 있다는 것을 알고 그곳을 꼭 가보고 싶었다.

예술촌에는 여러 특색 있는 예술가의 건물들이 들어서 있었다. '동행' 표지가 있는 작가의 집과, '아베의 가족' 표지가 있는 작가의 서재를, 헤매고 묻고 하면서 힘들게 찾았을 때는 얼마나 반갑던지. 닫힌 문에 아쉬워하는 내게, 옆으로 '천상의 계단' 같은 신비로운 길이 보였고, 나도 모르게 그 길을 올라갔던 것 같다. 정말 천상의 세계를 만나는 것 같은 기분이었다. 그 속에 자리한 벗들이 모여 앉을 수 있는 공간 또한 돋보였다. 의도치 않게 나는 허락받지 않고 작가의 정원을 침입한 셈이 되어버렸다. '작가의 공간'은 보호 받아야 하고 그것이 독자의 예의일 것인데, 나의 잘못일 수밖에 없게 됐다. 더 열심히 작품을 읽고 학생들과 활동하는 것으로 사죄할밖에.

다시 강원도 전상국문학캠프를 계획한다면 김유정문학촌과 예술촌 공간을 활용할 방법이 있을지 탐구를 해봐야할 것 같다. 책과인쇄박물관의 경우 입장료가 있었지만 매력적으로 보였고, 산국농장의 경우 표지 글씨부터 예술적이고 안으로 펼쳐질 내용들이 궁금했다.

강원도 답사를 다녀온 일주일 뒤 정읍고 제자들을 만났는데, 어디에서 만날까 고심하다가 내가 선택한 곳이 내장산 저수지였다. 지금은 '내장호수공원'으로 조성되어 여러 곳으로 길이 났지만 내가 알던 옛날에는 험한 밭두렁 길이었다. 전상국 〈아베의 가족〉 배경지 때문에 고생한 생각이 나고, 내장 저수지 깊은 물속에도 수몰민들의 이야기가 있을 수 있겠다는 엉뚱한 상상을 해봤던 것이다. 그 저수지 가장 가까운 곳에 호수장이라는 음식점이 있는데, 그곳에서 밥을 먹고 호숫가 산책을 하자고 제안을 했다. 아이들은 흔쾌히 좋다고 했고, 그 애들이 처음 가보는 그곳은 내가 보던 중에 가장 수량이 많았고 풍경이 아름다웠다.

호수장 창밖에 바로 물이었고 금방 안으로 넘쳐흐를 듯 물살이 일렁였고 목까지 잠긴 나무들이 있었다. 일하는 아주머니는 음식이 괜찮으냐고 정감스럽게 말을 건넸고, 지나가던 손님 하나는 우리에게 '배를 탄 것' 같지 않느냐고 말을 건넸다. 똑똑하고 잘생긴 학생들이 앉아있으니 내 모습까지도 퍽 좋아보였나 보다. 창밖에 정말 뭐가 보이느냐고 아이들이 질문을 했고, 나는 〈아베의 가족〉 자료에서 본 것을 내 생각처럼 이야기를 했다. "어, 옛마을 모습은 수심이 깊어 잘 안 잡히기는 하지만, 몇 개의 굴뚝도 보이고 마을길도 보이는 걸." 아이들은 대답한다. "역시 문학요정 홍쌤.”

이순원 작가는 10년간을 신춘문예에 내리 낙방을 했고, 전상국 작가는 등단하고 10년간을 한 작품도 쓰지 못하고 지냈다고 한다. 나는 이순원 작가를 만나고 전상국 작가를 만나면서, 그들이 자신의 고향 강원도를 지극히 사랑하며 학생 독자들에게도 퍽 봉사적인 모습을 보이는 것에 대하여 신선한 감동을 받았다. 10년이라는 단어를 쓰고 보니 그 두 작가의 공통어로 그 단어가 묶여진다는 것도 신기하다. 그들의 작품을 읽으면서 원래부터 그렇게 잘 쓰는 타고난 작가라는 생각을 했지만, 이제 그것이 아니었다는 것을 알 수 있을 것 같다.

문득 나의 10년을 생각해본다. 어떤 일에 10년을 투자하면 그 분야에 전문가가 될 수 있다는 말을 들은 적이 있다. 그때는 10년의 세월이 충분하게 긴 세월로 느껴졌고, 그래서 그 말에 공감도 했었다. 이제 와서는, 내가 그 무엇을 이루기에 그 세월이 결코 길지 않다는 생각이 든다. 하지만 그 세월 동안 외길을 갈 수 있다면 그 사랑의 정신만큼은 증명된 것이 아닐까 스스로를 격려해본다. 정읍국어교사모임 문학캠프도 그러했을 것이다.

[2018. 11. 27.]

윤흥길

진짜배기 완장은 어디에서 찾을 수 있을까

내가 추억하는 내장산은 폭풍우 몰아칠 때조차도 평화로움의 풍경이었지만, 어르신들 이야기가 그러했듯 윤흥길 작품 속에 등장하는 내장산은 그렇지 않았다. 작가가 정읍에 살았던 것이 6살 어린 나이 때까지고, '내장산'이 '건지산'으로 상상의 대체를 하기도 한다. 올해 제주 4·3 답사를 다녀오고서야 나는 내장산도 그 시대의 배경에서 생각해볼 수 있었던 셈이다. ('윤흥길' 중에서)

저마다 사람에겐 그 무엇보다 소중하며 그 누구보다 가장 잘 알고 있다고 자부하는 '고향'이 존재한다. 태생지 의미로서 고향도 있고, 어릴 적부터 오래 살았던 의미로서 고향도 있을 것이다. 내장산은 내게 그런 곳이었다. 어릴 때 부모님이 그곳으로 가셨고, 휴일이나 방학이면 태인에서 정읍으로, 정읍에서 내장산으로 덜컹거리는 낡은 시외버스를 갈아타며 가야했던 곳, 방바닥에 엎드리면 계곡의 물소리가 콸콸콸 내 안으로 쏟아지고, 눈뜨자 창문 열면 높고 낮은 산봉우리 능선 따라 붉은 선을 그리며 아침노을이 펼쳐지는 풍경이 좋았던 곳, 그런데 이번의 내장산은 내게 복잡한 질문으로 남을 것 같다.

> 내장산 일대의 공비들과 전투를 끝내고 돌아오는 길의 토벌대였다.
>
> — 윤흥길, 황혼의 집

> 이따금씩 하늘 어두운 구석에서 번개가 튀어나와 그 언젠가 마을 앞 둑길에서 어떤 사내가 어떤 사내의 가슴에 쑤셔박던 그때의 그 죽창처럼 건지산 아니면 그 근처 어딘가를 무섭게 찔러댔다. 그리고 그럴 적마다 찔린 산이 지르는 비명과도 같은 천둥소리가 지축을 흔들었다.
>
> — 윤흥길, 장마

내장산 들어가는 길 어디쯤 분명 여럿의 비석을 보았던 기억이 있고,

이번 답사 때 확인을 하고 싶었다. 혹 '윤흥길문학기행'의 동기부여가 될 비를 찾을 수도 있겠다는 생각을 하였기 때문이다.

내 부모님들보다 내 시부모님 연배가 더 높으신데, 시아버님은 가끔 일제 때와 6·25 때의 이야기를 하실 때가 있었다. 내가 좀더 붙임성 있는 며느리였다면 말상대 삼아 많은 것들을 이야기 들을 수 있었겠지만, 나는 전혀 그러지 못했던 것이 돌아가신 뒤에야 문득 후회될 때도 있다. 시아버님은 동네 어른들과 잘 어울리셨고 방안에 둘러앉아 끝도 없이 이야기 속에서 시간을 보내시곤 했는데, 내장파출소를 경계로 공비들과 토벌대가 밀고 밀리고 했었노라는 이야기를, 남편은 자라면서 많이 들었다고 했다.

내가 추억하는 내장산은 폭풍우 몰아칠 때조차도 평화로움의 풍경이었지만, 어르신들 이야기가 그러했듯 윤흥길 작품 속에 등장하는 내장산은 그렇지 않았다. 작가가 정읍에 살았던 것이 6살 어린 나이 때까지고, '내장산'이 '건지산'으로 상상의 대체를 하기도 한다. 올해 제주 4·3 답사를 다녀오고서야 나는 내장산도 그 시대의 배경에서 생각해볼 수 있었던 셈이다.

정읍사 망부상이나 자연보호헌장비나 향토수호비나 박정만 시비 등등 내가 지금까지 보았던 비석들은 내가 모르는 사연들로 그 위치를 조금씩 바꾸고 있었다. 입구의 내장산 관광호텔, 18년 전 정읍국어교사모임에서 학생들과 신경숙 문학캠프를 했던 이곳은, 수지타산에서 밀리고 폭파되고 지금까지 여전히 폐허의 땅으로 남아 있다. 정읍사 망부상은 정읍시내 공원으로 옮겨갔고, 박정만 시비는 내장산 저수지 아래 주차하기 편한 곳으로 딱딱하게 자리를 잡았다.

박정희 정권의 유산일 자연보호헌장비는 어디를 가나 서있는 줄은 알지만, 내장산 입구 산책길에서 더 잘 보이는 방향으로 자리하고 있었고 둘레석이 깨진 채로 방치되어 있었다. 마음에 들지 않는 글귀 부분을 훼손하는 것을 듣기는 했지만, 이런 파괴의 이유는 또 무엇일까 궁금했다. 향토수호비는 정말이지 주위 풍경과 부조화였다. 옆으로 숲과 나무들과 어울려 있는 듯 없는 듯 자연 풍경이어야 할 그 비석이, 걸어 올라오거나 차를 타고 올라오는 사람들 정면으로 향하고 있었다. 오른 편 표지석에는 전면 가득 전사자 명단이 놀라웠는데, 다시 보니 전사자 명단은 앞부분 20명이었고 각 면 단위로 회원들 명단을 새겨놓았다.

산업화 시대의 부정적인 측면을 다룬 조세희 작가나 제주 4·3을 다룬 현기영 작가의 경우, 그 영역에서 대단히 훌륭하면서 그 영역을 좀체로 넘어서지 못하는 것 같다고 생각했다. 이와 달리 윤흥길 작가의 경우 6·25를 많이 다루고 있지만 다른 영역까지 확장성이 있는 작가라는 생각이 든다.

2002학년 겨울방학에 정읍국어교사모임 주관으로 윤흥길문학캠프를 한 적이 있다. 대중 앞에 서는 강연을 한사코 거부하기로 유명하다고 들었던 윤흥길, 나는 그가 정읍이 고향이라는 점을 내세워 나름 치밀하게 노력했던 것 같다. 먼저 주소를 알아서 간곡한 편지를 보낸 다음 통화를 했고 이메일을 주고받았다. 작가는 고향의 요청이어 그랬는지는 모르지만 흔쾌히 만남을 수락했고 작가와의 대화시간에 최선의 성의를 보였다. 어린 학생들에게 과분하다 싶을 만큼의 성의는 지금까지도 감사의 마음으로 남아 있다.

[2002겨울문학캠프 윤흥길 작가와의 대화]

〈작가의 이야기〉

정읍에서 태어난 것을 제가 믿는 신이 주신 은총으로 그렇게 알고 있습니다. 시기리에서 태어나서 연지리에서 잠깐 살다가 여섯 살 때 익산으로 이사했는데, 원래 정읍은 저하고는 특별한 연고가 없는 곳입니다. 제 아버님이 일제시대에 은행 계통에 근무를 하셨기 때문에 아버님의 발령지가 정읍으로 되었죠. 정읍에서 태어나서 여섯 살 때까지 정읍에서 살았는데, 지금도 저희 모든 근거가 익산으로 되어 있지만, 제 약력을 보면 익산 연고가 나오지 않고 42년 정읍 출생 항상 이렇게 약력에 붙어 다닙니다. 이것은 어렸을 때 나고 자란 고장이 한 작가의 작품세계에 끝까지 영향을 미치기 때문에 출생지가 그만큼 문인의 약력에서 중요한 위치를 차지하고 있다는 것이지요. 제가 정읍에서 태어나 정읍에서 어린 시절을 보낸 것 그것이 지금도 알게 모르게 내 작품세계에 중대한 영향을 미치기 때문에, 항상 정읍 출신임을 자랑스럽게 내세우고 있고 또 정읍에서 태어난 것을 항상 감사하게 생각하고 있습니다.

음, 내 인생 최초의 경험이 바로 그 시기리에서 연지리로 이사를 가던 날 시내로 들어가면서 작은 그 콘크리트 다리를 아버지 그 자전거 뒤에 타고 넘어가다가 다리턱에 걸려 자전거가 하마터면 넘어질 뻔했던 기억입니다. 그때 자전거 뒤에 타고 있다가 내가 굉장히 놀라서 떨어질 뻔했는데, 그때 그 콘크리트 다리 난간 옆으로 맑은 냇물이 흐르고 있었고 그 냇가에 수초가 많이 자라고 있었어요. 그 수초 위로 까만 빌로드 같은 기생잠자리 한 쌍이 떴다 앉았다 떴다 앉았다 서로 희롱하고 있는 거를 본 적이 있습니다. 이것이 내가 태어나서 가지고 있는 기억의 맨 첫 장면입니다. 그 인생에서의 최초의 기억이 나로 하여금 오늘날 문학을 하도록 만들지 않았는가 그렇게 생각하고 있고, 그래서 여러모로 정읍에 대해서 특별한 감정을 가지고 있습니다.

정읍, 내 출생지 정읍의 어린 후배들, 선생님들 같이 모시고 문학에 대해서 이야기하게 된 거를 굉장히 기쁘게 생각하고 이런 귀중한 행사를 통해서 내 후배들 가운데서 앞으로 한국문학을 짊어지고 나갈 훌륭한 동량지재들이 앞으로 연년생으로 많이 태어나기를 선배 입장에서 간절히 바라마지 않습니다.

문학에 대해서 이야기하기 전에 중고등학교에서 국어시간에 배우는 문학공부, 이것이 지금 어른 입장에서 볼 때 상당히 걱정스러운 점이 많이 있습니다. 문학교육이 학생들로 하여금 문학을 친근하게 느끼고 그거를 즐기고 문학을 생활화하는 그런 교육이라기보다 입시위주로, 어떻게 하면 문학작품에서 문제를 잘 풀 수 있을까 하는 쪽으로, 입시 위주로 공부가 진행되는 것 같아서 굉장히 걱정스럽고 안타깝습니다.

윤흥길 작품이 교과서에 실리니까 작년부터 전화나 이메일로 선생님들이 나한테 자주 물어오는 내용이 주로 어떤 것이냐 하면, 꽃 이름에 '쥐바라숭꽃'이라는 이름이 나오는데 그런 이름이 어떻게 지어졌습니까? 무슨 뜻입니까? 그런 질문을 많이 해요. 뜻 없이 지어낸 이름입니다, 없는 이름을 우스꽝스럽게 아무렇게나 짓다 보니까 그런 이상한 꽃 이름도 나오게 됐습니다. 그래도 계속해서 그 꽃 이름이 가진 상징적 의미나 뜻을 물어봐요. 이번 시험에 출제하려고 하는데 그 출제자가 뜻을 알아야 정확히 채점을 할 수 있어서 그렇습니다. 그래서 그런 문제 내지 마십시오, 내가 그런 부탁을 했습니다.

문학을 이해하는 데는 그런 지엽적인 뜻풀이 따위를 자꾸 학생들에게 강요하다보면 학생들이 문학으로부터 점점 멀어지고 도망치는 경우가 생기는 거 같습니다. 그래서 문학이라는 거는 첫째로, 자라나는 세대가 문학을 좋아하고 또 문학을 통해서 즐기고 그런 것들이 그 사람의 실제 삶에 뭔가 정서적으로 좋은 영향을 미치고, 이런 하드웨어 쪽을 잘 이해하는 그런 쪽으로 문학교육이 이루어지길 바랍니다.

여러분들 보니까 여러분만할 때 내가 자랐던 과거가 기억나는데, 실은 내가 상당히 불행한 성장과정을 겪었습니다. 지금 여기에 중학생들도 많이 있는 줄로 아는데 중학생 때 나는 학교에서 열심히 선생님 말 잘 듣고 공부를 하지 않고, 가출을 했습니다. 초등학교 5학년 때부터 가출을 시작해서 중학교 2학년 때까지 상습적으로 가출을 했고, 그러면서 고생도 많이 하고 일종의 말썽꾸러기 성장과정을 보냈습니다. 큰아이가 초등학교 5학년이 됐을 때, 내가 굉장히 정신이 번쩍 들었습니다, 내가 5학년 때부터 집이 싫고 부모가 싫어 가출을 시작했는데, 살다보니까는 내 아이가 내가 가출한 나이가 된 거예요. 아버지의 본을 받아가지고 아들도 가출을 할까봐서 한동안 상당히 그 조심스런 아버지 노릇을 한 적도 있습니다.

여러분은 아마 내가 자란 그 시대 상황, 가정환경과는 그때와는 많이 다르리라고 생각이 됩니다. 그때는 너무나 궁핍했고, 내가 가진 뜻을 이룰 가망이 거의 안보였고, 너무나 암담한 상황이었기 때문에 가출을 통해서 내가 뜻하고자 하는 바를 이루려고 했던 시절이 있었어요. 결국 그런 것이 오늘날 나로 하여금 문학을 하게 만들었고 문학하는 사람들에게는 가출 같은 좋지 않은 경력도 좋은 경력이, 좋은 자산이 된다고 그렇게 믿고 있습니다. 여러분은 절대로 가출을 하지 마세요. 실제로 가출을 하지 마시고 문학을 통해서 가출을 하세요.

나는 가출을 중학교 때까지 쭉 하다가 이제는 더 이상 가출해선 안 되겠다 그런 것을 2학년 때 처음으로 느꼈어요. 마지막 가출을 해서 돌아왔을 때가 새벽 시간이었는데 그때 집에 왔지만 정식으로 대문으로 들어가지 못하고 담을 넘어서 밤중에 들어갔습니다. 어릴 때 그 집에 개가 있었는데 개가 어둠 속에서 나를 알아보고, 막 낑낑거리고 꼬리를 휘젓고 그래요. 방에 불이 켜져 있기 때문에 들어가지를 못하고, 너무나도 추우니까 개를 껴안고 마루 밑으로 들어가서 추위를 견디면서 방에 불이 꺼지기만 기다리고 있는데 새벽이 돼도 방에 불이 꺼지지가 않아요. 우리아들 몸 건강히 빨리 돌아오게 해달라고 어머니가 밤을 새워 기도를 드리고 있었습니다. 내가 가출해 있는 동안에 부모님 특히 어머니가 얼마나 힘든 생활을 하고 있는가, 고통스럽게 지내고 계시는가를 그때 처음 알았어요.

마음이 너무 아파가지고 마루 밑에서 계속 견디다가, 더 이상 이제 오줌도 마렵고 춥고 배도 고프고 또 어머니 기도 때문에 마음이 너무나 괴로웠습니다. 그래서 마루 밑에서 갑자기 밑도 끝도 없이 대성통곡을 했어요. 그러니까는 방안에 있던 가족들이 전부 다 뛰어나왔어요. 놀래가지고. 마루 밑에 숨어있는 나를 끄집어내서 방으로 데려가고, 내가 언제든 오면 바로 그 따순 밥을 먹일 수 있도록 아랫목에다가 밥사발을 묻어놓고 방에다가 상을 차려놓고, 내가 집을 떠나 있는 동안에 항상 내가 돌아오면 맞을 준비를 집에서 하고 있다는 사실을 그때 처음 알았어요. 그걸 알고 나서는 더 이상 가출을 할 꿈도 못 꾸게 되고 그때부터 가출을 졸업하고 정신을 차려서 열심히 공부하고 정상적인 생활을 했는데, 어른이 되고 나니까는 그래도 여전히 가출하고 싶어요.

걸핏하면 집을 뛰쳐나가고 싶고 그래서 초등학교 교사생활을 하면서는 무전여행을 다니기 시작했어요. 방학 때만 되면 배낭하나 짊어지고 아무데나 발길 닿는 대로 전국을 무전여행 다니고 그러다가, 가장이 되어가지고 가정을 책임 맡게 되니까는 이젠 가출도 맘대로 할 수가 없고, 무전여행도 또 맘대로 다닐 수가 없고, 이때 밖을 향해서 항상 그 뭔가 떠돌아다니고 싶고 뭔가 그 내 뜻을 밖에서 이루고 싶은 욕구를 어떻게 하면 실제로 가출하지 않고 해소할 수 있을까 고민을 하다가 처음으로 접한 것이 바로 문학이라는 겁니다. 바로 이 문학이라는 형식이, 몸뚱이는 집에 놔두고도 정신을 통해서 가출 효과를 얻을 수 있다는 것, 상상력을 통해서 세상을 마음대로 돌아다니는 이 가출효과를 거둘 수가 있다는 거를 처음 알게 되었어요.

문학 중에서 이 허구를 통해서 목적을 달성하는 소설 분야가 특히 더 정신적인 가출에 유리한 분야라는 것을 처음 알고, 그때부터 독학을 통해서 소설공부를 하고 소설을 쓰기 시작하면서 정식으로 가출 습관을 버리게 되었어요. 상상력을 통해서 얼마든지 내가 만나고 싶은 사람도 만날 수가 있고, 또 저지르고 싶은 사건도 상상력을 통해서 저지를 수가 있고 그래서 이 소설이야말로 신이 내게 주신 가장 큰 은총이다 그렇게 믿고, 그 뒤로 열심히 소설을 통해서 가출을 하고 또 소설을 통해서 구원을 받는 그런 생활을 지금까지 쭉 계속해 나가고 있습니다.

내가 생각할 때 문학은 하나의 자기 구원이라고 믿고 있습니다. 슬픔을 겪은 사람들이 통곡을 하지요. 통곡이라는 것은 일종의 자기 고백이죠. 자기 감정을 세상을 향해서 널리 알리는 형식입니다. 고백을 통해서 그 사람은 슬픔으로부터 해방이 되는 거예요. 외로운 사람도 마찬가지, 자기 외로움을 견딜 수가 없을 때 그 외로움을 세상을 통해서 고백을 해버리면 그 외로움으로부터 그 사람은 해방이 되고 자유스러워집니다. 억울한 일을 당한 사람도 마찬가지죠. 그래서 이런 고백의 형식은 여러 가지 문화 예술 분야에서 많이 찾아볼 수가 있어요. 그런 것이 결국은 고백 형식을 통한 자기 구원의 시도이고, 그런 자기 구원을 통한 어떤 해방감, 치료 이런 것들이 결국은 문학작품을 통해 나타날 때 독자들에게 전달되고 독자들이 공감을 느낀다면, 그것이 개인의 구원으로부터 집단의 구원으로 더 확대한다면 사회적인 구원으로까지 이루어진다고 그렇게 믿고 있습니다.

여러분이 지금까지 살아오는 동안에 아마 지금까지도 할 이야기가 하고 싶은 이야기가 많을 겁니다. 앞으로 살아가면서 여러분은 더 많은 하고 싶은 이야기에 부딪히게 될 거예요. 그럴 때마다 가장 좋은 고백 형식이 문학 형식이라는 거, 문학작품을 통해서 고백을 할 때 개인이 구원을 받을 수가 있고 그 개인의 구원이 집단의 구원, 사회의 구원으로까지 이어질 수 있다는 것 그런 점에서 문학은 아주 귀중한 것입니다. 여러분이 앞으로 문학을 통해서 여러분의 정서가 풍부해지고 또 여러분의 삶 자체가 풍요로워지고 다양해지고 그러면서 여러 가지 생산적인, 정신적 결과들이 여러분을 통해서 앞으로 세상에 많이 나오기를 결과물로 나타나기를 바라마지 않습니다.

1모둠 질문과 답

첫 번째 질문은, 〈아홉 켤레의 구두로 남은 사내〉의 화자인 오선생은 처음에 권씨를 냉소적인 시각으로 바라보다가 권씨가 아내의 임신으로 어려움에 처해 있을 때에야 연민의 시각으로 바라보게 되는데 만약 작가님께서 오 선생이라면 어떻게 하시겠습니까?

두 번째 질문은 〈기억 속의 들꽃〉의 주인공 명선이를 남성적인 캐릭터로 설정하셨는데요. 왜 그렇게 하셨는지 궁금합니다.

첫 번째 질문에 답하자면, 〈아홉켤레의 구두로 남은 사내〉를 보면 오 선생이라는 캐릭터하고 권 씨라는 캐릭터가 별개의 인물로 나눠져 있는 셈이죠. 사실은 작가의 인격을 둘로 나누었습니다. 둘로 나누어가지고 작가의 인격 중에, 어떤 그 계산적인 캐릭터, 뭔가 그 유리 불리를 계산을 하고 자기가 뛰어들어서 간섭해야할 부분과 또 방관해야할 부분을 구분해서 고민하는, 말하자면 이기적인 어떤 지식인의 모습 이쪽 캐릭터를 오 선생 쪽에 담고, 사회현상에 대해서 외면하지 않고 뭔가 직접 현장에 뛰어들어서 행동하는 지식인 쪽 그 쪽은 권 씨 캐릭터에 집어넣고 그랬습니다. 사실은 따지고 보면 동일인물입니다.

그 소설을 쓰기 전에 내가 교사 생활을 했는데, 성남에 가서 중고등학교 국어교사 생활을 할 때였어요. 지금은 성남시지만 당시에는 서울특별시 광주 출장소였어요. 광주군이었기 때문에 광주출장소로 있으면서 그 광주단지라는 이름으로 거기에서 엄청난 민중항쟁 사건이 내가 거기 교사로 가기 직전에 있었습니다. 그래서 그 교사생활하면서 학부형들을 만나고 또 예비군 훈련에 나가서 민중항쟁에 참여했던 예비군들을 만나서 이야기를 듣고 하는 과정에서 그 작가 자신의 캐릭터를 이분화했습니다. 오 선생 캐릭터와 권 씨 캐릭터, 지식인이 뭔가 그 사회 문제에 대해서 책임지려고 하는 부분과 책임지지 않고 피해가려는 그 캐릭터를 나타내는 것입니다. 그래서 처음에 오 선생이 권 씨의 불행이나 생활고에 대해서 굉장히 냉담하고 이해타산적이고 그런 모습으로 등장하는데, 결국은 그것이 같은 인물에서 나온 다른 모습이기 때문에 전혀 그것이 무리가 아니라고 생각을 합니다.

처음에는 이기적인 자아가 앞서기 때문에 남의 불행에 대해서 동정을 하지 못하고 타산적으로 행동하는 그런 모습이고, 즉자와 대자와의 내면 싸움에서 결국은 즉자를 대자가 이겨나가는 과정이 결국은 불행한 이웃에 대해서 외면할 수 없는 그런 성격과 행동으로 나타나는 모습이라고 이야기할 수 있을 것 같습니다. 오 선생이 고민하는 이야기 가운데 나오죠. 두 사람의 찰스, 램과 디킨스. 실제로 램하고 디킨스가 전혀 그 별개의 캐릭터를 가지고 있어요. 램은 아주 정이 많고 약자에 대한 동정심이 강하고 쓴 작품도 마찬가지죠. 디킨스는 자기 자신이 아주 빈민가 출신이고 작품으로는 그 빈민가 사람들을 동정하고 위하고 빈민가 사람들의 애환을 아주 재미있게 잘 그리고 있어요. 그렇지만 실제의 그 찰스 디킨스는 아주 냉혹하답니다. 자기에게 손 내밀고 구걸하는 거지 아이들을 호통치고 지팡이로 휘둘러 쫓아버리는 그런 일화를 남기고 있는데, 그 오 선생 고민하는 것 중의 하나가 램적 삶을 살 것이냐 디킨스적 삶을 살 것이냐, 그 점이 바로 이 어려운 시대를 살았던 한국의 지식인의 양면적인 모습이라고 그렇게 생각하고 있어요. 그런 점에서 오 선생의 태도를 이해할 수 있으리라고 생각을 합니다.

〈기억 속의 들꽃〉의 주인공 명선이가, 정상적인 여자아이 캐릭터와는 좀 다른 모습으로 등장을 하는데, 전쟁이라는 그 끔찍한 비극이 한 소녀를 불행하게 만들고 인생을 전혀 엉뚱한 방향으로 바꾸게 됩니다. 험한 세상에서 살아남기 위한 하나의 자기보호색을 위해서 자기 자신의 성격을 일부러 거칠게 또는 영악스럽게 그렇게 가짐으로써 뭔가 고아 운운하는 자기 자신의 입장을 유리하게 가지려고 노력하게 하는 과정이지요. 결국은 환경이 좋았더라면 정상적으로 다른 여자아이와 다름없이 자랐을 텐데, 살아남기 위한 몸부림으로 그런 그 공격적이고 전투적인 여성답지 않은 그런 성격으로 소설 속에 등장하는 것으로 그렇게 이해하시면 틀림없을 것 같습니다.

2모둠 질문과 답

저희 모둠에서 작가님께 드리고 싶은 질문은, 작가님께서 작품 속에 담아내고 싶은 이상 세계는 어떤 세계인지와, 글을 쓸 때 작업하는 곳은 주로 어디이신지 알고 싶습니다.

두 번째 질문은 상당히 쉬운 질문 같습니다. 쉬운 질문부터 답변하지요. 처음 결혼해가지고 그 지금 성남시내에서 단칸 셋방에서 신혼살림을 시작했어요. 신혼살림 때 아이가 생기니까 낮에는 아이가 빽빽 울어대고 또 단칸방이기 때문에 내 집필공간이 없고, 그래서 밤을 새워 주로 작품을 집필하고 그러다보니까 단칸방이 집필할 공간이 되고 결국은 가족들이 잠든 그 시간이 바로 집필시간이 됐어요. 집필실이라고 그럴 수 있는 거를 갖게 된 것이 그렇게 오래 되지 않아요. 한동안은 집에서 집필하기 어려우니까 밖에다가 집필실을 하나 구해가지고 밖에서 작업을 하고 집으로 들어가서 가정생활을 하고 그렇게 오래 살았는데, 요즘에는 이제 나이 들어 가지고 집안에 서재도 하나 꾸며놓고 그래서 지금은 집에서 서재를 작업공간으로 쓰고 있어요.

그런데 집에서보다 지금도 학교 연구실에서 밤새워가며 쓰는 양이 훨씬 더 많아요. 전에 초등학교 교사를 할 때도 습작과정에서도, 학교에 있으면서 내소사에서 하숙을 했었는데 그 하숙방에서는 밤에 작품이 잘 안 써져요. 사람들이 왔다갔다 시끄럽고, 그래서 저녁밥 먹으면 밑에 학교로 내려가서 학교에 호롱불 켜놓고 호롱불 등피에다가 언 손을 녹여가며 원고지 칸을 메워갔어요. 그렇게 한겨울 동안을 교실에서 살면서 집필도 하고 그래서 과로하고 영양실조로 급성간염에 걸려 고생을 많이 한 적도 있고 굉장히 어렵게 집필 작업을 했는데, 나이가 들어서는 조금 형편이 좋아져 요즘에는 좀 편한 자리에서 집필을 하는 편입니다. 문제는 전에 그 집필 공간이 없을 때는 일거리를 싸들고 밖으로 나돌면서 고생스럽게 작업을 할 때는 좋은 작품이 많이 써졌어요. 근데 나이 들어서 집안에서 좋은 환경에서 편안하게 작업을 하니까 오히려 작품도 잘 안 써지고 내가 생각할 때 별로 맘에 드는 작품도 잘 안 나오고 그런 거 같아요.

그래서 학생 여러분에게 하고 싶은 얘기는 문학에서는 반드시 그 풍족한 환경이 좋은 것이 아니라는 거 고거를 이야기하고 싶어요. 김수영 시인 같은 분은 '가장 비참한 시간에 가장 훌륭한 작품이 쓰여진다.' 그런 말을 했고, 또 이상 같은 작가도 '육체가 피곤할수록 정신은 은화처럼 맑아진다.' 그런 이야기를 한 적이 있고, 또 토마스만 같은 작가도 그 자신의 성장소설에서 거의 똑같은 말을 한 적이 있어요. 결국은 작가한테 좋은 작품을 쓸 수 있는 기회 이거는 가장 어렵고 궁핍하고 비참한 시간, 이것이 가장 훌륭한 작품을 쓸 수 있는 기회라는 것을 말씀 드리고 싶어요.

그 다음에 앞의 질문, 이상 세계. 저는 6 · 25가 나던 해부터 교회에 다니기 시작해서, 내가 믿는 신과 한동안은 관계가 별로 좋지 않아서 교회를 떠난 적도 있고, 나중에는 다시 돌아가 지금 기독교 신자로서 충실하게 살려고 노력하고 있는데, 결국은 내 작품을 뜯어보며 너무나 어려서부터 받아들인 그 기독교 신앙이 알게 모르게 녹아 들어가 있어요. 사랑과 용서와 화해 그리고 그 이웃에 대한 이해와 관심, 이런 것들이 기독교의 큰 가르침인데, 그런 교리와 가르침을 나도 모르게 작품의 바탕에다가 까는 일이 많아요.

또 한 가지는 내가 추구하는 문학은 살인殺人의 문학이 아니고 활인活人의 문학을 지향하는 것입니다. 어떤 그 상업적인 목적 자기 인기나 또는 그 문학을 통한 치부라든지 또는 문학을 통해서 자기의 어떤 문학 외적인 목적을 달성하려는 그런 작가들의 작품도 실제로 세상에는 많이 나오고 있죠. 사람들 마음을 병들게 만들고, 또 사람들을 증오하게 만들고 미워하게 만들고 서로 불신하게 만드는 그런 작품들도 실제로 우리 사회에는 많이 나오고 있어요. 그런 작품은 제가 생각할 때는 사람을 해치는 살인의 문학이라고 생각하고 좋지 않게 평가하고 있습니다. 좋은 문학이라는 것은 죽어가는 사람도 살리는 문학, 슬픈 사람을 위로해주는 문학, 외로운 사람에게 친구가 되고 길잡이가 되어주는 문학, 희망이 없는 사람에게 희망을 심어주는 문학, 이런 것들이 결국 살인의 문학이 아니고 활인의 문학이라고 그렇게 믿고 있습니다. 앞으로 여러분들이 문학을 하거나 문학에 향수를 가지거나, 사람을 해치는 살인의 문학이 아니라 활인의 문학을 하기를, 자라나는 세대인 여러분들에게 당부를 하고 싶습니다.

3모둠 질문과 답

저희 모둠을 대표해서 발표하게 되어 영광입니다. 첫 번째는 소설

〈완장〉에서의 '완장'은 권력의 허울로 묘사되고 있지 않습니까? 이 시대에 진정한 완장은 무엇이 되어야 한다고 생각하시는지. 그리고 저는 글쓰기에 약간의 두려움을 느끼고 있는데요. 어떤 식으로 써야 잘 쓰게 되는지 작가님의 비결이나 연습 방법 등을 알고 싶습니다.

앞의 질문은 이 시대의 진정한 '완장'이 무엇인가에 대한 것이죠. 〈완장〉에서 유력한 소도구로 등장하는 '완장' 자체가 시대의 병증을 나타내는 상징물로 그렇게 작용을 하고 있어요. 우리나라가 여러 외세에 시달리고 여러 내부에 시달리는 그런 험난한 세월을 살아오면서, 권력의 피해를 가장 직접적으로 입는 계층이 바로 그 민초 계층이겠죠. 그래서 민초를 괴롭히는 권력의 실체, 이거를 '완장'이라는 소도구로 상징해서 그를 야유하고 풍자를 하고 싶은 것이 〈완장〉이라는 소설의 원래 의도였어요. 그런데 한 가지 아이러니는 한국의 기층민인 민중이 이 권력의 가장 큰 피해자이면서, 그 권력에 맞서서 저항하는 의지보다 오히려 어떻게 하면 권력에 잘 보이고 또 어떻게 하면은 권력의 작은 한 부스러기를 얻어 가지고 나도 남들 위에 권력자로 군림해서 살 수가 있을까, 이런 쪽에서 그 한국의 민중의 권력에 대한 아이러니 많이 느낄 수가 있어요. 그래서 〈완장〉에서 풍자의 대상으로 삼는 것은 진짜 권력 계층만이 풍자의 대상이 되는 것이 아니고 그 권력계층의 피해자이면서 그 권력에 제대로 대항할 줄 모르는 잘못 되어가는 그런 민중도 똑같은 풍자와 비판의 대상으로 삼고 싶었던 것이 원래 작가의 의도였습니다. 그래서 진정한 '완장'이 무엇이냐 한다면 사람답게 살고자 하는 노력, 사람답게 살고자 하는 노력을 가로막고 방해하는 그런 세력에 대해서 정면으로 대응하는 그런 삶의 자세가 진정한 '완장'이지 않을까 그렇게 생각을 하고 있어요.

그 다음에 어떻게 하면 좋은 작품을 쓰느냐 비결이 무엇이냐는 것인데, 누가 그거 정답을 알면 나한테도 일러주었으면 좋겠어요. 나도 그 비결 좀 알고 싶어요. 고생스럽지 않게 쉽게 작품을 썼으면 좋겠어요. 예를 들어서 도자기를 만든다, 무슨 목각을 한다, 이런 장인들이 하는 작업에는 숙달이라는 게 있어요. 그래서 오랜 연륜을 쌓다보면 요령도 생기고 비결도 터득을 하고 그래가지고 짧은 시간에 적은 노력을 들여서도 전보다 더 좋은 물건을 만들어낼 수가 있어요. 그런데 글쓰기에서는 숙달이라는 것이 참 그 인연이 멀어요.

나처럼 지금 30년이 훨씬 넘게 문학 한 가지에 매달려서 죽어라고 살아왔는데도 지금도 새로운 작품을 시작할 때마다 항상 두려워져요. 그리고 집필 작업실에 들어가기가 심난해지고 그래서 어떻게 하면 요 작업을 미룰 수가 있을까 해가지고 별 핑계를 다 대요. 하루라도 더 유예할 수 있는 핑계를 얻기 위해서 별의별 핑계를 다 만들고, 심지어는 오늘 아침부터 새로운 작업을 시작을 하려고 그러는데 아침에 마누라가 나한테 눈을 흘겼어, 그래서 오늘 기분이 나빠, 오늘은 집필을 시작하지 않아. 이런 식으로까지 집필 작업을 유예할 수 있는 핑계란 핑계는 전부 다 갖다 대요. 그러다보면 어느 날 더 이상 댈 핑계가 없어져버려, 더 핑계 댈 게 없을 때 비로소 새로운 작품에 들어가게 돼요.

이건 뭐냐면 30년이 넘게 집필을 해왔는데도 불구하고 여전히 숙달이란 게 없고 비결이 없어요. 새로운 작품을 시작할 때마다 새로운 작업에 들어가는 것이죠. 이건 그 해산의 고통과 마찬가지죠. 어머니가 첫 번째 아이를 낳을 때 굉장히 힘들었어요. 그렇다고 해서 첫 번째 아이 열 달 걸렸던 거를 6개월로 줄여서 두 번째로 낳을 수 있다? 이런 거 없어요. 첫 번째 아이 때 치렀던 모든 고통 과정과 기간을 다시 한 번 똑같이 되풀이해야 두 번째 아이를 해산할 수 있다는 거 그것과 마찬가지입니다.

하지만 하나의 소우주 생명체를 자기 스스로 창조해냈다는 그런 보람과 기쁨, 이것이 다음 아이를 또 갖도록 만들 듯이, 작가들도 마찬가지로 앞에서 했던 고통의 과정을 잊어버리고 그 작품을 생산했던 감격과 보람 이런 것이 결국은 잠깐 휴식기를 거쳐서 그 다음 작품에 도전하게 만들고 그런 겁니다. 그래서 이 비결이나 왕도를 꿈꾸는 사람들은 앞으로 문학하기 어려워요. 꾸준히 노력하는 거, 고통을 자기 것으로 즐겁게 받아들이는 거, 이것이 비결 아닌 비결이라고 답변할 수밖에 없을 것 같습니다.

4모둠 질문과 답

저희 모둠에서 두 가지의 질문을 준비했었는데요. 하나는 선생님의 말씀 도중에 있었기 때문에 작가님께 한 가지 질문만 드리도록 하겠습니다. 〈장마〉에서 보면 민족 이념의 대립과 갈등을 구렁이를 등장시켜 사건을 마무리했는데 특별히 갈등 해소의 소재로 '구렁이'를 선택하신 이유가 있습니까?

예, 있지요. 〈장마〉가 처음 발표되었을 때 유명 평론가가 상당히 비판적으로 평을 한 적이 있어요. 그 평의 요지는 뭐냐면 이 작가가 전근대적인 샤머니즘의 세계를 통해서 도대체 오늘날 뭘 어쩌겠다는 것인지 알 수가 없다 그런 뜻이었죠. 비판적인 평론으로 상당히 내 마음을 아프게 한 적이 있었는데, 한 가지 재미있는 현상은 처음에 〈장마〉를 그렇게 비판했던 평론가가 80년대 지나고 나서 갑자기 〈장마〉 예찬론자로 바뀌어 지금은 〈장마〉를 대단한 작품으로 평가해주고 있다는 에피소드를 말씀 드리고 싶고, 〈장마〉에서 등장시킨 '구렁이'를 통한 샤머니즘의 정서, 그거는 이렇게 이해를 하시면 틀림없을 거 같습니다. 샤머니즘은 그 〈장마〉라는 작품에서 목적으로 작용한 것이 아니고 하나의 수단으로 사용하고 있다는 거, 그거를 이해해 주시기 바랍니다.

무슨 수단으로 사용했느냐? 남과 북의 민족이, 한 민족이 남과 북으로 갈려서 서로 반목하고 갈등할 때 그거를, 동일민족이라는 거를 확인시켜주는 민족의 동질성을 확인시켜주기 위한 수단으로 사용했다는 거 그렇게 이해하신다면 '구렁이'에 대한 정확한 이해가 되리라고 생각합니다.

5모둠 질문과 답

작가님의 작품 〈기억속의 들꽃〉은 저희 국어교과서에 실려 있잖아요. 〈기억속의 들꽃〉 읽어보니까 어른들이 굉장히 금반지에 집착을 하고, 명선이도 금반지 때문에 비극적인 죽음을 맞이하잖아요. 금반지가 소설 속에서 의미하는 바가 무엇인지 여쭤보고 싶구요. 또 〈장마〉에서요. 그 '장마'가 완전히 끝났다고 생각하시는지 아니면 아직도 어딘가에서 계속되고 있다고 생각하시는지 여쭤보고 싶습니다.

작가님 호칭보다는, 이런 경우 선생님이라는 좋은 말이 있죠.

〈기억속의 들꽃〉에서 '금반지'의 의미를 물어봤는데, '금반지'는 작은 금붙이로 아주 값나가는 것이죠. 전시 같은 위급상황에는 이렇게 몸에 지니고 다니기 좋은 값나가는 물건이 생존의 수단이 될 수가 있어요. 두 번째 질문에 대한 답은, 우리 남자들이 꼭 거쳐가야할 관문이 있죠? 우리 아들도 지금 논산 훈련소에 있어요. 지금도 차 타고 오면서 훈련소 앞을 지나오면서 묘한 감회를 느꼈는데 지금도 이 추위에 논산훈련소에 가서 군사훈련을 지금 받고 있는 중이에요. 이런 것뿐이 아니고 지금 우리나라는 거의 20% 가까운 국가예산이 지금 국방예산으로 사용되고 있어요. 20% 국방예산이라는 이거는 엄청난 거예요. 얼마 전까지만 해도 20%가 훨씬 더 됐어요. 일본의 국방예산은 일본 전체 예산의 1.8~2%입니다. 일본에서는 0.1% 국방예산을 올리는데도 국회에서 난리들이에요. 올리지 말라고. 일본은 나머지를 가지고 여러 가지 교육이라든지 문화라든지 사회복지라든지 또 자기 나라를 해외에 알리는 여러 가지 부류 사업이라든지 이런데다가 많은 예산을 쓸 수 있기 때문에 일본이 세계 속에서 선진문화국으로 대접을 받는 거예요. 근데 2% 국방예산을 쓰는 일본이 그럴 때 우리 대한민국은 그 엄청난 예산을 북한과 대립하기 위한 국방예산으로 쓰고 있기 때문에, 여러분이 제대로 혜택도 못 받고 있고, 젊은 세대가 큰 뜻을 펼치기가 어렵게 되어 있고, 가난한 민중이 여러 가지 사회적 복지 혜택을 받을 수가 없고, 바로 이 분단 상황 때문에 우리가 엄청난 불이익을 당하고 있어요.

국제사회에서 바로 분단을 약점으로 악용하는 주변 상대국들, 심지어는 저기 남태평양에 있는 불과 몇 만 인구밖에 안 되는 소국들, 예를 들어 솔로몬제도 같은 이런 아주 약소국들도 한반도의 분단 상황을 약점으로 악용하면 우리가 그 나라를 도와주고 칙사 대접해주고, 그 한 표를 얻기 위해서 아양을 떨어요. 이거는 국가와 민족의 자부심이 엄청나게 손상되는 그런 일이죠. 이런 일들이 부지기수로 많아요. 그래서 통일비용을 얘기하는데 한국이 분단체제를 유지하는데 들어가는 눈에 보이지 않는 엄청난 비용 이거를 생각한다면, 우리나라는 하루 속히 분단 상황에서 벗어나서 민족화해와 통일의 길로 나갈 수밖에 없어요. 지금도 그걸 못하고 있기 때문에 아직도 우리나라는 '장마'의 상황 요것이 지금도 계속되고 있다, 수많은 분단의 비극들이 아직도 이 땅에 가득 차 있다고 그렇게 이야기할 수밖에 없어요.

6모둠 질문과 답

선생님께서 작품을 쓰실 때 소재를 먼저 정하시는지 주제를 먼저 정하시는지 소재가 잘 떠오르지 않을 때 어떻게 하시는지 궁금합니다.

어떤 소재가 잡히면 주제는 소재에 딸려오기 마련이죠. 그런데 작품을 쓸 때 보면 주제가 먼저 잡히는 경우도 있고 주제에 맞는 소재가 뒤늦게 딸려오는 그런 경우도 있고 그래요. 그러니까 뭐라고 일률적으로 이야기할 수가 없는데, 작품은 써야 되겠고 써야 될 소재는 잘 떠오르지 않고 잡히지 않고 그런 경우들이 실제로 많이 있어요. 아주 암담한 경운데, 그런 경우에는 뭔가 소재에 대한 집착을 버리고 잠시 그 소재 찾기에서 벗어나서 남의 작품을 정독하는 이런 습관을 지금까지 쭉 들여왔어요. 마땅한 소재가 떠오르지 않고 헤맬 때 그런 때는 신문을 열심히 읽는다든지, 또는 남의 좋은 작품을 열심히 찾아서 읽는다든지, 또는 여행을 다니면서 여러 가지 새로운 경험을 만난다든지, 이렇게 그 소재의 압박으로부터 잠시 벗어나 있을 때 새로운 소재가 잘 잡히는 경우를 지금까지 많이 경험했어요.

문학에서의 소재라는 거는 특정한 소재를 자꾸 의식하다 보면 소재가 안 잡히는 경우가 대부분이에요. 그리고 문학적인 소재는 너무 광범위해서 이 세상에 가득 널려 있다고 생각하면 틀림없어요. 지금까지 지나쳐갔던 내 주변의 가까운 일상사들 또는 그 이웃들, 친구들, 이런 가까운데서 흔한 이야기, 흔히 겪었던 어떤 체험들 이런 것들도 뭔가 그 시각을 달리 하고 안목을 달리하면 익숙한 소재가 새로운 소재로 다가오는 그런 경험들을 많이 볼 수가 있어요. 나중에 프로가 되면 어떤 소재를 가지고도 일단 한편의 자기 글을 쓸 수가 있게 돼요. 너무나 소재주의에 빠지게 되면 오히려 좋은 작품을 쓰기가 어렵다는 거, 소재에 너무 집착하지 말고 소재를 떠나서 한 걸음 물러나서 객관적으로 자기 주변 세계를 바라보라는 거, 이거를 조언하고 싶습니다.

7모둠 질문과 답

이제까지 쓰신 작품 중에 가장 애정이 가는 작품이 무엇인지 궁금합니다.

자기 새끼는 다 애정이 가죠. 자식을 많이 둔 부모가 어떤 자식은 예쁘고 어떤 자식은 안 예쁘고 그런 경우는 없어요. 지금까지 상당히 많은 작품을 썼는데 하나하나 귀하지 않은 작품이 없어요. 남들이 볼 때는 우스꽝스럽게 보이는 작품일지라도 내가 볼 때는 하나 하나가 다 귀중해요. 그래서 오히려 세상에 널리 알려져서 많이 인정받는 작품은 그 작품대로 중요하지만, 별로 인정 못 받고 묻혀버린 그런 작품에 대해서 특히 애착을 많이 갖는 그런 작품들이 여러 편 있어요.

그중에서 주로 내가 살아가는 과정에서 직접 겪었던 체험을 바탕으로 한 그런 작품들은 전부다 지금도 애정이 많이 가는 그런 작품입니다. 예를 들어서 〈땔감〉 같은 짧은 단편, 그런 작품도 굉장히 마음속으로 애정을 많이 가지고 있는 그런 작품이고, 정읍 시절의 어렸을 때 체험 여기에다가 6 · 25를 접목시켜 썼던 〈황혼의 집〉 같은 그런 작품도 문단에서 일종의 출세작이죠. 나를 출세하게 만든 작품이어서, 어렸을 때 내 체험이 많이 녹아있는 작품이기 때문에 바로 이 〈황혼의 집〉 같은 작품도 굉장히 애정을 많이 가지고 있는 그런 작품 중의 하나죠.

8모둠 질문과 답

〈아홉켤레의 구두로 남은 사내〉에서 권씨의 가출 소동으로 인해 비극적인 결말을 설정하셨는데 비극적인 결말을 선택하신 이유는 무엇입니까?

원래 작가가 작품 속에서 비극을 이야기할 때는 원래의 그 말하고자 하는 의도는 비극의 반대편에 있는 경우가 많이 있어요. 원래 작가의 의도는 비극의 세계가 아닌 뭔가 그 행복한 세계 그거를 염두에 두면서 실제로 쓰는 거는 비극을 설정해서 쓰는 그런 경우가 많이 있죠. 수사법 가운데 여러분들이 배워서 잘 알겠지만 반어법이라는 게 있지요. 반어적으로 비극을 통해서 인간이 지향할, 인간이 꿈꾸는 행복의 세계를 이야기하는 겁니다.

권 씨가 자기 아이를 어렵게 출산할 때 아비로서의 역할을 제대로 못한 그것에 절망해가지고 결국 가출을 통해서 이런 책임을 회피라는 이런 비극을 보여주고 있는데, 그 비극은 나중에 권 씨가 만날 어떤 다행스러운 결말 그거를 준비하기 위한 반어적인 표현이라고 그렇게 의도를 하고 있었습니다.

9모둠 질문과 답

선생님 작품을 몇 가지 읽어보았는데요. 선생님 작품은 거의 다 6 · 25전쟁을 배경으로 한 것인데 특별한 이유가 있나요?

다 안 읽어서 그렇지 거의가 6 · 25를 배경으로 한 작품은 아니고 전쟁과 상관없이 쓴 작품도 많이 있는데 비교적 6 · 25를 배경으로 한 작품이 많이 알려져 있고, 또 평자들이 대표작을 뽑을 때 주로 그런 작품들을 많이 거론하니까 독자들 머리에 그렇게 많이 인식이 되고 있는 거 같아요.

그런데 실제로 그 6 · 25나 분단 문제를 가지고 작품을 많이 쓰고 있어요. 다른 나라에는 없는 한국만의 특이한 현상이 바로 분단문학, 분단소설이라는 건데, 나도 역시 분단국가의 작가로서 분단소설을 꽤 많이 쓴 작가 중의 한 사람입니다. 분단 문제가 과거에도 심각했지만 현재까지도 우리 한민족의 삶을 결정적으로 좌우를 하고 있고 그리고 앞으로도 한동안은 한민족의 운명에 지대한 영향을 미치는 것이 바로 분단 상황이라고 믿고 있기 때문에, 가장 중대한 문제를 젖혀두고 다른 여러 가지 부산물들 이거를 중점적으로 다룰 수가 없다는 겁니다. 그렇게 문학관을 가지고 있기 때문에 분단문제를 다룬 작품을 많이 쓰게 됐어요.

또 한 가지는 아홉 살 때 6 · 25를 겪었는데 아홉 살 나이라면 사회적인 자아에 눈뜨기 이전입니다. 바로 끔찍한 전쟁비극이라는 인생 최대의 체험을 통해서 비로소 아홉 살이었던 내가 갑자기 어느 날 어른스럽게 조숙해지는 모습, 그만큼 이 어린 시절에 아무것도 몰랐던 철부지 시절에 받아들인 끔찍한 전쟁 체험은 나한테 굉장히 정서적으로 아주 심각한 영향을 주었어요. 그래서 아직도 그 영향에서 멀리 벗어나지 못하고 지금도 소설을 쓸 때 6 · 25와 분단비극 이것이 내 의식 속에서 중요한 비중으로 작용을 하고 있기 때문에, 그런 작품을 아무래도 많이 쓰게 되지 않은가 그렇게 생각합니다.

10모둠 질문과 답

선성님께서 지으신 〈완장〉과 몇몇 단편을 잘 읽었습니다. 다음 작품을 생각하고 계시거나 아니면 집필 중이시라면 그것에 대해 조금만 간략하게 말씀해주실 수 있나요?

사실은 작년 12월이 회갑이었기 때문에 회갑 기념으로 작품집을 출판할 계획이었는데, 작품이 완성이 안 되어 금년으로 계획이 미루어진 작품이 있습니다. 몇 년 전부터 연작소설을 지금까지 죽 써왔어요. 《때와 곳》이라는 제목으로 연작 소설을 죽 써왔고 지금 《때와 곳》 연작의 열 번째 작품 이것을 거의 완성을 해놓고 있어요. 돌아가면 이제 결말 부분을 완성을 해가지고 봄에 발표를 하고 봄쯤에 한권으로 묶여져 나올 이야긴데, 중년에 이른 초등학교 동창들이 어느 날 모교에 모여가지고 6 · 25가 발생하던 무렵 모교에서의 기억들을 하나씩 돌아가면서 에피소드를 주고받는 그런 이야기를 쭉 지금까지 적어오고 있어요. 지금 열 번째 작품 제목이 〈종탑 아래서〉라는, 익산에 가면 신광교회라는 교회가 있어요. 신광교회 종탑에서 벌어지는 그런 이야기고, 그 다음에 〈아이젠하워에게 보내는 멧돼지〉 이런 제목도 있는데, 그게 뭐냐면 우리가 어렸을 때 초등학교 다닐 때 걸핏하면 익산 역전에 나가서 궐기대회를 했어요. 반공궐기대회 같은 거를 학교 공부도 제치고 익산 역전에 나가 궐기대회를 하고 그랬는데, 그 궐기대회를 가리켜 우리는 그때 걸구대회라고 불렀고 걸구대회에 나가서 가만히 확성기로 울리는 소리를 들으면 무슨 '트루만 대통령에게 보내는 멧돼지', 뭐 '맥아더 원수에게 보내는 멧돼지', 계속 멧돼지를 보내요. 그래서 어린 마음에 도대체 왜 멧돼지를 잡아가지고 자꾸 저렇게 미국 대통령한테도 보내고, 유엔 사무총장에게도 보내는지 그게 참 의문이었어요. 나중에 조금 커서 중학교에 들어가 가지고 영어를 배우다보니까는 아, 그때 그 '멧돼지'가 바로 '메시지'였구나 하는 거를 나중에야 알았죠. 그때 그 어렸을 때 들었던 그 궐기대회에서의 멧돼지 그런 이야기 에피소드를 빨리 끝내고, 그 다음 작품은 중단했던 대하소설 〈밟아도 아리랑〉이 있습니다.

한민족의 귀소본능, 우리 민족적 특질 중의 하나로 죽으면 자기 고향에 돌아가서 자기 고향땅에 묻히기를 바라는 이 큰 소망을 가지고 살아가는 민족이 바로 우리 한민족이에요. 다른 어떤 세계의 민족보다도 귀소 본능이 강한 민족이 바로 우리 한민족인데, 지금도 명절 때만 되면 민족 대이동이 벌어지죠. 자기 고향 찾아 태어난 고향 찾아가는 수구초심의 귀소본능, 이것이 특히 역사적으로 전쟁기간 동안에는 더 강해집니다. 특히 남자들은 전쟁 때 고향집을 떠나서 객지를 방황하는 때가 많아요.

전쟁에 나가서 혹시 자기가 죽게 되더라도 자기 가족들이 자기 시신을 문신을 보고 구분을 해서 자기 시체를 찾아다가 시신으로라도 고향에 묻어주기를 바라는 이런 특이한 한민족의 귀소 본능, 이것이 전통적으로 '부병자자'의 풍습을 낳게 됩니다. 바로 요런 '부병자자'에 의한 귀소본능 이런 거를 나타내는 작품이 〈밟아도 아리랑〉이라는 대하작품인데, 두 권까지 쓰고 중단됐었어요. 그 연재하던 문예지가 갑자기 폐간이 되어 본의 아니게 작품이 중단되었는데, 금년에 ≪때와 곳≫ 연작을 빨리 끝내고 중단했던 대하소설을 이어서 완성하는 그것이 현재 내가 해야 할 가장 시급한 작업입니다. 두 작품 잘 완성될 수 있도록 많이 성원해주시기 바랍니다.

'작가와의 대화' 시간이 끝나고 가면서 윤흥길 작가는 '정읍 학생들의 수준이 아주 높다, 대학생보다 수준이 있는 것 같다'라는 말을 남겼다. 그 말을 듣는 정읍국어교사모임 선생들은 아이들 덕분에 공연히 기분이 좋았었다. 사실은 작가가 워낙 성의를 다하였기 때문에 아이들이 그러한 분위기 속에 자연스럽게 동참했던 것이기도 했다.

2002겨울문학캠프에서는 다른 때와 달랐던 요소들이 있었다. MBC 촬영 팀이 와있었고, 참여 학생들도 100명 정도로 버스 두 대를 꽉 채우는 인원이었다. 방송 촬영이 있다는 사실은 10대의 시골 아이들에게 상당한 활기를 부여했던 것 같다.

한편으로는, 방송 촬영 팀이 움직이고 있다는 것이 부정적인 측면이 없었던 것은 아니었다. 정읍국어교사모임의 위상을 높인다는 점에서 환영하는 교사들이 많기도 했지만, 촬영에 맞추어 일정이 바뀌고 의도된 요구에 따라 내용을 보여줘야 한다는 점에서, 불만을 표현했던 아이들도 여럿 있었다. 아이들은 문학캠프 자체의 활동을 좋아했던 것이다.

따로 나 개인적으로는 사진작가인 동생에게 사진촬영을 부탁해놓고 있었다. 지금의 아이들은 이상하게도 자신의 준비되지 않은 외모를 공개하는 것을 극도로 꺼려하지만, 그때의 아이들은 카메라 앞에서 위축되거나 피하지 않았다. 곳곳에 들어가 사소한 사진들을 많이 찍었고 사진 안에는 살아있는 아이들의 표정이 담겨 있었다. 문집을 제작할 때 '작가와의 대화'에서 학생 질문 부분에는 질문을 한 학생의 사진을 배치했는데 지나고 보니 사진 한 장이 얼마나 내용을 살게 하는가를 알 수 있었다.

[2002겨울문학캠프 일정]

2003. 1. 6.

정읍 → 버스 안에서 자기소개 → 모악산 유스호스텔 → 모둠판 만들기 → 모둠별 작품 돌려 읽기 → 모둠별 질문지 작성 → 작가와의 대화 → 시극 발표 → 독서골든벨

2003. 1. 7.

기행(완장 배경 백산 저수지, 기억 속의 들꽃 배경 만경강 다리) → 모둠별 책 만들기 → 겨울밤 별자리 관찰 → 여름문학캠프 보고 → 공동체 놀이마당

2003. 1. 8.

작가에게 엽서글 쓰기 → 백일장, 모둠 활동 시상 → 버스 안에서 소감 말하기 → 정읍

이러한 문학캠프 일정 속에 내가 맡은 주 프로그램은 '기행'이었다. 어른들의 기행이라면 쉴 틈 없이 빡빡하다 해도 크게 문제가 없지만 학생들의 경우 그렇게 하는 경우 역효과가 많은 것이 사실이다. 기행을 압축해서 최소화하고 다른 활동으로 뒷받침하는 것이 좋았다. 그런데 나열하는 것보다 사실 압축한다는 것이 더 어려운 법이다. 나는 준비 과정에서 안도현 시인의 도움을 구해서 정양 시인과 연락을 했었다.

> 어느 마을이나 다 사정이 비슷했지만 특히 우리 마을로 유난히 피난민들이 많이 몰리는 것은 만경강 다리 때문이었다. 북쪽에서 다리를 건너 남쪽으로 내려오다 보면 자연 우리 마을을 통과하도록 되어 있었다. 우리가 알기로는 세상에서 가장 긴 그 다리가 폭격에 의해 아깝게 끊어진 뒤에도 피난민들은 거룻배를 이용하여 계속 내려왔다. 인민군한테 당할 때까지 피난민들의 발길은 그치지 않고 있었다.
>
> — 윤흥길, 기억 속의 들꽃

윤흥길 작가는 친구인 정양 시인의 어린 시절 체험을 소재로 〈기억 속의 들꽃〉을 썼다고 한다. 정양 시인의 고향 마을은 김제군 공덕면 마현리, 북쪽에서 내려오는 피난민들이 만경강 다리를 건너 이 마을을 통과하기도 하고 묵어가기도 하고 그랬을 것이다. 명선이와 소년이 이 마을에서 만경강 다리까지 놀러갔다면 걸어서 한두 시간은 걸렸을 것이다.

정양 시인은 자신이 말하는 바로 그 '끊어진 만경강 다리'는 남아 있지 않다고 했다. 강 위에는 신만경교가 있고 그 옆에 구만경교가 있고, 1928년 무렵 세워진 구만경교는 나이 들어 쇠약해진 노인처럼 삐쩍 야윈 몰골로 안쓰럽게 서있는데, 난간 사이로 내려다보는 만경강이 아찔

하여 어느 정도 소설의 분위기를 느껴볼 수 있었다. 실제로 이 끝에서 저 끝까지 걸어본다면 '우리가 알기로 세상에서 가장 긴 다리'라는 표현이 충분히 실감 나는 다리였다. 구만경교를 '소설 속의 다리'로 설명을 해도 무리는 없는 일이었다.

〈장마〉에 등장하는 '구렁이가 친친 감긴 감나무'가 있는 집은 찾을 수가 없었다. 김제군 공덕면 마현리 305번지, 그 집에는 신식 정원수와 신식 양옥이 대신 서있고, 새로운 주인이 살고 있었다. 정양 시인은 유년 시절의 체험을 친구인 윤흥길 작가에게 이야기했고, 윤흥길 작가는 그 체험을 〈기억 속의 들꽃〉과 〈장마〉의 소재로 차용을 했던 것이었다. 유년 시절의 체험은 누구에게나 있을 것이다. 직접 간접의 그 체험을 얼마나 문학적으로 형상화할 수 있을 것인가, 문학캠프에서 항상 학생들에게 던져보고 싶은 질문이기도 했다.

〈장마〉는 스테디셀러의 반열에 올라 있는 작품이라고 할 수 있을 것이다. 〈장마〉의 작품성은 말할 필요가 없는 것이지만, 정양 시인의 시와 함께 읽으면 더욱 아름다운 예술이 되는 것 같다. 이런 시를 보면, 시인의 언어에 대한 천재성은 정말 감탄스럽다.

> 참새떼가 요란스럽게 지저귀고 있었다.// 아이들이 모여들고/ 감꽃들이/ 새소리처럼 깔려 있었다.// 아이들의 손가락질 사이로/ 숨죽이는 환성들이 부딪히고/ 감나무 가지 끝에서 구렁이가/ 햇빛을 감고 있었다.// 아이들의 팔매질이 날고/ 새소리가 감꽃처럼/ 털리고 있었다./ 햇빛이 치잉칭 풀리고 있었다./ 햇살 같은 환성들이/ 비늘마다 부서지고 있었다.// 아아, 그때 나는 두근거리며/ 팔매질당하는 한 마리/ 구렁이가 되고 싶었던가……/ 꿈자리마다 사나운/ 몰매내리던 내 청춘을/ 몰매 속

몰매 속 눈 감은 틈을/ 구렁이가 사라지고 있었다./ 햇살이, 빛나는 머언/ 실개울이 환성들이/ 감꽃처럼 털리고 있었다.// 햇볕이 익는 흙담을 끼고/ 구렁이가 사라지고 있었다./ 가뭄타는 보리밭 둔덕길을 허물며/ 팔매질하며 아이들이 따라가고 있었다.// 감나무 푸른 잎새 사이로/ 두근거리며 감꽃들이 피어 있었다.

— 정양, 내 살던 뒤안에

〈기억 속의 들꽃〉은 중학교 국어에서, 〈장마〉는 고등학교 국어에서 비중 있게 다루어지고 있기 때문에, 교사들도 학생들도 작품의 구성이나 주제나 상징성 따위를 많이 공부해서 알고 있을 것이다. 이쯤에서, 작가의 이메일 답신과 문학캠프 참여 학생의 독후감 한 편을 올리는 것이 좋을 것 같다.

안녕하십니까. 윤흥길입니다.

정양 선생의 고향은 만경강에서 가까운 김제시 공덕면입니다. 내 작품 〈장마〉는 정읍을 의식한 가상공간을 설정하여 썼기 때문에 정양 선생의 〈내 살던 뒤안에〉의 작품 배경과는 상관이 없습니다. 다만, 정양 선생의 어린 시절, 행방불명된 부친이 살아 돌아온다고 점쟁이가 예언한 바로 그날 부친 대신 커다란 구렁이가 집안으로 들어오는 소동이 벌어졌었다는 이야기를 듣고 〈장마〉를 구상하게 된 인연으로 두 작품의 공간은 정신적 유대관계를 맺고 있는 셈입니다.

저는 정읍의 시기리 201번지에서 출생한 다음, 네 살 무렵(12월생으로 대먼나이를 먹은 탓에 그 당시의 기억은 극히 한정돼 있습니다)에 연지리로 이사하여 역전 근처 큰길가의 벽돌건물(〈황혼의 집〉의 소설 공간인 옛 철공소 건물)에서 잠시 살다가, 여섯 살 때 익산시로 이주하였습니다. 오랜 세월이 지난 후 정읍을 방문해서 내 기억 속의 정읍과 실제의 정읍을 맞춰보려는 시도를 했다가 엄청난 낙담만을 안고 금세 포기한 적이 있습니다.

아홉 살 때 익산에서 겪은 6·25를 여섯 살 이전에 살았던 정읍 시절의 기억 속에 옮겨 담은 작품이 〈장마〉입니다. 정읍이라고 구체적으로 밝히지 않은 가상공간이기 때문에 실제의 정읍과 딱 맞아떨어지지 않는 면들이 있을 테지만, 건지산이 내장산을 대신하는 식으로 그 바탕에는 어린 시절 시기리에서의 막연한 기억이 자리 잡고 있습니다.

〈기억 속의 들꽃〉은 정양 선생의 어린 시절 체험 일부를 빌려 쓴 작품입니다. 언젠가 함께 만경강 근처로 낚시를 갔을 때 정양 선생이 이젠 사용하지 않는 옛 만경강 다리를 가리키며 미군의 폭격으로 그 다리가 파괴됐을 때 동네 친구들과 함께 부서진 다리 위에서 위험한 곡예를 즐기며 놀곤 했다는 체험담을 들려준 적이 있습니다. 정양 선생의 고향 마을이 만경교에서 멀지 않은 공덕면에 있습니다.

김제시 백산면 소재 백산저수지 물가에서 친구 형님이 과수원을 경영하는데, 한때 친구가 형님네 과수원에 내려가 지낸 적이 있었습니다. 그래서 친구를 만나러 백산저수지로 놀러 갔다가 '완장 찬 사내' 이야기를 친구한테 듣고 장편 〈완장〉을 쓰게 된 것입니다.

그밖에 익산시를 배경으로 해서 ≪때와 곳≫ 연작소설을 써서 현재까지 문예지에 9편을 발표했고 10편째 집필 중인데, 내년쯤에나 책으로 묶여 나올 예정입니다.

행사 준비하시느라 수고가 많으실 텐데, 친절하게 도와드리지 못해 미안합니다. 이것저것 하는 일들이 겹치고 얽혀 늘 잠이 부족하고 피곤한 상태입니다. 그 와중에서 소설을 쓰기 위한 나만의 시간을 확보하는 문제는 일종의 전투 행위나 다름없습니다. 너그럽게 이해해 주시기 바랍니다.

— heunggily@hotmail.com(02. 12. 02)

해마다 여름이면 으레 찾아와 이 땅을 흥건히 적시며 온 나라의 혼을 빼고 가는 것이 있다. 바로 장마다. 어릴 적 나의 장마에 대한 기억은 그다지 좋지 않다. 여름 밤, 오줌까지 절게 하는 무서운 귀신 이야기의 배경은 늘 지독한 장마 속이었고, 아빠가 늦게 들어오시는 날도, 엄마께 혼이 나고 혼자 울던 날도, 그러다 악몽을 꾸는 날에도 장마 중이었던 것으로 기억된다. 그래서인지 이제 제법 철이 든 소녀가 되었지만, 아직까지도 '장마'라는 단어가 주는 어떤 위압감을 부인할 수가 없다.

그런 나에게, 윤흥길의 〈장마〉라는 소설을 접함은 처음부터 퍽 흥미로운 일이었다. 특히 이 소설의 저자 윤흥길의 고향이 내가 사는 이 곳 전북 정읍이라고 하니, 나와 이 소설 간에는 무언가가 있음을 직감했었다. 그런데 그것은 현실로 나타나, 나는 지금 윤흥길이라는 작가에게 완전히 매료되어 버렸다. 한 문장, 한 단어도 결코 그냥 넘어가지 않는 치밀하고도 섬세한, 기발한 묘사. 그만의 문체가 만드는 그만의 분위기. 막연한 존경심과 함께 같은 고향 사람이라는 자랑스러움이 가슴 속에서 터져 나올 듯하다.

각각 빨치산과 국군 장교 아들을 두고 있는 친할머니와 외할머니의 대립. 자식 교육을 위해 고향을 떠났던 외할머니네가 피난을 위해 친할머니 집을 찾았을 때만 해도 두 분 사이에는 아무런 문제가 없었다. 그러다 외삼촌이 전사했다는 통지를 받고 외할머니의 가슴 속에 맺힌 한의 응어리가 삼촌의 빨갱이 짓에 들어가 꽂히면서 두 할머니 사이의 갈등은 깊어진다. 그러던 중 친삼촌이 온다고 점쟁이가 예견한 그날, 삼촌 대신 온 구렁이를 본 친할머니는 기절해버리고, 그런 할머니를 대신해 외할머니는 구렁이를 친삼촌 대하듯 잘 타일러 돌려보낸다. 이로 인해 할머니와 외할머니의 갈등은 눈 녹듯 사라지게 된다.

"정말 지루한 장마였다." 이 한 마디로 일축해버린 결말. 대단히 단순한 문장임에도 불구하고 이 소설을 든든히 뒤받치고 있음은, 이 문장이 오랜 갈등을 마무리함과 동시에 맑은 날에 대한 '희망'을 내포하고 있기 때문이 아닌가 싶다.

장마! 그것은 우리 민족에게 닥쳐온 전쟁이라는 불행한 사건을 상징한다. 작품은 '나'의 눈을 통하여 민족분단의 이념적 비극을 보여주고 있다. 그러면서 한 가정의 갈등 해결을 제시함으로써 나아가 우리 민족의 분단 문제에 대한 실마리를 모색하고 있는 것이다.

그렇다면 남북통일의 해결책은 무엇인가? '장마'에서 갈등을 해결한 열쇠는 뿌리 깊은 토속신앙과 아들을 사랑하는 두 어머니의 마음, 그것이 통함이다. 우리도 끈끈한 민족애를 바탕으로, 민족이기에 합쳐야 한다는 대전제 아래, 사상과 이념의 편견을 버리고 통일을 위해 끊임없이 노력해야 할 것이다.

우리의 역사, 그것은 정말 오랜 장마였다. 지루하다 못해 그것은 처절한 것이었다. 그러나 장마 뒤, 뜨는 태양, 장마가 그린 무지개, 그 쾌감을 느낄 날이 멀지 않았음을 느낀다. 이제는 우리가 장마 뒤의 해, 해를 볼 때이다.

— 김아연(정읍여중2), 사전과제 독후감

2002겨울문학캠프 문집을 보면서 이 학생의 글이 가장 눈에 띄었는데, 같은 고향의 작가에 대한 설렘이 좋았고 어릴 때 기억으로 시작하는 것도 좋았다. 문학캠프의 아이들은 지금쯤 무얼 하고 있을까를 생각하면 갑자기 아득하다. 그때 열다섯이었다면 지금은 서른이겠다. 어른인 나에게 찰나와 같은 시간이고 그때나 지금이나 다름이 없는 시간인 것만 같은데, 아이들에게는 엄청난 시간의 간격일 것이다.

지나간 것은 그립다./ 내 친구 경아 생일 파티 가다 넘어져/ 무릎이 깨졌던 것도,/ 수원에 살 때 엄마와 손잡고/ 인디언밥을 사러 갔을 때도 그립다./ 동네아이들과 운동장에서 흙장난/ 하다 선생님께 혼이 난 것도,/ 교회에서 나실이와 같이 연극연습을/ 했던 것도 그립다.// 지나간 것은 아름답다./ 문학캠프 가서/ 〈태백산맥〉의 무대인 벌교를/ 비를 맞으며 답사했던 것도,/ 밤에 친구들과 돈을 모아 과자파티/ 했던 추억도 아름답다./ 청개구리가 폴짝폴짝 뛰어다니는/ 폐교에서 잠자던 기억도,/ NG를 수도 없이 많이 냈었던/ 〈태백산맥〉 연극 장면도,/ 모두 마음 속 아름다운 추억으로/ 남았다.

— 정한솔(정읍여중2), 사전과제 백일장 '추억'

정읍여중 아이들의 경우 학교 지도교사가 동참하지 않았었다. 그런데 학성들은 아마 선발된 수준이었나 보다. 이때 문학캠프에서는 시간 부족으로 아마 백일장을 사전과제로 했던 것 같다. 현장에서의 백일장이 훨씬 교육적이고 빠지는 학생이 없다. 사전과제 백일장으로 문집에 실린 작품들을 보니 독후감만 올리고 백일장 작품은 올리지 않는 경우가 꽤 되는 것 같다.

정한솔 시를 여기에 올리는 이유는 그 앞에 실시된 〈태백산맥〉 문학캠프 때문이기도 하다. 아마 평생 그렇게 고생을 극심하게 했던 문학캠프는 교사들에게도 학생들에게도 없었을 것이다. 하지만 이상하게도 그 고생이 가장 아름다운 기억이 되어버렸다.

아이들은 '연극' 활동을 재미있어 하고 적극적으로 활동하며 공동체 교육의 효과를 부여한다. 〈태백산맥〉에서도 연극 활동이 그러했고, 〈윤흥길〉에서도 약간의 방향을 달리한 시극 활동에서도 그러했다. 다른 영역을 제쳐놓고 이 부분에만 몰두하는 경우도 발생하는데, 이에 대한 나름의 대처 방안도 마련해두는 것이 좋을 것 같다.

> 눈에는 오직 시극발표회에 쌍심지를 켜고 시작한 겨울문학캠프다. 어김없이 필독도서 4권 중 1권만 읽은 채, 윤흥길 작가의 작품을 위해 가는 것이 아니라 시극을 위해 가는 것임이 누가 봐도 틀림없는 일이었다.
>
> — 고1 학생 소감글 중에서

이 학생은 내가 맡은 모둠의 학생이었다. 연극 활동을 좋아하는 특성은 방송 촬영과도 절묘하게 맞아떨어졌던 것 같다. 하지만 이 학생이 있어서 나로서는 모둠 활동이 수월하기도 했었다.

고등학생의 경우 학교에서 보충수업 빠지고 문학캠프 참여하는 것을 부정적으로 생각하는 경우가 있어서 내가 맡은 모둠의 두 아이도 참여하기까지 많은 애먹임이 있었다. 시극을 준비하기 위해 사전모임까지 해야 했는데 고2 불참 때문에 중학생 아이로 대신 준비시켰다가, 당일에 용감하게 문학캠프를 선택하여 오는 경우도 있었다. 그 중학생 아이는 처음 만나는 나의 차가운 인상과 고등학생 형 대신 의사 역을 해야 한다는 것 때문에 나에 대해 불만이 있었던 것 같다. 문학캠프에서 처음 만나고 같이 모둠활동으로 가까워지고 다음을 기약하며 아쉽게 이별하고, 우리는 그랬던 것 같다.

시극은 한 편의 시를 정하여 그 시에 맞추어 짧은 연극을 준비하고 발표하는 활동이다. 내가 맡은 모둠 아이들처럼 재미있게 보여준다는 것에 치중해서 작품성이 떨어지는 경우가 있지만, 그럼에도 중1에서부터 고3까지 학년이 다르고 성이 다른 모둠 아이들이 모여서 작품을 준비하고 발표하고 평가하는 과정은 충분히 훌륭한 것이라고 생각한다.

시극 활동에서 선택한 시는 민들레꽃(안드레아 슈바르츠), 당신을 보았습니다(한용운), 고향(백석), 어느 시인의 일기(박노해), 님의 침묵(한용운), 진달래꽃(김소월), 물푸레나무의 결론(박두규), 님의 침묵(한용운), 겨울 강에서(정호승), 친구(공동 창작), 이렇게 10모둠이었고, 그중 가장 기억에 남는 작품은 〈물푸레나무의 결론〉이었다.

물푸레나무를 모르는 과학선생님과 나와 그보다 더 모르는 아들, 그리고 물푸레나무와 어머니, 이렇게 대비하여 표현하는데, '물푸레나무로 만든 도리깨로 늙으신 어머니한테 죽도록 맞는 꿈'을 표현하는 대사와 행동이 재미있었다. 녀석아 벌써 다 잊었어, 노동의 신성함을. 자연의 섭리는 안중에도 없지. 그저 돈이면 그리고 겉만 번지름하면 좋지. 어머니, 어머니 저 죽어요. (어머니 때리며) 그러면 새롭게 다시 태어나 보거라.

'기행' 프로그램에서 작품 관련 기행지로 선택한 곳은, 〈기억 속의 들꽃〉 배경지 만경강 다리와, 〈완장〉의 배경지 김제 백산 저수지 두 곳이었다. 배경지 '정읍'은 각자 상상의 몫이 되었다. 2003년 새해맞이 눈은 몇 년 만의 폭설이었고 만경강 다리로 가는 길도 엄청 많은 눈이 쌓여 있었다. 그때의 구만경강다리는 낡아서 무서워 보이기도 했지만 그 때문에 문학체험의 효과가 있기도 했었다. 아이들은 다리 끝에서 끝까지 갔다가 오는 것으로 했다. 〈완장〉의 저수지는 한 바퀴를 다 돌 수는 없었다. 폭설이 오히려 삼라만상을 풍요롭게 하는 효과가 있었고, 눈 속에서 '쥐바라숭꽃'을 찾아보는 것도 색다른 재미였는데, 문집의 편집자 조윤정 선생님 감각으로 하여 문집의 제목도 '기억 속의 눈꽃'이 되었다.

문집에 실린 문학캠프 소감문에는 학생 글만 있는 것은 아닌데, 모둠

학생들 소감문을 받아서 정리하고 그 뒤에 모둠 지도교사의 소감문을 첨부하여 문집편집자에게 넘기는 것이 우리 교사들의 약속이었다. 문학캠프에 대한 고민이 어떠한 것이었던가를 생각해보는 의미에서 동료 선생님의 소감문을 여기에 올리기로 한다.

> 눈이 참 많이 내려서 혹 가는 길이 막혀 있지는 않을까 염려로 시작했습니다. 캠프에 두 번째로 참여하지만 아직도 약간의 어색함을 지닌 채 일정지로 향하는 2대의 버스 중에 아이들과 함께 몸을 실었습니다. 우리가 만날 분은 윤흥길 작가님.
>
> 눈 녹지 않은 위태로운 길을 조심스레 한 시간 달려 도착한 곳은 김제 모악산 유스호스텔, 온 사방이 하얗게 덮여 고요하고 한적한 이곳에 아이들의 재잘거림이 울려 퍼졌습니다. 아이들은 짐 풀 겨를도 없이 강당으로 향하고 저 역시도 첫 프로그램 진행에 대한 부담감을 안고 들어섰습니다. 선생님들의 소개에 이어 곧바로 독서골든벨이 시작되었습니다. 진행자는 아이들의 실력을 얕잡아보고 쉽게 문제를 출제한 탓인지 준비해간 문제의 반을 넘겼는데도 탈락 인원이 적어서 걱정했습니다. 이번엔 아이들도 꼼꼼하게 읽어온 모양입니다. 이럭저럭 탈락 학생들을 무사히(?) 골라내고는 최종 남은 학생의 골든벨 타종.
>
> 시를 제 나름대로 해석하고 표현해내는 우리 아이들, 그 아이들의 어여쁜 모습과 재기발랄함을 보여준 시극발표회 시간, 역시 아이들의 당차고 재치 넘치는 모습에 우리 선생님들은 마냥 즐거워합니다. 열린 기회를 더 많이 제공하고 자신의 표현에 당당한 아이로 키워주는 임무를 새로 부여받은 듯합니다.
>
> 기회가 쉽지 않은 작가 선생님을 직접 뵐 수 있어 좋은, '작가와의 대화' 시간엔 윤흥길 선생님의 이야기를 듣고 대화를 나눌 수 있었습니

다. 사인회 시간도 대화의 영역일 것입니다. 시대를 읽는 통찰력과 자기 반성의 이야기가 아이들에겐 어떻게 다가갔는지 다 다르겠지만, 문학캠프 진행에서 가장 비중 있게 준비한 시간이었습니다.

둘째 날 〈완장〉의 배경인 백산 저수지를 둘러보고 〈기억속의 들꽃〉의 만경강다리를 건너면서 작품 속 배경과 맞춰보기도 하고 주인공이 되어보기도 했을 시간, 머릿속 풍경과 직접 비교해보기에 날씨는 추우면서도 화창했습니다. 비록 작품 속 배경은 여름이었지만.

모둠별 화합으로 이야기를 구성하고 책을 꾸미는 '모둠별 책 만들기' 광경을 보면 영락없는 아이들이다 싶습니다. 자유스러운 분위기 속에서 만들어내는 공동창작물, 아직은 어수선하고 어설프기도 하지만 이것도 그들만의 좋은 작품입니다. 다소나마 문학캠프 영역을 확대해보려는 시도였던, '겨울밤의 별자리 관찰 여행'은 우리가 멀리서만 봐왔던 별을 망원경을 통해 크게 볼 수 있었습니다. 지난 캠프활동보고 시간, 자신들의 얼굴이 화면에 나올 땐 반가움과 뿌듯함에 저마다 환호를 합니다. 이게 캠프를 지탱해주는 힘이겠죠. 우현식 선생님의 즐거운 공동체 놀이를 마지막으로 아이들은 둘째 날을 마감했습니다.

차분히 가라앉은 '작가에게 엽서쓰기' 일정을 끝으로, 집으로 돌아오는 버스 안에서는 소감말하기와 함께 서로들 다음 캠프에서 다시 만나자는 기약을 나눕니다. 서로의 연락처를 주고받는 모습에서 아이들의 문학캠프에 대한 관심이 어디로 가고 있는가를 생각하게 하지만, 또한 또래문화 공유에 목말라하는 정읍 아이들에겐 이 자리도 기회 제공의 장이 되고 있다는 생각을 해봅니다. 캠프의 위상을 생각하는 면에서나 정읍아이들의 요구에서 어느 쪽에 무게중심을 둘 것인지는 앞으로 진지하게 논의되어야 하겠습니다.

— 연제훈 선생님 소감글

2018년의 답사와 글쓰기에서 내가 '윤흥길'을 두 번째로 선택한 것은, 4월에 맞추려고 했던 4 · 3의 제주도를 빼면, 문학캠프 아이들의 고향이 정읍이기 때문이었다. 2002겨울문학캠프에서 〈장마〉, 〈완장〉, 〈기억속의 들꽃〉이 과제도서였는데, 2018년의 나는 〈에미〉, 〈소라단 가는 길〉, 〈땔감〉, 〈황혼의집〉을 기행지에 추가했다. 〈아홉 켤레의 구두로 남은 사내〉도 욕심이 없는 것은 아니었으나 거리상 성남시까지 포함하는 것은 무리였으므로 제외했다.

[2018년 4월 9일 답사 일정]

삼기면 오룡리 옥실마을 → 석불사 → 익산시 배산(〈땔감〉 배경 찾아보기) → 소라단 → 신광교회 → 구 농림학교(현 전북대학교) → 익산역 → 만경강과 사천 → 구 만경강교 → 김제 백산 저수지 → 정읍 연지리(〈황혼의 집〉 배경 찾아보기) → 생가터(현 시기동 주민센터) → 내장산

2002겨울문학캠프에서 다루지 않았던 〈에미〉를 이번 답사에서 나는 상당히 중점적으로 생각했다. 일년 학습연구년 동안 도서관에 있으면서 도서관에 있는 〈에미〉를 빌려 처음 읽었는데, 나도 모르게 교직 오랫동안 디지털 세대의 단편적인 문장들에 길들여 있다가 깊이 있는 옛 문체를 대하는 반가움과 새로움이 정말 좋았었다. 전라도 사투리도 반갑고 작품의 상징성도 좋았다. 김훈이 쓴 문학기행 글도 찾아 읽었다.

'황등을 벌써 지나 삼기면의 경계 안에 깊숙이 들어와 있었다. 어림짐

작으로 율촌리와 서두리의 중간쯤에 해당되는 듯 했다. 이제 야트막한 언덕 하나만 넘고 나면 길가에 작은 연방죽이 툭 불거질 것이고, 그 연방죽 바로 옆에 외딴 주막집이 있을 것이었다.'

'생일날 새벽에 나는 어머니가 시키는 대로 연동리에 있는 석불사에 가서 제발 도내 일류 중학교에 합격하게 해달라고 신심 깊게 싹싹 비손을 했다.'

'어머니는 전주 형무소 근처를 빙빙 싸고돌며 한나절을 서성거리다 남쪽으로 다시 먼 길을 걸어 금산사가 있는 모악산을 찾아갔다. 미륵신앙의 본산이라 할 수 있는 곳이 바로 모악산이었다.'

— 윤흥길, 에미

작품 속에서는 '고향 연담리'로 나오는 익산군 삼기면 오룡리 옥실마을을 찾는 것은 어렵지 않았고, 그 마을에는 윤씨 어른이 살고 있었으며 논밭 사이로 상당히 큰 저수지가 있었다. 김훈 글에서 말하고 있는 권점례 할머니도 아들인 윤갑근 씨(윤흥길 작가의 7촌)도 이미 세상엔 존재하지 않았지만, 권점례 할머니가 시어머님이고 윤갑근 씨를 제종이라고 말하는 팔십 된 할머니를 만날 수 있었다. 그분은 윤흥길 작가를 잘 알고 있었으며 그 이야기를 하는 얼굴엔 자랑스러운 웃음이 가득했다. 마침 마당에 그분이 보여 물었던 것인데 나는 운이 좋았던 것이고, 그분은 자꾸만 낯선 손님을 마루에 앉히려고 하였다. '다음'을 기약하며 나오면서도 꽤 아쉬웠던 것도 사실이다.

〈에미〉에서 '나'는 어머니의 죽음을 앞두고 애써 외면하던 고향에 찾아오는데, 사팔뜨기 어머니는 외삼촌이 맺어준 남편에게 첫날밤에 소박을 당하고 외삼촌의 철저한 냉대에 맞서 외가 마을에 집을 짓고 살면서 극한의 가난한 삶을 살았던 분이다. 이때 어머니는 '나'를 데리고 마을 저수지에 빠져죽는 의식을 거행하는데, 어머니로서는 그 '죽음'이란 게 죽어서 현실로 다시 태어난다는 의미였다. 우리나라 어머니의 상징성으로 이해할 수 있던 인상적인 부분들을 생각해본다면, 삼촌의 철저한 외면 앞에 아들을 동반하여 마을 저수지에서 행한 죽음의 의식, 어린 동생을 혼내준답시고 저수지에 빠뜨려 죽게 할 뻔 했을 때 어머니가 보여준 섬뜩한 모습, 4 · 19 참여를 처음엔 한사코 막았으나 아들의 뜻을 인정하고 보낸 후 시위대 속에 들어가 다른 '아들'의 죽음을 지켜주었던 어머니의 모습, 이렇게 세 모습을 연결된 이미지로 떠올릴 수 있겠다. 절대 돌아오지 않을 남편을 한평생 기다리며 매일 달구지에 자신의 머리카락 한 올씩 묶어가던 종교적인 의식은 임종을 앞둔 시점에 아들의 의식으로 이어지고, 남편을 위해 평생 비워둔 큰방을 아들에게 열어주는 어머니의 모습은 작품 전체 주제의 상징성으로 받아들였다.

나는 내 어머니에게서 〈에미〉의 어머니 모습을 거의 찾아내질 못한다. 찾는다면 고등학교 때 돌아가신 할머니의 모습에서 얼마큼 찾아낼 수 있을 것 같다. 지금의 아이들은 아마도 나보다 더 찾기 어려울지 모른다. 그렇더라도 〈에미〉는 깊은 감동이 있었고 생생한 울림과 묘사가 있었다. 훌륭한 작가가 된 사람은 항상 그 뒤에 강한 어머니의 그림자가 있고, 솔직히 나는 현실과 허구를 구분 못하고 부러워할 때가 많은 것 같다.

학생들과 문학기행을 다녀보면, 배경지에서 누구를 만나고 어떻게 시간을 갖는가 하는 것이 굉장히 중요한 것임을 느끼곤 한다. 만일 내가 실제로 학생들과 〈에미〉 문학기행을 온다면 그래서 저분의 마루에 앉아 우리나라 어느 '에미'의 한 모습을 들을 수 있다면, 그것은 더없는 행운이겠다 하는 생각이 들었다. 작가의 출생지가 정읍이긴 하지만, 익산시에 오래 살긴 했지만, 정말 고향의 모습은 윤씨 세거지라고 하는 옥실마을이 아닐까 하는 느낌을 받았던 것 같다. 새롭게 문학캠프를 한다면, 〈에미〉 한 작품만 해도 좋겠다는 생각이 든다. 그러기 위해서는 작가의 허락을 구해야 하고 옥실마을 어르신의 허락도 구해야할 것이다.

주인공이 새벽에 가서 비손을 했다는 석불사도 가보았는데, 지금까지 내가 보았던 절의 모습과 달리 마을 속에 어울리고 석불초등학교와 석불중학교가 그 옆에 함께 있었다. 작품에 보면 임진왜란 때 잘려 행방을 모르는 머리 부분을 새로 이음한 석불좌상에 대한 이야기가 나온다. 대웅전 앞에 석불좌상에 대한 설명만 읽어보고 그것이 대웅전 안에 있을 거라고 생각하거나 닫힌 대웅전을 열어볼 생각을 하지 못했던 것 같다. 이 지역 어디서든 미륵산이 종교적인 장엄함으로 바라다 보인다는 풍경을 실감하기 위해서 가는 곳마다 고개 들어 미륵산 쪽을 가늠해보곤 하였다. 주인공이 어머니를 따라 올랐다는 미륵산 꼭대기의 사자암과 어머니가 밤샘 기도를 다녔다는 모악산 금산사도 가보고 싶었지만, 금산사는 언제든 어렵지 않게 가볼 수 있을 것이라는 생각으로 미루어두었다.

2002겨울문학캠프에서 작가는 ≪때와 곳≫ 연작을 집필 중이라는 말을 했는데, 어린 학생들이지만 후배들에게 정말 성의를 다하지 않았나 하는 생각이 들기도 한다. 책의 제목은 ≪때와 곳≫이 아니라 연작 중 하나인 〈소라단 가는 길〉이 책 제목으로 나왔다. 그때 작가가 말했던 작품들을 오랜 세월 지난 후에야 책으로 읽게 되니 기분이 새로웠다.

〈소라단 가는 길〉 제목은 개인적으로 별로 유쾌하지 않은 이름을 떠올리게 했던지라 나도 모르게 불편해 했던 책인지도 모르겠다. 그런데

'소라단'이 '솔밭안'에서 유래된 이름이라는 걸 알고 이름이 예쁘다는 생각이 들고 보니, 관점에 따라서 같은 대상이 이렇게 달라지는구나 싶다. '소라단'은 〈소라단 가는 길〉에서 어른스럽고 반듯한 보육원 아이 충서가 즐겨 찾는 곳이다. '나'는 '인공 시절 사람이 많이 죽은 자리로 널리 알려진' 소라단에서 월남민 충서와 함께 불발탄을 찾으며 놀이터 삼아 시간을 보낸다. 충서는 우거진 솔숲 안에서 고향 동네 뒷산과 부모의 얼굴과 꼭 찾아야할 누나를 떠올린다.

'소라단'은 〈땔감〉에서도 배경으로 나온다. 윤흥길 작품 중에서 가장 감동적인 작품을 꼽으라 하면 아마 〈땔감〉을 꼽는 사람도 많을 듯하다. 아이들에게 읽히기에도 아름다운 작품일 것이다. 식구들을 얼어 죽게 할 수는 없었던 아버지는 아들과 함께 '소라단'으로 땔감 도둑질을 간다. "등 뒤에 바싹 붙거라, 바람이 아버지의 목소리를 흉내 내어 내게 말했다." 아들의 보호막 아버지의 모습을 '바람'을 활용하여 이렇듯 감각적으로 표현하는 윤흥길 작가의 글솜씨에 감탄할 수밖에 없었다. 〈땔감〉에서도 '소라단'은 '유명한 학살터였던 곳으로 행방불명된 삼촌을 찾기 위해 아버지가 시체구덩이를 직접 찾아다닌 곳'으로 나온다. 그런 곳이었지만 가족의 땔감을 위해서는 가야만 했던 곳이었다.

'소라단'은 현대적인 모습으로 단장되어 있었다. 생태습지가 조성되어 있고 체육시설도 있어 시민들이 일상적으로 찾아올 수 있는 휴식처였다. 나는 우거진 솔숲을 기대하고 갔지만, 솔숲이라기보다 듬성듬성 어린 소나무들을 보았다고 해야 맞겠다. 자료 검색을 하면서 '소라단 문학비'를 보았는데 그곳이 당연히 '소라단'일 것이라고 생각하고 열심히 찾아보았지만 '소라단'에는 문학비가 없었다. 그때는 많이 아쉬웠는데, 돌아와서 한참 뒤에 그 문학비가 '춘포문학공원'에 있다는 자료를 겨우 찾고는 정말 속이 시원했었다.

'춘포'라는 이름이 아주 오래전부터 많이 들어온 역사적인 이름인 것만 같은데 그곳이 뭐였을까 생각이 잘 잡히질 않았었다. 나이 들수록 이런 경우는 아주 심각한데 정말 난감한 노릇일 때가 많다. '춘포'는 사회과 답사에 따라갔을 때 '근대문화유산'으로 들렀던 곳이었고, 윤흥길 작가가 초등학교 교사로 있었던 곳이고 방황하는 윤흥길 작가에게 소설을 권유했던 동료 여교사가 있었던 곳이었다. 그 춘포에 문학공원이 들어서 있었던 것인데, 그것을 모르고 나는 놓치고 왔던 셈이었다.

익산시에서는 '윤흥길'을 '지역으로 모셔오기 위해' 많은 노력을 하고 있는 것 같았다. 익산에서 어려서부터 오래 살았고 익산의 원광대 국문과를 나왔으니 충분히 그럴 수 있는 일이기는 하다. 편협한 나는 살아오면서 내가 지방의 삼류대 출신이라는 자격지심에 빠질 때가 많았고, 아주 가끔은 윤흥길을 비롯한 쟁쟁한 작가들이 원광대 출신이라는 위안을 가지기도 했었다. 하지만 무늬만 그럴 뿐이지 내용은 전혀 다른 것을, 사람은 정말 아전인수 격 해석을 벗어나기란 참 어렵다.

말하자면 내가 익산에 있는 대학교를 다녔기에 익산에 대해서 아주 모르지는 않다는 점이다. '이리시' 이름이 '익산시'로 바뀔 때는 너무 어색했는데 이제는 '이리시'가 어색해져버렸다. 나는 초등학교와 중학교는 고향인 정읍 태인에서, 고등학교는 전주여고를 유학으로 다녔는데, '이리시'의 전혀 전통적이지 않고 자연적이지 않은 삭막한 모습이 한사코 싫다는 이유로 전주에서 통학을 했었다.

그러한 전통적이지 않은 도시라는 표현이 〈소라단 가는 길〉에도 있었다. 그러한 익산시에서 내가 모르고 있던 동안 정체성을 찾기 위한 노력들이 있었다는 것을 어렴풋하게 알게 되었는데, 이쯤에서 나는 또

'내 지역'을 먼저 생각하는 지역 이기주의 같은 마음이 되고는 함을 어쩔 수 없는 것 같다. 윤흥길 약력에 가장 먼저 등장하는 것이 '정읍 출생'이고, 그것을 무기로 대중 만나는 것을 대단히 기피하는 윤흥길 작가를 정읍 아이들 앞으로 모셔올 수 있었으며, 내가 가장 인상 깊게 읽은 〈황혼의 집〉 배경이 정읍이지 않은가 말이다.

> 옛날 방죽 자리는 매립을 혀서 위쪽 절반은 농림핵교 후신인 전문대학 건물을 들여앉히고 아래쪽 절반은 시방 실습답으로 사용 중이여. 그러고 그 옆으로는 대로가 확 뚫려서 자동차들이 꼬랑지를 물고 돌아댕기는 판이여.
>
> — 윤흥길, 농림핵교 방죽

> 시의 치부인 역전 주변 사창가를 정화하고 재개발할 목적으로 박대통령이 은밀히 지시해서 화약열차를 폭발시켰다는 설이었다.
>
> — 윤흥길, 역사는 밤에 이루어진다.

> 한데 엉클어져 악착스레 종을 쳐대는 두 아이를 혼잣손으로 좀처럼 떼어내기 어렵게 되자 나중에는 딸고만이 아버지도 밧줄에 함께 매달리고 말았다. 결국 종 치는 사람이 셋으로 불어난 꼴이었다. 그 어느 때보다 기운차게 느껴지는 종소리가 어둠에 잠긴 세상 속으로 멀리멀리 퍼져나가고 있었다. 명은이 입에서 울음이 터져나오기 시작했다.
>
> — 윤흥길, 종탑아래에서

이리농림학교의 전통은 '개교 80주년 기념비'의 위압적인 모습에서 충분히 실감할 수 있었다. 기념관 건물이 있었고 80주년 말고도 기념비가 있고 옛 모습을 가진 교문도 그대로 대학교의 후문 형식으로 남아 있었다. 〈농림핵교 방죽〉에서 당시 교실이 모자라는 초등학교 수업을 농림학교를 빌려서 하는데, 박경민 선생은 방죽에서 즐거운 야외수업을 하곤 했지만, 방죽에 빠진 흑인아기 시체에 돌을 던지는 아이들을 보고는 '천벌 받을 놈들'이라며 무지막지하게 분노하는 모습을 보인다. 그 박경민 선생을 귀향인들이 추억하는 것이다.

정읍에도 오랜 전통의 농림학교가 있는데, 전북대학교 건물 요청에 정읍에서는 반대했다고 한다. 그 이후 이리농림학교를 접수했다는 것이다. 한 학교가 문을 닫는다는 것은 작은 일이 아닐 것이다. 반대를 한 정읍의 사람들도 이해가 되고, 기념비와 기념관과 교문을 유지하는 익산의 사람들도 이해가 된다. 당시에는 반대했으나 오랜 세월이 지난 후 이를 후회하는 정읍 사람들도 많다고 한다.

이리역의 폭발 사건이 얼마나 끔찍한지는 그 당시를 살았던 사람들은 생생하게 기억할 것이다. 〈역사는 밤에 이루어진다〉에서는 '박대통령'을 언급하는데, 충분히 그럴 수 있겠다는 생각을 해본다. 요즘 터져 나온 '서산개척단 사건'이나 '형제복지원 사건'을 보며 나는 상당한 충격을 받았었다. 어떻게 사람이 사람을 이렇게 할 수가 있을까, 어떻게 한 국가가 백성을 이렇게 할 수가 있을까, 제주 4·3을 두고 할 수밖에 없었던 그러한 생각들이었다. 이런 역사라면 이리역 폭발사건의 음모설이 어떻게 나오지 않을 것인가, 그러한 생각 자체가 너무 슬펐다.

아, 1971년 '광주 대단지 사건'도 그러하다. 서울시의 빈민들을 지금의 성남 허허벌판에 강제 이주시키는 과정에서 발생한 사건이라고 한다. 윤흥길 작가가 '광주 민중항쟁'이라고 표현하고 있는데, 나는 전남 광주를 생각하며 지나쳤으니 이 얼마나 무지함인가. 고등학교에서 〈아홉 켤레의 구두로 남은 사내〉를 가르쳤으면서 그 배경을 전혀 몰랐었다. '참외 트럭' 사건도 실제 사건이라 하니, 그 상황이 얼마나 참혹했을까 상상하기란 어렵지가 않다.

〈종탑 아래에서〉의 '신광교회'를 꼭 찾아가보고 싶었다. 그만큼 작품이 감동이 있었기 때문이다. 〈땔감〉과 마찬가지로 아름다운 동화로도 손색이 없고 황순원의 〈소나기〉보다 더 순수했다. 딸고만이 아버지는 〈집〉에도 등장한다. 오두막일망정 자기 것이라서 좋았던 집이 눈앞에서 강제 철거를 당하는 충격을 받은 '형'은, 딸고만이 아버지가 치는 교회 종을 울리며 분노와 억울함을 터뜨린다. 윤흥길 작품의 소재들이 사실 배경을 바탕으로 하는 경우가 많고, 같은 배경이 각기 다른 작품에서 다른 얼개로 나타나는 점이 흥미로웠다. 그런데, 그 신광교회가 작품 속 신광교회인지 아닌지는 모르겠으나, 내가 가본 익산의 신광교회는 교회라고 부를 수 없을 대단히 초현대적인 거대한 학교와도 같은 모습이었다. 당연히 종탑은 없었다. 약간의 흔적은 있으리라 기대했던 것이 너무 허망하였다.

'이리시(익산시)'에 초점을 맞춘다면 〈소라단 가는 길〉 한 작품만으로 문학기행이나 문학캠프로 가능할 것이라는 생각을 해본다. 익산을 사랑하는 애향심을 바탕으로 한다면 더 알찬 프로그램이 가능할 것이다. 한 작가로 하여 한 지역이 예술적으로 기록되어 새로 탄생을 하는 셈이니 이도 복 받은 일이 아닐까 싶다.

만경강은 근래 내린 많은 비로 수량이 풍부했고 시원스러웠다. 강둑 옆으로 사천마을이 있고 사천이 흘러 만경강으로 합류하고 있었다. 윤흥길 〈에미〉에 보면 '하루가 다르게 뭔가 절박해져가는 세상임을 사천 같은 시골마을에서도 누구나 피부로 느낄 수 있는 그런 분위기였다.' 이런 표현이 나온다. 주인공 아이는 어머니의 도움으로 토굴에 숨어있던 아버지가 만들어준 팽이를 치며 노는데, 이를 두고 어머니는 '그것은 사천 바로 남쪽을 흐르는 만경강에 빠지는 것보다는 팽이를 치는 쪽이 훨씬 죽을 염려가 적기 때문이었다.'라고 묵인해주는 것으로 나온다.

2018년, 구만경강 다리는 유산으로 잘 보존되고 있었다. 3분의 1쯤에서 끊긴 다리 형태로 '만경강 이야기'와 '기억 속의 들꽃' 안내문이 게시되어 있었다. 소설 속에서도 끊긴 다리의 철골 위로 위태로운 모습으로 표현되어 있으니, 지금의 모습이 더 역사에 근접한 것이 될 수 있을 것 같다. 2008년에도 학생들을 데리고 구만경강다리를 간 적이 있는데, 내가 가지 않던 동안 이렇게 달라져버렸다는 사실이 놀라웠다. 문학기행의 세월이 이런 모습으로도 나타나는구나, 다리를 완전히 철거하지 않고 이렇게 남겨둔 안목이 고맙기도 했다. 강변의 벚꽃들이 있고 그 앞에 센비과자 장수가 있었다. 여기에도 벚꽃 잔치가 있었구나 하는 생각은 다소 우울했던 것 같다.

만경강과 사천이 윤흥길 소설들에서 넘나들며 등장하고 있었다. 작가가 성장한 배경들이 사실적인 묘사로 작품의 바탕에 깔리면서 각기 다른 작품의 허구로 만들어지고 있다는 인식이 새롭게 보였다.

〈완장〉은 솔직히 윤흥길 다른 작품들에 비해 '가볍게' 읽었음을 고백해야겠다. 술술 읽히고 이야기가 쉽다고 생각했다. 〈완장〉에 대한 기존의 구체적인 문학기행 글도 있어서, 문학캠프 행사를 준비할 때도 도움이 되었었다. 그 글에서는 '작가가 80년대 초 칩거하고 있던 과수원에서 가까운 저수지'라고 표현하고 있지만, 윤흥길 작가는 '친구 집인 과수원에 놀러갔다가 본 저수지'라고 말하고 있다. '칩거'라는 말은 나 같은 사람에게 경외심으로 느껴질 단어지만 '놀러갔다'는 말은 대단히 허물없는 단어이기 때문에, 그 둘 사이에는 상당한 거리가 있을 수밖에 없겠다.

> 호숫가를 끼고 꼬불꼬불 여러 고팽이를 돌아서 달마산으로 가는 길은 멀기만 했다. 산기슭에서 맞은바래기로 멀리 건너다보이는 물문의 모양은 등대와도 같았다. 달마산에 딸린 솔숲과 저수지에 딸린 갈대밭 사이로 사람들이 별로 이용도 하지 않는 한 줄기 오솔길이 나 있었다.
>
> — 윤흥길, 완장

'이곡리와 앙죽리, 그리고 법계리에 옴팍 둘러싸인 판금 저수지'라든가 '운치 있는 달마산 쪽 저수지'라든가, 실제 지명의 배경지를 찾고 싶었으나, 내 지식의 얕음으로 거기까지 도달하기가 어려웠다. 2002겨울 문학캠프 때도 조각상이 있는 곳에 서서 저수지를 바라보는 것과 관망대 위에 올라서 대강의 지리를 설명하는 것으로 대신했었다.

올해 가본 저수지는 4월의 푸르름 때문에 옛날 겨울 때보다 수면이 매끄럽고 훨씬 광활하였다. 빙 둘러 꼬불꼬불 저수지 길을 한 바퀴 빙 둘러보고 싶었다. 수문 있는 곳에서 수문이 열리며 완장이 그 위로 떠내려가는 모습을 상상해보았고, 보트장이 있는 곳에서 최사장 무리의 모습을 떠올려보았다. 물문이 있고 그 근처에 낚시꾼이 있었는데, 물문은 등대 같았지만 나는 그곳을 부월이 종술을 찾아간 감시소로 상상해보았다.

종술은 한밤중에 뗏목을 타고 저수지를 돌아보며 근원적인 외로움의 소용돌이에 빠져든다. 그 풍경 묘사가 아름다웠고, 부자父子 도둑을 처리하는 장면이라든가, 기우제 삼아 궂은 행동을 주저 없이 벌이는 부월이가 있는 모습이라든가, 저수지의 풍경을 제대로 실감하기 위해서는 실제로 저수지를 한 바퀴 둘러보아야 할 것 같다. 학생들과 올 경우 정말 저수지 한 바퀴 둘러보거나, 보트를 타면 좋을 것이지만, 현실적으로 간단한 문제는 아니다. '호수'에 갔을 경우 '배'를 타보는 것은 대단히 '교육적인 효과'가 있긴 하지만, 안전 문제 앞에서는 그 누구라도 자신 있지는 않을 것 같다.

'완장'은 작품 전체적으로 관통하는 주제이고, 주제는 해학적인 표현과 잘 어울리고 있다. 그러한 특성으로 하여 이 작품을 정치적으로도 많이 이용될 때가 있다고 한다. 드라마로도 방영되어 인기가 있었다고 하는데, 나는 아쉽게도 그걸 보지 못했다.

'자식 세대한테까지 못난 조상처럼 살게 할 수 없다던, 그래서 도둑질을 해서라도 큰자식을 가르쳐서 기필코 그 손에 붓대를 쥐어주고 싶었노라는 김준환의 울부짖음' 속에서 종술은 '완장'의 의미를 제대로 파악하게 되는데, 나 역시 마찬가지였던 것 같다. 우리나라의 고질적인 병폐, 도둑질을 해서라도 가져보려고 하는 그 '완장'의 의미를 말이다. 답사하던 곳곳에서 숱하게 마주했던 그 많은 낯내기 비석들, 이도 '완장'의 일종이 아니었나, 회의감이 들 때가 많았다.

"니가 차고 앉었는 그것은 말허자면 왜놈들 찌끄레기니라"라고 하던 종술 은사의 말이나, "진짜배기 완장은 눈에 뵈지도 않어!"라고 하던 부월의 말이 결국은 이 작품의 핵심일 것이다. 그래도 종술이 그 진짜배기 완장을 찾아갈 수 있어서 다행이었다. 부월이가 패물을 반절 훔쳐간 것을 원망하지 않고 반절이나 놓고 갔다고 불쌍허다고 넋두리하던 태인댁, 하나뿐인 아들과 손녀딸을 부월에게 부탁하며 멀리 떠나보내는 운

암댁, 그 어머니들이 있어 그 진짜배기 완장이 가능한 것이리라.

〈황혼의 집〉 배경 찾아보기는 내겐 재밌는 기억이 될 수도 있겠다. 나는 멋대로 역전 부근의 '철강' 간판의 건물을 작품 속 '철공소'로 상상하며 꽤 오랜 동안 그 앞을 지나다녔었다. 노을 지는 황혼마다 기이한 울음소리가 깔리고, 철공소 옆 경주네 술장사 오두막이 있고, 벽돌집 위로 담쟁이가 휘감아 올라가는, 작가가 아니라고 할진 몰라도, 소설의 '허구성'이고 독자의 상상의 몫으로 핑계를 댔다. 이번 답사에서는 현실적으로 구체화시켜 '철공소'를 가정해보았다. 연지동에는 아주 오래되었다는 철공소 거리가 있기도 했는데, 철공소 주인에게 작가의 이름을 묻고 싶기까지 했다.

2018년 답사의 마지막은 '내장산'이었다. 6시가 막 넘어 출입을 금하는 시간이었지만 목적지만 보고 바로 돌아오겠다는 약속을 말하고 들어가는 일은 어렵지 않았다. 우리나라에서 분단문제는 피해갈 수 없는 천형일 것이다. 반공교육을 받고 성장한 나는, 일제강점기에서 왜 해방이 아니고 분단인지를 잘 이해할 수가 없었고, 인민군의 침략 그리고 잔혹한 학살들이 있을 뿐, 남한에도 흉포한 권력욕이 있었고, 죄 없이 죽어간 인민군이 있었고, 믿었던 국군에게 죽어간 양민들도 있었다는 것을, 정말 잘 이해할 수가 없었다.

그래서 4월 9일 마지막 답사지였던 '내장산'은 내게 많이 아팠다. 내게 내장산은 마음에 위로가 필요할 때면 찾아가고 싶고, 찾아갈 수 있었던 곳이었다. 그런데 그 엄청난 '완장'은 나의 휴식처를 빼앗아버린 기분이다. 가더라도 그 방향을 외면하고 지나쳐야 할 일이 되어버렸다.

[2018. 04. 19.]

양귀자

글솜씨와 말솜씨가 다르지 않다는 것을 알게 해준 작가

원미산은 도시의 풍경과 자연의 풍경이 맞닥뜨리는 기묘한 조화를 보여주었는데, 원미산 정상에 올랐을 때 바라본 풍경은, "바짓가랑이에 흠뻑 이슬을 묻힌 채 다시 능선에 올라 내려다보는 세상을 어떻게 설명할 수 있을까. 새로 돌아오른 깨끗한 햇살을 받고 있음에도 불구하고 엉성하게 짜여진 도시는 지저분한 얼룩에 찌들어 끈끈한 땀 냄새를 풍기고 있었다." 세월은 흘렀건만 작품 속 표현 그대로였던 것 같다. ('양귀자' 중에서)

[태풍 콩레이를 타고]

때 : 2018년 10월 6일

곳 : 태인명봉도서관 열린공간

2018년의 인물 : 다움(교사, 55세)/ 유미(태인여중졸업생, 35세)/ 효선(태인여중졸업생, 31세)

2004겨울문학캠프 인물 : 식이(고3), 은이(고2), 진이(고1), 국이(고1), 원이(고1), 호이(중3), 리이(중3), 현이(중2), 백이(중1), 곤이(중1), 정이(교사, 41세)

다움 오래도 퍼먹고 앉었네 ××! 에미 밥 먹으라고도 안 허고 ××!! 내가 벙어리 같은 ×하고 산당게!!!

효선 다움 샘, 언제부터 그렇게 욕을 잘하셨어요? 옛날엔 안 그랬던 것 같은데.

유미 아니야, 다움 샘 욕 잘해, 내가 들은 것만도 몇 차례인 걸. 다움 샘이야 밥 잘 안 먹고 밥 늦게 먹는 거야 다 아는 일이고, 밥자리에 같이 앉지 않는 것도 유명하고, 하루내 가야 말 한마디 안하는 사람들도 많고. 근데 세 번을 몰아서 하니 심하게 느껴지긴 하네. 샘, 기분 안 좋은 일 있어요?

다움 '시에미'라고 바꾸면 삭막한데, '에미'라고 하면 정 반대로 정겹지 않니? 집에 가면 어머니들 욕 잘하지, 학교 가면 학생들 욕 잘하지, 나도 한번 해보았을 뿐이야. 겉으로 표현해보니 느낌이 나쁘지 않아. 니들 앞에서만 하는 거니까, 눈감아주라.

오늘 너희들을 불러낸 이유는, 너희들의 도움이 필요해서야. 올해 나는 학교가 아닌 여기 명봉도서관으로 출근하고 있지. 1년 학습연구년제를 따내긴 했는데 어디 가 있을 데가 있어야지. 고민하다가 찾아낸 곳이 이곳인데, 처음에 왔을 때 어둡고 사람 없고 오래된 책 냄새 가득하고 많이 심란했구나. 사람 없는 거야 내가 바라던 바였기 때문에 정을 붙이기로 했지. 날이 따뜻해지면서 이곳의 풍경은 또 다른 모습을 보여주더구나. 가장 아름다운 도서관이라고 내가 말할 정도란다. 보는 각도에 따라 이렇게도 다른 말이 나온다는 게 신기하지 않니. 오늘은 태풍 콩레이 때문에 비 내리고 스산하긴 하지만, 이런 풍경도 나는 참 좋아. 옛날 태인여중이 생각나기도 하고.

효선 태인여중이 그렇게 쉽게 문을 닫을 줄은 몰랐어요. 제가 학교 다닐 때 사고를 많이 쳤던 게 후회되기도 하고. 지금이라고 모범생인거 아니지만, 오늘은 선생님 하라시는 것 다 도와드릴게요.

다움 좋아. 올해 내가 수행해야할 과제는 지금까지 내가 실행했던 문학기행, 문학캠프들을 정리한다는 거야. 1권은 가까스로 마무리했는데, 2권을 시작하자니 막막하고 불쑥불쑥 사그라드는 자신감 때문에 우울해지고 그러네.

홍명희 〈임꺽정〉에서 갖바치가 하는 대사가 있었지. "하지 말라면 안할 텐가? 해야 하는 일이면 하면 되거니." 나는 이 일을 해야 하는 일이라고 생각했어. 잘하든 못하든 좋은 말을 듣든 나쁜 말을 듣든 나는 이 일을 해야 다음으로 넘어갈 수가 있다는 생각이지. 문학캠프 처음을 생각하다보니 태인여중 문학기행이 생각나고, 부르면 와줄 수 있는 너희들이 생각났지.

14년 전 학생들을 여기로 불러낼 거야. 양귀자겨울문학캠프에 참여했던 아이들인데, 문학캠프 평가회 하는 방식으로 이야기를 나눌 거야. 너희들이 경험했던 내용을 말해주면 되고, 효선이는 녹취자료를 워드작업하는 일을 해주었으면 해. 효선이, 타자 실력 믿을 만하지?

효선 그럼요. 그 정도야 문제없어요. 근데 문학캠프는 남학생도 많이 온다면서요. 저 그런데 데려가주시지, 저희 때는 같은 학교 여자애들만 가고. 문학캠프 아이들이 부러워요.

유미 효선이 또 성격 나온다. 문학캠프의 본질과 목적을 망각하면 안되지. 다움 샘, 효선이 말은 적당히 끊고 본론으로 들어가시게요.

백이 누나들, 안녕하세요. 소록도문학기행이랑 양귀자문학기행이랑 따라다녔던 백이입니다. 저 기억하시겠어요?

유미 어, 너 백이 아니야? 다움 샘하고 붕어빵인데 보면 딱 알지. 그때가 초등학교 1,2학년 때였지? 많이 컸네. 의젓해졌어.

백이 누나들은 너무 세련돼서 몰라보겠는데요. 20년의 시공간을 넘어 우리가 이렇게 만나게 된 것은 정말 멋진 일이에요. 다움 샘 덕분에 이런 환상적인 체험을 하게 되어 감사드립니다. 공적인 자리니까 호칭을 다움 샘이라고 할게요.

효선 아버지를 아버지라 부르지 못하고 형을 형이라 부르지 못하고.

백이 효선이 누나는 여전하네요. 오늘은 제가 손님들을 모시고 왔어요. 다움 샘이 부탁하셨거든요. 누나들, 조금 후에 다시 봐요.

(백이는 휘파람과 함께 사라지고, 태풍 콩레이가 바람을 몰아오면서 2004겨울문학캠프 11명의 인물들이 명봉도서관 열린 공간으로 등장한다.)

다움 자 여러분, 이 효선이가 ≪원미동사람들≫을 한자리에 앉아 한번도 움직이지 않고 한권을 다 읽어낸 학생입니다. 중학교 1학년 때였죠. 결석과 가출을 예사로 하면서 담임인 제 말도 듣지 않던 문제아, 일반적인 중학교 과정이 힘들어 안산 대안학교로 갔던 아이입니다. 유미야, 1998년도에 효선이가 쓴 글 한번 읽어볼래. 정이 샘, 그래도 되겠죠. 2004겨울문학캠프 아이들에게도 도움이 될 것 같은데요.

정이 좋습니다. 그런데 좀 순서가. 다움 샘, 저희 아이들 소개를 먼저 해두는 게 좋지 않을까요.

다움 어머, 그러네요. 제가 좀 건망증이 있어서 깜빡했어요. 제가 먼저 소개해도 되겠죠? 저는 2018년 학습연구년제를 하고 있는 전주 용흥중 다움입니다. 1998년도에 양귀자문학기행을 간 적이 있는데, 그때 같이 했던 두 아이를 오늘 나오게 했습니다. 이 의젓한 아이가 유미, 이 말썽쟁이 아이가 효선이입니다. 아이라고 부르기엔 나이를 많이 먹어버렸지만, 제겐 항상 아이라서요.

정이 좋은 제자를 두셨는데요. 저는 정읍국어교사모임 주관으로 진행하는 2004겨울문학캠프 지도교사 정이입니다. 이 아이들은 제 모둠 아이들입니다. 정읍문학캠프에서는 중1에서 고3까지의 아이들이 참여하는데, 모둠편성을 학년과 남녀를 혼합하여 편성합니다. 문학캠프에서 부족했던 부분이 문학기행 부분인 것 같아서 이렇게 다음 샘 이야기를 듣고 싶어서 같이 나왔습니다. 자, 우리 모둠 소개해볼까?

식이 다음 샘의 문학기행 이야기를 듣고 싶어 자리하신 정이 샘 옆에 저는 정읍고 3학년 식이입니다. 제가 존경하는 윤이 선생님을 따라서 처음 문학캠프에 오게 됐는데, 한번 오면 자꾸 오게 되는 중독성이 있는 것 같고, 저도 모르게 이 문학캠프 최고참이 되어버렸습니다.

은이 안녕하세요. 저는 다음 샘의 문학기행 이야기를 듣고 싶어 자리하신 정이 샘 옆에 문학캠프 최고참인 식이오빠 옆에 왕신여고 2학년 은이입니다. 제가 식이오빠 선배입니다. 제가 이번에 정읍문학캠프 최다참가자라는 타이틀을 달았거든요. 처음 2000여름문학캠프부터 계속 참여해왔으니까요. 3학년이 되면 못 올 것 같고, 이번이 제게는 마지막 문학캠프입니다. 저도 선생님이 좋아서 이 문캠을 시작했고 계속하게 된 거 같아요.

국이 문학기행 이야기를 듣고 싶어 자리하신 정이 샘 옆에 문학캠프 최고참인 식이형 옆에 문캠최다참가자 은이누나 옆에 배영고 1학년 국이입니다. 고등학생들은 방학에 보충수업의 존재로 많이 쉴 수 없지만, 조금 쉬는 기간에 문학캠프를 선택한 것이 후회되지 않을 만큼 이번 문학캠프에서 얻어가는 것이 많다고 생각합니다.

진이 다음 샘의 문학기행 이야기를 듣고 싶어 자리하신 정이 샘 옆에 문학캠프 최고참인 식이오빠 옆에 문캠 최다 참가자 은이언니 옆에 문캠에서 진정한 즐거움이 무엇인지를 배운 국이 옆에 서영여고 1학년 진이입니다. 다시 한 번 하면 더욱 잘할 수 있을 것만 같은데, 이번 문학캠프가 나에게는 처음이자 마지막이 될 것 같습니다.

원이 다음 샘의 문학기행 이야기를 듣고 싶어 자리하신 정이 샘 옆에 문학캠프 최고참인 식이형 옆에 문캠최다참가자 은이누나 옆에 문캠에서 진정한 즐거움이 무엇인지를 배운 국이 옆에 이번 문캠이 처음이자 마지막일 진이 옆에 저는 배영고 1학년 원이입니다. 배영고 아이들은 선생님 영향 없이 자체적으로 움직입니다. 배영고 선생님은 이 문캠에 참여한 적이 없지만, 학생들은 항상 몇 명씩 참여하고 있는 걸로 알고 있습니다.

호이 다음 샘의 문학기행 이야기를 듣고 싶어 자리하신 정이 샘 옆에 문학캠프 최고참인 식이형 옆에 문캠최다참가자 은이누나 옆에 문캠에서 진정한 즐거움이 무엇인지를 배운 국이형 옆에 이번 문캠이 처음이자 마지막일 진이누나 옆에 배영고 학생들 자체적으로 문캠에 온다는 원이형 옆에 호남중 3학년 호이입니다. 저는 작년 겨울 문학캠프에 처음 참여했는데, 고재종 시인의 시를 가지고 짧은 영화를 만드는 활동이 무척 오래 기억에 남고 좋았어요. 그리고 이번이 세 번째 참여입니다. 저는 만나는 모둠원들이 항상 좋았고, 물론 이번에도 최상의 조화였죠.

리이 다음 샘의 문학기행 이야기를 듣고 싶어 자리하신 정이 샘 옆에 문학캠프 최고참인 식이오빠 옆에 문캠최다참가자 은이언니 옆에 문캠에서 진정한 즐거움이 무엇인지를 배운 국이오빠 옆에 이번 문캠이 처음이자 마지막일 진이언니 옆에 배영고 학생들 자체적으로 문캠에 온다는 원이오빠 옆에 고재종 시를 가지고 짧은 영화 만드는 활동이 좋았던 호이 옆에 태인여중 3학년 리이입니다. 양귀자 작가님도 좋다고 했던 이우혁 〈퇴마록〉을 좋아합니다.

현이 다움샘의 문학기행 이야기를 듣고 싶어 자리하신 정이 샘 옆에 문학캠프 최고참인 식이오빠 옆에 문캠최다참가자 은이언니 옆에 문캠에서 진정한 즐거움이 무엇인지를 배운 국이오빠 옆에 이번 문캠이 처음이자 마지막일 진이언니 옆에 배영고 학생들 자체적으로 문캠에 온다는 원이형 옆에 고재종 시를 가지고 짧은 영화 만드는 활동이 좋았던 호이오빠 옆에 이우혁 〈퇴마록〉을 좋아하는 리이언니 옆에 저는 정읍여중 2학년 현이입니다. 초등학교 때 양귀자 작가의 〈누리야 누리야〉를 무척 재미있게 읽어서 이번에도 고민 안하고 참여했는데, 〈원미동사람들〉은 생각보다 읽기가 어려웠어요. 제 독서 수준을 좀 높여야겠어요.

곤이 다움 샘의 문학기행 이야기를 듣고 싶어 자리하신 정이 샘 옆에 문학캠프 최고참인 식이형 옆에 문캠최다참가자 은이누나 옆에 문캠에서 진정한 즐거움이 무엇인지를 배운 국이형 옆에 이번 문캠이 처음이자 마지막일 진이언니 옆에 배영고 학생들 자체적으로 문캠에 온다는 원이형 옆에 고재종 시를 가지고 짧은 영화 만드는 활동이 좋았던 호이형 옆에 이우혁 〈퇴마록〉을 좋아하는 리이누나 옆에 초등학교 때 〈누리야누리야〉를 재미있게 읽은 현이누나 옆에 안녕하세요. 배영중 1학년 곤이입니다. 저는 이 문학캠프가 처음이었고 친구가 적극 추천해서 같이 오게 됐는데, 생각만큼은 아니었지만 나름 좋았다고 생각합니다.

백이 다움 샘의 문학기행 이야기를 듣고 싶어 자리하신 정이 샘 옆에 문학캠프 최고참인 식이형 옆에 문캠최다참가자 은이누나 옆에 문캠에서 진정한 즐거움이 무엇인지를 배운 국이형 옆에 이번 문캠이 처음이자 마지막일 진이언니 옆에 배영고 학생들 자체적으로 문캠에 온다는 원이형 옆에 고재종 시를 가지고 짧은 영화 만드는 활동이 좋았던 호이형 옆에 이우혁 〈퇴마록〉을 좋아하는 리이누나 옆에 초등학교때 〈누리야누리야〉를 재미있게 읽은 현이누나 옆에 친구추천으로 문캠에 온 예곤이 옆에 배영중 1학년 백이입니다. 저는 초등학교 때 유미, 효선이 누나랑 원미동기행에 따라간 적이 있고 그 양귀자 작가님을 이번에 만나게 되어 좋았어요.

다움 제 문학기행 이야기를 듣고 싶어 자리하신 정이 샘 옆에 문학캠프 최고참인 식이 옆에 문캠최다참가자 은이 옆에 문캠에서 진정한 즐거움이 무엇인지를 배운 국이 옆에 이번 문캠이 처음이자 마지막일 진이 옆에 배영고 학생들 자체적으로 문캠에 온다는 원이 옆에 고재종 시를 가지고 짧은 영화 만드는 활동이 좋았던 호이 옆에 이우혁 〈퇴마록〉을 좋아하는 리이 옆에 초등학교때 〈누리야누리야〉를 재미있게 읽은 현이 옆에 친구추천으로 문캠에 온 곤이 옆에 초등학교때 원미동기행에 따라간 적이 있고 이번에 그 작가를 만나서 좋은 백이, 2004겨울문학캠프로 돌아가 이렇게 〈몽달귀신〉 모둠 여러분들을 만나게 되어 영광입니다. 이렇게 소개를 해주시니 처음 만나는 사람들인데도 이름이 저절로 외워지는데요.

유미, 효선 다움 샘, 저희도 한 번 해보아야죠. 다움 샘 문학기행 이야기를 듣고 싶어 자리하신 정이 샘 옆에 문학캠프 최고참인 식이 옆에 문캠최다참가자 은이 옆에 문캠에서 진정한 즐거움이 무엇인지를 배운 국이 옆에 이번 문캠이 처음이자 마지막일 진이 옆에 배영고 학생들 자체적으로 문캠에 온다는 원이 옆에 고재종 시를 가지고 짧은 영화 만드는 활동이 좋았던 호이 옆에 이우혁 퇴마록을 좋아하는 리이 옆에 초등학교때 〈누리야누리야〉를 재미있게 읽은 현이 옆에 친구추천으로 문캠에 온 곤이 옆에 초등학교 때 원미동 기행에 따라간 적이 있고 이번에 그 작가를 만나서 좋은 백이 옆에, 〈몽달귀신〉 모둠을 만나 영광인 2018년 인물인 다움샘 옆에 다움샘과 같은 시간에 존재하는 유미 그리고 효선이입니다. 모두들 만나서 반가워요.

정이 저도 연수에서 배웠던 방법이랍니다. 이렇게 활용해보니 좋은데요. 아까 1998년도에 효선이가 쓴 글 읽어본다고 하셨는데, 먼저 들어보고 싶습니다. 유미양의 글도 들어보고 싶은데요.

유미 그럼 태인여중 1학년 이효선이 쓴 글 읽어보겠습니다.

실망과 희망(이효선)

실망이다. 난 정말 웃기는 애다. 왜 기대와 다르면 실망하고 지치는 것일까. 때에 따라 내 생각과 다를 수도 있다는 걸 다 알면서도 금세 큰 실망을 하게 된다. 난 ≪원미동사람들≫이란 책을 아주 열심히 읽었다. 매일 놀고먹고 하는 내 생활 속에 책을 읽었다는 건 놀라운 사건이라고까지 생각했으니까.

그러나 난 이 책이 마냥 재미있어서 읽은 것만은 아니다. 이 책이 실화라고 믿고 읽었기 때문이니까 더욱 허망할 뿐이다. 한 마을에서 일어난 크고도 작은 일들, 난 우리 마을에 대해 관심이 많았던 탓인지, 우리 마을에서 일어난 소동들을 대부분 알고 있다. 내가 상관할 일은 아니지만 그래도 한 마을에 주민으로서 마을에 대한 관심은 많으니까, 암튼 난 지금 우리 마을에 대해 말하려는 것이 아니다.

무슨 관계가 있냐고 물어본다면 우리 마을과 원미동 마을에 대한 차이점을 알고 싶었다. 그런데 그게 현실이 아닌 가상이었다는 것에 대해 큰 실망감. 난 정말이지 꼭 그 원미동 시인을 만나고 싶었다. 그리고 많은 대화를 나누면서 이야기하고 싶었다. 그런데, 이것은 전부가 다 양귀자 씨가 지어낸 하나의 단막극이었다는 것에 대한 허망함은 이루 말할 수 없이 안타깝고 화가 났다.

그렇다고 해서 이야기를 실제의 일로 되돌려 놓을 수도 없으니 말이다. 그냥 넘기는 수밖에. 다만 이 이야기가 실제의 일이었다면 난 이번 문학기행을 더욱 보람 있게 생각하고 있었을 것이지만 지난 일 가지고 말을 많이 하는 것도 안 좋기 때문에 그냥 넘어가야겠다. 그러나 한 가지 기분 좋았던 건 그 정육점 아주머니께서 아주 좋은 분이시고 친절하신 분이라는 것.

또 하나. 이건 그냥 느낀 건데 아직은 선생님이 날 포기하지 않았다는 걸 왠지 모르는 무언가가 속삭여 주는 것 같다.

백이 음, 잘 썼는데요. 저도 중학교 1학년이지만 ≪원미동사람들≫ 읽는 게 힘들었거든요. 그런데 저희 엄마는 제가 초등학교 때 이미 그 중 몇 편을 읽었대요. 특히 〈원미동시인〉 이야기를 좋아했다고 그러는데, 제 이야기지만 잘 모르겠어요. 초등학생 때의 순수함이 없어진 때문일까요.

효선 그렇지, 이 누나는 중1때도 그 순수함을 가지고 있었던 거지. 몽달 씨가 사실 다 알고 있으면서도 바보처럼 구는 모습이 화가 났지만, 저는 몽달 씨의 그런 모습이 잘 이해가 됐어요. 현실의 벽을 누구보다 잘 체득하고 있는 거잖아요. 순응하는 것이 싫었지만 그만큼 몽달 씨가 여리고 순수하다는 것이지요. 어린 경옥이가 그의 친구가 되어주는 모습도 재미있었어요.

다움 그때 효선이가 쓴 글을 들어보니 미안해지는 걸. 어쩌면 난 효선이를 글쓰기를 통해서 방황을 바로잡아보려고 노력했는지 모르겠네. 곧잘 썼고 대회에 나가 상도 타곤 했지. 문학기행을 같이 다니면서 많은 효과가 있기를 기대했던 것 같아. 하지만 그게 맘처럼 되나. 붙들었나 싶으면 또 빠져나가고 또 빠져나가고. 끝까지 포기하지 않는 교사였어야 했는데, 내가 거기까지 못한 것 같아.

유미 다움 샘은 그만큼 하시면 된 거예요. 자기 인생은 자기 몫이고, 선생님이 어떻게 해줄 수는 없는 거죠. 효선이는 효선이 인생을 잘 살아갈 거니까, 선생님의 잣대로만 생각하지 않으시면 좋겠어요.

효선 맞아요. 유미언니의 글이 궁금하실 텐데, 제가 읽어보겠습니다. 자, 집중.

지하생활자의 희망(조유미)

세상에는 어두운 그늘 속에 살아가는 이들이 참 많은 것 같다.

그 어두운 그늘이라는 것이 내가 살아가는 이 현실 속의 한 부분, 책 속에 허구적인 가상의 어두운 그늘일지라도 우리 주위엔 우리가 돌아보지 못한 어두움이 많이 있었다.

여름방학, 내가 속해있는 글모임에서는 이번에도 어김없이 문학기행을 갔다. 이번 기행의 주된 코스는 양귀자의 ≪원미동사람들≫의 배경이 되는 경기도 부천시 원미동이었다. 물론 이번 기행을 통해 또 다른 문학의 세계에 대해 이해할 수 있는 좋은 기회를 얻었기에 기억에 많이 남지만, 꼭 문학적인 이유에서만은 아니었다.

나는 기행 전에 더 보람 있는 기행을 위해서 원미동 방문 전에 ≪원미동사람들≫을 읽었었다. ≪원미동사람들≫은 원미동 23통 5반이라는 작고도 큰 세계를 그린 단편들을 모아 엮은 책이다. 나는 그 단편들 중에서 〈지하생활자〉를 너무 재밌게 읽었기에 가기 전부터 나의 기대는 대단했다.

우리 일행은 방문 전에 사전에 더 깊이 있는 문학세계의 이해를 위해 양귀자 작가님께 도움을 구했었다. 그래서 방문하게 되면서 작품 속 '우리정육점' 모델인 '부여정육점' 아주머니를 만날 수 있게 되었다. 정육점 아주머니와의 만남은 나의 기대를 저버리지 않게 할 만큼 좋은 만남이었다.

아주머니는 ≪원미동사람들≫이 한창 문학계를 떠들썩하게 할 때부터 지금까지 소설에 대한 수없는 인터뷰와 찾아오는 손님들에 피곤할 만도 하실 텐데, 어린 문학도들의 방문이라며 반갑게 맞아주셨다. 질문과 대답은 물론이거니와 ≪원미동사람들≫에서 허구적인 부분, 사실인 부분부터 시작하여 배경이 된 곳들을 둘러보는 것까지 같이 해주셨다.

≪원미동사람들≫의 많은 부분이 허구적인 것들이었다. 그렇지만 내가 기행 전부터 기대한 〈지하생활자〉의 부분은 사실이었다는 사실에 나는 너무 기뻤다.

지하생활자의 배경이 된 곳은 정육점의 바로 앞 연립 지하 빌라였다.

평소에 지하실이라는 말은 흔히 듣곤 하였지만, 지하실에 처음 들어가 보는 나는 무척 흥미를 가졌고 긴장이 되었다. 꼭 귀신의 집에 들어가는 기분이었고 지하생활자의 우스꽝스러운 모습을 떠올렸다. 나는 진정한 지하생활자를 이해하지 못하고 그저 흥미와 재미에만 빠져 있었다.

지하실로 내려가는 계단은 책에서와 같이 컴컴한데다 앞으로 고꾸라질 정도로 좁고 험했다. 그리고 내려가자마자 나의 코끝을 찌르는 곰팡이 냄새, 찝찝하고 눅눅한 공간에 나는 정말 놀라지 않을 수 없었다. 책에서는 지하실을 표현한 부분을 읽었을 땐, 지하실이라는 곳이 이 정도로 열악한 환경인지 미처 알지 못했었기 때문이다. 게다가 지하실 방은 겨우 한 사람 들어가서 눕고, 살림 몇 개 놓으면 꽉 찰 정도로 작았고, 지하생활자를 가장 고통스럽게 한 화장실도, 수도꼭지는 있으나 물 빠질 하수구도 없었다. 정말 사람 살 만한 곳은 못되는 그런 곳이었다.

나는 순간 지하생활자를 생각했다. 그저 먹고 살기 급급한 환경 때문에 직장도 지하실에 있는 공장에서 일하고, 집도 값싼 지하방에서 생활할 수밖에 없었기에, 어쩔 수 없이 지하생활자가 되어버린 사람, 그래서 화장실 없는 지하실 때문에 새벽 4시가 되면 석왕사 종소리를 듣고 나와 남의 차 뒤에서 실례를 하게 되는 우스꽝스러운 모습을 보여줬던 지하생활자.

순간 나는 전에 그렇게 배를 잡고 웃었던 지하생활자의 우스꽝스러운 모습을 생각할 수 없게 됐다. 지하생활자의 어두운 그늘과 그런 모습들에 재미만 느꼈던 내 자신이 부끄러워졌다. 그래서 한순간 내 눈에 그 어두운 지하실의 모습은 어둡기만 한 지하실의 모습으로만 보여 지지 않았다. 그곳은 어두운 그늘이지만 밝은 빛이 있는 곳이었다. 원미동의 작고도 큰 세계 속에서, 어둡지만 어둡지만은 않는 밝은 곳이 그 지하실이었다는 생각이 든다.

지하실은 그들에게 어두운 그늘의 환경이었지만, 나중에 이 어둠의 그늘에서 벗어나 옛 어두운 그늘 속에서 살았을 적에 무심히 보았던 푸른 하늘, 예쁜 꽃들, 사람들의 웃음을 의미 있게 살려내는 그런 희망의

빛이 있는 곳인 것 같다.

시대가 변해 전보다 많이 풍요로운 세상이 된 지금도 우리 이웃들 중에는 책속의 지하생활자같이 어두운 그늘 속에 사는 이들이 많이 있는 것 같다. 하지만 그러한 이웃들도 지금 이 순간, 어두운 그늘 속에서 분명 지하생활자같이 밝은 꿈과 희망을 키워 나가기 위해 자신들의 빛을 만들며 살아가고 있을 것이다. 그러기에 풍요롭게 살면서도 행복을 행복이라 생각하지 않는 나는 오늘도 부끄러워진다.

유미 제가 쓴 글을 다른 사람의 목소리로 들으니 무척 낯설고 제가 쓴 것 같지 않아요. 어떻게 그때 지하생활자는 어두운 그늘 속에 살고 나는 풍요롭게 사는 사람이라고 표현했는지, 어린 나이에 모르는 걸 너무 아는 척 표현한 것 같아요. 요즘 취준생 젊은이들이 사는 닭장 같은 고시원들이 얼마나 많고, 집 없이 전전하는 사람들이 얼마나 많은데. 부끄럽네요.

다움 학생들이 글을 쓸 때 저지르는 오류의 하나 아닐까. 옛날엔 지독히 고생했고 지금은 그 덕택에 이렇게 좋아졌다, 감사한다, 교훈을 얻었다, 이렇게 결론을 내리는 경우가 많지. 그 틀을 깨야만 자신의 참신한 글이 나올 수 있는 것이라고 생각해. 유미야, 〈숨은꽃〉 문학기행도 갔던 것도 이야기 해주면 좋겠다.

유미 원미동을 여름에 갔고, 귀신사歸信寺를 그보다 먼저 겨울에 갔어요. 귀신사는 일단 이름에서부터 아이들이 호기심을 갖는 것 같아요. 귀신이 나오는 절, 아이들은 괴담을 좋아하니까 그런 식으로 가기 전부터 상상을 하는 거죠. 작가는 '영원을 떠돌다 지친 신이 돌아와 쉬는 자리'라는 뜻으로 이 절 이름을 해석했다고 하는데, 실제 이름은 돌아올 귀, 믿을 신의 한자를 써서, '믿음으로 돌아오는 자리'라는 뜻이 됩니다. 같은 절 이름을 가지고 숨은 뜻을 해석하는 것이 제각각이죠. 작품 제목이 〈숨은꽃〉이 되는 것도 그래서가 아닌가 생각해보았습니다.

저희들은 작품 속 그대로 주인공이 내렸던 삼거리 느티나무에서 내렸던 것이 기억이 나요. 그곳 느티나무에서 각자 작품 조사한 내용을 발표하였죠. 다 아는 얼굴들 앞에서 발표한다는 것이 쑥스럽기도 했지만, 그런 형식을 통과하면서 문학기행에 몰입할 수 있었던 것 같아요. 겨울이라서 귀신사에서 뒤뜰의 감나무나 앞뜰의 꽃무리를 볼 수는 없었지만, 원시의 생명력을 가진 김종구와 황녀를 상상하며 절터를 뛰어다니며 장난을 치다가 선생님께 주의를 받기도 했습니다.

다움 유미, 효선이, 이 애들이랑 글모임을 하고 문학기행을 가고 문집을 만들고, 그랬던 일들이 먼 추억처럼 되어버렸네요. 시골학교에서 뭔가 뒤지지 않게 열심히 해보고 싶었던 것 같아요. 이 애들이 볼 때 여러분들이 하고 있는 정읍문학캠프는 무척 매력적이죠. 숫자도 많고 작가와 만남도 있고 이성도 있고 프로그램도 많고, 그렇지 효선아? 그때 문학캠프가 있었으면 효선이도 학교에 정을 붙이고 정읍생활에 정착했을 텐데 말이야.

효선 다움 샘, 제게도 저만의 아픔이 많았답니다. 저는 양귀자 작가처럼 제가 사는 마을사람들의 이야기를 써보고 싶다고 생각했었는데, 아직도 그 꿈이 사라진 건 아니에요. 2004겨울문학캠프는 어땠는지 이야기 들어볼 수 있을까요?

다움 정이 샘, 저희들에게 그 영광을 주시겠습니까? 저희들이 관객이 되겠습니다. 무대 위에서 모둠 발표를 한다고 생각하셔도 좋을 것 같은데요.

정이 어머, 저희들이 오히려 더 영광이죠. 다음 샘이야 처음 이 문학캠프를 시작한 선생님이잖아요. 처음 소록도 갔을 때 그때의 감동이 저는 아직도 생생한 걸요. 그때는 중학생들만 갔지만 고등학생 못지않았어요. 백이가 그때 초등학생으로 안내자인 아빠를 따라왔고, 은이가 그때부터 참여했었죠. 이번에는 참가자가 워낙 많아서 120명이 넘는 바람에 12모둠을 편성했고 한 모둠이 10명이 되었어요. 그럼 일단, 우리 모둠에서 식이가 진행을 이끌어 가면 좋겠네.

식이 선생님, 제가 가장 형이긴 하지만 모둠장은 아닙니다. 지금까지 문학캠프에서 깨달은 바가 많아서 이번에는 절대 앞에 나서는 역할이 아닌 보조역할을 하겠다고 다짐한 사람입니다.

원이 제가 모둠장을 하긴 했지만 식이형이 아니었으면 모둠활동이 쉽지 않았을 거예요. 먼저 형에게 감사. 그럼 지금부터 우리 '몽달귀신' 모둠의 모둠 평가 시간을 갖도록 하겠습니다. 2박3일 문학캠프에서 둘째 날 마지막 일정인데요. 내일은 '작가에게 엽서쓰기'와 시상 및 퇴소식만 남았습니다. 먼저, 이번 문학캠프 프로그램들을 순서대로 한 번 짚어볼까요. 제가 진행은 하겠지만 여러분들이 자연스럽게 이어가면 더 좋겠습니다. 먼저 1월 3일 첫 프로그램으로 버스 안에서 자기소개 시간을 가졌는데, 어땠는지 이야기해볼까요.

곤이 앞에 나가 마이크를 잡으면 너무 떨려서 저는 피하고 싶은 시간이에요. 그렇게 자기소개를 하면 소개를 듣는 사람 입장에서도 이름을 기억하기 힘든데, 버스 안에서는 그냥 자유 시간으로 진행하면 좋겠습니다.

현이 겨울 아침 일찍 잠을 설치고 나와서 얼떨떨한데 자기소개 하라니 머리가 멍했어요. 숙소에 도착해서 시작하면 좋지 않을까요.

리이 어떻든 자기소개는 피할 수 없는 자리잖아요. 어떤 친구는 피할 수 없으면 즐겨라, 이런 말을 자기소개 때 하더라구요. 자기 훈련의 한 기회라고 긍정적으로 수용하면 좋을 것 같습니다. 자기 모둠 아닌 친구들의 얼굴도 익힐 수 있구요.

원이 이번 문캠 과제도서가 양귀자 ≪원미동사람들≫과 〈숨은꽃〉이었는데, 그 제목에서 차용하여 '숨은꽃 찾기 추적놀이'가 있었습니다. 할 말이 많을 것 같은데.

호이 맞아요. 첫 번째 코스가 모둠깃발 만들기였잖아요. 사실 저는 사공이 많으면 배가 산으로 간다는 말처럼 엄청나게 참가자 숫자가 많아진 이번 문학캠프가 걱정이 되었어요. 우리 모둠은 처음에 어색하긴 했지만 모둠장으로 원이형을 뽑고 각자 자기소개를 시작으로 어색한 말들을 트자 언제 그랬냐는 듯이 말들이 쏟아지던데요.

국이 모둠 이름을 작품명인 '원미동 시인'으로 하자는 의견과 작품 속 인물인 '몽달 씨'로 하자는 의견과 '귀신'을 조합해서 '몽달귀신'으로 하자는 의견이 나왔을 때, 저는 주저 없이 '몽달귀신'에 표를 던졌어요. 귀신사도 그렇고 '귀신'이라는 말이 나오면 아이들은 왠지 호기심을 갖잖아요.

현이 평소에 말이 좀 많기로 소문난 저도 첫 이미지 관리를 위해 처음엔 조용히 해야 했었습니다. 정확히 말하자면 분위기가 무르익을 때까지 조용히 해야만 했어요. 그 참고 있던 시간동안 얼마나 고통스러웠는지. 꼭 3일 동안 머리 안감은 것처럼 간지럽고 찝찝했고, 앞뒤 좌우로 삼팔선 그어진 것 같았고, 사람을 만난다는 건 정말 고난도의 탐색전투라는 생각이 들 때가 많습니다.

곤이 협동, 단합 등에 관련된 어구들을 적으며 우리 모둠의 약속을 정하고 끝까지 이 약속한 것들을 지키길 바라고 또 노력하기로 약속하는 시간이 좋았어요. 그 깃발을 들고 추적놀이 행진을 하는 모습은 짱.

백이 저도 '숨은꽃추적놀이'가 재미있었어요. 모둠별로 판을 만들어 일곱 마당을 다니며 활동한 결과에 따라 스티커를 받는 것이었는데, 우리 모둠은 금 13개 은 5개 빨간색 1개의 수확을 거두었어요. 제가 해서 더 기억에 남는 것은 발목을 묶고 계단을 올라가는 것과 '엉겅퀴꽃'을 찾아낸 일이었는데, '비오는 날이면 가리봉동에 가야 한다'는 알았는데 누나들에게 양보하느라 말을 하지 못했던 게 기억이 나요.

은이 눈 속에서 꽃을 찾았어? 엉겅퀴꽃을 어떻게 알았어?

백이 〈엉겅퀴꽃〉 시를 사실은 몰랐지만 이미 문제의 글 속에 답이 나와 있잖아요. 아빠가 노래하시는 걸 들은 적도 있어요.

은이 엉겅퀴야 엉겅퀴야/ 철원평야 엉겅퀴야/ 난리통에 서방 잃고/ 홀로 사는 엉겅퀴야// 갈퀴손에 호미 잡고/ 머리 위에 수건 쓰고/ 콩밭머리 주저앉아/ 부르느니 님의 이름// 엉겅퀴야 엉겅퀴야/ 한탄강변 엉겅퀴야/ 나를 두고 어디갔소/ 쑥국 소리 목이 메네 〈엉겅퀴 꽃〉을 쓴 민영 시인은 철원 태생. 이산과 분단의 현실, 그리고 고향 철원과 그곳 사람들에 대한 애틋함이 짙게 밴 명작이다.

모두 와아. 막강 실력에 감탄!!

백이 어, 누나, 이제 보니 알면서 나를 놀린 거네.

국이 양귀자 소설제목을 운자로 해서 소설의 주제나 내용이 드러나도록 행시 짓기, ≪원미동사람들≫ 작품 한편씩 가지고 가로세로 퍼즐 맞추기, 작품 속의 한 부분을 제시하고 작품 제목 맞추기, 이들 활동을 할 때는 책을 제대로 읽지 않고 참여한 저 같은 사람이 많이 창피했습니다. 책을 많이 읽은 친구가 옆에 없었으면 큰 낭패 볼 뻔 했다니까요. 같이 모둠원들끼리 주어진 미션을 해결하면서 서로의 장점을 알고 단합을 할 수 있어서 좋았어요.

식이 발목을 묶고 같이 계단 오르기는 책을 읽지 않아도 얼마든지 할 수 있는 거라서 저 같은 사람도 기를 살려주어서 좋았습니다. 책을 안 읽은 사람도 공동체 정신은 얼마든지 발휘할 수 있으니까요.

국이 에이 식이형, 형이 책을 안 읽었을 리가.

진이 숨은꽃추적놀이 마지막 코스가 모둠별 질문지 작성하는 시간이었는데, 이걸 하면서 선생님들이 얼마나 세심하게 프로그램 내용을 만드는지 알 수 있었어요. 작가와의 대화 시간에 학생들의 참여도를 높이기 위해 고심한 것 같았고, 사실 질문 항목들을 머리 맞대고 정리하는 과정에서 많이 공부가 되었어요. 〈숨은꽃〉 작품 주제가 도대체 뭘까 답답했는데, 작품 주인공의 방황이나 우리들 추적놀이의 방황이 다르지 않다는 생각이 들었고, 저마다 주어진 상황에서 노력 여하에 따라 '숨은꽃'의 의미를 찾아내고 다음 단계로 나갈 수도, 영영 못 찾은 채 헤맬 수도 있는 거라는 생각이 들었습니다.

원이 그럼 우리 문학캠프에서 '숨은꽃'은 '공동체 정신'이 될 수도 있겠네요. 작품 속에서 '숨은꽃'은 김종구와 황녀가 보여주는 원시적인 생명력일 수 있겠네요.

현이 저는 작가와의 대화 시간이 정말 좋았습니다. 정말 작가님다운 첫인상이었는데요. 엄청 교양 있으시고 항상 고뇌에 빠져있으실 듯한 분위기 있는 인상, 작가님답게 어떠한 질문에서든 답변이 술술~ 그 언변을 닮고 싶었어요. 진짜, 어쩜 그렇게 말투가 교양적이고, 지적이신지. 많은 사람들 앞에서도 말씀을 너무 잘하셨어요.

은이 처음 작가 이야기를 작가가 그렇게 짧게 마무리하는 경우는 처음이었어요. 우수독후감을 발표하고 그 발표자가 질문하는 것으로 시작해서 대표 학생들이 무대에 올라가 같이 대화하는 식으로 시작했을 때는, 저들끼리만 하는 거 아닌가 우려했었는데요. 모둠별 질문이 나오고 추가 질문이 나오고 정이 샘 노래까지 듣고 하면서 그런 우려가 말끔히 사라졌어요. 사인회 시간이 어쩌면 알짜배기 작가와 대화 시간이었다는 생각도 들어요.

리이 저는 처음에 양귀자 작가가 싸인을 해주신다고 해서 다른 작가들처럼 대충 해주시고 가실 줄 알았어요. 그런데 작가님은 기다리는 모든 학생들에게 세세히 싸인을 해주어서 놀라웠습니다.

호이 하나하나 정성스럽게 새해 바람을 써주시고 한명 한명에게 직접 말을 거시는 그 모습, 작가님은 정말 놀랍게도 우리 학교와 바로 앞에 있는 내가 갈 호남고에 대해서 알고 있었어요. 처음으로 호남고에 발령을 받으셨다는 말씀을 하고 공부 열심히 하라는 말을 덧붙이셨습니다.

리이 조용히 앉아 듣던 제 귀를 간지럽히던 말. 역시 〈퇴마록〉과 이우혁 작가 칭찬이었죠. 〈퇴마록〉을 가장 감명 깊게 읽은 저로서는

〈퇴마록〉을 좋아하는 사람이면 누구라도 좋았고. 더군다나 어른이 〈퇴마록〉을 읽으셨고 좋아하시고 이우혁 작가를 좋게 보신다면 나에게 어른의 색다른 면을 보았고 같은 동료를 만났다는 느낌이랄까? 역시 같은 책을 좋아하는 사람끼리는 무엇인가가 통한다는 느낌을 받았습니다.

백이 제가 읽지 않아서 모르는 책을 질문으로 할 때에는 약간의 지루한 점도 있었지만 재미있었어요. 또 마지막에는 양귀자 작가님께 사인도 받았는데, 작가님이 사인과 함께 제게 남긴 말이 있어요. "백이야, 열심히 읽어줘서 고맙다. 독서는, 읽으면 읽을수록 지혜를 안겨주는 평생의 벗! 백이에게도 그 벗이 평생 함께 하길." 저는 이 말이 가슴 깊이 와 닿았습니다. 작가님 말을 깊이 새겨들어서 이제는 책도 좀 열심히 읽도록 해야겠어요. 처음으로 작가에게 사인을 받아서 아주 좋았습니다.

원이 제가 무려 3일이나 걸려서 쓴 독후감이 비록 우수독후감에 당선되지는 않았지만, 양귀자 작가님과 직접 대화할 수 있는 행운을 가지게 되어 좋았어요. 모둠장이었기 때문에 제가 생각한 제 질문을 작가님께 전달할 수 있었는데, 그런 저 자신이 너무 뿌듯했고 자랑스러웠습니다. 제가 나중에 성인이 되어서, 아니, 지금 이후로부터 얼마나 많은 작가를 만날 기회를 가질 수 있을지는 모르겠지만 저는 양귀자 작가님과의 만남을 평생 잊지 못할 것 같습니다.

식이 모둠원 질문을 모아서 한 게 아니라 너의 질문을??

원이 아니, 식이형. 어디까지나 저는 제 질문을 보충해서……. 음, 장서표 만들기는 책도장 만들기인데요. 책표지의 안이나 겉장에 붙여져 소유를 표시하는 기능과 다른 하나는 아름다움을 표출하는 장식적 기능을 가졌다고 해요. 독립된 판화예술의 한 분야로 발전하는 추세입니다.

모두 와~ 짝짝.

원이 자료집 보고 그대로 읽는 건데. 제 기를 살려주니 감사. 이런 짜투리 같은 활동이 빽빽한 일정 속에 여유를 주는 것 같고, 미술을 잘하고 좋아하는 친구들이 실력을 발휘할 기회를 준다는 점이 좋다고 생각합니다. 그렇죠?

호이 맞아요. 그렇지만 독서부르마블 게임은 좀 문제가 있다고 생각했어요. 처음엔 굉장히 재미있을 거라고 생각했고 응원전까지 펼쳐질 거라 기대를 했거든요. 하지만 조원들이 참여하는 찬스라는 것이 있었지만, 그래도 문제 푸는 사람 2명, 말 1명만 참여하고 나머지 사람들은 구경만 하였기에 지루한 면이 없지 않았나. 개별 모둠 대항이 아니라 전체를 5모둠으로 연합해서 활동한 것도 이유가 될 거 같아요.

리이 저는 문학기행도 아쉬웠어요. 작품 배경을 이해하기에는 좀 동떨어진 기행이었다고 생각합니다. 귀신사는 공사를 하고 있었고, 벽골제나 아리랑문학관은 이번 작품과는 관련이 없지 않나요?

호이 정말 이렇게 작은 규모의 사찰은 생전 처음 본 것입니다. 손을 들면 천장이 닿을 것 같은 낮은 천장과 큰 성인이 몇 명만 누워도 가득 찰 것 같은 이곳, 책속에서 처음 들었을 때는 정말 왠지 모르게 어둡고 캄캄하면서 금방이라도 부서질 것 같은 느낌이었는데, 막상 가보니 저의 그 무식함은 바로 탄로 나고 말았어요. 제가 생각하는 그 귀신이 아니라 믿음이 돌아온다는 정말 깊은 뜻을 가졌더군요.

원이 제가 가장 인상 깊었던 때는 아마도 백일장대회였을 거예요. 저는 이왕에 참여하는 김에 열심히 써서 상을 타기 위해 몇 번이고 고치고 생각하고 또 고쳤어요. 그런 끝에 저는 최우수상을 탔고 오늘 집에 돌아오는 길에 마음이 뿌듯했죠. 제 진로희망이 국어교육과인데, 이러한 문학캠프 활동이 큰 도움이 된다고 생각했고 그것을 글제와 연결하여 이야기를 전개했어요. 식이형, 제가 번데기 앞에서 주름을.

식이 원, 천만에. 원이 실력을 인정해. 나도 백일장 시간이 항상 좋았어. 백일장 같은 경우에는 선생님께서 조금씩 봐주시며 조언을 해주셔서 글 쓰는데 많은 도움이 됐어요. 사실 백일장을 하면 대충 쓰고 놀아버리는 경우가 많은데, 선생님이 옆에서 지켜보고 관심을 가져주시니까 헛짓을 할 수가 없습니다. 그런데 그게 또 나쁘지 않다는 게 또 신기한 거예요. 다시 써봐라, 다른 표현을 생각해보자, 너무 짧다 등등 퇴짜 맞으면 처음엔 좀 서운하기도 하지만 그러는 동안 저도 모르게 몰입을 하게 되더라구요. 옆에서 분위기가 그러면 서로 따라서 하게 되고, 그러다가 잘 썼다는 칭찬을 들으면 기분이 좋고 뿌듯하고, 저의 문학캠프가 항상 그랬어요.

호이 골든벨은 책을 열심히 읽은 사람과 대충 읽은 사람과 거의 안 읽은 사람을 표 나게 해버리는 마술을 가졌어요. 저는 책을 두 권 다 읽었어도 세세하게 읽지 않고 읽었던 게 들통이 나고 말더라구요. 좀 더 세세하게 읽었으면 갈등되는 일이 없었는데, 다섯 번째 문제 정도에서 엄청난 갈등을 한 끝에 결국엔 탈락하고 말았어요. 패자부활할 기회는 있었지만 발 빠른 친구들에 의해 부활할 기회를 매번 놓치기만 했죠. 저 같은 머리엔 최소한 두 번은 읽어야 했다니깐요.

곤이 골든벨은 억울할 때도 많아요. 탈락하고 들어왔는데 다음 문제가 내가 아는 문제가 나오고, 패자부활해서 나보다 못하던 아이가 순위권으로 올라가고, 그럴 땐 공연히 화가 났어요.

호이 가장 호응이 많았던 것은 노래극이 아닐까요. 처음엔 정말 노래극이라는 말은 생소하기만 했고, 순간 당황하기도 했고 또 한편으로는 정말 머리가 지근지근했지만 그때만큼 우리 모둠은 하나가 되었던 것 같아요. 사실대로 말하자면 원이형과 진이누나, 은이누나가 주동이 되었지만, 우리 모두는 생각하고 또 생각한 끝에 우리 모둠의 이름이 '몽달귀신'이므로 이것을 살려 몽달 씨가 나오는 〈원미동시인〉을 가지고 하기로 했으나 이 또한 정말 막막하기만 했죠. 그러나 모둠원들의 정말 기발한 상상력으로 노래극의 노래와 대사들은 한 구절 한 구절 완성될 수 있었죠.

그러나 엄청나게 부족했던 시간들, 할 수 없이 우리는 배고픔을 잊고 직접 무대 위에 올라 그동안 우리가 써오고 만들었던 노래극을 연습해보고 배역 위치를 정하는 등 꼭 상을 타기 위해, 또한 우리가 열심히 한 결과를 보여주기 위해 연습에 또 연습을 하고, 그렇게 시간을 아까워한 적은 없었던 것 같아요.

〈원미동시인〉을 한 모둠이 정말 많아서 그런 만큼 경쟁은 컸고, 그중에서 가장 기억에 남는 일은 배고 형들의 엄청난 액션 신들. 우리는 그 액션 신을 보고 다시 우리도 약간의 액션을 넣자고 따로 또 나가서 연습하고 들어오고 그랬잖아요.

저의 배역은 주씨 역인데, 그냥 몽달이가 맞고 있다가 날 부를 때 나타나서 깡패들을 몰아내는 역할과 노래를 부르는 역 2가지였거든요. 너무 떨려서 꼭 해야 할 대사들을 몇 개 빼먹고 노래도 여러 가지 다 준비한 것들을 빼먹고 액션 신을 어떻게 넣었는지 모르겠고. 그렇지만 모두모두 자기배역에 최선을 다해서 그런지 다른 모둠보다 긴 시간 동안 발표를 했던 것 같아요.

식이 호이 노래극에 완전 푹 빠졌네. 혼자 다 그렇게 말해버리면 어떡해.

국이 모둠원들은 서로에게 "잘했어"라는 말과 함께 상을 못 타더라도 다시 한 번 할 기회가 있으면 꼭 하자라는 말을 했지. 그리고 무대에서 하지 못했던 말과 장면 사이사이에 있는 공백들을 없애기 위한 것들을 다시 한 번 상의하고 꼭 우리 모둠만 남아서라도 해보고 가자고.

원이 드디어 노래극 순위 발표, 다른 모둠들이 너무 잘해 일등은 생각도 하지 않았는데. 우리 모둠이 일등이란 소리를 듣고 순간적으로 할 말을 잃었죠. 우리가 열심히 하고 최선을 다해서 했던 것을 알아주신 걸까? 정말 감사했고 끝까지 열심히 한 우리 모둠에게 정말 큰 박수를 보내고 싶었습니다. 호이 너, 나를 그렇게 때리면 어떡해.

호이 원이형, 미안해요. 하지만 몽달 씨, 주인공이잖아요.

원이 노래극까지 많은 말씀들을 해주셨는데, 빠진 부분이 있는지 생각해보고 꼭 하고 싶은 말을 생각해서, 죽 돌아가면서 이야기를 해보면 어떨까요. 정이 샘도 끝에 한 말씀 해주시고.

현이 가장 기억에 남는 것은 '숨은꽃을 찾아서'였는데요. 우린 처음으로 '단결'이라는 것을 보여줬고 제법 모둠의 모습을 띠기 시작했고 그것이 절정에 달했던 노래극 연습시간에는 서로의 의견을 말하고 잘못된 점까지 지적하는 쾌거를 이뤘죠. 힘들기는 가장 힘들었지만 우리가 해냈다는 만족감에 잘한지 못한지 평가도 못 내릴 정도였어요. 제가 뒤로 빼기만 하는 바람에 모둠원의 눈총을 받기도 했던 거 죄송하게 생각해요. 하지만 나는 다른 모둠으로 가고 싶다는 생각만은 하지 못했어요. 한 번씩 보여주는 그들의 열정을 알았기 때문입니다. 그 열정을 기억하겠습니다.

백이 제가 이번 문학캠프에서 가장 하기 싫었던 노래극 발표가 있었는데. 부끄러워서 이름표만 들고 있는 역할을 맡았는데 그리 중요한 역할은 아니었지만 열심히 해서 우리 모둠이 상을 받게 되어서 좋았습니다. 근데 저더러 누나는 제가 온몸을 던져서 연기를 했대요. 누나, 형들과 같이 노니까 아주 즐거웠던 문학캠프였습니다.

곤이 백일장 글제 중에 '~ 날이면 ~에 가야 한다'가 있었잖아요. 저는 그것을 '방학이면 문학캠프에 가야한다'로 바꾸어 써보았어요. 〈비오는 날이면 가리봉동에 가야한다〉가 절망이 있는 내용이라면 〈방학이면 문학캠프에 가야한다〉는 우리들의 희망이 있는 내용이잖아요. 절망도 희망으로 바꾸는 문학캠프가 되었으면 좋겠습니다.

호이 저는 캠프가 끝나고 집에 도착하면 바로 컴퓨터 앞에 앉을 겁니다.

곤이 형, 게임 중독?

호이 천만에. 난 언제나 문학캠프를 다녀온 당일 날 소감문을 쓰거든. 엄청난 기억들을 담아내기에 역부족인 내 기억들을 좀더 빨리 발산하고 싶기 때문이야. 난 그동안에도 그랬고 앞으로도 그럴 것이다.

저는 이번에 문학캠프가 세 번째입니다. 그만큼 각오가 컸고 언제나 활발하게 하지 못해서 이번엔 좀더 활발하게 하려고 노력을 정말 많이 했었어요. 일부러 웃기려고 여러 번 했지만 제가 유머감각이 없는 이유 때문에 실패하고, 말이 없는 모둠원에게 말을 걸어보았죠. 특히 현이가 말이 없어서 여러 차례 말을 걸어본 결과 말문을 트고 나니 생각보다 말이 많고 재미있더라구요.

그리고 언제나 후회하는 한 가지가 있는데 매번 책을 읽지 않고 온 것이어서 이번엔 그나마 주어진 책들을 한 번씩 다 읽고 왔습니다. 저는 정말 축복 받았어요. 언제나 모둠을 잘 만난 것 같은 생각이 들어요. 언제나 우리 모둠 명단을 처음 볼 때에는 한숨을 쉬고는 했었지만, 직접 만나서 여러 활동을 할 때면 그 한숨은 웃음으로 바뀌어 언제나 모둠원들과 더 지내고 싶은 마음을 가지게 되었어요.

리이 저도 2학년 겨울부터 문학캠프에 오기 시작해서 이번이 3번째입니다. 항상 후회 없이 3일을 보내고 가야지 했지만 역시 후회가 남네요. 만약 내가 11회 여름문학캠프에 다시 오게 된다면 더 열심히 적극적으로 참여해 모둠에서 꼭 필요한 사람이 되고 싶습니다.

국이 저는 이 문캠에서 진정한 즐거움이 뭔지를 배웠습니다. 솔직히 캠프에 참가한 이유는 친구들의 소문 때문이라고 할까. 친구들의 입에서 즐겁다 좋다라는 소리가 왜 나올까 하는 단순한 궁금증 때문에 문학캠프에 참가하게 되었거든요. 물론 처음 참가하는 만큼 철저한 준비를 해간 것도 사실입니다. 〈원미동사람들〉은 3번에 걸쳐 읽었고 심심할 때마다 ≪원미동 사람들≫ 11편 중 1편씩 골라 읽었고. 〈숨은꽃〉은 1시간에 30페이지씩 읽을 정도로 정독했고. 하지만 처음이라서 그런지 분위기에 적응하기 힘들었는데, 다시 생각해보면 나의 소심한 성격 때문에 적극적인 참여를 하지 않아서 그랬던 것 같아요. 고등학생들은 방학에 보충수업의 존재로 많이 쉴 수 없지만, 조금 쉬는 기간에 문학캠프를 선택한 것이 후회되지 않을 만큼 이번 문학캠프에서 얻어간 것이 많았다고 생각합니다.

진이 저도 후회만이 스쳐지나가네요. 다시 한 번이면 더욱 잘할 수 있을 것만 같은데, 이번 문학캠프가 나에게는 처음이자 마지막이 될 것만 같아요. 식이 오빠 대학생이 되어서 보지 못하겠지만 철없는 조장 원이도 진지한 국이도 더욱 지식이 풍부해졌을 은이도 이제 같은 학교 학생이 되는 현이도 귀여운 곤이랑 백이도 나한테 반말만 하던 호이도 말없는 리이도 모두가 보고 싶지만, 다음을 기약하지 못하고 헤어져야 할 것 같아요.

원이 어, 눈물은 사절입니다. 저는 식이형에게 한마디, 형이 저 믿고 조장을 맡겨 주셨는데 제가 잘 해내지 못해서 미안해요. 저도 나름대로 잘하고 싶었는데 막상 제 성격이 따라주질 않아서 많이 힘들었네요. 앞으로 형이 교사 되셔서 문학캠프에 오게 될 때는 제가 더 잘해서 우리 모둠을 완전 리드할 수 있는 그런 모둠장이 되어 있을게요.

식이 그때까지 넌 고등학생으로 문캠에 올 거야??

원이 어, 그런가? 아니, 형이 도우미 교사로 올 수도 있잖아요.

호이 2박 3일의 여정. 첫날은 얼굴 익히고 말문 트는 때, 다음날에는 조금씩 활발해지면서 같이 노는 때, 그날 저녁은 더욱더 같이 있고 싶고 놀고 싶을 때, 마지막 날은 헤어지기 싫고 다시 문학캠프 처음으로 돌아가고 싶을 때. 언제나 이렇게 했기에 2박 3일은 너무 짧다는 생각이 들어 3박 4일로 하루를 늘리면 어떨까 하는 생각을 저는 골똘히 하고 있는 중입니다.

아이들 와, 찬성.

은이 저는 좀 다른 의견입니다. 제가 문학캠프 최다참가자라고 정이 샘이 자랑스럽게 말씀해주셨는데요. 문학캠프를 놀고 가는 걸로 생각하면 저처럼 오래 참여할 수가 없어요. 흥미를 잃고 지치거든요. 항상 작가가 달라지기 때문에 작가 이름과 작품이 공고되면 저는 가슴이 뛰어요. 그런 호기심과 열정을 유지했으면 좋겠고, 그러기엔 기간을 늘리는 건 선생님들도 학생들도 부담이 될 거라고 생각해요. 책을 제대로 안 읽고 오는 아이들이 있다는 것도 문제가 되죠.

정이 정읍국어교사모임 선생님들은 문학캠프에 참여요건을 강화하고자 하는 계획을 가지고 있다. 캠프 참가 횟수를 제한하고(은이 같은 경우라면 고려를), 책을 읽지 않은 학생은 캠프에 참여하지 못하도록 할 것이며, 캠프 중에 되도록 사교의 시간을 주지 않을 예정이며, 캠프가 끝난 후 다른 곳에 가서 다시 만난다든지 하는 것을 엄격하게 금하려 하니, 많은 학생들은 이 점을 유의하여 다음번 문학캠프를 계획해주기 바란다. 너무 재미없다고 할지 모르나, 문학캠프의 재미는 책을 통하여 활동을 통하여 충분하게 보상을 받을 것이라 생각하기에 문제는 없을 것이라 생각한다. 이상 선생님 말씀.

원이 정이 샘 맞아요? 그렇게 냉정한 말투 적응이 안 됩니다. 하, 샘 말씀하시는 의도는 알겠어요. 사실 저도 가장 아쉬웠던 것은 친구들과의 사교가 아니었나 생각했으니까요. 가장 그 부분에 치중했어요. 하지만 그것이 캠프의 활력소가 아닐까요? 저는 모둠장을 맡다보니 의무감 때문에 '사교'를 우선으로 했는데, 그러다보니 많은 것을 배우고 느낄 수 있어서 좋았습니다. 놀아도 문캠에 와서 놀 줄 아는 친구라면 괜찮지 않아요? 샘, 저희들을 믿어주십시오.

정이 흠, 역시 우리의 '몽달귀신' 모둠장이야. 선생님들이 무엇을 걱정하는지는 너희들이 더 잘 알 거야. 호이 말처럼 캠프 소감문은 바로 올리고, 그렇게 정리 끝내고 학교 일상으로 복귀하는 거다. 알았지? 오늘 너희들의 이야기, 선생님들 모임에서 충분히 이야기 나누어보고 꼭 필요한 기준이 있다면 만들도록 하지. 다음 캠프 작가가 결정되면 그 기준과 함께 홈페이지에 공고가 나갈 거야. 너희들 많은 관심과 애정 부탁한다.

(정이 샘의 말이 끝나자 일제히 '몽달귀신' 아이들의 환호와 박수가 있었고, 태풍 콩레이의 소멸과 함께 2004겨울문학캠프 식구들은 태인명봉도서관에서 사라졌다. 정이 샘은 다음 샘이 건넨 한통의 편지를 받아들고 떠났고, 다음 샘은 정이 샘이 건넨 '작가와의 대화' 기록을 받아들고 남았노라고, 콩레이는 소식을 전하였다.)

[다음 샘이 받은, 2004겨울문학캠프 작가와의 대화 기록]

사회 사람이 흰자위가 아닌 검은자위로 세상을 보게 만든 것은, 고통을 통해 따뜻함을 통해 세상을 바라보라는 신의 섭리일 거라는 말, 양귀자 작품 속의 인상 깊은 구절로 여러분들이 꼽았는데요. 우리 문학캠프의 주제인 '젖은 시선으로 감싸 안은 사람의 희망' 역시 그와 통하는 주제라고 생각합니다. 그 작가님이 이 자리에 오셨습니다. 먼 길 오셨는데 다시 한 번 힘찬 박수 부탁드립니다.

작가님은 1955년 우리 고장인 전주에서 출생하셨고, 고등학교, 원대 국문과까지 이 고장에서 학창시절을 보내며 이미 많은 문예 활동을 하셨습니다. 작가로서 여러분들이 읽은 〈원미동 사람들〉, 〈숨은꽃〉 외에도 〈슬픔도 힘이 된다〉, 〈나는 소망한다 내게 금지된 것을〉, 〈지구를 색칠하는 페인트공〉, 〈모순〉, 〈천년의 사랑〉 등 많은 책을 펴내셨습니다. 더 많은 이야기는 같이 나누도록 하고, 먼저 작가님 인사 말씀 듣겠습니다.

작가 안녕하세요. 소개 받았던 양귀자입니다. 소설 쓰는 사람이고 전주가 고향입니다. 지난 망년 신년 해서 전부 우중충한 어른들만 보다가, 이렇게 예쁜 사람들을 초롱초롱한 눈동자들을 보게 되어 대단히 지금 마음이 기쁘고 좋습니다.

2005년 1월 3일 오늘이 첫 월요일인데, 1, 2일이 휴일이었던 걸 생각하면, 여러분들이 새해 첫날에 첫 행사를 이런 문학캠프로 첫 발자국 찍는다는 걸 보니까, 여기 모인 학생들이 굉장히 멋져 보입니다. 게다가 또 이런 행사들을 몇 달 전부터 끊임없이 열심히 준비하신 정읍국어교사모임 여러 선생님들도 정말 멋진 분이라는 생각하지 않을 수 없습니다.

고속버스 타고 내려오면서 1월 3일 첫 월요일 오늘 신문을 보니까, 역시 2005년 소망 기대들 이런 이야기들이 지면 가득 있는 것을 읽으면서 내려왔습니다. 문득, 항상 생각은 문득 나는 것이니까, 얼마 전에 읽었던 우주의 역사, 나이에 관한, 생성에 관한 책속의 한 구절이 떠올랐는데, 지금 과학자들 사이에 현재 정설로 되어있는 태양과 지구의 나이가 46억 살이라고 합니다. 그리고 그 태양과 지구가 속해있고, 많은 또 다른 은하계가 속해있는 이 우주의 나이는 141억 살이라고 합니다. 그렇게 치면 우주가 3분의 2쯤 진행된 후에야 이 태양과 지구가 생겨났으니까, 우리가 살고 있는 이 지구는 젊고 싱싱한 별이라고, 그 책에 기록해놓은 걸 보았습니다.

거기에서 그치는 것이 아니라 내가 더욱 놀랐던 것은, 태양과 지구가 속해있는 은하계가 이 우주 안에는 무려 천억 개가 들어있다는 사실, 여러분들 감히 그 공간의 시간의 개념 이해할 수 있겠습니까. 나는 그 책을 읽으면서 숫자 감각이 없어 41억 살, 46억 살, 1,000억 개, 그런 숫자들을 인지하기가 힘이 들었어요.

오늘 신문을 보면서 2005년 이 한 해만 가지고 이렇게 많은 이야기들을 하는데, 우주의 나이나 역사를 생각하면 우리는 지금 얼마나 한 점 먼지 같은 그런 시간과 공간 속에 있는가 하는 생각하지 않을 수 없더라구요. 물론 그렇게 생각하면 일종의 허무주의가 되겠지만, 그런 뜻이 아니고 이 광활한 우주를 생각할 적에, 우리가 가지고 있는 것들도 다 쓰지 못하면서 남의 것을 욕망하고 분노하고 절망하면서 사는 이 삶 앞에, 어떤 우주의 나이 가지고 교훈을 삼으면 어떨까 하는 생각을 신문 보면서 좀 했습니다.

46억 살이라는 지구의 나이에 비하면 나는 너무 어려가지고 내 나이를 말하기가 굉장히 쑥스럽지만, 나는 지금 쉰 살을 살고 있습니다. 여러분들은 50살이라는 개념도 이해하기가 어렵겠지만, 그래도 역시 지구 나이에 비하면 나는 젊은 사람입니다. 50년 전에 아무 생각 없이 태어나, 40년 전에 아마 글과 이야기와 문학 이런 것들을 어슴프레 알게 됐던 것 같애요. 그리고 30년 전에 작가가 되었고, 20년 전에 여러분들이 교과서에서 읽은 〈원미동사람들〉을 썼고, 10년 전에 〈천년의 사랑〉을 썼고, 사오 년 전쯤 〈모순〉을 썼습니다, 그리고 2005년 1월 3일 현재 모악산유스호스텔 중강당에 앉아 있습니다. 나로서는 굉장히 50년을 열심히 살았는데도 불구하고, 이렇게 단위별로 정리하면 고작 몇 줄에 그치는 이런 삶이 인간의 삶인데, 생각하면 허망하지요. 그런데 또 다르게도 생각할 수 있어요. 이런 식으로 생각해보지요. 이 광활한 우주 안에, 시간이 덧없다, 우주란 무엇일까, 상상을 하고 사는 생명체가 과연 인간 말고 또 누가 있을까 하는 것, 바퀴벌레가 그런 생각할까요? 들에 핀 백합도 아마 그런 생각 못할 겁니다. 그런 식으로 생각한다면 비록 한 점 먼지 같은 존재지만, 인간으로 태어나서 삶이 무엇이고 사는 게 무엇이고 문학은 무엇이며 철학이 무엇이고 생각할 수 있다는 그 자체 그것이 바로 우리 존재의 의미 아닐까, 이런 생각을 문학캠프 안에서 해봅니다.

그런 식으로 생각한다면, 천억 개도 넘는 은하계 안에서 문학캠프를 생각하고 캠프에 참가하고 지금 문학을 생각하고 있는 존재, 그런 마음들은 과연 몇 개나 될까 숫자로 한번 계산을 해보았어요. 지금 바로 이 자리에서, 지금 내가 확인하고 지금 확실하게 판단할 수 있는 것은 여기 모인 120개 마음 이게 다라고 생각합니다. 천억의 우주 안에서 120개의 마음하고 제가 마주 앉아있는데, 기대가 됩니다. 앞으로 남은 시간도 이런 소중한 마음으로 질문을 받고 이야기를 나누었으면 좋겠습니다. 이상입니다.

사회 무한한 우주의 시간 속에서 이 자리의 소중함을 생각했으면 좋겠습니다. 다음은 우수독후감 한편 들어보겠습니다. 정읍여고 2학년 은지 학생이 발표하겠습니다.

작가 올라와요. 안녕하세요. 은지야, 내가 마이크 잡아주까?

은지 아, 아니요.

〈숨은꽃〉을 읽고, 정읍여고 2학년 은지입니다.

그동안 양귀자 작가님의 책을 읽어야 한다는 것을 잘 알고 있었지만, 바쁜 학교생활과 학원까지 다닌다는 핑계로 책읽기를 미루고 있었습니다. 이제 기말고사도 끝나고 마지막 모의고사까지 보고나니 조금은 여유가 생긴 것 같았습니다. 그래서 미뤄두었던 마음을 채우는 시간을 갖기로 했습니다. 〈숨은꽃〉을 읽게 된 두 번째 이유가 이것입니다. 당연히 첫 번째 이유는 문학캠프입니다. 〈숨은꽃〉을 처음 읽을 때에는 제가 생각하던 것과는 조금 달라서 신선했습니다. 그동안 제가 읽었던 소설과는 달랐기 때문입니다. 그동안 읽었던 글은 주인공의 행동이나 심리상태로 그 사람이 갖고 있는 생각을 추리해서 노트에 이쁘게 정리하는 것뿐이었는데 이 소설은 읽으면 읽을수록 주인공이 저와 같은 생각을 하고 있었습니다. 저도 이 소설 주인공처럼 소심해서 그럴지도 모르겠습니다. 그래서 더 재미있어졌습니다.

이 책은 글을 서술하는 '나'와 '나'가 섬에서 국어교사를 했을 때 담임을 맡은 반의 '숙자'라는 아이와, 그 아이를 학교에 보내지 않는 오빠 '김종구' 그리고 김종구의 부인인 황녀, 시인, 의사인 고등학교 서클 선배의 이야기들이 등장합니다. 그리고 결혼을 해서 서울에 살고 있는 소설가가 여행을 떠났을 때 일어난 일을 서술하고 있는데, 그것의 중간 중간에 옛날 자신이 섬에서 보았던 자유롭고 솔직한 '김종구'라는 사람과의 일을 회상하고 있습니다. 또 "난 너를 사랑해"를 완전하게 말하지 못하는 앵무새를 기르던 시인, 소설가이면서 등산가인 의사의 봉합 바느질 이야기 그리고 모두 수재라고 하던 칼릴지브란을 닮은 선배 이야기들이 나옵니다.

이 책을 읽으면서 가장 인상 깊은 것을 짧게 말하자면 '여린 꽃의 비명'입니다. 그리움이 묻어나는 고향 같은 풍경이나, 검은자위로 세상을 보게 만든 것은 어둠으로 세상을 보라는 신의 섭리라는 '김종구'의 말, 또 사랑의 노래를 해야 할 뜸부기가 최고급 요리가 되어버린 모순의 기묘한 조화가 주는 경의 등 많은 것들이 기억에 남았지만, 그중에서도 나에게 가장 인상 깊었던 것은 자신이 묵는 여관에서 밥을 먹기 위해 그곳을 빠져나오는 '나'가 여관의 뜰에 있는 벚나무에서 떨어진 벚꽃을 밟았을 때 '나'의 느낌을 써놓은 바로 그 부분입니다.

낙화를 밟지 않으려고 애썼지만 날개를 달기 전에는 발밑에서 으스러지는 여린 꽃의 비명을 도저히 피할 수 없었다는 이 부분은 제가 이 소설에서 최고로 뽑는 명장면입니다. 내가 밟은 여린 꽃이 비명을 지르고 있다니. 정말 생각만 해도 가슴 떨리는 글입니다. 내가 봄에 벚꽃을 밟고 다니는 것은 마치 구름 깔린 하늘을 걷고 있는 기분이 들어서 너무 행복했고, 가을에 낙엽이 바스락거리는 소리를 듣는 것이 너무 좋아서 매일 찾아다니면서 낙엽을 밟곤 했는데, 내가 그렇게도 좋아하던 그 소리가 바로 비명소리였을지도 모른다고 생각하니, 한없이 미안해져서 오늘은 밟을 뻔했던 낙엽도 뛰어넘어 왔습니다. 만약에 작년처럼 시극을 만든다면, 이 장면은 꼭 넣고 싶습니다. 낙화 위를 날개 달고 날아가는 장면.

이 소설은 대부분 김제를 배경으로 하고 있어서 그런지 친근했습니다. 그리고 소설이 딱딱한 문체로 쓰여져 있지 않아서 읽기에 어렵지 않았습니다. 소설가는 어떤 생각을 하는지 항상 궁금했는데, 조금은 그 의문이 풀린 것 같습니다. 또 '김종구'라는 인물은 저에게도 멋진 사람입니다. 저도 그렇게 살고 싶은데 마음처럼 쉽게 행동으로 옮겨지지는 않습니다. 이 작품이 1990년대 초에 쓰여진 것인데도 저는 정말 많은 공감을 하고 있습니다. 아마도 이 소설에서 다룬 주제가 고정된 한 시대에만 존재하는 과제가 아니기 때문에 그런 것 같다는 생각을 해봅니다.

저는 요즘 고3이 된다는 생각에 이것저것 신경 쓰이는 것이 너무 많아서 책을 가까이 하지 못했습니다. 학과공부만 하더라도 저에게는 언제나 벅찼기 때문입니다. 더구나 제 삶에 대한 생각은 꿈도 꾸지 못했습니다. 그냥 다람쥐 쳇바퀴 돌아가듯이 하루하루 그냥 하던 대로만 살았습니다. 앞으로도 그렇게 살 것 같았습니다. 그런데 이런 내 인생에 이 소설은 참 새로웠습니다. 그리고 새로운 생각들을 하게 했습니다. 이 소설의 제목이기도 한 '숨은꽃'은 눈에 잘 띄지 않아서 쉽게 찾을 수 없는 꽃이라는데 전 '숨은꽃'이 되고 싶습니다. 더 정확히 말하면 김종구가, 거인이 되고 싶습니다. 만약에 제가 아니더라도 다른 누군가가 숨은꽃이 되어 있다면 그 사람을 꼭 한번 만나고 싶습니다. 그러면 저도 이 세상이 돌아가는 이치를 조금이나마 알 수 있지 않을까요?

사회 은지 학생에게는 작가님 바로 옆에 앉을 수 있고 먼저 질문할 수 있는 영광을 드리겠습니다. (웃음) 다섯 학생들을 더 모시겠습니다. 양귀자님 작품을 가장 많이 읽은 학생으로 태인여중 민희, 역시 많이 읽기도 하고 다른 학생들이 읽지 않은 책을 읽은 서영여고 희정, 정읍여고 선주, 그리고 홈페이지에 올라온 질문으로 서영여고 지연, 정읍고등학교 성원, 모두 다섯 명입니다.

작가 어서 오십시오.

사회 은지가 먼저 시작해주세요. 질문해주세요. 먼저 질문 하나씩 하고, 더 하고 싶은 질문 있으면 더 하셔도 됩니다.

은지 작가님께서는 학창시절에 문예활동을 많이 하신 걸로 아는데요. 저희들의 경우 문학캠프를 들 수 있겠는데, 그때는 어떠한 문예활동이 있었는지, 어떤 활동을 하셨는지, 가장 기억에 남는 문예활동이 있었다면 무엇이 있는지 알고 싶습니다.

작가 음, 제가 전주여중, 전주여고를 나왔는데 그 당시에 문학캠프를 만들어주는 국어선생님은 전연 없었고, 문예부라는 클럽활동에 자연적으로 글을 잘 쓰는 아이라는 소문 때문에 자연히 소속은 되었는데, 안에서 특별하게 열심히 활동한 것은 없었습니다. 왜냐면 그 당시에는 반공글짓기대회, 새마을글짓기대회, 국가에 관한 정책에서 비롯되는 관제 글짓기 대회가 많이 있어서, 중학교 고등학교 내내 일종의 달리기 선수처럼 글짓기 선수로 늘 출전을 해야해서, 아마 그런 것 때문에 문예부 활동에도 어느 정도 염증 같은 거 가지고 있지않았나 그런 생각을 해요. 이런 식으로 문학캠프가 있었다면 잘했을 텐데 아쉽다, 그런 느낌 같은 것을 지금 갖게 되네요.

민희 〈모순〉에 나오는 등장인물들 중에서 김장호라는 사람이 꽃에 대한 관심이 많던데, 작가님도 꽃에 대해서 관심이 많은지 알고 싶어요.

작가 〈모순〉에 나오는 남자주인공 중에 하나가 야생화를 찍는 사진작가예요. 컨셉을 그렇게 잡았기 때문에, 그 다음에 작가가 해야 될 일은 서점에 달려가서 야생화, 사진작가에 관한 책, 인터넷 뒤지기, 이런 식으로 자료 수집하는 일이 작가가 할 일이에요. 덕분에 야생화에 대해서 많이 알았고, 사진을 찍는 일이 한순간에 우주를 잡아내는 것이구나 하는 것도 배웠고, 꽃을 싫어한다고는 못하고, 꽃은 좋아합니다.

성원 평소 판타지 소설이나 만화책에 길들여져 있어서 그런지, 저는 1980년대 소설을 읽으려니 눈앞이 캄캄했습니다. (작가 웃음) 요즘 아이들이라면 저와 마찬가지로 그랬을 것인데, 그런 저희들을 위해 조언 하나 해주십시오.

작가 나도 환타지 문학에 속하는 소설을 쓴 적이 있거든요. 〈천년의 사랑〉이라고. 실제로 환상문학 속에 그 구분을 짓는 평론가도 있었고, 80년대 초에 이우혁씨가 쓴 〈퇴마록〉이라는 그 소설이 얼마나 대단한가, 지금 엄지 손가락 꼽는 사람도 있는데, 나도 읽으면서 느꼈던 사람이에요. 80년대 소설 읽어야 했을 때 깜깜한 것이라고 하는 것은, 그거는 중요한 질문이라고 생각을 해요. 왜냐면 어느 자리를 가든 간에 최근 들어 문학을 이야기한다는 것은 철 지난 바닷가에 앉아있는 느낌이고, 문학을 진지하게 생각하는 사람들은 이 빠른 사회 속도에서 뒤지는 사람이라는 느낌도 강해지고, 이런 와중에서도 문학을 해야 한다면 지금 성원이 말한 것처럼 속도감이 빠른 환타지문학이나 인터넷 속에서 바로바로 독자들 반응이 따라지는 인터넷 소설 같은 것, 아니면 영상매체로 넘어가는 것이 대부분인 이 시대에, 90년대도 아니고 80년대 작품을 읽으라고 하는 고통은 충분히 이해가 가고도 남음이 있어요.

그리고 지금 여러분들이 이런 소설이 어렵다고 그래서 부끄러운 것인가 하는 생각 그런 거는 갖지 않아도 되리라고 생각해요. 항상 내가 주장하는 것이 우리나라 문학교육이 굉장히 어려운 책들, 제임스조이스의 〈율리시즈〉, 단테 〈신곡〉, 도스토예프스키 〈악령〉, 베개로 베고 자도 무거운 높기만 한 그런 고전들을 읽는 것만이 독서의 필수사항이고 좋은 소설이라고 권장하는 이런 풍토 아래서, 알게 모르게 소설을 좋아하고 좋아할 수 있는 소양이 있는 사람들이 점점 더 뒤로 물러나버린, 어느 시대나 늘 말하듯이 문학이 위기고 소설이 위기다 영상매체의 승리다 하는 탄식들이 그래서 나오는 것이기 때문에, 지금 ≪원미동사람들≫이 읽기 힘들다면 읽기 좋을 때 읽으면 된다, 그게 내 생각이에요.

독서라는 것은 자기 나이에 맞는 것이기 때문에, 내가 쉰살 나이에 〈퇴마록〉을 읽으라 하면 뒷골이 땡길 것 같거든요. 마찬가지로 ≪원미동사람들≫이나 〈숨은꽃〉 같은 소설은 한 삶을 시들어지게 살고 난 40대 50대 사람들이 과거를 돌아보면서, 자신의 지나간 사람들에 대한 회한 통찰을 같이 가지고 있으면서 읽어야 될 소설이지, 여러분들이 굳이 안 읽히는 소설을 머리를 박고 수학교과서 읽듯이 과학교과서 읽듯이 읽어야 한다고는 생각하지 않거든요.

지금 여러분한테서 가장 빨리 배어들 수 있는 소설이 에스에프고 환타지라면 일단 무조건 뛰어들어서, 이야기의 구조, 서사의 구조, 글읽기의 매력, 이런 것들을 충분히 맛본 다음에 다음 단계로 넘어가면 된다고 봐요. 음식에서 전체 코스 있듯이 먼저 샐러드 먹고 본요리 먹으면 되거든요.

희정 〈나는 소망한다 내게 금지된 것〉을 읽고 질문하겠습니다. 이 소설에서는 여자 주인공이 남자를 경멸하잖아요. 아주 나쁘게 대하는 걸로 나오는데요. 그런 여자 주인공이 나중에는 아주 유명한 남자배우를 납치해서 그 유명한 배우의 나쁜 점을 파헤치려고 하고, 사실은 파헤치지 말았으면 좋겠다 그러는 것 같기도 하고, 잘 모르겠는데, 그런 마음이 무엇인지 알고 싶어요.

작가 나는 고현정인 줄 알고 깜짝 놀랐네. (웃음) 무슨 말을 하는지 너무나 잘 아는데, 이 소설이 90년대 초 소설이에요. 지금 여기에 있는 여러분들이 80년대 90년대 태어났을 텐데, 중학생 정도는 이 소설이 무슨 얘기를 하는지도 잘 모를 거예요. 가부장적 사회에서 억압받고 있는 여자들이, 그 여자들의 한을 절대적인 권력을 가진 강민주라는 파워 있는 여성이 대신 한풀이를 해준다는 소설인데, 속도감이랄지 아니면 남자배우를 납치한다할지, 살인이 들어가고, 여러 삽화들 때문에 90년대 많이 읽혔던 소설이에요.

지금 희정이가 이야기하는 거는 내가 안성기라는 모델로 해서 설정했던 소설 속에 남자배우가 백승하라는 이름일 거예요. 그 백승하라는 유명배우를 납치해서 남자들이 모든 여자들에게 일방적으로 행했던 폭력 린치 같은 것을 고대로 행해보겠다는 생각으로 그런 납치 계획을 세웠는데, 그 백승하라는 배우하고 280일 동안 같이 지내는 동안에 남자가 남자의 방식으로 세상을 지배한다면, 여자는 남자와는 다르게 모성의 방식으로 원한도 푼다라는 그런 생각으로, 말하자면 백승하에 대한 정죄보다는 남자와 여자와 함께 걸어가는 삶을 추구한다는 의미로 백승하와 그 여자 주인공 사이에 사랑의 감정이, 희정이가 말하는 긴가요 아닌가요 하는, 애매모호한 사랑의 감정이 흐르도록 심어 놓았던 것이죠.

지연 저는 ≪원미동사람들≫ 중에서 〈한 마리 나그네쥐〉를 굉장히 인상 깊게 읽었습니다. 그 사람의 삶이 우리 학생들의 모습과 비슷하다 그런 생각을 했어요. 그런데 끝부분에서 구급차 지나가는 소리로 처리가 되어 우울한 느낌이고, 사내는 어떻게 되었다 그런 게 없어서 아쉬웠습니다. 〈원미동시인〉에서도 몽달 씨가 김반장의 잘못을 알면서도 넘어가고 경옥이가 '바보 같은 몽달씨'라고 하는 식으로, 어떻게 보면 무겁게 끝을 처리하고 있잖아요. 그렇게 해서 얻고 싶었던 효과 같은 것이 무엇인지요.

작가 소설작법에 대한 질문이라고 생각이 되는데, 먼저 〈한 마리 나그네쥐〉 독후감 들으면서 내가 속으로 깜짝 놀랐어요. 사실은, 그 소설의 주인공이 40대 샐러리맨으로서 80년 오월 광주에서 폭도로 몰린 광주 시민들이 어떻게 죽어갔나 역력히 본 사람이, 다시 서울이라는 도시에서 살면서 만원 전철 사람으로 넘치는 차도 이런 군중들 속에서 뭔가 그 폭력의 징후를 계속 느끼면서 정신 쇠약을 느끼는 남자 주인공이에요. 그는 사람이 싫은 거예요. 사람이 하나 있으면 괜찮은데 열이 되고 백이 되고 수백 명 사이에 이데올로기가 생기면 어제까지 좋았던 친구도 죽일 수 있다는 무서운 경험을 광주에서 경험을 했기 때문에, 사람이 싫어서 산으로 산으로 들어가서 나그네쥐처럼 살다가 결국은 종적이 묘연해진다, 그런 내용인데, 지연이가 공감을 했다고!!

지연 제가 공감을 했다는 것은 사람에게는 보이지 않는 심리적인 압박 같은 게 있다는 거죠. 뭔가에 숨막혀 하잖아요. 어쩌면 대입이라는 걸 준비하는 학생으로서 공부에 대한 압박감도 그와 비슷한 감정이 될 수 있을 것 같아요.

작가 비슷할 거예요. 대입에 대한 압박감이, 동정해요, 안됐어요. 지금 그 질문 듣고 또 대답 듣고 하면서, 여러분들에게 ≪원미동사람들≫ 읽기가 괴로우면 읽지 말라고 했지만, 가령 이런 식으로 이해하며 읽어도 될 것 같아요. 누군가에게는 세상에 대한 폭력에 대한 큰 이야기지만, 그러나 개인개인이 소화할 때는, 지연이 경우 학교 제도가 가장 절실한 사회 폭력이기 때문에, 그 기준으로 소설을 읽으면, 소위 말해서 심금을 울릴 수 있잖아요. 그런 식으로 독서를 해나간다면 누군가에게 어려웠던 소설이 자신한테는 절실한 소설이 될 수 있겠다, 그런 해답을 지연이한테 듣고 얻게 되네요.

첫 번 질문으로 돌아간다면 나는 쓸 때나 읽을 적에 소설가가 잘난 체하는 걸 굉장히 싫어해요. 소설 속에서 여기저기 교훈을 집어넣는다거나 우리가 말로 표현 안했을 뿐이지 너무 잘 알고 있고 그렇게 할 수 없어서 못하고 있는 여러 가지 좋은 윤리의식, 행동철학들을 소설 속에 써놓는 작가는 내 나름대로 삼류라고 생각하고 있어요. 그래서 내가 소설 쓸 때는 언제나 소설의 결말을 열어놓고, 그 결말을 나는 알고 있지만, 그 결말이 어떤 식인가 마지막 부분에서 여운을 남기고 여러 가지로 정리해주긴 하지만, 똑 부러지게 맺지는 않지요. 왜냐면 내가 항상 생각하고 있는 것은, 소설은 작가가 쓰지만 독자가 마지막으로 참여해서 완성을 시키는 거라 믿기 때문이에요.

선주 〈천년의 사랑〉을 솔직히 자세히 읽지 못하고 오래전에 읽어서 깊이 있는 질문을 못해서 죄송한데요. ≪원미동사람들≫, 〈숨은꽃〉과 다르게 〈천년의 사랑〉은 연애소설이잖아요. 그런 소설을 쓰시게 된 동기를 알고 싶고, 여자주인공을 불행하게 그리신 것 같은데 그 까닭을 알고 싶어요.

작가 불행하게 그린 것 같은게 아니라 불행하게 그렸어요. 아주 불행하게. 〈천년의 사랑〉은 〈나는 소망한다〉 다음에 쓴 장편인데 그때까지 연애소설다운, 사랑이 전체 주제가 되는 소설을 썼던 적이 없었어요. 그러나 실제로 내가 소설 속에 빠져들었던 열 몇 살 시절에는 대체적으로 슬픈 사랑 이야기에 매료되었었는데, 내가 정작 작가가 되고난 이후는 뭔가 현대사회 여러 가지 분위기들이 제대로 된 작가라면 남·녀간의 사랑 이야기 따위나 쓰고 있으면 안 되는 식의 사회의 암묵적인 생각들이 있었어요. 왜냐면 70년대를 지내고 80년대 지내고 90년대로 넘어오면서 조금씩 조금씩 사회모순들이 구별이 되고 정리가 되는 그런 시기고, 그러나 나는 데뷔를 70년대 말에 해서 80년대 소위 군부독재 시대 내내 주변의 어두운 이야기들 써왔기 때문에, 90년대 들어 〈숨은꽃〉 이후 굉장히 답답했어요.

뭔가 이렇게 써나가다가는 정말 문학을 좋아할 사람들까지도 발길질을 하게 되는 거 아닌가. 소설이라는 것은 80년 90년대 문단에서 몇몇 알아주는 몇몇 작가들만 알아주는 쌀롱문학같이 되버리는 것은 아닌가, 여러 가지 생각 끝에 〈나는 소망한다〉를 쓰게 됐고, 내가 소설 읽으며 감동 받았던 사랑이야기들을 써보자 해서 〈천년의 사랑〉을 썼는데, 그 소설의 모티브는 윤회사상이에요. 수천년 전에 또 태어나고 또 태어나고 현세에 결국 마주친다는 플롯 아래 진행이 되는데, 이런 식의 이야기 설화는 어려서부터 동화나 소설이나 무수히 많이 들었기 때문에, 내가 그냥 한번 소설 속에 남자 주인공이 여자 만나면서 '아, 저 여자, 전생에 내 사랑이었어.'라고 묘사만 해도 독자들이 십분 다 동의를 한다는 거죠. '그런 이야기 알고 있어'라는 대전제가 있었기 때문에, 그런 설화 환상 같은 이야기를 진행했어도 많은 독자들이 쉽게 읽을 수 있었고 좋아했었던 소설이었어요. 왜 불행하게 그렸나 했는데, 모든 연애소설은 불행하지 않으면 재미가 없어요. (웃음)

사회 다음은 모둠별 질문 시간입니다. 앞에서 모둠별 질문지 작성 시간을 가졌는데, 그것을 토대로 1모둠부터 질문해주시기 바랍니다.

1모둠 질문과 답 배영중 1학년 승우입니다. 저는 ≪원미동사람들≫ 읽었는데요. 주제 파악이 무척 어려웠습니다. ≪원미동사람들≫에서 전달하려고 하는 것이 무엇인지 알고 싶습니다.

작가 ≪원미동사람들≫ 전체? (웃음) 굉장히 경제적이고 능률적인 질문이에요. 실제로 있는 동네예요. 부천시 원미구 원미동. 내가 82년도에 원미동에 살기 시작하면서 90년대에 이사를 해왔는데, 그때는 구가 없었고 부천시 원미동 64번지가 무대였어요. 8년, 햇수로 9년 정도 살면서 80년대 초반에 원미동에 모여 있는 사람들이, 전라도에서, 이북에서, 서울에서 사업에 실패해서 밀려난 사람, 흡사 한국사회의 축소판 같다, 경기도 변두리 동네에 불과하지만 그 부분만 들여다보아도 현재 한국 사회가 어떤 모습인지, 어떤 고민과 눈물어린 사연들로 이루어져있는지.

주제가 뭐냐고 묻는다면, 글쎄 뭘까, 함께 살아가고 있는 동시대 살아가고 있는 사람들에 대한 연민 같은 거예요. 그 사람들이 생을 사는데 얼마나 피로할까 피곤할까를 가슴 아리게 바라보는 관찰자의 태도로써 소설을 썼었고, 함께 들여다보자 라는 여러 가지 삽화들이 들어 있어요.

2모둠 질문과 답 배영고 1학년 건호입니다. 작품이 아니라 작가님에 대한 질문입니다. 어렸을 적 꿈이 책과 함께 사는 것이었고, 그 꿈을 이루셔서 전국에서 가장 큰 홍지서림 주인이 되셨는데, 그 꿈을 이루기까지 어떤 노력을 하셨는지, 그 꿈을 이루셨을 때 소감도 어땠는지 알고 싶습니다.

작가 전북에서? 전국에서? (웃음) 전국에서 제일 큰 서점은 교보문고이고, 전북에서 제일 큰 서점은 홍지서림이라고들 하지요. 내가 다녔던 풍남초등학교, 전주여중, 전주여고 10분 거리 5분 거리에 늘 서점이 그 거리에 있었고, 학교에서 필요한 참고서를 등교하다 거기서 사가지고 갔고, 방학 때 뭔가 읽고 싶은 책 있으면 돈은 없으니까 몰래 읽었던 곳도 그 서점이었어요. 그러나 작가가 되겠다는 꿈하고 홍지서림 주인이 되고 싶다 꿈을 병행시켰던 적은 한 번도 없었는데, 삶이라는 것이 우연과 우연이 계속 겹치면 필연이 될 수 있다고, 어느 소설에서 쓴 적이 있었는데, 그런 우연들이 겹치다가 어느 날 홍지서림 주인 될 기회를 줬어요. 내가 그 홍지서림을 인수하지 않으면 그 자리에 나이트클럽이 들어간다는 놀라운 소문이 있길래, 그렇다면 내가 작가가 될 자양분을 많이 준 곳이니까 앞뒤 재지 않고 인수하는 것도 소설 쓰는 사람으로서 내가 자란 고향에 대한 한 보답일 수 있겠다 해서 인수했어요. 그런데 그 보답을 한다고 했던 게 교만이었어요. 홍지서림이 잘되고 있어서 고향 분들이 제게 많은 도움을 주고 있는 거죠.

서점 주인이 됐을 때 기분이 어땠냐, 실감이 잘 안 났어요. 어렸을 때 학교도서관에 들어가면 서고 안에 가득 찬 책들을 보며 다 내 것이었으면 하고 생각해본 적은 많고 꿈도 있었지만, 실제로 욕심이 많은 사람이 아니어서 어느 날 갑자기 그 많은 책이 내 것이다 생각하니까 그렇게 큰 실감이나 흥분이 나는 것은 아니었거든요. 그래도 좋았어요.

3모둠 질문과 답 서영여고 1학년 지은입니다. 〈숨은꽃〉을 쓰기 위해 소설에서 김제 귀신사를 가셨다고 하셨는데 특별한 의미가 있는지, 귀신사를 무슨 뜻으로 생각하셨는지 알고 싶습니다.

작가 쓰기 이전에, 한 달 전에 왔었어요. 오늘 오다가 보니까 딱 그 코스로 왔는데, 이 유스호스텔로 꺾어오기 전 지금 그 자리라고 생각하는데, 이상한 다른 음식점이 거기 들어섰던데요. 아까 처음에 은지가 '벚꽃을 밟으면 비명이 난다'고 했던 여관이 그 자리에 있었다고 생각돼요. 들어오면서 계속 여관을 찾았는데 여관이 없었어요, 아마 장사가 안 되어 없어졌나 봐요.

한 달 전에 내 친구가 요 근동에 살고 있어서 그 친구와 원평, 김제, 금산사, 두루 돌아보고 돌아가서 한 달 후부터 소설을 쓰기 시작했고, 소설에서는 소설 쓰기 위해서 한 번 더 온다고 했는데 오지는 않았어요. 또 가면 그 소설을 못 쓸 것 같아서 처음 본 상상을 가지고 소설을 썼지만, 가장 큰 동기가 되어주었던 것은 귀신사라는 이름이었어요. 들어오다가 '돌아올 귀, 믿을 신' 바뀌어 있더라구요. '믿음이 돌아오는 절'이지요. 내가 맨 처음에 갔을 때는 '돌아올 귀에 귀신 신', '신이 돌아오는 절'이었어요. 소설 거의 끝낼 무렵 국신사라고 바뀌었다고 들었어요. 계속 바뀌었다고 그러고 소설에서 말하는 귀신사로는 바뀐 적이 없다고 그러는데, 오늘 최종적으로 본 것은 '믿을 신'이었거든요.

근데 만약에 '믿음이 돌아오는 자리'로 절 이름을 봤다면 〈숨은 꽃〉은 쓰여 지지 않았을 거예요. 그 무렵에 대웅전 낡은 현판에 '신이 돌아오는 사찰' 명패를 보면서, 이런 게 아마 영감이 스쳐간다 그런 식일 텐데, 굉장히 머릿속으로 많은 생각들이 들끓었어요. 이야기가 될 수 있겠다, 돌아와서 소설을 쓰기 시작했는데, 여러분이 〈숨은꽃〉이 굉장히 어려운 소설이고 어렵게 읽는다고 했는데, 그게 맞아요. 왜냐하면 내가 굉장히 어렵게 썼기 때문에 그래요. 단편이면 밤 12시부터 해서 5시 정도면 끝나고, 그게 중편이긴 했지만 중편을 가지고 그렇게 한 달 이상을 씨름한 적은 한 번도 없었거든요. 〈숨은꽃〉 소설 자체가 어려워서가 아니라 그 소설을 써나가기가 굉장히 어려웠어요. 소설 행간 행간에는 십 몇 년간 작가로서 살아오면서 뭔가 이제 달라져야한다는 고뇌가 있는 소설이기 때문에, 어쩌면 여러분들이 읽기가 더 어려웠을지도 몰라요.

4모둠 질문과 답 배영고 1학년 성원입니다. ≪원미동사람들≫에서 질문하겠는데요. 87년도 힘든 경제에서, 희망적인 주제보다는 암울한 모습을 부각시키신 것 같은데, 그 이유를 알고 싶습니다.

작가 87년도가 굉장히 어려웠어요? 농담이에요. 그때는 다 어려웠지요. 그 이후에 아이엠에프가 있었고, 항상 그때가 가장 어려웠다고 하지만, 신문기사보면 요즘이 또 가장 어렵대요. 지금까지 중에서 몇 십 년 동안에. 그거는 개개인마다 다를 것이고, 87년도, 80년대 중반, 원미동에 사는 사람들 모두 어려웠고 모두 미래가 암울했고, 이웃으로 살면서 누차 확인한 바지만, 그럼에도 불구하고 ≪원미동사람들≫이 암울함만 그린 거는 아니거든요.

지금 그보다 훨씬 더 잘사는 중산층 또는 부자들이 봤을 때, 그들이 사는 삶이 굉장히 하찮고 소소해도, 저런 버러지 같은 삶에도 무슨 희망이 있을까 여길지는 몰라도, 그럼에도 불구하고 그 내 이웃들은 기어이 희망을 만들어가면서, 귤 한 봉지라도 혹은 상추쌈으로 만든 점심 식사자리에서도 희망을 만들 줄 아는 사람들이었기 때문에, 읽으면 암울함보다는 나는 여러분들이 희망을 읽어낼 것이라고 믿고 썼는데, 잘못 썼나봐요.

5모둠 질문과 답 배영고 1학년 동국입니다. 아쉬움이 많은 작품이나 가장 애착이 가는 작품이 있다면 무엇인지 이야기를 듣고 싶습니다.

작가 아쉬움이 많이 가는 소설은, 전에 그런 질문들 많이 받았던 것을 조사했다면 그 대답을 유도할는지 모르겠는데, 90년대 썼던 첫 장편 〈희망〉을 펴내놓고 굉장히 안 팔렸어요. 굉장히 열심히 썼는데, 이거는 팔리고 안 팔리고 떠나서 그것은 학창시절 여러분들이 겪는 모든 전력투구와 똑같은 거예요. 작가가 모든 걸 내던져서 전력투구해서 충분히 공감할만한 이야기를 썼는데, 그동안 ≪원미동사람들≫도 따라 읽어주었던 독자들이 〈희망〉을 안 읽어주었을 때 그 배신감은 실연했을 때 연애의 배신보다 나한테는 심각했거든요.

90년부터 2000년대까지 계속 〈희망〉이 가장 애착이 가는 소설이었고 미련이 남는 소설이었어요.

그 이후에 90년대 말쯤 표지 갈아서 기어이 다시 내가지고 충분히 많은 독자들이 읽어줬거든요. 그래서 〈희망〉에 대한 아쉬움은 없어졌고 그거 빼고 난 다음에는, 〈모순〉이라는 소설을 제일 좋아해요. 원고 매수도 짧고 이야기도 간결하지만 내가 가장 마음에 들어하는 여러 가지 디테일들이 있어서 개인적으로는 〈모순〉이 제일 애착이 많아요.

6모둠 질문과 답 정읍중 1학년 상현입니다. 작가로서 작가지망생들에게 해주고 싶은 말이 있다면 무엇인지요. 저도 글쓰기 좋아하면서, 건망증이 심한데요. 작가님도 〈숨은꽃〉에 썼던 것처럼 건망증이 심하신지 이야기를 듣고 싶습니다.

작가 〈숨은꽃〉에서는 일부만 공개했는데, 〈지구를 색칠하는 페인트공〉 에세이집에 나오는 사례들에서 독자들이 웃겼다 하는 게 뭐냐면요, 원미동에 살 땐데 주로 집에서 글을 쓸 때 운동화나 슬리퍼로 동네만 왔다갔다하다가, 서울에 볼일이 있어서 외출할 일이 생기면, 신장에서 안 신던 구두 꺼내서 깨끗하게 닦아놓고 모든 것 완전하게 준비 끝낸 다음에, 일어서서 나갈 때는 실리퍼를 신고 나가요. 전철에 앉아서 발을 내려다보면 슬리퍼를 신고 있었던 게 무려 두 번이고, 지갑을 손에 걸고 시장에 갔다가 지갑을 놓고 왔다고 집에 돌아갔던 게 기십 번이고, 건망증이라는게 항상 나의 약점이었지만, 어느 순간부터 '그래, 천재한테는 이런 약점이 있어' 스스로 위로하며 살고 있답니다.

작가가 되려는 사람한테는 어떤 비법이 없어요. 선배 작가들이 누누이 말하는 것은 딱 한 가지, 열심히 읽고 열심히 쓰는 건데, 사람들은 가장 쉬운 답을 앞에 놓고도 다른 비법이 있는가 하고 질문을 하는데, 아마 본인도 알고 있을 거예요. 많이 읽는 것밖에 방법이 없고, 많이 읽다보면 가슴을 두들기는 문장들을 다시 쓰고 싶다는, 나도 쓰고 싶다는 욕심이 생길 것이고, 습작과정 거치면서 작가가 되는 그 길 외에는 왕도가 없습니다.

7모둠 질문과 답 배영중 2학년 현석입니다. 〈나는 소망한다 내게 금지된 것을〉에 대한 질문입니다. 이 책에 나오는 강민주라는 인물을 도저히 이해할 수가 없었는데요. 이 주인공은 그렇게 무조건적으로 남자를 싫어하고 비판만 하지 제대로 행동으로 할 줄 모르고, 도대체 무엇 때문에 그렇게 나쁜 마음으로 대하고 행동하는지, 그런 강민주에게서 우리가 본받을 점과 본받지 않아야 할 점이 무엇인지 알고 싶습니다.

작가 강민주라는 인물에 대해서, 소설 읽으면서 실수라고 해야하나 오독을 잘하는데, 가령 강민주라는 인물 내세우면 모든 말들이 양귀자의 가치관과 부합된다고 믿거든요. 그 소설이 나왔을 때 페미니즘에 관한 여러 학자들한테서 비난 받았던 부분인데, 강민주를 본으로 삼아라가 아니라 강민주 같은 일탈하는 인물이 있어야만 그 만화 같은 영화 같은 이야기가 실감나게 그려지기 때문에 그런 주인공을 내세울 수밖에 없게 되는 거죠. 그리고 사실 나는 강민주 되게 좋아해요.

≪원미동사람들≫ 주인공들은 전부가 다, 머리속에 생각은 수십

개 가지고 있으면서 생각 수십 번 하면서 행동은 하나 할까말까 한 사람들이고, 나도 그런데, 강민주는 정 반대죠. 생각 하나 떠오르면 행동 열 개 해버리는 그런 인물이에요.

그동안 내가 작가로서 살아오면서 애매모호하고 소심하고 긴가민가 생각을 많이 하는 주인공들을 썼던 것들 말고 나머지 쓰고 싶었던 모든 이야기들을 다 쏟아부을 수 있었기 때문에, 강민주에 대해서 그 소설 쓸 때는 정말 손이 타자기가 따라가지가 못했어요. 너무나 많은 말들이 많이 쏟아져 나왔기 때문에, 그런 의미에서 주인공은 나한테 굉장히 중요한 주인공이고, 강민주가 상징하는 것은, 지금까지 가부장사회에서 남자들이 어떤 식으로 세상을 지배했는가를 상징적으로 여자에게 입혔을 때 그런 인물이 나온다는 뜻이에요. 모범으로 봐서 따라하라는 이야기는 아니거든요.

8모둠 질문과 답 정읍여고 1학년 정하입니다. 저는 ≪원미동사람들≫도 안 읽었고 〈모순〉도 안 읽었고 (작가 웃으며, 그럼 뭘 읽고 왔어요?) 죄송합니다. ≪원미동사람들≫ 읽으려면 자꾸 잠이 오더라구요. 그래도 〈숨은꽃〉을 읽고 질문 하나 하고 싶은데요. 저는 소설에서 김종구가 가장 인상 깊었는데요. 김종구와 같이 겉보기에 사이코적인 그런 인물일지라도 속으로 따뜻한 사람일 수 있다는 걸 소설을 읽으면서 알았거든요. 김종구가 실존하는 인물인지, 현실에도 그런 느낌의 사람이 있을지 궁금합니다.

작가 그런데 사실은 김종구는 실존 인물이에요. 내가 대학교를 졸업하고 전라남도에서 3년간 국어교사를 했거든요. 그때 섬으로 발령을 내준다고 해서 전남으로 가서 섬에서 1년 국어선생님 하면서,

실제로 내가 만난 학부형, 소설에 나온 그대로 내 반 담임 학부모 숙자라는 애 오빠였는데, 꼭 그런 식으로 행동을 했어요. 다만 귀신사에서 만나지는 않았지. 귀신사에서 만난 부분부터는 상상이고, 대답이 됐어요?

9모둠 질문과 답 정읍고 2학년 용현입니다. 작품 이외의 질문을 하겠습니다. 서울에서 식당을 운영하고 계신데요. 그 식당 이름이 '엄마가 차려주는 식당'이라는 이름이라고 들었는데요. (작가: 다 틀렸지? 어.머.니.가.차.려.주.는.식.탁.) 그 식당에서요. (웃음) 재미있는 일, 에피소드 있으시다면 말씀해주세요.

작가 '어머니가 차려주는 식탁'이라는 굉장히 어려운 상호의 음식점을 내고 나니까, 제일 많이 잘못 부르는 이름이 '엄마가 차려주는 밥상' 이런 사람이 많고, '엄마가 차려주는 식탁'이 많은데, 그거 역시도 홍지서림과 마찬가지로 내가 음식점 주인이 되리라고 상상한 번도 안한 가운데, 우연이 우연을 낳고 결국은 주인까지 그것도 10년 가까이 되어가고 있어요. 물론 거기 나가서 음식 만들거나 카운터 앉아 돈을 받거나 하지는 않고 다른 사람들이 다 대신 해주고는 있지만, 전체적인 경영하는 거 맞아요. 주인인 것도 맞고, 음식점 통해서 굉장히 많은 삶의 교훈 배운 것도 사실이에요.

음식점을 하면서 이런 생각 많이 했어요. 소설을 쓸 때마다, 책을 펴낼 때마다, 독자한테서 '선생님 쓴 책을 샀어요'하고 말하면, 지금 책값이 만 원, 8천 원, 원미동사람들 처음 나왔을 때 2,500원이었는데, 지금 얼마예요? (대답 9천 원) 이렇게 세월 많이 흘렀어요. 누군가가 그 돈을 들여서 내 책을 샀다고 할 때마다 마음이 철렁 내려앉아요. 그 돈을 가지고 하다못해 삼겹살 한 근 사먹으면 내 책을 읽는 것보다 실질적으로 생에 도움이 되는 거 아닌가. 다 읽고 난 다음에 삼겹살 한 근 값도 안 되면 어떡하나. 음식점 주인도 똑같은 고민을 하게 되더라구요. 손님이 들어와서 내가 차린 집에서 밥을 먹고 돈을 내고 간다는 것이 뒤에서 보기만 해도 굉장히 어색하고 미안하고 불편한 일이고, 그리고 저 손님이 돌아가면서 시장에서 맛있는 생선이나 고기 봤을 때, 그 집에서 괜히 밥 먹었다, 그 돈이면 생선 몇 마리 고기 몇 근 사는데 말하지 않을까, 주인으로서 전전긍긍하는 거예요.

그래서 모든 세상에 어떤 일들이든 간에, 소설을 쓰는 마음이나 장사를 하는 마음이나 논을 가는 마음이나 노동을 하는 마음이 다 똑같다, 음식점을 하면서 알게 됐어요.

10모둠 질문과 답 제일고 2학년 용석입니다. ≪원미동사람들≫에 나오는 강노인이나 김반장, 원미동 시인 같은 인물들이 인상 깊은데요. 그런 인물들은 어디서 소재를 구할 수 있었는지 알고 싶습니다.

작가 원미동 9년 살면서 거기에 현존하는 인물들이 80퍼센트 정도 모델이 됐어요. 실제로 하고 있는 직업이랄지 말들이 소설 속에 들어간 적도 많아요. 나는 이 소설이 이렇게 세상에 많이 열려지리라고 생각 못했고, 처음에는 이게 연작소설이기 때문에 85년 4년부터 한편씩 단편으로 발표했기 때문에, 내 옆집에 사는 미장원에 누구 정육점 부동산 누구가, 문학잡지에 '창작과비평'이랄지 '현대문학'이랄지 '월간문학'에 실릴 소설을 읽으리라고는 생각 안했기 때문에, 이름도 비슷하게 상호도 비슷하게 사용한 것도 많아요.

이 소설이 책으로 묶일 무렵 신문에서 기사가 나오고 잡지에서 취재를 하고 하는 바람에, 동네 사람들이 자기가 소설에 등장한다는 걸 알게 됐거든요. 그때도 참 간이 콩알만 했었는데, 의외로 원미동 이웃들이 '소설이라는 것이 거짓말도 좀 섞이는 것이지'하고 이해를 해주어서 좋았어요. 가령 김반장 같은 인물도 굉장히 기분 나빴을 텐데도 잘 이해를 해주고 그대로 넘어가고 그랬어요.

11모둠 질문과 답 배영고 2학년 성훈입니다. ≪원미동사람들≫에서 선생님 읽어보셨을 때 어떤 이야기가 가장 재미있고, 어떤 인물에 가장 애착이 가는지 알고 싶습니다.

작가 ≪원미동사람들≫ 중에서 가장 애착이 가는 거는 주인공이 작가 자신이었던 〈한계령〉이 가장 애착이 가고, 아마 가장 자주 읽어 보는 소설이에요. 나 역시나 자기애가 강한 사람 때문에, 내 이야기가 적혀 있기 때문에 그 소설을 가장 자주 보았고, 애착을 가지는 주인공이라면 김반장이에요. 여러 곳에서 뭔가 비겁하고 굉장히 현실적으로 인물로 그려졌지만은, 실제로 살아가면서 김반장만큼 성실히 살기가 어렵고 김반장 만큼만 잘못을 저지르고 살기가 어렵고, 이 나이 들면서 잘 알기 때문에 김반장을 제일 좋아해요.

12모둠 질문과 답 배영고 1학년 희승입니다. 짧은 질문 두 가지 하겠습니다. 하나는, 작품을 쓰시면서 영감이 잘 안 떠오르면 어떻게 하시는지, 또 하나는, 요즘 경제가 어려워서 많은 음식점들이 문을

닫고 있는데, '어머니가 차려주는 식탁'은 경영난을 겪고 있지 않은지. (웃음)

작가 '어머니가 차려주는 식탁'은 잘되고 있습니다.

그리고 아까 무슨 이야기 끝에 영감 이야기가 나왔는데, 사실은 창작하는 사람들한테 영감이 떠올랐다 나는 안 믿거든요. 내가 여태까지 써보았지만 영감은커녕 할아버지도 나타나본 적이 없고, 뒤통수 누군가가 후려치듯이 생각을 하게 해주어서 소설을 써본 적도 없고, 영감이란 말하기 좋게 창조적인 기운을 말하는 것이지, 소설이 길을 가다가 영감이 떠올라서 휘리릭 써지는 건 결코 아니거든요. 소설은 죽기 살기로 연필을 꺼내들고 무조건 첫 문장부터 써내려가면서, 하다가 허리 아프면 일어나고 안 되면 다시 졸고 또 일어나고 엉덩이로 쓰고 허리로 쓰고 몸으로 쓰는 거거든요. 영감은 없고, 영감을 받아본 적은 없어요.

사회 이상 12모둠 질문이 끝났습니다. 보충해서 여러분이 내신 질문 중에서 골라봤습니다. 가장 어린 중학교 1학년 학생인데 나와서 하기엔 수줍어할 것 같아서 제가 대신합니다. 지인 학생의 질문입니다. 장편소설 〈희망〉에 담겨있는 내용은 구석구석 찌들어있는 삶, 절망적인 이야기를 하고 있는데, 책 제목은 왜 희망이냐는 것입니다. 이 의문점은 아직도 풀지 못했습니다. 그리고 하나 더, 이 소설에 나오는 '햇빛마을'은 진짜인가요? 하는 질문입니다. 학생들 질문에서 이 진짜가요?가 많이 나오거든요?

작가 이 질문하고 관계없는 건데요. 〈누리야누리야〉 동화 시작하면서, 맨 처음 누리의 엄마 편지 받고 누리의 엄마가 들려준 이야기를 동화로 쓰고 있다. 나중에 마지막에 편지를 받았다. 그렇게 시작했더니 수백 통의 초등학생들 편지를 보내 그 이야기가 진짠가요, 누리가 어디 살고 있나요. 독후감은 아랑곳 않고 진짜 있나요만 질문을 하는 통에 깜짝 놀랜 적이 있었거든요. 동화라는 것은 창작기교 같은 것인데, 동화를 읽는 초등학생 유치원생들은 정말 고대로 믿어버리는 거구나 생각했는데, 뒷 질문이에요. '햇빛마을'은 어딘가에 고런 모양으로 고런 시설이 있기는 하겠지만 실제로 찾아가서 모델을 한 적은 없고요. 만들어낸 것입니다.

'희망'이 왜 그래도 희망인가 하는 거는, 〈모순〉 쓰면서 그 생각 많이 했었는데, 모든 우리 개념어들이 행복 반대말 불행, 희망 반대 절망, 기쁨이 있으면 슬픔, 이런 식으로 모든 말들이 쌍으로 벽으로 이루어졌거든요. 그 뜻은 '희망'이 있으면 반드시 그 어딘가에 '절망'도 있을 거라는 뜻일 것이고, '절망' 뿐이라면 남은 것은 '희망'이다, 그런 메시지들이 그런 복합된 말들 속에 담겨 있는 것이 아닌가 하는 생각으로, 실제로 희망을 생각하면서 희망을 찾으면서 썼던 소설입니다.

사회 역시 중학교 1학년 은진 학생의 질문입니다. 작가님께 질문할 것은 어떻게 해서 작가란 꿈을 가지게 되었는지 알고 싶습니다.

작가 아까 간단하게 지금으로부터 40년 전에 이야기를 만났고 글을 만났고 그렇게 지나갔었는데, 40년 전이면 10살이지만, 실제로는 7살 때 학교 앞 만화방에서 수많은 만화를 읽으면서 울고 웃고 그랬었어요. 그때는 자정에 싸이렌이 있었는데, 7살 어린애가 통행금지 시간이 돼도 들어오지 않고 만화를 읽었어요. 너무나 너무나 열심히 읽다가 어느 날 '나도 만화를 지어봐야겠다' 생각을 했지요. 그러다가 열 살쯤 소설을 만났어요. 소설을 또 열심히 읽다가 소설이 덜 유치하구나, 덜 조잡하구나, 알게 되었고, 그렇다면 소설가가 되어야지 하는 생각을 열 살 무렵부터 했던 거 같은데, 그렇게 구체적으로 한 거 같지는 않아요. 다만 '소설 읽기'라는 게 굉장히 나한테 행복한 느낌을 준다 생각을 가지고, 중학교 고등학교 가고 대학교 들어와서 자연스럽게 작가의 길 순서를 밟았던 것 같아요.

사회 오랜 시간 고맙습니다. 내일은 백일장 시간이 있는데, 글제를 말씀 드리면 우리 동네, 희망, 만남, ~ 날이면 ~ 에 가야 한다. 네 가지입니다. 네 번째 글제는 비오는 날이면 가리봉동에 가야한다 그것을 괄호로 대신한 것입니다. 어려운 글제일 수 있지만, 오늘 대화 시간 들었던 이야기가 소재가 되고 내일 작품 기행이 소재가 되고 해서 좋은 글들을 쓸 수 있었으면 합니다.

≪원미동 사람들≫에서 작가님이 가장 많이 읽는 작품으로 〈한계령〉을 들었는데요. 그 작품 속에 나오는 '한계령' 노래 들어보겠습니다. 〈숨은꽃〉에서 황녀의 단소를 들으며, 〈한계령〉에서 '한계령' 노래들으며 주인공들이 눈물을 보였던 걸로 나오는데, 여러분 중에서도 그렇게 눈물짓는 사람이 있을지 모르겠습니다. 작가님 노래로 듣고 싶지만, 보답의 의미로 김인정 선생님께서 한계령 노래를 불러주시겠습니다. 나누어드린 악보 보면서 같이 불러주었으면 합니다.

김인정 선생님 반갑습니다. 저는 한계령 이 노래를 굉장히 좋아하거든요. 너무 좋아하는 노래이기 때문에, 정년퇴임하는 분이 계셨는데 그 전에 직원여행 간 자리에서 이 노래를 불렀던 적이 있어요. 사람이 어느 정점에 오르면 다시 내려와야 하잖아요. 그런 마음을 담아서 불렀던 기억이 나요. 반주 없이 불러보겠습니다.

(김민정 선생님 노래)

사회 역시, 대단한데요. 노래의 여운을 끝으로 사인회 시간을 갖도록 하겠습니다. 자기 책을 가지고 있는 학생들은 책 앞에 간단한 감상글과 자기 이름을 적어서 작가님의 사인 받을 수 있도록 해주시기 바랍니다. 꼭 질문하고 싶은 게 있으면 사인 받으며 해주셔도 좋겠습니다. 모두들 수고하셨습니다.

[메일로 주고받은 추가 질문과 답]

1. 학창시절부터 상을 굉장히 많이 타셨는데 어떤 상이 제일 기억에 남으시나요?

답. 고등학교 3학년 때, 원광대학교 주최의 문예현상에 당선된 일일 것입니다. 큰오빠가 가장인 집안 사정을 배려한다면 대학 진학을 포기해야 옳을 듯 싶었는데, 소설 당선으로 인해 4년 장학생으로 학비가 전액 면제라는 혜택이 주어져서 대학을 갈 것인지 말 것인지가 '선택사항'이 된 것, 그것이 즐거웠지요.

2. 학창 시절에 이것만은 꼭 해야 된다고 생각하시는 것이 있다면 무엇입니까?

답. 인간의 삶에는 단계마다 꼭 치뤄야 할 몫이 있습니다. 그때가 아니면 안 된다는 것이 아니라, 그때여야 가장 효율적이라는 뜻입니다. 학창시절에는 학업에 충실해야 한다는 선배나 어른들의 '지겨운' 충고는 그러므로 진실입니다. 공부나 독서, 혹은 자기만의 관심분야에 관한 연마, 이런 것들을 그 시기에 제때 맞닥뜨려서 해결해놓으면, 다음 단계의 삶을 살아가기가 훨씬 수월하겠지요.

3. 〈숨은꽃〉 책이 왜 절판되었는지?

답. 〈숨은 꽃〉은 현재 이상문학상 수상집으로 계속 나오고 있습니다. 문학사상사가 출판하고 있습니다. 수상작을 제목으로 수상집을 내는 것은 이상문학상의 전통입니다. 그리고 〈숨은 꽃〉은 일 년 뒤 〈슬픔도 힘이 된다〉라는 제 세 번째 창작집에 실렸습니다. 중편소설 〈숨은 꽃〉이 실려 있는 위의 두 권 모두 절판되지 않았습니다.

4. 자신의 작품이 국어교과서에 실렸을 때의 기분은 어땠어요?

답. 물론 감회가 많았지요. 우선, 팔순 노모에게 가장 쉽고 빠르게 제 작업의 성과를 설명할 수 있어서 기뻤습니다.

5. '으악새 할아버지'의 존재는 어떤 분이시길래 원고지 몇 백 장으로도 감당할 수 없는지 무척 궁금합니다.

답. 도저히 말로는 표현할 수 없는, 말이 되어지지 않고 비명으로밖에 터져 나오지 않는, 그런 질곡의 시대를 살아온, 1900년대에 출생한 남자의 이미지로 으악새 할아버지를 상정했는데, 아직도 보류중입니다.

6. 작가님의 작품 중에 〈희망〉이라는 작품이 있는데, 지금 작가님의 '희망'이 있다면 무엇인가요?

답. 작가들의 유일한 희망사항은 언제나 '좋은 소설'을 써내는 것입니다.

7. 다음 작품은 어떤 내용의 작품을 쓰고 싶으신지 알고 싶어요.

답. 늘 그랬듯이, 사람에 대한, 사람을 향한, 사람은 왜, 라는 여러 가지 의문들을 쓸 것입니다.

8. 작가님께서 작가가 되겠다고 마음먹게 한 사람이나 또는 작가가 있으신가요? 있다면 이유가 무엇인지 궁금합니다.

답. 한 작가에게, 혹은 한 마디의 격언에 크게 감동받고 하는 성격이 못됩니다. 동서양의 모든 문학 선배들과 그들의 저작물이 저를 작가로 키웠다고 말하는 것이 가장 정확할 듯 싶습니다.

9. 가장 감동 깊었던 책, 학생들에게 권하고 싶은 책은 무엇인가요.

답. 좋은 소설들이야 숱하게 많지만, 최근에 가장 잘 읽은 책은 프랑스에서 불어로 소설을 쓰고 있는 중국계 작가 샨사의 〈측천무후〉입니다. 학생들 경우는 우선 도스토예프스키나 톨스토이의 작품 중 하나를 택해 죽기 살기로 읽어보라는 말을 하고 싶습니다. 한

권이라도 좋습니다. 이해하기 어렵더라도 일단 다 읽어내기만 한다면 다음의 길이 보일 듯 싶습니다.

[정이 샘이 받은, 다움 샘의 문학기행 기록]

내가 양귀자 소설을 읽기 시작한 것은 무척 오래 전일지 모르나, 내가 기억하는 처음은 중학교 3학년 국어교과서에 실린 ≪원미동사람들≫ 중 〈일용할 양식〉을 가르치면서부터이다. 교과서의 문학작품을 가르치는 일은 뭔가 학생들과의 체험활동이 따르지 않으면 대단히 무미건조한 수업이 되어버린다. 어쩌면 학생들과의 수업보다 나 자신의 문학에 대한 향수가 앞섰을지도 모르겠고, 내가 자꾸만 문학기행의 꿈을 꾸었던 것도 그 때문일지 모르겠다.

처음 ≪원미동사람들≫ 기행을 갔던 것이 1998년 여름이었다. 그리고 그러한 활동들을 소재로 하여 전국국어교사모임 새내기 교사 대상 강의에 내가 풋내기 강사로 나간 적이 있다. 그때 남편은 왜 그렇게 내게 냉담한 비난을 했는지 모르겠다. 무엇을 얼마나 했다고 외부 강사로 나선다는 것이냐, 그런 논리였다고 나는 생각했다. 하지만 그보다는, 능동적인 선택에 의한 것이 아닌 떠밀려서 하는 식의 강의라는 판단 때문이었던 것 같다.

아무튼 그렇게 간 자리에서 나는 해야 할 말들이 많이 부족했다. 하지만 내가 하는 말 하나하나에 새내기 선생님들은 적절한 감탄사를 넣어 호응해주었고, 학생들과는 쉽지 않은 그런 즉각적인 소통이 나는 감사했다. 효선이의 글 끝부분 "이건 그냥 느낀 건데 아직은 선생님이 날 포기하지 않았다는 걸 왠지 모르는 무언가가 속삭여 주는 것 같다."를 읽었을 때는 특히 그러했다. 글쓰기 활동을 통해 부적응 학생 지도를 함께 하고 싶었노라는 이야기를 하고 싶었던 것 같다. 내 좁은 그릇으로 하여 시간은 너무 많이 남았는데, 내 말이 끝나자마자 새내기 선생님들은 우수수 질문을 쏟아내기 시작했다. 그들의 가장 큰 관심은 현실 적용의 문제였다.

보통 교사들은 당장 현장에 적용할 구체적인 수업기술을 요구하는 경우가 많은 것 같다. 하지만 나는 그런 생각을 거의 하지 않는다. 항상 근원적인 질문을 하고 답을 구하기 위해 매달렸던 것 같다. 그것이 잘하는 것이라고 생각한 적은 없지만, 어쩔 수 없었다. 한계가 분명한 것이 사람인 이상 수업 역시 자기 식 수업을 할 수밖에 없는 것이고, 학생들은 그 다수의 다른 선생들의 다른 모습들 속에서 자신의 공부 영역을 만들 것이기 때문이다.

내게 양귀자 작가와의 만남이 언제부터 얼마나 오래였는지 정확히 기억하기는 어렵다. 고등학교 선배이고 대학교 선배라는 구실을 써먹기도 했었다. 하지만 양귀자 작가는 대중 앞에 나서는 것을 거의 금기 사항으로 여기는 작가였다. 원미동 기행을 갈 때도 우리정육점 모델 아주머니를 소개하여 주는 선에서 협조했다. 1998년 기행에서 그 아주머니는 우리 일행들에게 일일이 현장을 안내하면서 설명을 해주었다. 지하방은 아이들에게 굉장히 인상적이었던 것 같다. "도대체 어떤 놈이야! 똥쌀 데가 없으면 처먹지를 말아야지." 작품속의 이 말만큼 강렬한 슬픔을 전달하는 말이 또 있을지. 형제슈퍼 모델인 가게에서는 같은 고향이라며 엄청 친절하게 아이스크림까지 주는 바람에 단순한 아이들은 쉽게 감동해버렸다.

2004겨울문학캠프 때는 문학기행 부분이 취약했고, 한 달쯤 후에 교사와 학생 몇 명이 따로 문학기행을 다녀온 적이 있었다. 98년에는 없었던 원미동문학거리가 조성되어 있었고 작품 속 인물 조각상들이 있었지만 글속의 모습만큼 인상적이지는 않았던 것 같다. 그때도 우리정육점 모델 아주머니께서 안내를 해주셨고 양귀자 작품의 글귀가 적힌 원미산 진달래동산비 앞에서 우리들의 사진을 찍어주기도 했다. 원미동 다음이 서울 홍대 앞 '어머니가 차려주는 식탁'이었는데, 인터넷 사진만큼 화려하지는 않았지만 그 독특한 음식점에서의 성찬은 우리에겐 대단히 귀한 추억이 되었다.

2018년 개천절, 이번에 나는 남편과 답사를 다녀왔다. 지난 기억들을 모조리 다시 불러내는 이러한 일이 결코 쉬운 일은 아니었다. 또 그 이야기냐고 핀잔을 들을 효선이 이야기도 그러했지만, ≪원미동사람들≫을 읽거나 원미동엘 가면 어쩔 수 없이 그 애의 기억이 떠오른다. 공부는 생판 남인 문제아라 하더라도 뭔가의 영역에 몰입할 줄 아는 능력이 있는 아이는 교사를 지치지 않게 한다. 하지만 그게 쉬운가. 도저히 답이 안 나오는 교사의 한계를 넘는 경우는 갈수록 얼마나 많은가.

2018년의 원미동은 대단히 달라져 있었다. 가기 전 검색했던 자료들을 보면 흔적을 찾는 것을 단념해야겠다는 생각을 하게 했었다. 하지만 갔고, 원미동문학거리는 스산했고, 그럼에도 아이들이 눈에 많이 띄었고, 거의 폐업분위기인 가게들이 많았다. 원미동 23통을 돌면서 흔적을 탐색했고 그때 기억을 가졌음직한 나이대의 어른을 찾아 혹시나 기대하며 궁금한 질문들을 했다. 옛 구청 앞에는 '원미동사람들'이라는 음식점이 있어서 정말로 엄청난 기대를 하고, 부족한 시간을 쪼개 그곳에서 밥 먹는 시간을 내야겠다고까지 생각했지만, 그곳은 밤에 술 정도나 팔고 낮에는 문 닫고 있는 곳이었다. 다행히 주인을 만나긴 했으나 소설작품에 대해서는 전혀 아는바가 없고 상호도 관련이 없었다. 가장 도움을 받은 곳은 무궁화연립 모델 앞에 있는 어느 세탁소였다. 두 아주머니를 만났는데, 세탁소는 전혀 현대적이지 않았고 돈을 많이 벌 것 같지가 않은 곳이었다. 원미동은 재개발바람이 지나간 뒤로 더 안 좋아졌다고, 한숨 섞인 아주머니들의 말이었다. 소설로 하여 일반 사람들이 원미동을 '못사는 곳'으로 인식하게 되었다는 불만도 말했고, 재개발에서 소외되면서 정말로 원미동이 그렇게 되어버렸다는 아쉬움도 함께 말했다. 그러면서도 작가의 말처럼 원미동은 사람들 정 많은 곳이라는 말을 빠뜨리지 않았다. 주인아주머니는 그 좁은 곳에서도 우리에게 차 대접을 했고 자리를 권하였다.

예전에 아이들이 생생하게 보았던 무궁화연립은, 사라진 대신 그 자리에 표지석이 서있었다. 이것도 그 아주머니가 말해주지 않았으면 정말 찾지 못했을 것이다. 고층아파트가 들어서는 대신 원미동 거리엔 작은 빌라들이 많았고, 미장원은 많았지만 옛날 작가가 살았던 미장원 위층의 건물을 찾아내기 어려웠고, 슈퍼는 부동산으로 바뀌었고, 공장지대의 모습은 눈에 띠지 않았다. 모든 것은 변하고 변하여 결국은 안내문이 적힌 표지석이나 길을 안내하는 이정표의 흔적 정도로나 남는 것일지. 그래서 그렇게도 사람들은 '비'를 세우는 일에 집착하는 것인지.

학생들과 문학기행을 온다면 원미동문학거리나 원미산은 정말 훌륭한 역할을 해줄 수 있는 곳이다. 아마도 실제로 꽤 많은 문학기행 팀들이 올 것이라고 생각한다. 옛 구청 주변의 공간을 새롭게 정비하고 '원미동사람들' 음식점을 작품무대 속으로 유입하고 작가가 살았던 집을 문학거리 안으로 유입하고, 최소한 그 정도는 할 수 있으면 좋겠다.

원미산은 도시의 풍경과 자연의 풍경이 맞닥뜨리는 기묘한 조화를 보여주었는데, 원미산 정상에 올랐을 때 바라본 풍경은, "바짓가랑이에 흠뻑 이슬을 묻힌 채 다시 능선에 올라 내려다보는 세상을 어떻게 설명할 수 있을까. 새로 돋아 오른 깨끗한 햇살을 받고 있음에도 불구하고 엉성하게 짜여 진 도시는 지저분한 얼룩에 찌들어 끈끈한 땀 냄새를 풍기고 있었다." 세월은 흘렀건만 작품 속 표현 그대로였던 것 같다.

양귀자 작가는, 누구나 보는 이름을 문학적으로 해석하는 능력이 탁월한 것 같다. 귀신사를 '영원에 지친 신이 돌아와 쉬는 자리'라고 해석하거나, 원미동에서 '멀고 아름다운 동네'라는 뜻을 끄집어내는 것이 그러하다. 누구의 마음속에나 정말 가고 싶은 아름다운 동네는 존재하고, 그러나 너무 먼 현실이 아프고, 그럼에도 그 동네를 꿈꾼다는 것. 근원적인 인간의 마음 열쇠를 참 잘 끄집어내었다.

지금까지의 귀신사 기행은 공사 때문에 계절 때문에 많이 미흡했었으나, 2018년 가을에 간 귀신사는 정말 문학적인 분위기였다. 절 뒷마당의 풍요로운 감나무들이 그러했고 높은 계단길 위로 고풍스럽게 자리한 석탑이 그러했으며, 장독대와 기와불사에 그려진 함박웃음과 앞뜰에 가득한 가을꽃들이 그러했다. 청도마을이라는 마을 이름도 시적이었는데, 작품 속에서처럼 나도 골목길을 따라 절을 찾아가보는 걸음을 해보았다. 김종구와 황녀의 등장은 아무래도 아직은 어색했다. 이 말은 이 소설이 상당히 관념적이라는 말도 된다.

문학캠프 때 귀신사에 온다면 겨울은 아닌 여름이 좋겠고, 문학기행만을 온다면 가을 오후가 좋을 것 같다. 어느 가을날 동아리 학생들과 함께 이곳에 온다면 정말 근사하겠다. 햇볕 따사로운 어딘가에 앉아 한

편의 글을 쓸 수 있다면 좋겠다.

나는 양귀자 작품 중에서 〈한계령〉이 가장 좋다. '그날 밤, 나는 꿈속에서 노래를 만났다.'고 주인공은 말한다. 노래를 꿈으로 만나고 노래를 소설로 그려내는 놀라운 일을 작가는 해내고 있었다. 문학캠프 때 작가의 노래를 요청하기도 했지만 무리였고, 노래 잘하는 김인정 선생님이 노래를 했었다. 영혼이 빨려 들어가는 것 같은 노래의 가락, 그리고 노랫말, 그 느낌들이 소설 속에 그대로 살아 있었다. 그리고 쉽게 가능할 것 같은 전주기행을 생각하게 만드는 것이 이 작품이기도 하다. 학창시절 요람의 공간이던 서점이 나이트클럽이 되는 현실을 용납할 수 없어 인수했다는 홍지서림도 그러하다.

> 이내 기적과 바퀴 소리로 온 동네를 뒤흔들고 마는 여수행 특급이 가쁜 숨을 몰아쉬며 지나갔다. 저 기차는 다섯 시 사십분에 역에서 출발한다는 것을 나는 알고 있었다. 다시 기린봉을 보았다. 붉은 덩어리 주변으로 솜사탕처럼 퍼져가고 있는 낙조, 서쪽 산기슭의 밑자락에 어둔 그림자가 괴어 있었다. 저 산자락에 피어 있는 진달래를 보면서 철로변의 나물을 캔 것이 바로 오늘 낮의 일이었다는 사실을 깨달은 것은 그때였다. 나는 신발주머니를 내던지고 으앙 노을을 향해 울음을 터뜨렸다. 어머니는 두레박을 우물 속에다 던지며 웃었다.
>
> — 양귀자, 유황불

> 그 애의 전화를 잊은 것은 절대 아니었다. 잊기는커녕 틈만 나면 나는 철길 동네의 풍경 속으로 걸어 들어가곤 했다. 멀리는 기린봉이 보이고, 오목대까지 두 줄로 뻗어 있던 레일 위로는 햇살이 눈부시게 반짝이며 미끄러지곤 했었다. 먼지 앉은 잡초와 시궁창물로 채워져 있던 하천을

건너면 곧바로 나타나던 역의 저탄장. 하천은 역의 서쪽으로도 뻗어 있었고 그곳의 뚝방 동네는 홍등가여서 대낮에도 짙은 화장의 여인네들이 둑길을 서성이곤 했었다.

— 양귀자, 한계령

전주출신 소설가 양귀자는 단편소설 '한계령'을 통해 1960년대 주택가를 관통하며 지나가던 어린 시절의 철길과, 또 철길 옆 찐방집 딸 '은자' 등 1980년대 이전 전라선이 이설된 전주시의 풍경을 묘사하고 있다. 전라선이 전주 시내를 관통하고 달렸던 적이 있다. 지금의 덕진광장 자리에 있었던 덕진역에서 전북대 구 정문 앞으로도 철로가 지났다. 기린로는 그 철로가 있던 자리이며, 시청 또한 철로의 흔적을 안고 있다. 특히 한옥으로 아담하게 지어진 역사는 전주다운 풍모를 자랑했었다고 전한다. 슬픈 이야기이지만, 옛 기차길 터널 '한벽굴'은 일본이 일제강점기를 틈타 한벽당의 정기를 자르고 철길을 만들었는데 전라선 터널이었다.

— 이종근, 새전북신문 기사글

이번 답사에서, 작가가 다녔던 전주여중은 없어졌고 옛날 전주여중과 전주여고가 있던 자리는 현재 주차장으로 바뀌어 있다는 것을 알았다. 사실 난 내가 다녔던 전주여고 자리와 홍지서림 자리를 연결하면서 거리가 너무 멀다는 것에 항상 의아했었는데, 옛날 자리에서 이전했을 거라는 생각도 안 해봤다는 것이 참 바보스러웠다. 대학 때 전주역까지 삭막한 언덕바지를 걸어 다녔으면서도 그 이전의 전주역이 있었다는 생각을 전혀 떠올리지 못했었다. 이번에 그 철길의 흔적을 찾으면서 기린로를 보았고 한벽굴을 보았는데, 철길이 추억의 공간이 아니라 자존심이 무너지는 슬픔의 공간이 될 수도 있다는 것을 이번에 가슴 저리게 인식하였다.

작가의 고향마을을 정확히 알고 싶었고 그곳에서부터 풍남초, 옛 전주여중고, 홍지서림까지 걸어보고 싶었고, 작가에게 문의한 메일에 늦게 답이 왔었다. 어린 시절 살았던 동네는 중노송동 전주고 근처라고 했다. 시내 쪽에서 가다 보면 가로로 철길이 있었고, 세로로는 개천이 흘렀는데, 철길 전에 작가의 집, 철길 넘으면 바로 전주고였다고 한다. 그러니까 작가 집에서 철길 지나 바로 왼쪽이 전주고, 개천 따라 직진했다 오른쪽으로 돌면 풍남초 정문이 된다. 태어난 곳은 경기전 앞 어느 부근이라는데 작가도 찾기가 힘들다고 했다.

'어머니가 차려주는 식탁'은 다시 가보고 싶었으나 폐업이었다. 다큐 작품인 〈부엌신〉에서, 식탁의 손님과 작품의 독자를 같은 의미로 생각하고, 소설과 다르게 생생하게 살아있는 사람들을 만날 수 있는 식탁에 대한 애정을 읽는 것이 좋았는데, 이제 아쉬움을 접어야할 것 같다. 작가가 병실에서 구상했다는 〈천년의 사랑〉을 나는 병실에 입원했을 때 읽어서 감상이 독특했고, 살짝 통속소설로 읽었던 〈모순〉은 작가의 삶을 들여다보면 절절함이 느껴졌던 것 같다.

딸의 초등학교 졸업선물로 썼다는 〈누리야누리야〉 이후 양귀자 작품은 없는지 내가 모르는 것인지, 모르겠다. 왜 갑자기 나는 백석이나 홍명희가 떠올랐는지 정말 모를 일이다. 작가의 공백기란 어떤 의미가 있는 것일까. 독자에게 그것은 어떻게 받아들여져야 할까, 문득 나는 답이 어려운 질문을 던져본다.

"선생님 같은 분들이 있어서 정읍 학생들은 참 행복하겠습니다. 겨울

문학캠프를 치러 내느라 몸살은 안하셨는지. 성심을 다해 캠프를 지키고 있는 선생님들을 보고 돌아오는 길이, 그 밤길의 호젓함이 참 좋았습니다."

작가가 보냈던 메일의 문장들이 떠오른다. 조금은 슬프기도 하지만 우리 교사들에게 문학은 목적이 아닌 재료일 뿐이다. 정읍 학생들을 행복하게 하는 정읍의 교사, 문학캠프를 지키는 교사, 누군가에 의해 그 꿈이 지켜지고, 무너지고 있다면 다시 세우고 했으면 좋겠다.

[2018. 10. 14.]

안도현

퇴고야말로 글쓰기의 처음이자 마지막이다

시인은 타고나는 것임을 다시금 깨닫게 해준, '길은 돌아가셨다'라고 노래한 시가 안도현 시인의 오랜 집필처 마을에서 쓰여 진 시였음을 알았다. ('안도현' 중에서)

항가산 낮은 산자락엔/ 띄워둔 꿈들 소곤대며 흐르더군요// 솔방울 줍던 좁은 숲길도/ 이제는 무성한 자연 군락에 묻혀/ 바다 바람만 일으키는데// 길이란 사람들이 다니던 흔적/ 하지만 차바퀴 굴러간 반듯한 길 말고는/ 달리 당신에게 갈 길이 없었어요// 생전에 유일한 벗이던/ 담배 하나 꽂아두고 돌아섰지요/ 깊은 땅속에서 솟아나는 숨결로/ 쉬엄 쉬엄 피우실 테니// 포플러 잎새마다 사각거리는 바람/ 고시레 던져진 송편엔 귀여운 작은 짐승/ 달빛 가만 흐르면/ 옛이야기 살풋 귀를 열고 다가설거예요// 잡초 무성한 옛집일랑 잊으시고/ 홀가분히 백골 추슬러 당신 집 지으신다면/ 죽음도 삶만큼이나 정겨운 자리// 항가산 낮은 산자락엔/ 띄워둔 꿈들 소근대며 흐르더군요

— 홍숙정, 성묘길

정확한 연도는 잊었지만 '시 창작 강의'를 수강하겠다고 퇴근 후 전주까지 버스를 타고 다닌 적이 있었다. 그때 내가 제출했던 시가 이 시였다. 나를 키워주신 할머니의 산소가 있는 곳이 태인 항가산이었는데, 내가 할머니를 따라다니던 그 산을 할머니는 항가마니산이라고 불렀다. 물론 이 글을 나의 시로 시작하는 것이 대단히 창피하긴 하지만, 어떻든 현실의 나를 극복하기 위한 용기라고 해야겠다.

변명하자면 나는 어디까지나 '시인'의 소망이거나 욕심이거나 그런 마음은 없었다. 단지 국어교사로서, 학생들 시 쓰기 지도에서 한계를 느

끼던 나머지 무언가 길을 구하기 위하여 그 강의를 신청했던 것이다. 한겨레신문 주관이었고 김용택 시인과 안도현 시인이 지도 강사였고, 수강생들이 제출한 시를 평가하는 시간도 있었다. 나의 시가 어떤 평가를 받았으며 내가 어떤 기분이었는가를 이야기하는 것은 대단히 기가 죽는 일이지만, 안도현 시인은 그래도 양호한 평가를 해주었다. '줄만 바꾸었을 뿐 산문 글'이라는 평가였다.

나의 많지 않은 문학경험 속에서 아마도 내가 가장 많이 만났던 작가가 안도현 시인일 것이다. 생각해보면 시인에게 감사하지만 많이 미안하기도 하다. 심지어 나는 어느 작가 섭외 문제로 속상했을 때, 안도현 시인에게 전화를 해서 위로 받으려 했었다. 섭외는커녕 전혀 예상 못한 호된 질책을 듣고는, 내가 왜 그런 말을 들어야 하는지 황당하고 왈칵 눈물이 나왔을 때였다. 나는 안도현 시인에게 메일을 보냈고 "요즘 모내기하기 위해 논에 물을 대잖아요. 그거, 오래 보시기를……" 답신을 받았고, 덕분에 그 좋지 않은 기억에 붙들리지 않으려고 노력할 수 있었다.

2018년 내가 월요일 빼고 매일 출근처럼 하는 곳은 태인에 있는 명봉도서관이다. 밖에 나서면 항가산은 보이지 않고 반대편의 성황산이 잡힐 듯 가까이 보이는, 내가 아는 도서관 중에서 가장 풍경이 멋있는 곳이다. 인터넷 검색을 하다가 안도현 시인의 집필처에 대한 글들을 보았고, 〈그 작가 그 공간(최재봉)〉 책을 읽었고, 2018년 8월 17일 그곳에 가보았다. 앞으로 저수지가 있고 뒤로 숲이 듬직한, 곁으로는 작은 개울이 흐르고 동네 입구의 밭들이 참 보기 좋던, 저절로 감탄사가 나오는 곳이었다. 태인의 도서관과, 신원마을의 공간을 나는 견주어 보았던 것 같다.

동네 어르신이 말씀하시기를 시인은 올봄에 이사 갔노라 하였고, 닫힌 문이지만 '마당의 살구나무'는 충분히 볼 수 있었다. 그런데 이번에도 나는 문학답사가 작품 읽기를 앞서갔던 것 같다.

2018년 8월 17일, 안도현 시와 관련한 나의 답사 일정은 '풍산초등학교 → 병산서원 만대루 → 예천군 호명면 소망실 마을 → 내성천 → 삼강주막(낙동강, 내성천, 금천이 만나는) → 완주군 구이면 신원마을'이었다. 시집들을 주문했으나 아직 받아 보지 않은 상태에서 답사를 갔었고, 다녀온 후 10권의 시집을 예전보다 좀 더 체계적으로 읽어볼 수가 있었다. 지금까지 읽었던 시집들은 학생들 손으로 돌다가 남은 것이 없었기에 다시 새로, 내 책으로 주문했던 것이다.

시인은 타고나는 것임을 다시금 깨닫게 해준, '길은 돌아가셨다'라고 노래한 시가 안도현 시인의 오랜 집필처 마을에서 쓰여 진 시였음을 알았다.

뒷집 조성오 할아버지가 겨울에 돌아가셨다/ 감나무 두 그루 딸린 빈 집만 남겨두고 돌아가셨다// 살아서 눈 어두운 동네 노인들 편지 읽어주고 먼저 떠난 이들 묏자리도 더러 봐주고 추석 가까워지면 동네 초입의 풀 환하게 베고 물꼬싸움 나면 양쪽 불러다 누가 잘했는지 잘못했는지 심판봐주던// 이 동네의 길이었다, 할아버지는/ 슬프도록 야문 길이었다// 돌아가셨을 때 문상도 못한 나는 마루 끝에 앉아, 할아버지네 고추밭으로 올라가는 비탈, 오래 보고 있다// 지게 지고 하루에도 몇 번씩 할아버지가 오르내릴 때/ 풀들은 옆으로 슬쩍 비켜 앉아 지그재그로 길을 터주곤 했다// 비탈에 납작하게 달라붙어 있던 그 길은 여름 내내/ 바지 걷어붙인 할아버지 정강이에 볼록하게 돋던 핏줄같이 파르스름했다// 그런데 할아버지가 돌아가시고/ 그 비탈길을 힘겹게 밟고 올라가던/ 느린 발소리와 끙, 하던 안간힘까지 돌아가시고 나자/ 그만// 길도 돌아가시고 말았다// 풀들이 우묵하게 수의를 해 입힌 길,/ 지금은 길이라고 할 수 없는 길 위로/ 조의를 표하듯 산그늘이 엎드려 절하는 저녁이다

— '조문(안도현)' 시 전문

이 시를 읽으며, 지금 우리가 살고 있는 이 시대는 '길이 돌아가시는' 비극을 전혀 비극이 아닌 그저 일상으로 간주하는 시대라는 생각을 해 보았다. 그분이 가시면 그로써 그 자취는 끝나버리는 것이 그렇다. 시골의 많은 빈 집들이 그러하고, 나이 드신 분들이 짓는 농사가 그러하고, 연로한 이산가족의 절망이 그러하고, 평소 갖던 그러한 느낌들을 이 시에서 읽을 수 있었다.

나는 안도현 시인을 항상 전라도에 살고 전라도를 노래하는 시인으로 생각했었다. 그래서 가끔 그의 '고향'이 궁금했던 것이 사실이다. 다녔던 학교, 살던 마을에 가보고 싶다는 생각을 했다. 이번에 인터넷 검색으로 얻은 정보에 의존하여 가본 곳은 '운동장에 플라타너스 세 그루가 있는 풍산국민학교'와 '부모님과 외조부모님의 이야기가 있는 고향마을'이었다. 보통 초등학교 풍경이 아기자기하고 예쁜데, 풍산초등학교는 좀 삭막했다. 플라타너스 세 그루도 유배와 있는 것처럼 고달파보였다. 예천 장날 물건을 떼어다 풍산 장날에 팔았을 부모님이 운영하신 풍산의 가게는, '풍산 장터'라는 아치형 간판을 보며 상상으로 대신했다. 고향인 '소망실' 마을은 찾긴 했지만, 생가의 자취를 정확히 알 수는 없었다. 마을 앞으로 흐르는 내성천에서 놀면서 시인의 고향을 느껴보고 싶었지만, 시간도 시간이거니와 내려가는 길을 몰랐다. 내가 보았던 다른 냇가와 좀 달랐던 것은 모래밭이 있다는 것인데, 시인이 말하는 '은

모래'일 것 같다.

> 아아 나는 아버지가 모랫벌에 찍어놓은/ 발자국이었다, 홀로 서서 생각했을 때/ 내 눈물 웅얼웅얼 모두 모여 흐르는/ 낙동강/ 그 맑은 마지막 물빛으로 남아 타오르고 싶었다
>
> — '낙동강(안도현)' 시 부분

> 어머니의 고추밭에 나가면/ 연한 손에 매운 물 든다 저리 가 있거라/ 나는 비탈진 황토밭 근방에서/ 맴맴 고추잠자리였다/ 어머니 어깨 위에 내리는/ 글썽거리는 햇살이었다
>
> — '고추밭(안도현)' 시 부분

> 그림책에 원두막과 수박을 그리던 아이가/ 애비 잃고 애비가 되어 찾아왔다고/ 하늘에 밭갈이하듯 연기를 품어올리는 외가집 굴뚝은/ 알고 보면 한평생 방학도 없이 살았습니다
>
> — '여름방학(안도현)' 시 부분

'서울로 가는 전봉준' 못지않게 '낙동강' 시는 젊음의 긴장미를 갖춘 명작이라고 생각하는데, 시인의 아버지가 정말 낙동강의 어부라기보다는 시적 은유라고 생각할 수 있겠다. 이 시는 '고향 마을 앞을 흐르는 내성천의 저녁 풍경을 쓴 것'이라고 하는데, 내가 심한 가뭄 때 본 내성천이 이 정도라면, 시인이 어릴 때 본 내성천은 천이 아니라 강이고 바다였을 것이다.

나는 나름대로 '낙동강'의 풍취를 느껴보기 위해 '낙동강이 내성천과 만나는 삼강주막'을 찾아갔는데, 이것은 최악의 답사지였다. 우리나라

의 수준이 이러하구나 싶은 절망스러운 기분이었다. 도대체 우리나라 일하는 사람들의 미적 감각과 의식 수준은 헛된 돈만 써대는 빵점짜리라고 말하지 않을 수가 없었다.

"때때로 울컥, 가슴을 치미는 것 때문에/ 흐르는 강물 위에 돌을 던지던 시절은 갔다// 시절은 갔다, 라고 쓸 때/ 그때가 바야흐로 마흔 살이다"라는 시의 구절이 인상적이던, '병산서원 만대루'에도 들렀는데, 아쉽게도 만대루는 출입 통제인 탓에 올라가볼 수가 없었다.

병산서원은 옛날에 한 번 갔었는데, 그때 봤던 병풍처럼 층층 바위로 둘러섰던 풍경은 볼 수 없었다. 나무숲이 바위 병풍을 가려버린 것인지 잘 모르겠다. '만대루'는 사실 시를 읽었기 때문에 더 관심이 가고 올라가보고 싶었을 것이다. 학생들 문학캠프로 활용한다면, 백일장 시간을 여기서 가지면 참 좋겠다는 욕심을 가져보았다. 물론 '내성천' 또는 '낙동강' 배경도 좋겠지만, 많은 탐구 과정이 있어야할 것 같다.

〈서울로 가는 전봉준(1985)〉, 〈모닥불(1989)〉, 〈그대에게 가고 싶다(1991)〉, 〈외롭고 높고 쓸쓸한(1994)〉, 〈그리운 여우(1997)〉, 〈바닷가 우체국(1999)〉, 〈아무것도 아닌 것에 대하여(2001)〉, 〈너에게 가려고 강을 만들었다(2004)〉, 〈간절하게 참 철없이(2008)〉, 〈북항(2012)〉, 안도현 시인이 지금까지 펴낸 열권의 시집들이다. 표지 디자인은 첫 번째 시집이 가장 좋고, 시집 제목은 네 번째 시집이 가장 좋았다. 세 번째 시집은 가장 가벼웠고, 열 번째 시집이 가장 읽기 어려웠다. 나로서는 첫 번째와 두 번째 시집의 감동이 가장 크지만, 구체적인 '정읍'이 관련되어 눈여겨볼 수밖에 없던 최덕수 추모시는 진심어린 애정이 투영되지 않아 실패한 시로 보였다.

안도현 시인의 시집들을 읽으며 나는 나름대로 인상적인 특징들을 모아보았다. 첫째는 백석 사랑을 도처에서 찾아볼 수 있다는 것이다. 향토적인 음식을 표현한 시, 산문시의 호흡을 보이는 시 들이 그러했다. 얼마나 백석이 그리웠으면 북한에 가서 백석을 만나는 상상을 하고, 백석 추모 100주년을 시적 비유로 노래하고 있었다. 그래서 나도 안도현이 쓴 〈백석 평전〉을 읽어 보아야겠다 생각했지만, 〈홍명희 평전〉처럼 수월하게 읽히지가 않았다. 이유를 생각해보면 내가 백석 시들을 정독해본 적이 없기 때문인 것 같다. 시 창작 강의 때 안도현 시인은 백석 시를 설명한 적이 있는데, 그 말투 하나하나에 백석 사랑이 넘치고 넘쳤다. 교사라면 모름지기 시 수업을 그렇게 해야 할 것이다. 내가 수업했던 백석 시는 '모닥불', '수라', '여우난곬족', '남신의주유동박시봉방', '고향'이었고 다 고등학교에서였다. 그런데 나는 감동이 있는 수업을 못했던 것 같다.

백석의 모든 시를 정독해본 것은 아니지만, 백석의 시는 저절로 빠져드는 마력이 있었고 어휘와 운율이 독특했고 내용이 아름다웠다. 하지만 평전을 통해 그의 일생을 읽으며 나로서는 마이너스가 된 것 같다. 수백억 재산도 백석의 시 한 줄만 못하다며 전 재산을 기부했다는 남한 땅의 김영한 이야기, 수업자료 준비할 때는 너무 환상적이고 아름다웠으나, 평전을 읽고 보니 그것은 어쩌면 '여자의 환상' 아닌가 하는 생각이 들었다. 백석의 잦은 결혼도 그러하다. 오히려 북한에서의 마지막 결혼이 그를 정착하게 해준 거 아닌가 하는 생각이 들고, 북에서의 30년 공백 동안 그가 안 쓰지는 않았을 그의 시를 발굴하는 날이 온다면 정말 우리민족의 행복일 것 같다.

나는 삽을 들고나와 눈길을 열어주는/ 굴뚝새 같은 까만 소년을 따라

갔는데/ 목이 길고, 머리를 뒤로 넘겨 빗은, 콧수염의 한 사내가/ 거기 살고 있었다/ 단풍숲처럼 얼굴이, 귀도 붉은 아내와/ 공장으로 가려고 거울 앞에서 옷매무새를 만지는 아이들과/ 손때로 윤이 나는 나무책상 하나와/ 늙지 않은 그 사내는 있었다, 백석 선생이었다/ 서울서 나온 '백석시전집'을 보였더니/ 먼 옛날이 신천지였다고/ 처마 끝 고드름이 평안도 사투리로/ 뚝뚝 떨어지고 있었다/ 선생은 광화문이며 종로 골목을 함께 걷고 싶다 했지만/ 나의 80년대는 꿈이 아니었다, 죽도록 갚을 빚이었다

— '백석 선생의 마을에 가서(안도현)' 시 부분

개교 100주년이다// 4월에 저렇게 큰 산에 눈 오시니, 감자 잎에 노루고기 싸먹겠다//

일찍이 졸업해 일가를 이룬 응식이 정춘이 시영이 동순이 수권이 머리꼭지에 흰 눈 받았다, 헌데 먼저 자퇴한 광웅이 소식 감감하다, 또한 사인이, 태준이는 공책에 필사를 쉬지 않으니 기특도 하다// 바구지꽃은 박꽃이 아니라 미나리아재비꽃이라고, 주막에서 우등생 승원이 재용이한테 귀띔해주었다// 하늘 꼭대기까지 국숫발 길어 오늘 급식도 국수다

— '백석학교(안도현)' 시 전문

두 번째 특징으로는 전교조 교사로서 학교를 노래한 시들에서 찾아보았다. 나는 전교조 초창기 때 조합원이 아니었는데, 그 이유는 내가 선생을 계속 한다면 당장에 가입을 하겠지만 그러지는 않을 것이라는 생각에서였다. 내 이야기지만 참 능동적이지 못하고 창피한 일인데, 나 자신이 움직이지 않았으나 모교에서 나를 불렀고 부모님에게 떠밀려 태인여중 교사로 갔었다. 사립이었기에 당연히 불합리한 일들이 많았고,

조합원은 아니었지만 나는 전교조 교사들의 심정과 일치했었다. 비교 자체가 불가이긴 하지만, 그러한 나를 생각해보면, 안도현 선생님의 전교조 활동과 '해직'까지도 부럽고 존경스러운 것이 사실이다. 사립인 '이리중학교'에 대한 시들, 복직 후 '산서고등학교'에 대한 시들이 실감나고 좋았고, 가능만 하다면 문학기행지로서, 예를 들면 백일장 장소라든지 작가와의 만남이라든지, 생각해봐도 좋을 것 같다.

> 창 밖에 가을은 와서/ 우리 반 유리창을 다 들여다보고 있는데/ 급기야 울음을 터뜨리는 못난 놈/ 알고나 있을까, 갓난아이부터 이 빠진 할머니까지/ 등에 진 100만 원씩 빚이 있다는/ 대한민국/ 너는 아, 대한민국이었다/ 나는 어린 조국을 때리고 있었다
>
> — '어린 조국(안도현)' 시 부분

> 생일 아침/ 나 복이 많아서/ 교탁 위 양은쟁반 위에/ 시루떡 김 솟는다/ 산서면 동화리 신창리 오산리 계월리 봉서리 쌍계리 마하리 백운리 이룡리 건지리 하월리 오성리 학선리 사상리/ 쌀들, 우리 반에 다 모여/ 시루떡 되었다/ 무럭무럭 김 솟는다
>
> — '생일(안도현)' 시 전문

세 번째는 환경파괴를 표현한 시들을 뽑아보았다. 의인화 표현이라든가 음성상징어를 활용하는 표현들에서 시인의 탁월한 시적 감각을 발견할 수 있었다. '서울로 가는 전봉준'에서 동진강 물결소리를 '척왜척화'로 표현한다는 것이 감탄스러웠는데, 꼬막을 '꼬들꼬들' 말라간다 표현하는 것은 퍽 재미있기까지 했다. 변산 바닷가 그 어딘가에 정말 '바닷

가 우체국'을 시적 허구가 아닌 현실로 만들었으면 좋겠다는 상상을 하고, '모항 가는 길'을 실제 박형진 농부시인을 만나러 가는 길로 상상했다. 하지만 새만금의 암울한 어둠은 점점 그림자를 넓히고 있고, 개펄에 세운 수많은 장승들도 이제는 망각 속으로 잠기고 있는 현실인 것만 같다. '시펄시펄'은 정말 절묘한 심정 표현이다.

> 바다의 입이 강이라는 거 모르나/ 강의 똥구멍이 바다 쪽으로 나 있다는 거 모르나/ 입에서 똥구멍까지/ 왜 막느냐고 왜가리가 운다/ 꼬들꼬들 말라가며 꼬막이 운다
>
> — '왜가리와 꼬막이 운다(안도현)' 시 전문

> 서해에 닿기 전에, 만경강과 동진강은/ 개펄에 이르러/ 진흙에다 몸을 문지르며 좀 놀았는데요// 밤이 되면/ 물가에 알을 슬어놓고는 어기적어기적 걸어가는 도둑게들의 발자국 소리를 다 듣고/ 손바닥만한 대합이 달빛을 한입에 넙죽 받아먹는 소리를 다 듣고/ 갯지렁이가 허리를 오므렸다 폈다 하면서 자기 삶을 밀고 나가는 소리를 다 듣고/ 때로는 가까운 바다에서 새우떼가 꼬리로 일제히 세상을 탁탁 치는 소리도 다 들었다는데요// 그때서야 바다로 스며들어/ 바다하고 한 몸이 되었다는데요// 시펄씨펄,/ 개펄이 소리없이 죽어가요/ 바다는 저만치 물러나서 울음바다// 강은 인제 망했어요
>
> — '개펄에서 놀던 강(안도현)' 시 전문

> 강은 더 이상 흐르지 않게 되었고/ 흐르지 않자, 엎드리게 되었고/ 엎드리자, 강의 뱃가죽에서/ 네 개의 발이 생겨났고 그리하여/ 개처럼 기어다니는 강이 되었다고 하였다/ 내가 강에 나갔을 때는 저녁이었고/

강은 어스름 속에서 컹컹 짖었다

— '강(안도현)' 시 부분

네 번째로 학생들에게 암송하게 하고 싶은 시를 꼽아보았다. 보통 사람들은 도저히 발견하여 표현하지 못할 존재의 근원에 닿는 시어들, 참여시고 서정시고 운운할 여지도 없이, 사춘기 아이들이 암송하면서 저절로 내면화하게 하고 싶은 시, 그러한 안도현 시들을 만나면 감탄스럽다. 정신없는 요즘 아이들도 '짧은 시간에 암송하기'가 효과가 있을 때가 있는데, 아이들은 그러한 과정에서 어떤 성취감을 느끼는 것 같다. 그 암송이 '시'라면 우리나라의 미래를 긍정적으로 꿈꾸어볼 수도 있을 것 같다. 손글씨로 쓰고 시화로 표현하는 수업활동도 병행하면 좋겠다.

어린 눈발들이, 다른 데도 아니고/ 강물 속으로 뛰어내리는 것이/ 그리하여 형체도 없이 녹아 사라지는 것이/ 강은,/ 안타까웠던 것이다/ 그래서 눈발이 물위에 닿기 전에/ 몸을 바꿔 흐르려고/ 이리저리 자꾸 뒤척였는데/ 그때마다 세찬 강물소리가 났던 것이다/ 그런 줄도 모르고/ 계속 철없이 철없이 눈은 내려,/ 강은,/ 어젯밤부터/ 눈을 제 몸으로 받으려고/ 강의 가장자리부터 살얼음을 깔기 시작한 것이었다

— '겨울 강가에서(안도현)' 시 전문

꽃게가 간장 속에/ 반쯤 몸을 담그고 엎드려 있다/ 등판에 간장이 울컥울컥 쏟아질 때/ 꽃게는 뱃속의 알을 껴안으려고/ 꿈틀거리다가 더 낮게/ 더 바닥 쪽으로 웅크렸으리라/ 버둥거렸으리라 버둥거리다가/ 어찌할 수 없어서/ 살 속으로 스며드는 것을/ 한때의 어스름을/ 꽃게는 천천히 받아들였으리라/ 껍질이 먹먹해지기 전에/ 가만히 알들에게 말

했으리라// 저녁이야/ 불 끄고 잘 시간이야

— '스며드는 것(안도현)' 시 전문

정읍국어교사모임에서 주관한 2001겨울문학캠프 초대 작가가 안도현 시인이었는데, 예산상 1박 2일이었고, 채만식문학기행이 둘째 날에 끼어 있고 채만식 책도 읽어야 하는, 다소 집중화되지 않은 형태의 문학캠프였다. 학교 수업이 아닌 학생들과의 활동으로 이 문학캠프를 먼저 이야기해야겠다.

[2001겨울문학캠프 일정]

2002. 1. 10.

홈페이지에 독후감 올리기 → 정읍 → 친교의 시간(우리 모둠의 개성 만들기) → 독서골든벨(안도현 시집, 채만식 소설) → 작가와의 대화 질문지 작성 → 백일장 시상, 평가(작가) → 작가와의 대화 → 작가에게 엽서글 쓰기 및 전시 → 여름문학캠프 보고 → 공동체 놀이마당

2002. 1. 11.

아침 산책 → 채만식 문학기행 → 공동경비구역 JSA 촬영지 갈대밭 → 철새 기행 → 평가의 시간 및 과제 제시 → 버스에서 소감 말하기 → 정읍 → 홈페이지에 소감글 올리기

2002겨울문학캠프에서 학생들에게 주어진 과제 도서는 첫 시집 〈서울로 가는 전봉준〉과 그 시점으로 최근 시집인 〈아무것도 아닌 것에 대

하여〉 두 권이었다. 시집은 읽기도 어렵지만 독후감으로 쓰기도 쉽지 않은 일이지만 아이들은 나름대로 감상을 이야기하고 있었다.

안도현 공식 홈페이지에서 나는 '서울로 가는 전봉준'이라는 시를 듣고 있다. 느리게 음악과 함께 노래로 나오는데 노래로 들어도 괜찮을 거 같다. 시가 끝날 때는 사물놀이의 흥겨운 가락도 잠깐 나온다.

잔뿌리, 들꽃, 국밥, 해진 짚신, 풀잎, 우리 봉준이 등의 서민적인 구절. 안도현 시인의 시에서 이런 서민적인 것을 찾아보기란 너무 쉽다. 안도현 시인은 시인으로서가 아니라 하나의 인간으로서 그냥 평범한 사람이라고 생각하고 시를 짓는 거 같다. 그가 일상에 겪었던 일들 등의 여러 가지 소재를 가지고 풍산국민학교에 고추밭에 그의 어릴 적의 향수를 느낄 수 있는 시도 많다.

내가 그중에서 가장 인상 깊었던 시는 '낙동강'도 아니고 '서울로 가는 전봉준'도 아닌 '젊은 북한 시인에게2'라는 제목의 시였을 것이다. '그리움이란, 시커멓게 가슴에 멍이 드는 일입니다.'라는 이 짧은 구절의 시였지만 이 시에는 향토적인 것도 욕도 들어있지 않았다. 그리고 이 말은 내 입가를 맴돌았다. 내 두뇌 속에 처박혀서 도무지 나올 생각을 하지 않았다.

— 박정아(태인여중2), 사전과제 독후감

아무것도 아닌 것에 대하여, 이 시집은 내 친구 신선이에게 생일 선물로 받은 것이다. 문학캠프 때 필독도서에 이 책이 있었기에 내게 필요하다 싶어 신선이가 준 선물이다. 이번 문학캠프 때 안도현 시인을 만난다는 것은 내게 큰 기대감을 주었다. 내가 안도현 시인과 관계를 맺는 것은 한 달 전쯤이었다. 한가했던 나는 내가 좋아하는 이은주 국어선생님께 좋은 책이 있으면 좀 빌려줬으면 한다고 말했었다. 선생님께서는 4권의 책을 빌려주셨는데 그중 2권의 책이 안도현 시인의 작품이었다. 〈외롭고 높고 쓸쓸한〉과 〈연어〉 이 두 권의 책은 나에게 신선한 충격과 심리적 혼란과 삶의 희망을 준 책들이었다. 그러니 이 책의 작가인 안도현 시인을 만난다는 건 나에게 얼마나 기쁜 일이겠는가.

……

'3월에 내리는 눈' 이 시는 제목에서부터 때에 맞지 않는 시련을 나타내고 있다는 것이 드러나 있다. 이것을 내 방식대로 해석하고 바꾸어 보았다.

이제 겨우 세상을 알아 가는데/ 참말로 시련이 닥치는 것입니다.// 세상을 조금 알게 된 여리고도 순수한 아이들에게/ 도대체 벌써부터 세상의 참모습을 보여주는 것은 무엇입니까?// 희망에 가득 찬 아이들이/ '끝났어. 힘들다. 뭘하지? 도대체 어떻게 해야 하는 거야'라며/ 절망에서 허우적대는 것을 보자는 것 아닙니까?// 실망할 세상에 약간 있을 좋은 모습을 먼저/ 보여주려다가/ 이거 더 좌절하게 생겼습니다.

……

어쩌면 내 생각과 똑같으며 주제를 이리도 잘 표현할까? 라는 생각이 들며 잠시 눈물도 고이게 했던 이 시집, 삶의 동지를 얻게 된 듯한 느낌이 든 이 시집을 앞으로 힘들 때마다 뒤적일 것 같다.

– 최유진(정일여중2), 사전과제 독후감

문학캠프의 하이라이트는 '작가와의 대화' 시간이라고 우리 교사들은 생각했고, 학생들에게도 그렇게 각인시키려고 노력을 했었다. 가장 노고가 필요한 부분이기도 했다. 작가를 정하고, 섭외 루트를 알아보고, 작가의 마음을 움직이고, 일정을 확정하고, 책을 정하여 읽히고,

문학캠프가 다 끝난 뒤에는 작가와의 대화 녹취자료를 한글로 옮기는 작업을 했다. 미리 원고를 받는 일은 없었다. 살아있는 현장의 체험을 우리는 바랐기 때문이고, 녹취한 자료를 워드 작업하는 일은 고난의 행군이었지만 재미있었다. 지나온 문학캠프 10년을 돌아보면 가장 간결하게 말을 잘하던 작가를 꼽아보면 두 손가락 안에 꼽아지는 작가가 안도현 시인이었다.

또한 다른 문학캠프 때와 달랐던 점은 백일장을 '사이버 백일장'으로 해서 미리 홈페이지를 통해서 받고, 교사들이 1차 선정한 작품들을 작가에게 보내서 평가를 부탁했다는 점이다. 작가의 이야기를 학생들 작품 이야기로 풀어낼 수 있다는 점에서 좋은 방법일 수 있지만, 이러한 작업은 어지간히 친절한 작가가 아니면 수용이 안 되는 어려운 일이기도 하다. 그러한 점에서 지금 생각하면 안도현 시인의 친절이 고맙고 미안할 수밖에 없다. 또 하나 사이버 백일장의 단점이 있었는데, 현장 글쓰기의 생생함을 살릴 수가 없었고, 문학캠프 작품과 관련성이 있는 글제를 정해주지 않은 탓에 글의 집중도가 떨어지는 부작용이 있었던 것 같다.

[2001겨울문학캠프, 안도현 작가와의 대화]

〈작가의 이야기〉

저는 이 자리가 학생 여러분들만 앉아 있는 줄 알았는데, 여기 와서 보니 제가 알고 있는 여러 선생님들도 계시고, 변전소 앞에서 라이터

켜는 그런 기분, 번데기 앞에서 주름잡는 뭐 그런 기분입니다.

여러분 사이버 백일장 작품 내셨죠? 여러분 작품을 중심으로 어떻게 하면 좋은 글을 쓸 수 있을까 삼사십 분 정도 이야기하고, 그리고 다음 시간은 여러분들과 저와 같이 이야기하는 시간을 갖도록 하겠습니다.

좋은 글은 칭찬을 많이 하고 그래야 하겠지만, 여러분들이 앞으로 더 좋은 글을 많이 쓰라는 뜻으로 칭찬보다는, 여러분들이 실망할지 모르지만 여러분들에게 당근보다는 채찍질을 더 많이 하겠습니다.

저는 개인적으로 고등학교 다니면서 글쓰기를 시작하였습니다. 내가 시인이 되겠다, 글 쓰는 사람으로 살아보겠다, 그런 꿈을 꾸게 된 것입니다.

글을 쓴다는 것을 말씀 드린다면, '글을 쓴다는 것은 타고난 재주나 능력이 절대 아니다'라고 말씀드리고 싶습니다. 늘 글을 쓰는 사람들은 어릴 때부터 타고난 재주가 있어야 잘 쓰겠지, 타고난 능력이 있어 잘 쓰겠지,라고 보통 사람들은 이야기를 하는데, 저는 그 말을 대체로 믿지 않습니다. 글 쓰는 것도 학교에서 글을 쓰고, 운동하는 것과 같이 연습과 노력의 결과이지, 처음부터 글을 잘 쓰는 사람은 없다고 생각합니다. 그리고 '시는 재능이고 소설은 노력'이라고 말을 하는 사람이 있지만, 저는 그렇게 생각하지 않습니다. 저는 시를 선택했고, 글쓰기는 전문가가 되기 위한 노력과 연습의 결과라고 생각합니다.

여러분들의 글을 읽어보면서 상당수 학생들이 자기가 글 쓰는 재주가 있다는 것에 기대고 있지 않느냐, 그런 생각을 해보았습니다. 어떠한 노력을 했는가, 그건 글을 읽어보면 알 수 있습니다. 아직까지는 그런 심오한 수련을 거치지 않은 것 같습니다.

제가 글을 쓰겠다하는 마음을 먹은 자체가 제가 처음부터 글을 잘 썼기 때문이 아니고, 우연한 계기로 글을 쓰게 되었습니다. 중학교 3학년 때까지 학교에서 미술반 활동을 좀 했습니다. 아, 그림은 좀 그렸습니다. 앞으로 화가가 될지 모른다는 그런 꿈도 가졌습니다. 그런데 선배님들이 그림을 잘 그린다는 칭찬도 해주고, 그래서 중학교 3학년 때 미술 활동하다가 학교에서 교지 만드는 일에 참가하게 되었습니다. 미술반이 교지 만드는 것은 그림을 그리는 것이었습니다. 삽화! 책을 만드는데 글을 쓰고 편집을 하는 사람이 주인처럼 되고, 삽화를 그리는 사람은 옆에서 도와주는 일이었습니다. 삽화를 그리는데, 교지를 만드시는 국어선생님께 불려가서 아침부터 미술반 학생들이 귀뺨을 두 대씩 맞았습니다. 이유가 그림 그리는 속도가 늦다, 딴 게 없었습니다. 중3이면 열여섯 살이죠. 그때 주먹이 조금만 컸더라면 선생님하고 일대일로 맞장을 붙을 수 있었을 텐데, 내가 조금 체격도 약하고, 체력도 약하고 해서 다른 복수를 하기로 마음먹었습니다. 그 복수는, 교지에 내는 시를 써서 내 시가 실리는 것이었습니다. 교지에 시가 실리면 보란 듯이 복수를 하는 것이죠.

학교에서 백일장 대회랄지, 국어 시간에 숙제랄지, 하는 것은 해봤는데, 내 스스로 시를 써봐야겠다고 마음먹은 것은 처음이었죠. 그때 저는 다른 사람의 시를 읽어봐야겠다, 다른 사람은 어떻게 썼는지 시를 읽어보면 도움이 되리라 생각했고, 아마 그때 시를 최고로 많이 읽었습니다. 저는 '시 읽기'는 '잘 쓰기 위한' 중요한 활동이라고 생각합니다. 잡지에서 읽은 시, 교과서에서 배운 시 다시 읽고 해서 그야말로 명작이 될 만한 시를 써서 교지에 투고했는데, 막상 교지가 나온 날 그 시가 교지에 실리지 않았습니다.

그래서 고등학교에 들어가서는 미술반을 때려치우고 문예반 활동을 하였습니다. 제가 고등학교에 다닐 때만 하더라도 대학 입시 때문에 여러분들처럼 이런 캠프나 모임이 없었습니다. 만약에 고등학교 때 이런 캠프에 1박만 참석했더라면 지금보다 훨씬 글을 잘 썼을 것입니다. 그런 면에서 여러분은 복 받은 사람입니다.

문학에는 이론과 실제 창작이 있는데, 어떤 사람은 이론을 중요시하고, 어떤 사람은 이론보다는 창작능력을 중요시하는데 대부분은 후자를 선택하죠. 내가 글을 쓴다는 것은 어떤 의미가 있는지 그런 고민을 아마 1, 2학년 때 하기 시작했을 겁니다. 무조건 쓰는 것만 하면서 그런 생각을 하게 된 겁니다. 요즘도 보면 글을 잘 쓰기만 해도 대학 진학할 때 수시모집이나 특차 전형으로 대학을 갈 수 있습니다.

저는 그 당시에 글을 쓴다는 것은 첫 번째는 백일장 대회에 가서 상 받는 것이라 여기고 백일장 선수처럼 했습니다. 성적은 떨어지죠. 하지만 문학이 뭔지는 모르지만 글 쓰는 일이 그렇게 좋았습니다. 글쓰다보면 시간이 빨리 가고, 글 쓰는 것을 산고의 고통으로 보는데, 새로운 문화와 새로운 세계를 만들어 내는 것은 즐거움이 되어 고등학교를 보냈습니다. 그래서 고등학교를 보내면서 겉으로는 모범생처럼 보였지만, 속으로는 까진 학생이었죠. 문학이라고 하는 것은 무조건 반대되는 방향으로 생각하는 것을 문학이라 보았죠. 그러니깐 예를 들어 모자를 삐딱하게 쓰는 것이 문학이고, 겨울에 입는 바바리를 여름에 입는 것이 문학이고, 친구들이 안 들어가는 영화관에 몰래 들어가 영화를 보는 것이 문학이고, 짜장집 뒷방에서 짜장면 먹은 그릇에 소주를 따라 마시는 것을 문학으로 알았죠. 뭐랄까 치기나 객기 그런 게 문학인줄 처음에 알았어요. 그때 어떻게 보면, 문학이란 게 언어로 되어있다, 언어로 쓴 글이다, 언어의 게임이다, 글로 승부하는 게임이다, 이런 거에 대해서 깊이 고민하지 않은 겁니다.

여러분들이 쓴 글을 보면서, 승부정신이 있었을까, 자기가 쓰는 말로, 자기 자신과 승부한다는 생각을 했을까, 생각해보았을 때, 그런 점에서 회의적이라고 생각을 합니다. 문학을 하는 사람이든, 일상 사람들이든 생각하는 언어에는 별로 차이가 없습니다. 언어에 대한 승부 정신은 분명히 차이가 있다고 봅니다. 글을 쓰는 사람은 자기 자신의 어떤 삶의 무기로 언어의 새로운 집을 짓고자 하는 사람인데, 일상 언어를 가지고 표현을 직설적으로만 한다든지, 인위적으로 화려함을 나타내려고만 한다면 어떻게 되겠습니까?

가령 보통 사람은 '모악산에 눈이 와서 춥다' 하는데, 문학 즉 글을 쓰는 사람은 단순히 '겨울에 모악산에 눈이 와서 춥다'가 아니고 '모악산 산 속에 있는 토끼도 춥겠다' 고 표현합니다. 그러니깐 '눈이 와서 춥다'와 '눈이 와서 산 속의 토끼도 춥다'의 두 문장 사이에는 차이가 있죠. 눈이 와서 춥다는 것은 자기만 춥다는 것이고, 눈이 와서 모악산 속의 토끼도 춥겠다는 것은 나도 물론 춥지만 토끼도 춥다는 것입니다. 문학이라는 것을 읽고 쓰는 큰 이유는, 이 세상은 나 혼자 사는 것이 아니고, 이 세상은 모두 관계를 맺고 사는 것이기 때문입니다. 사실 지금 나도 겨울 산 속에 가면 토끼 한 마리 잡아먹고 싶은 나쁜 생각이 듭니다. 물론 나도 사람이니까. 그렇지만, 그런 생각을 느끼면 그건 문학에서 토끼와 나와의 관계가 설정될 수 있는 글을 쓰는 사람 자체는 안 되죠.

여러분들이 쓴 글을 되풀이해서 읽어보았는데, 크게 다른 점은 없고 몇 가지 글을 쓰면서 범하는 일반적인 실수라고 할까, 그런 몇 가지를 지적하겠습니다. 앞으로 이런 식으로 글을 쓰면 안 되겠다 하는 것입니다.

먼저, 괜히 심각해진 척 하는 것입니다. 평상시에는 잘 놀다가 종이에 글만 쓰려고 하면 심각해집니다. 항상 그러는 것이 아니고 종이 위에 글을 쓸 때만 과장을 합니다. 그리고 조금 아파도 굉장히 아픈 것처럼, 평소에 부모님 생각 안하다가 글을 쓸 때만 부모님을 크게 생각합니다.

그리고 고등학생들 보니까, 자기가 알고 있는 지식을 자랑하고 싶은 것, 이런 것도 글쓰기에서 경계해야 합니다. 글쓰기의 좋은 습관이 아니죠.

괜히 글만 쓰면 슬퍼지는 사람이 있어요. 막 원고에 눈물이 묻어있는 것 같습니다. 이것도 좋지 않습니다.

여러분들, 일기 쓰시나요. 저는 정말로 지금까지 제대로 일기를 써보지 못해봤는데, 학교의 숙제로 일기를 낼 때는, 방학숙제로 자기가 쓴 글을 날짜를 바꿔가지고 냈어요. 초등학교 때, 일기를 생활일기를 쓴 걸 보면 끝에 가서는 앞으로 나는 다 잘하겠다는 마무리를 합니다. 앞으로 나는 나쁜 사람이 되겠다는 사람은 없겠죠. 글은 그런 점에서 거의 비슷비슷한 것 같아요.

글을 쓸 때 버려야할 것 몇 가지 적어봤습니다. 심각한 척, 슬픈 척, 다짐하는 것 등은 상투적인 것으로 빨리 버려야 할 것입니다. 관념어, 앞으로 어떤 글을 쓰든 간에 3년간 쓰지 마십시오. 그러면 이런 말들이 들어가야 할 자리에 무슨 말들이 들어가야 할까요. 이런 말들이 들어가야 할 자리에 다른 말들이 저절로 다가와 앉습니다. 우리나라 말 중에 '사랑'이라는 말이 대표적인데, 어떤 글에서 사랑이라는 말을 쓸 때와 안 쓸 때, 그 차이가 문학을 수업 받은 사람과 안 받은 사람의 차이라고 생각합니다. 여학생들에게 부탁하는데, 어떤 남자와 연애할 때 사랑한다는 말을 너무 많이 하는 사람을 믿지 마세요. 왜 여자들은 사랑한다는 말에 솔깃하고, 상처를 받는지. 사랑이라는 표현을 안 쓰고, 사랑을 전할 수 있는 다른 언어로 표현해야겠습니다.

쓰지 않아야 할 관념어로 애수, 소망, 기쁨, 근심, 사랑, 애정, 열정, 추억, 염원, 고통, 아픔, 희망, 시련, 회상, 용기, 체념, 절망, 기억, 행복 등등, 이런 말들 다 빼버리면 쓸 말들이 없는 것처럼 보이지만, 그 말이 들어갈 자리에 다른 표현이 와서 앉도록 하는 것이 글쓰기 공부이다, 그렇게 생각합니다.

시를 통해서 자기 마음을 쉽게 털어놓은 경우가 가끔 있었습니다. 마음을 털어놓는 것은 그냥 집에서 혼자 일기장에다 얼마든지 털어놓을 수 있습니다. 혼자 편지에도 심각하게 털어놓을 수 있습니다. 시라는 형식 속에 마음이 들어가는 것은 자기 마음을 털어놓은 것이 아니고, 마음을 그려서 보여주는 것입니다. 시에서 내 마음이 아프다, 슬프다, 외롭다, 그립다가 시가 아니고. 이런 마음을 자세히 그려서, 묘사해서 시로 옮겨놓은 것이 시입니다. 자기의 멋들이나 고백을 잔뜩 표현하는 것이 아니라 마음속에 말하고 싶은 것을 그림으로 그려보이듯이 그리는 것으로 생각합니다. 그렇다면 묘사라고 할 수 있겠죠.

묘사라는 것은 그림을 그릴 때, 묘사를 하는데 그림을 잘 못 그리는 사람의 크레파스를 보면 제일 빨리 닳아버리는 살색, 녹색, 하늘색 등으로 크레파스가 짧게 되죠. 하늘을 그릴 때 하늘색만 칠하면 되고, 얼굴을 그릴 때는 얼굴색만 칠하면 잘 못 그립니다. 색을 배합시키면 더 가까운 색을 그릴 수 있는데, 나무 색을 그릴 때 고동색만 그립니다. 그러면 안 되겠죠. 색칠을 할 때 원색은 3년 동안 쓰지 말고, 아니 5년 동안 쓰지 마세요. 색을 배합해서 쓸 줄 아는 것이 중요합니다.

국어 시간에 머리 아프게 은유나 직유나 상징을 배우는 것이 있는데,

글을 쓸 때, 흰 눈을 '밥풀' 같은 눈으로 눈꽃을 나타내고, 흰눈을 '팝콘' 같은 눈으로 표현하는 경우가 있습니다. 도시에 내리는 눈을 '팝콘' 같은 눈으로 표현하는 것이, 시골에 내리는 눈을 '밥풀'같은 눈으로 표현하는 것이 좋죠. 예부터 미인을 비유라는 말로 무엇이 있죠? 앵두 같은 입술로 표현했는데, 너무 많이 쓰여서 지금은 안 어울리는 표현, 이것을 차단해야 하는데 이것이 바로 글 쓰는 사람들의 몫입니다. 초승달 같은 눈썹도 마찬가지입니다. 구닥다리 표현으로 보면 됩니다. 이렇게 생각할 필요가 있어요. 시란 '내 마음을 털어놓은 휴지통이 아니고, 내 마음을 그려놓는 캔버스다', 이렇게 생각하면 됩니다.

시에서 묘사라는 것이 있는데, 결국 묘사를 잘하려면, 관찰을 잘해야 합니다. 나무를 그릴 때 나무 색깔을 고동색으로만 그리는 것보다, 버드나무 같은 경우는 회색에 가깝고, 자작나무 같은 경우에는 흰색에 가깝고 하는 경우가 있지 않겠습니까? 묘사를 잘하려면 관찰하는 눈을 길러야 합니다. 글쓰기가 단지 자기 마음을 털어놓은 게 아니고, 자기 마음으로 다른 사람에게 감동을 주어야 하기 때문에 그럴듯하게 묘사를 해야 하고, 그럴듯하게 묘사를 하기 위해서는 자기 힘으로 세상을 어떻게 표현하느냐 자신의 개성을 발견하는 것이죠. 이 발견의 눈이 필요합니다.

글을 고치는 일을 게을리 하지 않았으면 좋겠습니다. 여러 번 고쳐야 좋은 시가 됩니다. 제가 조금 뻥을 쳐서 500번 고칩니다. 실제로 50번 고치는데, 실제로 500번 고칠 때도 있습니다. 여러분은 이 글을 쓸 때 과연 몇 번이나 고쳤을까. 보통 이렇게 쓰기 과정에서 퇴고가 글쓰기의 마지막 단계로 생각하는 경향이 있습니다만, 저는 퇴고야말로 글쓰기의 처음이자 마지막이라고 보고, 저는 퇴고가 글쓰기 과정의 95%가 되어야

한다고 생각합니다. 여러분들이 완성되었다고 하는 글은 나무의 새싹을 틔우는 씨앗에 불과합니다. 줄기가 나오고, 잎이 나면 꽃이 피고, 그리고 열매를 맺게 됩니다. 그러면 나머지 95%의 퇴고 과정이 이루어져야 하는데, 끊임없이 고치는 버릇, 굉장히 중요합니다. 저는 처음부터 끝까지, 첫줄부터 끝줄까지 시를 써서 완성해본 일이 없습니다. 그래서 많은 시를 쓰지 못하고 처음에 두 줄 쓰고, 다음에 두 줄 쓰고, 그 다음에 석 줄 지우고, 그 다음에 또 두 줄 쓰고, 또 쓰고 해서 글을 완성합니다. 한 번에 시를 쓰지 않습니다. 시라는 것은 아무렇게나 쓰는 것이 아닙니다. 여러분들이 학생들이지만, 프로 의식을 갖추었으면 합니다.

〈학생 작품에 대한 평가〉

이번에 제가 받은 작품 중에는 산문이 많지 않습니다. 산문이라는 글은 정확한 문장구조를 보여줘야 합니다. 인터넷 글쓰기나 잘못된 글쓰기의 습관으로 말줄임표가 있는데, 이 말줄임표는 펜으로 글을 쓸 때는 많이 쓰지 않습니다. 그런데 인터넷으로 이메일을 빨리빨리 보내야 하기 때문에 어떤 사람은 2개 찍고, 어떤 사람은 3개 찍고 5개 찍고 하는 그런 경우가 있죠.

여러분은 인터넷 글쓰기로 인하여 나타나는, 문장을 오염시키는 것에 주의해야 합니다. 흔히 인터넷 글쓰기에서 잘못된 점이 산문을 쓰는데 단락에 대한 개념이 전혀 없고, 그냥 시처럼 자기가 바꾸고 싶을 때 아무 때나 행을 바꾸어 쓰는 일이 있습니다. 프로라는 의식을 가지고 글을 쓰시기 바랍니다.

안 좋은 이야기인데, 서운하겠죠. 여러분이 낸 작품에 순위를 정해보긴 했지만, 여기에 뽑힌 학생들이나 뽑히지 않은 학생들이나 큰 차이가 사실 없습니다. 금방 제가 말씀드린 그런 기준으로 은상 4명, 금상 2명, 장원으로 시 1명, 산문 1명을 뽑았습니다. 고등학생보다 중학생이 더 많습니다. 고등학생은 2명밖에 없습니다. 아마 고등학생들은 공부하느라 바빠서 그런 것 같습니다.

먼저 왕신여중 2학년 김민경 학생의 '갈대'라는 글입니다. 이 학생도 글을 쓸 때 슬픈 생각을 많이 합니다. 갈대를 볼 때 슬프지 않아도 됩니다. "청순하고도 가냘픈 갈대야/ 왜 한들거려 내 속을 태우느냐?" 첫 구절입니다. 솔직히 말하면, 갈대가 흔들리면 속을 태웁니까? 그건 전혀 아닐 것입니다. 그럼에도 불구하고 말을 이렇게 끌고 가는 솜씨가 뛰어납니다. 은상, 박수 한 번 쳐주세요.

그 다음에 서영여고 1학년 송주은 학생의 '내가 잃어버린 내 모습의 조각들', 긴 시입니다. 이 학생은 말도 굉장히 잘하지 않는가? 오늘 한 번 만나봐야겠습니다. 내가 잃어버린 내 모습의 조각들, 이제까지 자기 자신이 살아오면서 기억이라는 것, 치워야 하는 것…… 긴 시의 매 행에 '조각'이라는 단어가 나옵니다. 30여 개가 나옵니다. 조금 다듬었으면 합니다.

정일여중 2학년 백승희 '마음에서의 소리' 짧은 시입니다. 짧은 시인데, 중학생답지 않게 단단한 그런, 단단하긴 하지만 앞에서 말한 것처럼, 글의 앞에 두 줄만 읽어주겠습니다. '들리나요?/ 내 마음이 하는 소리', 모르겠어요. 사랑한다는 말인가? 사랑한다는 말인데, 시 자체가 단단하긴 하지만 구체적으로 완전하진 않습니다. 은상입니다.

태인여중 1학년 고은희 학생의 '한숨'입니다. 시가 한 페이지 정도 됩니다. 그런데 7연으로 되어 있는데, 제 생각으로는 3연만 쓰면 되겠습니다.

"예전에/ 쌀이 우리 집의/ 전 재산이었지요.// 하지만 지금은/ 쌀이 농민들의/ 걱정 덩어리// 창고에 쌓인 /쌀을 보면서 /아버지는/ 한숨만 쉬지요."

여기까지만 쓰자는 것이지요. 그 다음이 어떤 글이냐.

"그런 모습을/ 보고 있는/ 저의 가슴은 아픕니다.// 가끔은/ 알고 있으면서도/ 가만히 있는 저뿐만 아니라// 어른들까지/ 한심스럽답니다.// 이젠 그런/ 걱정 없이 농민들이/ 크게 웃고 사는/ 날을 기다립니다."

그러니깐 그 뒷부분은 자기고백적인 것이죠. 사실 앞에서 창고에 쌓인 쌀을 보면서 아버지는 한숨만 쉬지요. 여기까지가 시고, 내가 어떻게 마음을 가지는 것은 다 안다는 것이지요. 1학년 학생으로 자기가 겪은 실생활을 시로 쓸려고 시도했던 것입니다. 은상입니다.

그 다음에 왕신여고 2학년 학생의 '소나기' 금상입니다. 후기에 이렇게 쓰여 있습니다. 황순원님의 소설 소나기를 읽고 독후감으로 쓴 시조입니다. 소년과 소녀가 만나서부터 소녀가 떠나고까지 다섯 수의 시조로 썼습니다. 종장의 3543으로 첫 구 석 자는 그대로 썼고 둘째 구 다섯 글자 이상은 써야 하는데, 4글자를 썼습니다.

그 다음에 잘 쓴 시가 두 편 나왔습니다. 정일여중 2학년 송민진 학생의 '친구에게' 금상입니다. 이것을 시를 읽지 않고 제가 설명을 하겠습니다. 친구에게 말하는 식으로 썼습니다. "길을 가다 지치면 하늘을 봐라! 사는 것이 많이 힘들고 그렇지만은 하늘이 왜 저렇게 높은 곳에 있는가 하면, 주저앉고 싶은 사람들에게, 지친 사람들에게 자기를 바라보라고 있다." 괜찮죠! 그렇죠! 힘든 사람들에게 한 번 쳐다보라고 있는 것인데, 아까 이야기했던 것처럼 체념, 희망, 절망, 용기, 신념 등 이런 것들은 버려야 할 단어들이죠.

다음은 시 장원으로 정일여중 2학년 최유진 학생의 '희망의 증거'입니다. 읽어보겠습니다.

"나비가 되는 것을/ 두려워 말아라/ 번데기야// 나비가 된다는 것은/ 비록 큰 용기가 필요하며/ 아픈 시련들을 많이 겪어야 하며/ 두려움이 널 지배하겠지만// 나비가 되었을 때를 상상해봐/ 나비의 아름다움이란 형식적인 기쁨 말고/ 그 어려움을 이겨냈다는 자신감을/ 그로 인해 얻어지는 용기를/ 타인에게 용기를 주는 존재가 될 수 있다는 것을// 번데기의 허물을 벗는다는 것은/ 꽤 힘들 거야/ 그 동안의 고정관념들을 모두 버려야 하니까/ 물론 나의 수군거림도 있겠지"

이런 글이 있습니다. 그러니깐, 본 듯한 냄새가 나긴 하지만, 이게 번데기한테 말을 하는 형태가 되었는데, 이런 부분들을 저는 나름대로 최유진 학생이 발견해냈기 때문에 장원을 주었습니다. 그동안의 고정관념들을 모두 버려야 하니까, 그러니까, 새로운 세상을 만들어야 한다는 것으로, 자신이 변화하지 않으면 안 된다. 그런 내용이지요.

다음은 산문 장원으로 배영중학교 3학년 임정훈 학생입니다. '만족'이라는 독후감, 독후감인데, 이 글의 약점부터 말한다면 너무 독후감 글의 형식에 딱 들어맞게 썼습니다. 저도 이런 경험이 있습니다. 정말이지 항상 이렇게 썼습니다. 그럼에도 불구하고 자기가 처해있는 현실하고 책을 읽은 소감을 비교적 정확한 문장으로 써놓았다, 그렇게 보겠습니다.

내 작품은 안 뽑아주고 상도 안주고, 서운하죠. 서운하다고 말은 안 하겠지만 모두들 서운할 겁니다. 저는 제 중학교 때 경험처럼, 백일장이라는 글쓰기 대회는 상을 타기 위해 중요한 것이 아니라 '떨어지기 위해 중요한 것'이라고 생각합니다.

1모둠 날아라 병아리 질문과 답

질문 1. 안녕하세요. 배영고등학교 1학년 박준입니다. 안도현 시인님을 뵙게 되어 영광입니다. 이번 시집 〈아무것도 아닌 것에 대하여〉를 독자가 어떻게 읽어주었으면 좋겠는가 알고 싶습니다.

2. 어른을 위한 동화를 쓰게 된 계기는 무엇입니까?

작가 〈아무것도 아닌 것에 대하여〉를 읽으시려면, 독자들이 '아무것도 아닌 것처럼' 읽어주었으면 합니다. 구 시인들처럼 대다수 사람들의 삶에 대한 글을 뭔가 중요한 것, 뭔가 특별한 것, 그런 것들만 가치가 있고, 아무것도 아닌 것, 별 볼일 없는 것, 하찮은 것, 그런 것은 가치가 없는 것처럼 인식하는 경향이 있습니다. 대다수 사람들은 시를 잘 읽지도 않을뿐더러, 시란 이 세상에 그다지 중요하지 않은 존재라고 생각하는 사람들도 있습니다. 그런데 중요하지 않는 것도 중요한, 아무것도 아닌 것도 아무것도 긴 것이라는 그런 생각이 듭니다. 저는 고향이 경상도예요.

전라도에 와서 산지 올해로 22년째예요. 요즘 들어서는 의식적으로 의도적으로 이쁜 전라도말을 중간 중간에 삽입합니다. '해찰', '봄똥' 그런 전라도 분위기의 말에 익숙합니다. 그리고 내가 글을 쓰고, 그럴싸한 작품집을 만드는 것은 '이 세상 모든 것들이 관계를 맺고 있다' 그런 생각 때문에 제가 글을 쓰고 있는 겁니다. 이 시에 등장하는 정말 아무것도 아닌 새랄지, 꽃이랄지, 그런 것들의 관계가 따로 떨어져 있는 것이 아니고, 좀 아는 것을 가지고, 하찮은 것들을 가지고 새로운 관계를 만들어가는 것이 아닌가, 그런 이야기를 할 수 있습니다.

어른들을 위한 동화는, 처음에는 중학교 3학년 학생들이 읽었으면 하는 생각을 했습니다. 왜 그러냐면, 여러분들 특히 중학생들에게 묻고 싶은데 초등학교까지만 하더라도 동화라는 책을 열심히 읽습니다. 그러다가 중학교에 오게 되면 그 동화책들은 다 어떻게 하고, 이제 손대면 탈날 것 같은 그런 참고서를 쳐다보거나, 동생들에게 물려주거나 그렇게 하죠. 중학교 때부터는 한국 단편이랄지, 어떤 배따라기, 소나기, 이런 것들을 읽기 시작해서…… 동화에서 소설로 넘어오는 중간층에 징검다리와 같은 글 양식이 있었으면 좋겠다, 라는 생각을 했습니다. 동화와 소설의 중간이라면, 어른들을 위한 동화가 맞지 않을까? 봅니다. 〈어린 왕자〉, 그와 같이 그 사이에 넣어주었으면 합니다. 초등학교 6학년 교과서에 〈연어〉가 실렸는데, 제 생각은 중학생쯤 읽었으면 했습니다.

2모둠 산제비나비 질문과 답

질문 1. 안녕하세요. 저는 태인여중 3학년 노경은인데요. 인터넷에서 자료를 찾는데 수상 소감문에 '존재의 골을 때리는 시'를 쓰고 싶다고 하셨는데, 그 의미를 알고 싶습니다.

2. 안녕하세요. 저는 왕신여고 2학년 박미라입니다. 제가 여쭤 보고 싶은 것은 사람마다 각자 색깔이 있다는데, 안도현 시인께서 보시는 자신만의 색깔이 있다면 무엇입니까?

작가 '존재의 골을 때리는 시'를 쓰고 싶다. 그런 말장난이 있었죠. 여러분들은 그런 말을 써서는 안 되겠죠. '골 때린다' 그런 말을 쓰면 안 되는데, 흥이라고 해야 할까요. 누군가 내 시를 읽고, 그냥 좋아하는 것보다는 감동하였으면 좋겠다, 그냥 감동하는 것이 아니라, 그냥 미쳐버렸으면 좋겠다, 그런 생각했습니다. 그러면, 시를 읽고 미쳐버리는 사람이 있어야 하는데 아직까지 그런 사람은 없었습니다. 굳이 또 '존재'라는 단어를 쓴 거는 어느 문학이나 그렇지마는 삶이란 현실의 문제에 포함해서 현실에 감동할 수 있는 그런 원대한 꿈을 주는, 본질의 감동까지 주는 시를 쓰고 싶다는 거였습니다.

질문한 학생! 자신의 색깔은 무엇이라고 생각해요? 그냥 편하게 이야기해보세요. 오늘 빨간 색의 옷을 입었으니 빨간 색이죠. 저는 시를 쓸 때 꼭 무기교의 기교, 그러니깐, 내가 시를 쓸 때 기술을, 재주를, 기교 이런 것들을 들어가게 하는 것이 아니라, 들어가지 않게 하는 것이다. 그런 사람도 있습니다. 실제로 제가 많이 고친다고 했는데, 고치다보면 그런 이야기도 있지 않습니까? 정원사가 나무를 이렇게 가위로 손질을 하다가 쪼끔쪼끔 자르다가 나무를 다 잘라버리는 그런 이야기도 있잖아요. 우리도 머리를 자르다보면 이쪽을 자르면, 저쪽이 길고, 그렇게 해서 머리가 엉망이 되어버리는 일이 있잖아요. 시를 고치면서도 내가 고친 티가 안 나게 고치는 것, 저는 그것을 중요하게 생각합니다. 나는 쉽게 무슨 색이라고 말할 수는 없지만 그냥 그러네요.

3모둠 미나리꽝 질문과 답

질문 1. 안녕하세요. 저는 태인고 1학년에 재학 중인 최유리라고 합니다. 제가 질문할 것은 제가 글을 쓸 때 맨날 힘들어하고, 완성하기가 어려운데, 선생님께서 글을 쓰다보면 작품을 완성시킬 때나, 어느 때나 글쓰기가 부담스러울 때가 있을 텐데 글쓰기가 힘들 때 극복하시는 방법이 있다면 무엇이 있는지 말씀해주십시오.

2. 책 〈연어〉에서 '은빛연어'의 모델이 있습니까? 있다면 말씀해주십시오.

작가 글 쓰는 것은 쉬운 것이 없습니다. 매번 느낍니다. 〈아무것도 아닌 것에 대하여〉 시집을 작년 6월에 냈는데, 시집 내고 나서 지금까지 시를 두 편 정도 썼습니다. 가령 글을 쓰다 힘들 때는 어떻게 하느냐? 안 쓰면 됩니다. 잘될 때 쓰면 괜찮겠죠. 그런데 저는 쓰는 것보다도 '읽는 것'이 중요하다고 생각합니다. 늘 쓰는 사람들! 이건 괜찮고, 잘 안 써질 때는 거의 제가 나름대로 추구하는 것으로 집에서 글만 쓰는 것이 아니고, 그렇다고 해서 아침에 일어나서 글만 쓰는 것도 아닙니다. 거의 대부분의 시간들은 밥 먹고, 물 먹고, 술 마시고, 똥 싸고 하는 시간들입니다. 대부분의 시간들은 읽고, 10시가 넘어서 집중적으로 글을 씁니다.

그 다음에 '은빛연어' 모델은 제가 전에 근무하던 학교가 고등학교였는데, 실장이 있었는데 공부도 잘하고, 운동도 잘하고, 얼굴도 잘 생겼고, 싸운 거죠. 그러니깐, 학교에서 보충수업 희망을 하는데, 희망원에다 ×표를 해서 낸 겁니다. 그런데 그 희망원이라는 것은 보충수업을 하고 싶은 사람은 ○표해서 내면 되고, 하기 싫은 사람은 ×표해서 내는 거였는데, 담임 선생님의 입장과 여러 가지 엮어져서, 그런 눈치를 봐야 되고 하기 싫어도 어쩔 수없이 ○표해서 내야하는 것이죠. 그런데 이 녀석이 ○표해서 낼 줄 알았던 이 녀석이 ×해서 낸 거죠. 왜 보충수업 안 받으려고 하느냐? 그랬더니 아주 간단했어요. "하기 싫으니까요."

여러 가지 많은 생각이 들었습니다. 남들이 다 할 때, "아니다!" 라고 말할 수 있는, '은빛연어'가 그런 것이죠.

4모둠 모닥불 질문과 답

질문 1. 정읍농공고 1학년 하은주라고 하는데요. 시인님은 어른이 되어서도 어릴 적 동심을 잃고 싶지 않다고 들었는데 그렇다면 집에서도 그런 동심을 표출하고 또 가족들은 그런 동심을 어떻게 받아들이시는지 궁금합니다.

2. 태인여중 2학년 박정이라고 합니다. 시 속에 비속어와 향토어들이 나오는데 그런 시어들을 쓰는 특별한 이유가 있는지 아니면 시를 쓰는 독특한 방식이 있는지 알고 싶습니다.

작가 어떤 분들은 제가 쓴 글 속에 동심이 들어있다,라고 말씀해주시는데, 동심이란 말을 다른 말로 하면, 철이 없다. 제가 알고 있는 글 쓰는 사람들 상당수는 책을 많이 읽는데, 이 세상의 중요 질서와 귀감이 제게 그대로 닫혀 있는 것만은 아닙니다.

그래서 그런지, 대체로 글 쓰는 사람들은 학생들 앞에서 이런 말을 해서는 안 되지만, 예나 지금이나 글 쓰는 사람들이 술을 잘 마십니다. 그런데 제가 분명히 말씀드릴 수 있습니다만 술 먹고 글 쓴 일은 별로 없습니다. 없는데, 그런데 말을 하자면, 술은 몸에 좋지 않습니다. 백해무익이죠. 글을 쓰는 사람들이 술을 많이 먹는다 하는 것도 글을 쓰기 위해서 많이 먹는 게 아니라, 글을 쓰다 보니 인간이 철이 없어서 술을 많이 마시는 것입니다. 철이 좀 들면 술을 좀 끊고, 줄이고 그렇게 하겠죠. 아직도 정신 못 차린 인간이 있습니다.

그리고 집에서 동심을 발휘할 기회가 거의 없습니다. 집에서는 초등학교 다니는 아이도 있고, 고등학교에 다니는 아이들도 있는 아빤데, 잘 해주지 못합니다. 매일 일이 바쁘다는 핑계로 잘 해주지 못합니다. 아빠는 엄마에게 미루고, 잘 해주지 못합니다.

그리고 비속어, 시에서 향토어나 사투리를 많이 쓰는 이유는 우리가 살고 있는 세상이 온전하게 맑은 세상이 아니기 때문에 바꿔 말하면, 탁한 세상이기 때문에, 탁한 세상을 보고 글을 쓴다면, 탁한 언어로 써야 하기 때문에, 그러니까 세상이 탁한데 그냥 시만 맑다고 해서는 안되죠. 그러니깐 탁한 세상과 상대하는 전략 같은 것이 비속어라고 생각하는 겁니다. 세상의 창밖의 부조리와 모순과 그 차이인데, 나 혼자 시에서 맑고 고운 글을 쓴다고 해서 내 시가 이 세상에 제대로 기능을 할 수 있겠느냐. 아니다, 그렇다면 나도 역시 이 세상을 막 받아치는 그런 문학을 해야겠다는 거죠.

저는 일종의 해학을 좀 유발하는 방법으로써 비속어와 사투리를 씁니다. 여러분들은 학교에서 착한 학생들 같습니다. 거의 욕설을 안하고, 착하죠. "졸라 좋다" 이런 말 사용합니까? 요즘은 여학생들도 쓰더라고요. 무슨 말인지도 모르고. 여학생들 알아요? '졸라'가 무슨 뜻이냐고 물어오면, 굉장히, 엄청나게, 매우, 아주, 그런 뜻이라고 말합니다. 절대 그런 뜻이 아닙니다. 그것은 좀 있다가, 남학생들에게 물어보기 바랍니다. 졸라가 무슨 뜻이냐고. 아참 그리고 이 세상에서 모범적인 사람으로 살기 위해서 노력하고, 욕설 같은 것 안하고 살면 좋겠지만, 실제로 시골에 농사짓는 할머니, 연세 드신 분들의 이야기를 들어보면, 거의 반절 정도가 욕이 많습니다.

그 욕이 상대방을 공격하기 위한 욕이 아니고, 그 공동체의 웃음을 만들어내기 위한 것들이 많이 있습니다. 예를 들어서 전라도에서 하는 말, 자기 주변에서 쓰는 욕들, 그러니깐 공격하기 위한 욕이 아니라, 잘 살기 위한 욕들이 많습니다.

5모둠 석류알갱이 질문과 답

질문 1. 안녕하세요. 저는 학산정보고 1학년 심숙희입니다. 선생님께서는 주로 자연물을 소재로 시를 짓는 이유는 무엇입니까?

2. 안녕하세요. 저는 정읍여중 1학년에 재학 중인 정한솔입니다. 시를 잘 짓기 위해서 다른 분들의 시를 많이 접해보는 등 수많은 노력을 했다고 하셨는데, 안도현 시인께서는 어떤 특별한 노력을 하셨는지 궁금합니다.

작가 시에서 자연을 소재로 하는 것은 앞에서 잠깐 말씀 드렸습니다. 앞으로 여러분들이 주인이 되어 살아야할 21세기는 '인간이 자연하고 어떻게 공존할 수 있을까'를 모든 국민이, 여러분들이 어떤 일을 하든지 간에 가장 큰 고민하며 살아야할 시대입니다. 우리는 지금 근대화 물결, 19세기, 20세기는 인간이 자연보다 우월하다는 것을 과시하면서 살았던 것입니다. 그러니깐 인간의 생활을 위해서 자연을 파괴하고, 자연을 변형하고, 뜯어고치는 인간이 자기의 운명이라고 생각하고 있습니다. 21세기는 그게 아니라, 인간이 자연을 지배하는 것이 아니라, 똑같은 관계를 가지고 만나야 하는 것입니다. 그러기 때문에 시를 쓰는 저로서도 자연의 문구를 안 쓸 수도 없고, 별 볼일 없는 자연이야말로 정말 중요한 소재이므로 자연을 소재로 시를 씁니다.

어떤 시인을 접해보는가? 모든 시인을 접하죠. 그러니깐 시를 쓴다는 건 '읽는 게 직업'이라고 생각합니다. 그래서 우리나라 시인의 시는 안 읽어보는 시는 거의 없습니다. 지금 잡지에 발표된 시들, 신문에 나오는 시들, 중요한 시들은 거의 다 읽어보았습니다. 제가 좋아하는 시인이 백석인데, 고등학생들은 백석 시를 꼭 읽어야 합니다. 내년이나 내 후년에 수능 시험에 나올지 모릅니다. 가장 중요한 시인임을 꼭 잊지 말고 읽어보기 바랍니다.

6모둠 살구나무 질문과 답

질문 1. 안녕하세요. 정일여중 2학년 최유진입니다. 선생님께서는 힘들게 자아에 대해 고민했던 사춘기를 어떻게 보냈는지요?

2. 안녕하세요. 왕신여중 2학년 김가은입니다. 선생님은 고향이 전라도가 아니면서 왜 첫 시집을 전라도와 관계가 깊은 〈서

울로 가는 전봉준〉으로 정하셨나요? 그리고 전봉준에 대해 어떻게 생각하시나요?

작가 두 번째 질문, 정읍에 사는 동학의 후예들이라서 그런 질문이 나온 것 같습니다. 첫 번째 질문에 대하여 말씀 드리면, 저는 시골에서 생활을 하다가, 초등학교 6학년 때 내가 밥을 하고, 도시락 반찬을 싸서 학교에서 친구랑 같이 먹었습니다. 아이들이 내가 싸가지고 간 반찬이 제일 맛있다고 이야기하였습니다. 무생채도 잘 담그고, 깍두기도 잘 담았습니다. 그랬는데, 글을 쓰게 된 이후로는 부모님하고 떨어져 있게 되니까 자연스럽게 책을 많이 보게 되었습니다. 그 당시 사춘기가 왔는지 잘 모르겠어요. 첫사랑은 초등학교 1학년 때 해버렸기 때문에, 고등학교에 다닐 때 글을 쓰겠다고 할 때부터 인기는 있었지만, 내가 좋아하는 여학생한테 2년 가까이 연애편지를 보낸 일이 있었어요. 지금 같이 사는 사람은 아닙니다. 뭔가 까진 면이 있었죠. 그랬었는데, 거의 매일 1주일에 다섯 번, 여섯 번 정도 그러니깐 엽서를 주로 많이 보냈죠. 길이가 두 줄짜리도 있었고, 한 페이지를 가득 채운 글도 있었으니까, 지금 생각해보면, 그때 문장 연습을 많이 한 것 같아요. 여학생에게 보내는 문장이니까 함부로 쓰면 안 되잖아요. 지금 23년쯤 되었죠. 사춘기라는 것을 책을 읽으면서 그렇게 보낸 것 같습니다.

그리고 시 '서울로 가는 전봉준'은 지금 사는 사람과 대학 다닐 때, 제 집사람이 사학과였습니다. 사랑하는 사람을 제압하는 방법이 그 사람이 읽은 책, 나도 따라 읽는 것입니다. 근대사에서 서울로 압송되는 전봉준 사진이 있지 않겠습니까? 전봉준 사진이 유일하게 남아 있는데, 그 밑에 사진 설명이 '서울로 압송되는 전봉준' 그러니까 혁명에 실패하고 순창 피노리에 잡혀서 서울로 가다 찍힌 유일한 사진으로 시가 될 것 같아서 노트에다 적어 놓았는데, 그게 나중에 '서울로 가는 전봉준'으로 바뀌게 된 것입니다. 그 시를 쓰기 전에는 고부랄지, 이평이랄지, 정읍 쪽에는 가보지 못했습니다. 훨씬 나중에 갔습니다. 제가 대학교 4학년 때 쓴 시인데, 1980년에 광주 항쟁이 일어났습니다. 80년대에 대학을 다녔던 우리 세대는 광주에서 죽어간 선량한 사람들이 있어, 말로 다할 수 없는 부채의식 같은 것이 있었습니다. 우리만 살아남았구나! 죽은 사람도 많은데……. 그 전봉준 사진을 보는 순간 광주에서 민주화 운동의 실패와 전봉준 장군의 혁명의 실패가 오버랩되는 겁니다. 그러한 내용의 시를 써봤는데, 첫 줄에 "눈 내리는 만경들 건너 가네/ 해진 짚신에 상투 하나 떠가네", 이렇게 시작합니다.

전봉준 장군이 잡혀갈 때 눈이 내렸는지 안 내렸는지 알 수 없습니다. 나중에 사진을 보고, 동학농민혁명에 대한 자료들을 찾아보니까 음력 정월이라고 그래요. 정월, 그렇다면 지금 음력이니까 아마 서울로 3시간이면 갈 수 있는 거리도 아니고, 며칠 걸려서 가야 하니까, 서울로 가는 동안에 충분히 눈이 오지 않았을까 하여 시의 배경에다 눈을 내리게 한 겁니다.

우리가 자기 자신을 제일 잘할 수 있는 것은 자기 자신을 마인드 컨트롤하는 것입니다. 여러분은 정읍이라는 고장에 있지만, 정읍이 나라의 중심이고, 정읍이 이 우주의 중심이라는 주체 의식을 가지고 있어야 합니다. 시를 쓰면서 내가 발 딛고 서있는, 내가 숨쉬고 살아가는, 내가 부딪히며 살아가는 이 전라도 땅에 있는 글을 써야

하겠다. 그때부터 그랬습니다. 자기가 시를 제일 잘 하는 것은 자기 자신이고, 자기 가족이고, 자기 마음이고, 자기 고장입니다. 여러분들이 자기가 한가한 시골에 서있다 보지 말고, 자기가 발 딛고 사는 곳이 우주의 중심이라는 생각을 할 필요가 있습니다. '세상의 중심에 서있다'라고 생각하면, 훨씬 자신감이 있습니다.

7모둠 우리가 눈발이라면 질문과 답

질문 1. 안녕하세요. 저는 왕신여중 2학년에 재학 중인 권이슬입니다. 선생님의 시를 보면 꽃 이름과 나무들이 많이 나오는데 실제로 꽃을 많이 아시는지요?

2. 태인여중 2학년 오정진입니다. 선생님은 퇴직 후 생활에 어려운 점은 없는지요? 시만으로 생활할 수 있었는지요?

작가 저는 실제로 꽃 이름이나 나무 이름을 많이 알고 있습니다. 지금도 바닷가에 나가면, 잎이 다 떨어진 나무를 만져보면 이름을 알 수 있습니다. 이런 것은 혼자 갑자기 되는 것은 아니고, 저 혼자 자습을 많이 했습니다. 책도 많이 사보고, 바닷가 나갈 때마다 책과 비교도 해보고 하였습니다. 그런데 한때 그 나무와 꽃을 무엇으로 쓸 것인가? 했는데, 굉장히 많습니다. 예를 들면 물푸레나무라는 것이 있습니다. 물푸레나무 이름이 참 좋잖아요. 물자가 들어가서 나무가 물가에 사는 줄로 알았습니다. 나중에 책을 찾아보니까, 깊은 산속에 사는 도끼자루를 만드는 단단한 나무였습니다.

그런 말도 있잖아요. 글을 쓰면, '이름 없는 나무'라는 말을 쓰잖아요. 들판에 나갔더니 이름 없는 들꽃이 피어있었다. 이런 문장 쓰죠. 그런 문장 쓰는 사람은 이 세상에서 제일 무식한 사람이에요. 아침에 일어났더니 이름 없는 새가 나뭇가지에서 울고 있었다. 자기가 무식해서 새 이름을 모르지 새 이름이 다 있잖아요. 여러분도 고운 글을 쓰려면, 그런 꽃이나 나무, 벌이나 곤충이나 이런 것들을 많이 아는 것이 큰 재산이라고 생각합니다. 풀꽃은 해마다 피니까, 저는 꼭 확인을 합니다. 아 산수유구나, 그렇게 확인하게 되고, 그때마다 그 꽃과 나 사이에 새로운 관계가 맺어집니다.

난 지금 여러분들의 이름을 모릅니다. 이름을 알면 성현아 이렇게 부르면 둘 사이의 관계가 새로운 관계가 되는데, 모르면 어이 아니면 야 그렇게 됩니다. 이름이 있는데 이렇게 부르면 기분이 나쁘죠. 그러니까 벌레나 꽃이나 나무도 마찬가지죠. 그러니까 말씀드린 것처럼 개들이 우리보고 짖는 것도 우리가 개의 이름을 모르기 때문입니다. 개 이름을 알면 개가 꼬리를 흔들면서 오고, 이름을 안 불러주니까, 개가 왕왕왕 짖게 되는 것이죠. 꽃도 이름을 불러주어야 우리에게 반응을 보입니다.

시인이나 작가를 어떤 신비감을 가지고 보는 분들이 있습니다. 얼마 전에 황수정씨 기사가 나오고, 어찌 그렇게 고운 사람이 그럴 수가 있을까? 그런데 그 사람이 고운 것은 만들어지는 그 어떤 이미지 때문에 고운 거지, 그 사람 자체가 고운지 안 고운지는 실제 만나보지도 않았고, 알 수도 없잖아요. 시인도 보통 사람들과 마찬가지고, 글 쓰는 일도 노동입니다. 일한만큼 대가를 못 받는 경우도 있지만, 많은 일을 하면, 재투자하고 많은 일을 하면, 밥은 굶지 않습니다. 걱정해 주셔서 고맙습니다.

8모둠 눈사람 질문과 답

질문 1. 먼저 만나 뵙게 되어 반갑습니다. 저는 정읍중 2학년 정희룡입니다. 먼저 안도현 시인의 아이들도 문학성이 풍부한가 알고 싶습니다.

2. 안녕하세요. 서영여고 1학년 박신영입니다. 안도현 시인께서는 천부적으로 타고난 문학성을 가지고 계신지, 아니면 그에 따른 노력이 많이 있었는지, 노력이 있었다면 어떤 노력이 있었나요?

작가 두 번째 질문은 아까 제가 말씀 드렸고요. 천부적인 재능은 없고요. 노력은 99%입니다. 저는 재능도 필요하다고 생각합니다. 헐벗은 가난한 그런 사람들이 동냥을 하려고 앉아 있을 때, 거기에서 이렇게 내 주머니에서 꺼내어 넣어주어야 하는데, 넣지 못하고, 넣지 못하니까, 내 마음 아파하고, 그 정도의 어떤 감성, 정이라든지, 그 정도의 감성만 있으면 누구든지 글을 쓸 수 있습니다.

아이들은 책은 열심히 읽는 것 같은데, 글 쓰는 것은 영 빵인 것 같습니다. 고등학교 다니는 아이는 아빠가 글 쓰는 것을 별로 자랑스러워하지도 않고, 또 동생은 제가 컴퓨터 앞에 있었는데, 제가 시를 많이 고친다고 했잖아요. 그런데 어제 쓴 것, 그저께 쓴 것, 일주일 전에 쓴 것, 오늘 쓰고 있으니까 옆에 와서 보더니, 자기는 그런 시 같은 것 하루에 다섯 편도 쓰겠다, 그러는 거예요. 시인 앞에서 그런 말을 하는데, 아주 싸가지가 없는 놈입니다.

글을 잘 쓰는 문학성보다도 책을 많이 읽는 아이들입니다. 밑에 아이는 저는 별로 읽고 싶지 않은데 〈로마인 이야기〉를 9권까지 다 읽었고, 〈삼국지〉를 몇 번 읽었고, 〈로마인 이야기〉를 읽고 나서 〈로마사〉를 읽고 저 나름대로 생각합니다. 잘 쓰는 것보다, 잘 읽었으면 좋겠어요.

9모둠 열 손가락 질문과 답

질문 1. 안녕하십니까. 저는 서울에서 온 강민우라고 하는데요. 제가 질문하고 싶은 것은 1984년에 동아일보 신춘문예에 시로써 등단하셨는데, 왜 많은 문학 중에 시를 선택하셨는지 궁금합니다.

2. 안녕하세요. 저는 학산정보고 1학년 고영은이라고 하는데요. 지금까지 시를 만드신 가운데 가장 마음에 드는 시가 있다면 말씀해주세요.

작가 지금 대학의 문예창작과 다니고 있는 학생들은 시를 쓰는 사람보다, 소설을 쓰는 사람, 아니면 시나리오를 쓰고 싶어 하거나, 광고 카피라이터를 하고 싶어 하는 사람이 많습니다. 그런데, 예나 지금이나 문학의 중심은 시가 아닌가. 제가 학교를 다닐 때만 해도 시를 쓰는 사람들이 대다수였고, 우스갯소리로 이런 소리도 있었습니다. 시 쓰다 못 쓰면 소설 쓰고, 소설 쓰다 못 쓰면 동화 쓰고, 동화 쓰다 못 쓰면 희곡이나 시나리오 쓴다. 그런 것도 못하면 평론이나 쓴다. 그런 이야기들까지도 있었는데, 시라는 게 많이 써서 원고료를 받는 것도 아니지만, 문학의 중심이라고 생각합니다. 거꾸로 국문과로 가고 싶다거나, 그런 쪽으로 가고 싶은 학생이 있다면 시가 저는 기초라고 생각합니다. 시의 기초가 잘되어 있으면, 다른 장르의 글을 대하는 것도 잘될 것입니다.

마음에 드는 시가 제가 지은 시를 말하는가요? 옛날에 쓴 시보다 최근에 쓴 시가 마음에 듭니다. 정읍의 배영고등학교를 졸업하고 단국대에 다니던 중 분신자살한 최덕수란 사람이 있습니다. 광주, 그때까지만 하더라도 광주를 이야기하지 않았는데, 그것을 밝히라고 외치면서 분신자살하였습니다. 학교에서 노제를 지냈고 거기서 제가 쓴 조시를 읽었는데, 제 시집 〈모닥불〉에 실린 '벗이여 북소리여'라는 시입니다. 지금 읽어보니까 행사 때 쓴 시라서 굉장히 낯뜨거운 구절들이 있었습니다. 해방이여! 조국이여! 지금 보니까 조금 과했던, 넘쳤던 그런 옛날 생각이 나면서, 그때의 시보다 최근에 쓴 시가 마음에 듭니다.

10모둠 나팔꽃 질문과 답

질문 1. 안녕하세요. 정일여중 2학년 송민진이라고 합니다. 안도현 시인의 책 〈연어〉라는 어른들을 위한 동화가 있는데, 시에도 주제가 있듯이 책에도 주제가 있을 것 같은데 이 책의 주제를 확실히 알고 싶은데요.

2. 안녕하세요. 저는 서영여고 1학년 송주은이라고 합니다. 안도현 시인께서 며칠 전만 해도 중국에 계셨다고 들었는데 중국에 다녀오신 이야기 좀 간단하게 해주시고요, 그리고 해직되었다가 복직되었을 때 엄청 기뻐하셨다고 들었는데, 복직

하셨는데 왜 그만 두셨는지 알고 싶습니다.

작가 제 시 한 편이 중학교 1학년 교과서에 실려 있습니다. 그런데 학생들이 인터넷을 이용하는데, 제 홈페이지에 들어와서 질문하는 것이 많습니다. 질문하는 것이 중심 소재는 무엇입니까? 주제는 무엇입니까?

제가 시를 썼고, 국어교사를 했고 해서 시험문제를 풀어보려고 보면, 10문제 중 6문제밖에 못 맞춥니다. 주제는 정해진 게 아니라 여러 가지 주제가 나올 수 있습니다. 질문하는 학생은 자기 답을 가지고 있을 것 같은데, '연어'의 주제도 여러 가지로 생각해볼 수 있습니다. 각자의 주제를 파악해보십시오.

복직하였는데 왜 학교를 그만 두었는가 했는데, 사소한 이유는 그런 겁니다. 94년에 복직해서 97년 봄에 그만두었는데 연어가 96년도에 나왔습니다. 그런데 우리 학교 교무실이 여러분들 교실의 한 반절 정도 되고, 15평 정도, 교감 선생님책상에 전화가 1대, 작은 학교였는데, 학교 전화의 80%가 제 전화입니다. 어느 날 교감선생님이 "나는 안 선생님 전화 받기 위해 출근하는 것 같애!" 하고 농담하는 것같이 했지만, 저는 미안한 마음이 들지요. 지금처럼 휴대폰이 많이 퍼진 시절도 아니고, 그날은 내가 가르치고 있는 시간에도 글을 쓰라는 요구가 많았습니다. 그래서 '내가 없어도 학교는 잘 돌아갈 것이다. 그런데, 내가 현재 한국 문학계에 없어서는 안 될 것이다. 내가 문학계를 평정해야 할 것이다.' (웃음)

중국에 다녀온 이야기를 하자면, 중국에 있는 조선족 아는 분이 있어서, 1년 정도 어학연수, 그런 식으로 식구들이 중국으로 갔습니다. 요즘 중국 열풍이 많이 불기 시작했습니다만, 영어권 나라에 비해서 일단 공부 비용이 쌉니다. 또 하나는 중국이라는 땅덩어리가 굉장히 넓기 때문에 젊음의 열기랄지, 견문의 기회를 넓힐 수 있습니다. 저는 중간에 몇 번 바람을 쐴 겸해서 나왔죠. 요즘 우리나라 신문이나 텔레비전에서 중국에 대해서 워낙 많이 나왔지만, 과거와 현재가 공존하면서 굉장히 진행되는 것이 많은 곳이 중국입니다.

시내에 외제차가 씽씽 달리면서, 양쪽 팔이 없는 빈곤한 사람들이 있습니다. 그리고 저는 중국말 잘 못합니다만, 중국어가 배우기가 쉬운 것 같습니다. 나중에 중국어가 제2외국어로 정해질지 모르겠지만, 중국어를 아는 것은 또 하나 특혜일 수 있어요. 한자를 공부했으면 좋겠습니다. 물론 중국에 가면 간자체를 쓰는 것이지만, 우리 아들 같은 경우에 자기 이름을 한자로 쓰는 것을 못 보았었는데, 짧은 편지 정도를 한문으로 쓰는 것을 보았습니다.

나는 글 쓰는 사람으로서, 한글을 중요하게 생각합니다만, 한자 문화가 가지고 있는 풍부한 교양들을 우리가 배울 것은 배워야 한다고 생각합니다. 한자라는 게 상형문자이고 뜻글자로 글자 한 자 한 자마다 생각해 볼 것이 굉장히 많이 있습니다.

'작가와의 대화' 처음이 학생들 자신의 이야기로 시작되었고, 모둠별 질문이 돌아가고, 작가의 대답이 명료하고, 2시간이 길지 않았던 작가와의 대화 시간은 10모둠 질문과 답까지 해서 이렇게 끝이 났다. 그리고 학생들은 자신의 책을 가지고 작가의 사인을 받았다.

작가에게 엽서 쓰기는 일인당 2매의 엽서를 주고 한 면에는 작가에게 쓰는 편지, 한 면에는 안도현 시를 소재로 한 시화를 그리게 했다. 이러한 시간에 아이들은 놀라운 집중력을 보이고, 미적 감각이 있는 아이들이 돋보이게 된다. 전시를 함으로써 아이들은 자기 작품에도 신경을 더 쓰게 되고 다른 친구들의 작품을 감상하는 시간을 갖게 된다. 문제는, 그 시절 모습과 달리 한 해가 다르게 그러한 아이들의 모습이 변화해 간다는 것이다. 컴퓨터 작업이 아닌, 손으로 엽서를 쓰고 그림을 그리는 이러한 시간을 의도적으로 만들어야 할 필요가 있다는 생각을 많이 한다. 시화 엽서는 모아서 캠프 후 작가에게 발송했고, 작가는 전체 답장을 홈페이지에 올렸다.

[작가에게 엽서 쓰기]

안도현 선생님, 안녕하세요. 요즘처럼 밖에 나가보면 눈발이 날려 선생님이 더욱더 생각이 납니다. 솔직히 전 안도현 선생님의 좋은 시들 중에서 '우리가 눈발이라면'이라는 시에 가장 애착이 가요. 중학교 1학년 교과서에 그 시가 실렸거든요^^ 그때 당시에는 시 외우느라 정신이 없어서 시인에 대해 생각해보지 않았는데, 오늘 선생님을 만나 뵈니까 감회가 새롭네요. 시인이라고 하면 대단하고 평소의 사람과는 다른 무엇인가가 있을 거라고 생각했는데, 직접 만나보니까 좀더 친근한 느낌이 들었어요.

작가나 시인에 대해 생각해보지 않았는데, 오늘까지 해서 두 분을 만나보니 시인은 정말 많은 노력을 하는구나 하는 생각까지 하게 되었구요. 이제는 책방에서 만화책을 빌려보기보다는 서점으로 먼저 달려가서 안도현 선생님의 시집을 살 수 있는 학생이 될 수 있도록 노력하겠습니다. 오늘 이 자리에서 자라나는 저희들에게 좋은 글에 대해 자세히 가르쳐 주시고 저희 글에 대해 꾸중도 해주시는 선생님의 모습 너무 보기에 좋았구요. 다음에는 글에 대해 더욱 관심 갖는 학생이 되겠습니다. 앞으로도 좋은 글을 위해 노력해주세요. 건강하시고 추운 날씨에 감기 조심하세요. 안녕히 계세요.

2002. 1. 10. 민지(학산여중1)

선생님, 안녕하세요. 오늘 만나 뵙게 되어 진심으로 반가웠습니다. 선생님의 작품은 중학교 시절부터 읽어 와서 그동안 선생님에 대한 궁금증이 컸는데 이런 좋은 기회로 만나게 되니 기쁨이 배가 되는 것 같습니다.

선생님 시집을 읽는 동안 너무 어려워서 이해하기 힘들었지만 여러 번 곱씹어 읽는 동안 한 구절 한 구절이 가슴에 와 닿고 선생님의 사물을 보는 독특한 안목이 매우 신선했습니다. 선생님께서 강연 중에 강조하신 사물을 보는 자기만의 눈!을 키워가도록 하겠어요.

선생님과 같은 대학을 나오신 저희 김봉원 선생님께서 선생님에 대한 얘기도 많이 해주시고 저번에 우리학교 신문에 원고도 써주신 바 있어 오늘 만남이 결코 낯설지만은 않았습니다.

앞으로 선생님을 뵐 날이 더 많게 되길 빕니다.

좋은 작품 많이 쓰시고 건강하십시오.

2002. 1. 10. 정현(서영여고2)

[홈페이지에 올라온 안도현 시인 답장글]

안녕하세요? 안도현입니다. 오늘 전주에는 눈이 펑펑 쏟아졌습니다. 정읍 내장산에도 이보다 더 많은 눈이 내렸겠지요? 금산사 입구 유스호스텔에서 만난 지가 엊그제 같은데 벌써 21일입니다.

어제는 하루 종일 학생들이 보내준 엽서를 아껴가며 한 장씩 읽었습니다. 하나같이 맑고 진실된 마음이 담겨 있는 엽서들이었습니다. 모두한테 답장을 보내야 하는데, 이렇게 한꺼번에 답을 하는 것을 이해해 주기 바랍니다. 우리 정읍의 '아그들'은 다들 예쁘고 착해서 잘 헤아려 주리라 믿습니다.

그날도 이야기했지만, 앞으로 꼭 시인이나 작가가 되지는 않더라도 책을 애인처럼 옆에 놓고 사는 것은 분명히 나중에 큰 재산이 될 것입니다. 책속에 길이 있다는 말이 너무 식상하면 이렇게 말해 보지요. 책 바깥에는 길이 없다.라고 말이지요.

아무쪼록 방학 동안 열심히 놀고(아하, '고등어'들은 보충수업의 바다로 나가서 헤엄을 치겠군요), 많이 자고, 많이 먹는 학생들이 되기 바랍니다.

살다보면 어느 길목에서 또 여러분들을 만나겠지요? 그때 가서 꼭 서로 아는 척 합시다!

2002. 1. 21. 안도현

1박 2일 문학캠프 마지막 일정은 철새기행이었는데, 안도현 어느 작품과 연관해서 이 프로그램을 구상했던 것 같다. 기억을 정확히 살릴 수 없기는 한데, 시 '안항'이 아니었을까 싶다. 기러기 편대 모양을 시각화하여 시의 연을 구성한 것이 독특한 시였다. '작가와의 대화' 다음날이면 작가와 작품 관련 기행을 하려고 하는데, 안도현의 경우 워낙 먼 경상도이다 보니 다른 방향을 생각했던 것 같다. 학생들의 소감글을 받아보면 이 철새기행이 가장 인상에 남는다는 평가가 많았다. 나 역시 지금껏 그렇게 철새 떼의 장관을 본 적이 없었는데, 그 때 이후로는 가려고 해도 AI 상황은 해마다 심각하고, 학생들과 가기가 어려웠다.

[캠프 후 학생 소감글]

기대했던 철새기행이 시작되었다. 우아한 자태를 뽐내는 고니, 전세계의 90%가 금강하구로 온다는 가창오리, 꼭 둘씩 짝지어 다니는 청둥오리, 예쁜 철새를 보며 자연의 경이로움에 우리 모두는 감탄을 금치 못했다. 철새 안내 선생님께서 각 새들의 특징을 알려주셨는데, 특징을 알고 나니 정말로 그렇게 보였다. 마냥 신기할 뿐이었다. 그날 철새기행을 통해 참 많은 것을 느꼈다. 푸른 하늘 속으로 날갯짓하던 새들은 지금쯤 뭘 하고 있을까? 하는 생각에 돌아오는 버스 안에서도 무언가를 두고 온 것 같은 걱정이 앞섰다. 어깨가 무겁다. 조류 관찰소 아저씨가 강조하신 것처럼 철새를 보호해야 할 사람은 우리니까.

철새기행지에서의 사진촬영을 끝으로 우리는 문학캠프를 마감해야 했다. 1박 2일, 길다면 긴 시간이지만 이번만큼 짧게 느껴진 적은 아마 없을 것이다.

이 세상에 문학이 없고 글이 없다면 어떨까. 아마 산소가 없는 듯이 숨이 막힐 것이다. 나는 이번 문학캠프를 통해 이런 결론을 내릴 수 있었다. '문학'은 '산소'같은 존재이고, 우리 생활 곳곳에 숨 쉬고 있는 것이

라고. (아연, 정읍여중1)

철새기행 때 느낀 건데 우리들도 철새가 아닌가 싶다. 여름철새, 겨울철새도 아닌 문학기행 철새, 많이 챙겨주고 도움 준 우리 모둠원들 고맙고, 먼저 아는 척해줬던 언니, 오빠들도 너무 고맙고 철이 되면 다시 모이는 철새들처럼 우리 다음번에 다시 모여서 또 다른 문학을 느꼈으면 좋겠다. (선아, 태인여중3)

시인은 나의 글쓰기의 문제점 하나를 잘 찍어주셨다. 바로 글쓰기 작업 중 가장 중요한 부분을 퇴고 작업. 나도 많은 글을 쓰면서 이 작업이 가장 중요하다는 걸 느꼈다. 하지만 알기만 하고 귀찮아서 퇴고를 안 하는 경우가 대부분이다. 시인님도 이런 점을 잘 찍어주셨다. 퇴고가 전체 글쓰기 작업의 95%를 차지한다고 하셨다.

나도 이 말이 옳다고 생각한다. 학교 대표로 시에서 여는 글짓기대회에 나가서 상을 탄 적이 한 번밖에 없다. 문제는 이 상을 탄 한 번이 바로 퇴고를 했다는 글이다. 그 후로 글을 쓴 후 퇴고를 하려고 많은 노력을 했다. 그런데 퇴고하는 습관을 익히려고 한 뒤에는 나에게 기회가 오지 않아 참 답답했다. 이제 고등학교에서 그런 기회가 온다면 꼭 놓치지 않으리라 명심하면서 계속 시인님의 이야기를 들었다. (형준, 배영중3)

조금 후에 도현님이 오셨는데 나는 시집에 나와 있는 사진과 실제 얼굴을 비교하며 연신 신기해하고 있었다. 조별로 각각 도현님께 묻는 시간을 가졌을 때 나는 '글쓰다보면 부담스럽거나 힘들 때가 있는데 그 때 어떻게 극복하시는지'에 대해 물었다. 도현님은 웃으시며 글 쓰는 것은 언제나 어렵다고 하셨다.

시를 잘 쓰기 위한 방법은 남의 시를 많이 읽어야 한다는 충고를 하셨는데 나는 지금껏 다른 시인들의 시집을 읽어본 적이 없는 것 같았다. 그래서 명쾌한 대답이신 것 같았다. 내가 작은 소견으로써 도현님의 시를 평가해보면 도현님의 시에는 '자연이 묻어있다'라고 말할 수 있을 것이다. 주위에서 늘 보던 소재들, 특히 자연에 관한 것이 더 많은 것 같았다. 또 한 가지는 경북 출신이라고 하기에 믿어지지 않을 정도로 전라도의 사투리를 많이 사용했다는 것, 예를 들어 쌔빠지게, 거시기, 징하다, 조지게, 봄똥 등, 그래서 도현님의 시가 나에게 쉽게 받아들여진 것 같았다. (주현, 태인고1)

문학캠프 아이들이 나를 너무 좋아해줘서 고맙다. 물론 내가 싫은 사람도 있을 테지만 그냥 나한테 언니나 누나라고 하면서 잘 따라줘서 고맙다. 정말 선생님들 말씀대로 다음에 내가 문학캠프에 갈 때는 도우미 역할로 가게 될까? 내가 도우미 같은 것을 제대로 할 수나 있을는지 걱정이다. 그래도 학생으로서 한 번 더 문학캠프에 참가하고 싶은데 그건 내 욕심인가? 내가 왜 이렇게 문학캠프를 좋아하는지 모르겠다.

아마 내 미래의 삶에 있어서 문학캠프는 정말 잊지 못할 추억일 것이고 또 문학캠프에서 만난 사람들이 너무도 좋아서일 것이다. 또 문학캠프를 통해서 알지 못하는 세계도 많이 접할 수 있었기 때문이겠지? 지금도 문학캠프로 인해서 좀더 많은 책도 접해보고 시집이라곤 읽어보지 않던 내가 시집도 사고, 읽어보고 달라진 내가 보인다. (민경, 서영여고2)

본격적인 첫 번째 일정. 골든징이 점심 식사 후에 있었다. 탁류는 전에 한 번 읽은 것만 믿고 반밖에 읽지 않았고, 시집도 한 번밖에 읽지 않았던 나는 무척이나 걱정이 되었다. 그러나 내가 아는 것만 나오는 것이었다. 아 이게 바로 운이라는 거구나. 그러나 결국 한계가 왔다. 아, 연탄재, 나는 그를 몰랐던 것이다. 패자부활전에 참가한 나는 안도현님의 '마당밥'이라는 시를 읊었고 다행히 패자부활에 성공했다. 다시 보드판을 든 나는 이번에는 어느 정도 오기가 생겼다. 여기서 떨어지면 왠지 두고두고 후회할 것만 같았다. 나는 한 문제 한 문제 최선을 다했고, 드디어 내가 골든징을 울리게 되었다. 그때의 그 성취감이란, 정말 기분이 좋았다.

그리고 이번 캠프에서 가장 기대되었던 철새기행. 그동안 내가 무심코 넘겼던 철새들을 이런 기회로 다시 보게 되자 감회가 새로웠다. 저마다 자신의 삶을 향해 열심히 살아가는 그들을 보면서 참 많은 것을 느꼈다. 철새 모이를 주기 위해 공터에 서있던 우리는 힘차게 비상하는 철새떼를 보게 되었다.

무리를 지어 하늘을 향해 힘차게 날아오르는 철새들을 보며 난 다짐을 했다. 올 일 년, 어쩌면 너무나 힘들지 모르는 그 시간이지만 결코 물러서지 않고 최선을 다할 것이라고, 그리고 주어진 결과에 승복할 것이라고, 그렇게 다짐하자 마음이 한결 가벼웠다. 뜻밖의 행운을 경험한 우리는 그곳에서 안도현님의 시 한 편을 읊고 기념사진을 찍는 것으로 문학캠프의 모든 일정을 마쳤다. (미현, 왕신여고2)

[철새 기행에서 읊었을 시]

나뭇잎과 나뭇잎이 서로 떨어지며 열어놓은 하늘/ 우리나라는 하늘을 끌고 간다, 기러기가// 햇빛도 서둘러 가을 깊은 곳을 찾아간다/ 자주 편지하지 못해 미안하다 하는 일도 없이/ 나는 왜 여기서 살고 있는지/

가혹하게 아름다운 날이 오면 두 눈 부릅뜨고/ 우리 울타리와 지붕을 함께 엮어야지// 아우야// 이해해줄 수 있겠지, 해마다 이맘때쯤/ 잎 진 모과나무 아래 철없이 서서/ 먼 우리 집 쪽으로 떼 지어 가는 군사들 바라보면서도 그래도/ 따뜻한 형이 되고 싶었다// 한치의 흐트러짐 없이 눈물도 없이/ 건너가야 할 나라 늦가을//

기럭 기럭 기럭 기럭 기럭 기럭 기럭
기럭 기럭 기럭 기럭 기럭 기럭
기럭 기럭 기럭 기럭 기럭
기럭 기럭 기럭 기럭
기럭 기럭 기럭
기럭 기럭
기럭

— '안항(안도현)' 시 전문

2001겨울문학캠프 이전에도, 나는 태인여중 글모임 아이들과 함께 안도현 시인을 만난 적이 있었다. 전북작가회의에서 주관한 무주 적상산에서 열린 '시인학교'였는데, 내가 해주지 못하는 부분을 그 '시인학교'가 학생들에게 해줄 수 있기를 바랐을 것이다. '계곡 백일장'이 멋있을 것 같았지만 현실에서 계곡에는 가지 않았고, 밥을 직접 해먹고 교실 마루에서 잠을 잤다. 그때도 안도현 시인은 많은 실무적인 일들로 바빴던 것 같다. 모닥불 가에 모둠별로 모여 이야기하는 시간도 있었는데, 연령층이 다양해서 이야기도 다양했던 것 같다. 나는 그때 〈태백산맥〉과 〈토지〉를 비교하며 말했을 것이다.

김용택 시인의 강의가 쉽고도 재미있었는데, 그 어머니가 생명을 중시하는 시골 양반인지라 뜨거운 물을 마당에 뿌릴 때도 땅의 작은 생명들이 놀랄까봐 "쉬이, 눈 감아라" 하며 뿌린다 하였다. 마당의 나무를 벨 때도 그 생명을 다른 나무에 줄로 옮겨 놓은 뒤에 벤다고 했다. 시인 최영미나 소설가 김형경도 초대 작가였는데, 개인 사정으로 취소되어 실망이 컸다. 작가라는 사람이 그렇게 독자들을 무시할 수가 있는 것인지 다시는 그런 작가의 글은 안 읽으리라 했다. 안도현 시인이 말하기를 만나거나 안 만나거나 우리에겐 사실 큰 차이가 없는 거라며, 어쩌면 그게 다 '허상'인 거라고 하였다. 밤늦게까지 문학에 대한 이야기가 끝도 없었는데, 사실 말하자면 나는 어려웠고 혜윤이나 현복이는 졸거나 미운 소리만 했고, 옥선이 언니만 진지하게 어른들의 이야기를 들었던 것 같다.

— 심은희(태인여중2) 소감글

2001겨울문학캠프 이후 내가 학교단위에서 안도현 시인을 찾아갔던 것은, 2005년에 태인여중 전교생 72명이 갔던 봄소풍 때, 2010년 해리중 독서교실 참여 학생 26명이 갔던 여름방학 때, 두 번이었는데 두 번 다 장소는 작가가 재직하고 있는 우석대학교였다.

2005년 태인여중 봄 소풍 때는 가기 전에 아이들에게 자료집을 만들어 나눠주고 시 한 편마다에 시의 감상을 적게 하였고, 안도현 시 '땅' 노래를 외워 부르게 했었다. 한 학교에 국어교사는 나 혼자이기 때문에 학생들의 활동 시간을 마련하는 것은 어려운 일이 아니었고, 그러한 시간에 학생들은 헛짓을 하지 않았던 것 같다. 시인과의 만남 뒤에는 가까운 송광사와 위봉사를 갔는데, 가는 버스 안에서의 짧은 시간 독서퀴즈도 재미있었고, 송광사도 아름다웠으나 위봉사 입구의 아름드리 벚꽃나무와 친절한 비구니스님의 법당 안내와 묵주 선물은 퍽 오래도록 추억으로 박혀있던 장면이었다.

안도현 시인과의 만남에서, 시인은 아주 재미있고 짤막한 시 한편을 읽는 것으로 이야기를 풀어냈었다. "오줌이 누고 싶어서/ 변소에 갔더니/ 해바라기가/ 내 자지를 볼라고 한다/ 나는 안 비에 줬다"라는 초등학생이 쓴 동시였다. '안 비에 줬다'는 경상도 사투리로 쓴 것인데, 전라도 사투리로 하면 '안 비처 줬다'가 될 것이다. 시를 들은 여중 아이들은 실상 그다지 웃지는 않았는데, 시란 모름지기 이렇게 써야 한다는 시인의 논리를 아주 간결하게 이해할 수 있던 시간이었다. 연습했던 '땅' 노래는, 대학생들 공부하는데 시끄러우면 안 된다는 이유로 하여 생략하였다.

2010년 해리중 독서교실 때는 4일간의 독서교실 기간 중 셋째 날에 시인을 찾아갔었다. 첫째 날은 '이철수 판화' 책을 보고 실습해보는 시간을 가졌고, 둘째 날은 내장산 탐방을 가서 비를 엄청 맞으면서도 시를 썼고, 셋째 날은 시인과의 만남에 이어 북아트 실습과 서점 탐방의 시간까지 가졌으며, 넷째 날은 요리책을 보고 실습하고 독서교실을 정리하는 시간을 가졌다. 가장 초점을 맞춘 부분이 시인과의 만남일 텐데, 그 시간의 내용은 녹취를 하지 않고 아이들이 메모를 해서 나중에 정리하는 것으로 했다. 무척 말썽꾸러기들이었지만 다행히 여자애들 몇이 착하고 성실한 아이들이어서, 나는 훌륭하게 정리된 자료를 받아볼 수 있었다. 지금 다시 보아도 무척 재미있는데, 아이들 말로 바꾼다는 게 이렇게 효과가 있는 거구나, 깨달음을 가졌던 순간이기도 했다.

[2010년 해리중, 안도현 시인과의 만남]

일단 우리는 안도현 시인의 강의실에 들어갔다. 우석대학교 예술관 문예창작과 403 강의실이었다. 우리도 대학생이 되어보는 기분이었다. 안도현 시인은 아직 강의실엔 안 들어오셨고, 우리가 들어간 지 얼마 안 되어 강의실에 들어오셨다.

학생들 : 안녕하세요!

안도현 시인 : 여러분 반갑습니다. 해리는 참 좋지요? 나도 김영춘이라는 아는 선배가 있는데 그 선배 만나러 해리를 가봤어요. 좋은 곳에 사는 여러분이 부럽습니다.

학생들 : 별로.

안도현 시인 : 사람은 자신이 사는 곳에 대하여 만족하지 못하고 불만을 갖게 되는데 그럴 필요 없어요. 시골이라서 그렇게 생각할 필요도 없어요. 전주가 더 좋은 것도 아니죠. 여러분들 어제 내장산에 다녀왔지요? 비도 많이 맞았지요? 다 젖은 채로 버스에서 시를 썼고 5분도 안되어서 썼고.

학생들 : 어떻게 알아요?

안도현 시인 : 다 아는 수가 있지. 여러분들이 쓴 시도 읽어봤어요. 오늘 진행은 형식을 갖추기보다는, 놀아야겠어요. 그리고 질문을 받을 건데 전체 다 돌아가면서 질문을 시킬 거야.

학생들 : 좋은 글을 쓰려면 어떻게 해야 하는지 말해 주세요.

안도현 시인 : 학교를 다니다 보면 문자, 일기, 독후감, 논술, 댓글,

시 같은 글 쓰는 일이 많은데 글을 쓰는 것은 자기 자신 속에 있는 걸 표현하는 거야. 글을 쓸 때에는 첫째, 내가 하고 싶은 말을 상대방에게 전달하고 둘째, 남들과 다르게 참신하게 표현하는 것이지. 글을 쓸 때에는 고치는 연습을 많이 하여야 하는데 이걸 두 글자로 뭐라고 하는 줄 아니?

학생들 : 검산?????

안도현 시인 : 아, 검산? 검산은 아니야.

가희 : 퇴고!

안도현 시인 : 맞아. 글을 잘 쓴다는 것은 자기 글을 붙잡고 고칠 줄 아는 능력을 말해. 내가 너희들에게 문제를 하나 낼께. 한 스님이 밤에 잘 곳을 찾던 중 한 집을 찾았어. 이때 이 스님은 문을 두드릴까 그냥 밀고 들어가서 부를까 고민을 했지. 만약 너희가 스님이라면 어떻게 하겠니?

학생들 : 문을 두드려야죠.

안도현 시인 : 왜 문을 두드리지? 만약 스님이 그냥 들어갔으면 어떻게 되었을까?

학생들 : 도둑으로 오해받았겠죠.

안도현 시인 : 그래. 도둑으로 오해 받거나, 쫓겨났겠지. 하지만 스님이 문을 두드렸으면 어떻게 됐을까? 그렇다면 경우는 여러 가지지. 집주인이 과부일수도 있거나 안 좋으면 쫓겨날 수도 있고. 밀고 들어가지 않고 두드린다는 것은 이처럼 왔다고 알리고 기다리는 의미가 있는 것이지. 그래서 '문을 미네'가 아니라 '문을 두드리네'로 시구를 고민 고민하다가 결정했다는 것이지. 이게 바로 '퇴고'의 유래야. 이처럼 한편의 글은 여러 가지 경우가 나타날 수 있어. 보통

글을 쓸 때에는 구성하는 단계 쓰는 단계 퇴고 과정이 있는데 보통 퇴고를 10%나 5%로 생각하는데 앞으로 모든 글쓰기는 95%가 고치는 것으로 생각해야 해. 나는 실제로 글을 쓰는 사람이 아니고 글을 고치는 사람이라고 마음먹고 글을 써야 좋은 글을 쓸 수가 있어.

안도현 시인 : 학생들 점심은 뭐를 먹지?

학생들 : 삼겹살이요!!

안도현 시인 : 그럼 학생들은 삼겹살을 굽는 사람이야. 아니면 지켜보다가 먹는 사람이야?

학생들 : 지켜보다 먹는 사람?

안도현 시인 : 나는 지켜보다가 먹는 사람은 경멸해. 학생들은 라면을 어떻게 먹나? 라면 맨 뒤에 써 있는 것처럼 일반 조리법으로 끓여서 먹어?

학생들 : 아니요.

안도현 시인 : 그럼 취향대로 곁들여서 먹나? 계란을 넣고 휘젓는 사람 놔두고, 반숙으로 먹는 사람처럼 참신하게 표현하는 것이 글을 잘 쓰는 방법이야.

안도현 시인 : 그럼 이제 너희가 쓴 시 평가를 해볼게. 먼저 소민지! 소민지가 누구지?

민지 : 저요.

안도현 시인 : "비가 내린다/ 창밖을 보라/ 해님을 보라// 비가 빛이 되어 내린다/ 창 밖에 해님이 숨었다// 이슬비에 몸을 적신다/ 이슬비에 목을 축인다// 이슬비가 목을 타고 흐른다/ 내 눈물도 빨간 빛으로 흐른다"

민지는 왜 해님이라고 썼지? 해님 말고 다른 표현은 없나?

민지 : 음,, 음,, ……

안도현 시인 : 왜 시를 쓰면 꼭 해가 해님이 되지? 해라고 쓰면 안 되나? 해리중학교 3학년 소민지는 해리초등학교 3학년 소민지가 쓸 만한 걸 쓰고 있어. 초등학교 때 동시 쓸 때의 습관이 아직도 남아있는 거야. 해님은 중3의 표현이 아니야. 초등학교 시험을 보다보면 이런 문제가 나오지. 토끼가?

학생들 : 깡충깡충

안도현 시인 : 너희 토끼가 깡충깡충 뛰는 거 봤니? 내가 보기엔 토끼가 엉금엉금 기어가던데, 너희들 중 토끼가 깡충깡충 뛰어가는 거 본 사람. (단 한 명의 학생이 손을 들었다.)

안도현 시인 : (웃음) 언제 봤지?

학생 : 저희 집에서 토끼가 도망갈 때요.

(학생들 웃음바다)

안도현 시인 : 다음, 서요한! 서요한이 누구지?

요한 : (손을 듦)

안도현 시인 : "산에 오르며 나는/ 한치 앞도 내다볼 수 없는/ 인생길이 무엇인지// 눈앞이 깜깜해져/ 앞만 보고 달린다는 것이/ 무엇인지// 머리부터 발끝까지/ 젖는다는 게/ 어떤 느낌인지// 깨달았다, 빗속에서……" 요한이는 평소에 친구들하고 인생 얘기하나?

요한 : 아니요.

안도현 시인 : 그런데 왜 여기에 인생 얘기를 써놓았지? 내 나이도 아직까진 인생 얘기를 할 때가 아니야. 쓰나 마나한 소리는 중요하지 않아. 민지는 초등학생이 쓴 것같이 어리고 요한이는 늙었어.

(학생들 웃음바다)

안도현 시인 : 글을 쓸 때는 각자 자신의 나이에 맞는 언어를 써야해. 남들과 똑같이 쓰는 것만이 시가 아니야. 좋은 글이란, 남한테 좋은 음식을 해 먹이는 것과 같아. 독자가 같이 느낄 수 있도록 쓰는 것이 좋은 글이야. 숲속에서, 2학년 김가인 시를 읽어볼게. "그 아이의 양 볼을 닮은/ 불그스름한 꽃봉오리/ 그 아이의 미소를 닮은/ 싱그러운 나무들/ 그 아이의 까무잡잡한 피부를/ 닮은 고동빛 흙들/ 그 아이의 동그란 얼굴을 닮은/ 계곡 속 동그란 돌들// 되돌려 생각해보면/ 그 아이는/ 참 많이/ 닮았다" 시를 쓴 가인이, 여기서 그 아이는 누구지?

가인 : (신아를 가리키며) 얘요.

아이들 : 웃음

안도현 시인 : 양 볼을 닮은 불그스름한 꽃봉오리, 왜 호박꽃을 닮았다고 하면 안 되나? 뚱뚱한 뭐 이렇게 말하면 안 되는 일인가? 그렇게 말하면 친구가 기분 나빠할 거 같아서? 좋은 말로? 나는 여러분이 쓰는 말을 쓰는 것이 중요하다고 생각해요. 여러분들은 자기가 쓰는 말이 아니라 만들어내고 있어.

안도현 시인 : 1학년 오자승 시를 읽어볼게. 제목은 사계절. "개나리와 진달래가 조화를 이룰 땐/ 내장산은 겨울잠을 잤던 산속 동물들이/ 하나둘씩 깨어나느라 바쁘구요// 해와 비가 되돌아가며 우리 마을에 올 땐/ 내장산은 땀을 뻘뻘 흘리며 산 오르는/ 사람들 많아지구요// 단풍나무가 빨간 옷으로 바뀔 땐/ 내장산은/ 단풍나무 보러온 사람들로 가득차구요// 하늘에서 하얀 눈이 내릴 때쯤은/ 내장산에 있는 여러 동물이 자러 가는 시간이에요// 계절이 바뀔

때마다/ 모습을 바꾸는 내장산처럼/ 나도 매일 좋은 모습으로 바뀌어나가야겠다.” 자승이는 초등학교 때 일기 쓰는 것처럼 시를 쓰고 있어. 봄에는, 여름에는, 가을에는, 겨울에는, 사계절이 순서대로 나오고, 끝에는 나도 매일 좋은 모습으로 바뀌어나가야겠다, 반성으로 끝마무리하는 것까지 말이야.

안도현 시인 : 진노랑상사꽃, 1학년 최경규. “진노랑상사꽃은 살구꽃을 사랑해서/ 그만 상사병에 걸려버렸다” 경규는 상사꽃이 무슨 노랑색인가? 왜 살구꽃을 사랑한다고 했어?

경규 : 그냥요.

안도현 시인 : 그냥 하지 말고 뭔가 다른 사람이 흔히 하는 표현이 아닌 실감나고 새로운 표현을 쓰는 것이 중요해. 누구나 생각하는 그런 말 말고 예를 들어 비에 흠뻑 젖었다 이런 표현 말고, 빤쓰가 흠뻑 젖었다, 이렇게 표현하면 안 되는 것인가?

안도현 시인 : 이제 학생들이 질문하는 시간을 갖도록 할게요.

학생들 : ……

안도현 시인 : 너희가 질문을 안 하면 내가 질문을 해도 될까? 거기 너희 둘(원석, 경규) 독서캠프를 하면서 제일 재밌었던 게 무엇이지?

원석 : 집에 갈 때요.

안도현 시인 : 그럼 홍숙정 선생님과 같이 하는 시간이 싫었다는 말인가?

원석 : 그건 아닌데요. 독서캠프 늦게 끝나고도 학원도 가야하고 그런 게 많이 힘들었어요.

안도현 시인 : 그렇군. 이해가 돼요. 이제 다시 질문할 시간을 가질게요. 질문을 잘한 사람한테 내가 쓴 책도 주겠어요.

학생들 : 왜 하필 전라북도에 거주하셨어요?

안도현 시인 : 너희는 해리보다 전주가 더 좋은 것 같니?

학생들 : 네, 전주가 더 좋을 것 같아요!!

안도현 시인 : 시골애들은 전주로 가고 싶고 전주애들은 서울로 가고 싶겠지. 하지만 살다보니깐 이렇게 되었단다. 멀리에 있는 것이 가까이에 있는 것보다 좋다는 생각은 잘못된 거야.

근영 : 저 질문이요. '서울로 가는 전봉준' 책에서요. 안항 시. 왜 '기러기'를 이 모양으로 쓰신 거예요?

안도현 시인 : 멀리 날아가는 모양을 나타낸 거야. 아까 내가 글을 잘 쓰려면 어떻게 하라했지? 남들과 다르게 참신하게 표현해야 한댔지? 내가 문제 하나 낼게 맞춰봐. 한하운 시인이 쓴 시, "가갸거겨/ 고교구규/ 그기 가// 라랴러려/ 로료루류/ 르리 라" 이 시의 제목은 무엇일까?

학생 : 한글?

안도현 시인 : 틀렸어. 답은 '개구리'야. 이 시인은 개구리가 개굴개굴 운다고 생각하지 않았어. 또 다른 문제 "血血血血血"란 내용의 시가 있는데 이 시의 제목은 무엇일까? 힌트를 주자면 이 한자는 피 혈 자야.

학생 : 모르겠어요.

안도현 시인 : 정답은 '귀뚜라미'야. 이들 시의 뛰어난 점이 누구도 이게 '개구리'이고 '귀뚜라미'라고 생각하지 못했다는 것이지.

안도현 시인 : 또 다른 질문?!

근영 : 저요. 왜 물결 소리가 '척왜척화 척왜척화' 이죠?

안도현 시인 : '척왜척화'는 내가 '서울로 가는 전봉준'을 쓸 때 동학

농민운동에 대한 자료를 많이 봤는데 '일본과 서양을 물리친다.'라는 뜻을 지녔었어. 척왜척화와 척양척왜를 읽어봐.

학생들 : 척왜척화 척양척왜 척왜척화 척양척왜 척왜척화 척양척왜.

안도현 시인 : 어때? 다른 점을 알 수 있겠니? 척왜척화와 척양척왜를 입으로 부르다 보면 척왜척화의 'ㄱ'과 'ㅎ'이 거센소리를 낸다는 것을 알 수 있어. 'ㄱ'과 'ㅎ'이 합해져서 'ㅋ'을 만들어서 척왜척화로 썼어.

학생들 : 저작권료는 얼마나 받나요??

안도현 시인 : 나는 대한석탄공사와 개인적으로 친한데, 연탄을 홍보해주기 때문에 그에게는 저작권료를 받지 않았어. 여기 오기 전에 내 이름을 쳐본 사람은 알거야. 내 이름 앞에 연탄시인이라는 말이 붙는다는 것을, 한 번은 '연탄길'이라는 책에 이 시가 실렸는데 어느 날 아는 사람으로부터 이 책에 내 시가 실리는 것을 허락했냐고 물었고 나는 그렇지 않다고 대답했지. 이것 때문에 출판사와 저자는 원래 10만 원만 냈으면 되는 것을, 나한테 말을 안 해서 원하는 것을 해준다고 말했어. 진즉에 나한테 전화를 했으면 5만 원 정도에 끝내는데 그렇지 않아서 변호사에게 얘기하라고 했더니 나중에 그 사람들이 지급해야할 원고료의 100배로 합의를 보았어.

자승 : '풍산국민학교' 시 내용은 사실인가요?

안도현 시인 : 나는 사실이 아닌 내용은 쓰지 않습니다. 실제 경험을 바탕으로 글을 쓸 때도 많이 있지요. 그리고 저는 초1때 누구를 좋아해본 적이 있습니다.

원석 : 안도현 시인님께서 보시기에 홍숙정 선생님은 국어능력이 몇 점이라고 생각하십니까?

안도현 시인 : (웃음) 홍숙정 선생님의 고마움을 여러분은 모릅니다. 제가 생각하기에는 숙정 선생님의 국어 능력은 100%라고 봅니다. 독서캠프 이거 안 해도 교사가 월급 받고 인정받고 하는데 아무 문제가 없어요. 안 해도 아무 문제가 안 되는 일을 이렇게 한다는 것은 여러분들에 대한 열의가 없으면 안 되는 겁니다.

원석 : 제 국어 능력을 인정해주시지 않아서 그런데요. 제가 시를 쓰면 인정을 안 해줘요. 잘 썼는데도 인정을 안 해줘요.

안도현 시인 : 왜 그럴까?

원석 : 너무 빨리 쓴다고. 한 시간에 열 개 써요.

안도현 시인 : 그러니까 그렇지. 한 시간에 열 편의 시가 아니라 열 시간에 한 편의 시를 써봐요. 그러면 인정해주실 거야.

원석 : 어떻게 그렇게 써요.

안도현 시인 : 아까 말했죠. 나는 글을 쓰는 사람이 아니라 고치는 사람이라고 생각하며 시를 쓴다고. 그래야 좋은 작품이 나오는 거야.

홍숙정 : 여기 홍순진 학생이 선생님 이야기 듣는 그 사이에도 시란 걸 썼네요. 한 번 읽어볼게요. "모델 못지않은 몸매/ 미오그란데강 못지않은 맑은 눈망울/ 오똑한 콧날/ 싫진 않지만 향긋한 향기/ 내가 복도에 나가면 여학생들이 나를 보며 사진을 찍고/ 그런 나는 미남/ 내가 모든 남성의 중심/ 나는 일반인이고 싶다." 이 학생도 어제 내장산에서 시를 써서 내긴 했는데, 차마 보여드리기 그래서 그걸 뺐거든요.

학생들 : (웃음)

안도현 시인 : (웃음) 꿈을 이야기한 거네. 어, 잘생기긴 잘생겼네. 근

데 못생기면 안 되나? 나도 중학교 고등학교 때 내가 쓴 시를 보고 내가 이보다 잘 쓸 수는 없다고 생각했지만, 지금 생각해보니 쓰레기일 뿐이야. 고치고 고친 과정이 날 이만큼 성장하게 하였고, 자아도취는 자기가 쓴 게 좋은 시인지 아닌지 모른다. 좋은 시는 첫째 내가 먼저 감동하고, 둘째 친구들을 감동시켜야 한다. 남의 시를 백편 읽고 한편의 시를 써라. 글을 잘 쓰고 싶은 사람은 무조건 많이 읽고, 삼겹살을 잘 굽고 라면을 자기식대로 끓이면 된다. 그렇게 말할 수 있어요.

이런 기회가 다시 오기 어려운 건데, 여러분과 같이 맛있는 삼겹살을 먹어야겠지만, 내가 다른 교수님들과 같이 해야 해요. 여러분은 나가서 '시를 쓰는 마음'으로 삼겹살을 맛있게 굽고 맛있게 먹었으면 해요.

학생들 : 네. 고맙습니다.

(학생들 읽은 시집에 사인 받는 시간, 그리고 예술관 앞에서 기념사진, 시인이 후에 말을 남기기를, 요즘 아이들을 가까이에서 알 수 있는 좋은 시간이었다고.)

— 정리 : 소민지, 이신혜, 박가희, 공근영

안도현 시로 가장 최근에 수업했던 것도 여기에 적어두어야겠다. 전주용흥중에서 '사진영상시'를 제작하고 발표하는 형식의 수업이었는데, 이것도 사실은 정읍국어교사모임 문학캠프에서 배웠던 것을 활용하는 것이었다. 중학교 1학년 교과서 시 단원에서, '우리가 눈발이라면' 시를 선택한 모둠이 있었다. 엉뚱하게도 당시 인기가 높던 드라마 '도깨비'를 끌어왔는데, 그 이유라는 것이 '진눈깨비'가 '도깨비'와 말이 비슷하기 때문이었다.

부정적인 의미의 '진눈깨비'를 '도깨비'와 연결하여 수련활동을 갔던 숙소에서 밤에 촬영을 했고, 긍정적 의미의 '함박눈'은 인터넷 사진을 찾아 현실의 장면들을 표현하기로 했다. '편지'와 '새 살'은, 언덕에 앉아 고민하는 친구에게 편지와 먹을 것을 건네주는 모습을 촬영했다. 통통한 아이였는데, 외모에 대한 고민을 털고 '먹을 것'을 '새 살'로 받아들이는 의미였다. 수련활동에서 그 아이가 춤추는 장면을 넣었고, '우리가 눈발이라면' 노래를 배경으로 깔았다. 편집을 맡은 아이들은 토요일에 나와서 작업을 했다.

이 글을 쓰다 보니 나는 1995년부터 2018년까지 24년을 살고 있는 셈이다. 앞으로 또 이만큼의 세월이 흐르면 나는 어디서 무엇을 하고 있을까. 이 생각이 우울하지 않게 나는 나에게 주어진 시간들을 최선을 다해서 살아가야겠다. 죽음이 두렵지 않은 것은 죽음을 구체적인 자각으로 끌어안았기 때문이라는, '태백산맥'에서 읽은 구절을 떠올린다. 환경 문제까지 너무 절망적인 미래가 우리 앞에 있지만, 아무것도 안하는 것보다는 무언가를 하는 것이 중요하다는 생각을 한다. 환경 문제를 이야기하는 안도현 시들도 참 좋고, 그 시의 파도가 사람들의 마음에 크고 작은 반향을 일으킬 수 있으면 좋겠다.

이 글 시작에서 나는 '할머니 성묘' 시를 썼고, 먼 세월을 지나 세월호 벚꽃이 흐드러지던 그즈음 나의 아버지가 돌아가셨고, 이 글의 끝에는 '아버지 성묘' 시를 쓰는 것으로 정리했으면 딱 좋겠다고 생각한다. 하지만 20여년의 세월에도 나는 시 쓰기의 감성을 훈련하지 못하였노라고, 또 한 번의 부끄러운 고백을 해야만 하겠다. 어쩔 수없이 나는 또 한 번의 미안함으로, 안도현 시인의 시 한 편을 감상하는 것으로 이 끝을 맺어야만 하겠다.

> 햇볕도 대추나무 끝에 좋은 날/ 어린 유경이를 데리고/ 아버지 산소 성묘 갔지요/ 억새꽃 삼천리로 피어 있고요/ 방아깨비는 슬픔처럼 툭툭 튀어오르고요/ 할아버지 만나러 간다는/ 내 어릴 적 가을 한때 생각하면/ 아버지 발자국 되밟으며 가만히 듣던/ 그 벅찬 숨소리 생각하면/ 오늘 유경이도 따라오며 듣겠구나/ 생각하면 어느덧 나는/ 시냇물 데리고 가는 강물이지요/ 모든 길이 무덤에 이르러 깊어지지요
>
> — 성묘(안도현), 시 전문

[2018. 08. 24.]

신경숙

글을 써서 항아리에 담을지언정 절필은 못하겠다

논길 지나 철길은 2000겨울문학캠프 때도 그랬고, 5년 전 기행 때까지도 차단막이 없어 철길 위로 올라서서 설명할 수가 있었다. 밤낮으로 들으며 내면 의식을 형성했던 기차 소리, 수시로 일어나는 기차 사고로 사람 또는 사람을 따르던 개의 죽음, 〈새야새야〉에서 어머니가 아들 형제에게 한사코 철길을 금하였던 이유를 설명하는 전설 같은 이야기, 〈황성옛터〉에서 철길을 베고 잠들었던 죽은 오빠……. ('신경숙' 중에서)

“정읍 출신 작가를 초대하여, 학생들에게 막연한 추상적인 게 아닌, 정말 가까이서 문학을 체험할 수 있게 한다.”

‘청출어람의 희망’이라는 제목의, 내가 쓴 교사 소감 글 첫 문장이었다. 2000겨울문학캠프를 준비하게 된 취지가 그랬다. 문학에 대한 향수를 제자를 통해서 풀어보고 싶은 숨길 수 없는 내면의 욕구가 숨은 제목이었다.

2001년 새해 겨울, 그렇게 초대된 작가가 신경숙이었다. 신경숙의 초대는 대단히 어려운 과정이었다. 당시만 해도 그렇게까지는 유명세가 아니었기에 초대해볼 엄두를 냈던 것인데, 정읍토박이인 남편의 역시 정읍토박이인 친구를 통해 가능성을 타진해본 뒤, 정읍국어교사모임에서는 신경숙문학캠프를 하겠다고 미리 공표를 했다. 그런데 문제가 생겼다. 작가가 도저히 못하겠다고 고집한다고, 정읍토박이 친구는 자기 선에서 먼저 두 손을 들어버렸다.

초조한 나는 직접 작가에게 전화를 했다. 못하겠다는 이유는 퍽 인간적이었는데, 많은 학생들 앞에서 ‘선생님처럼’ 자기는 도저히 말하기를 할 수가 없다는 것이었다. 내가 내세울 무기는 ‘학생’밖에는 없었다. “정읍의 학생들에게 이미 약속을 한 일이고, 준비하는 아이들이 있다. 어른들이 아닌 학생들에게 한 약속인데 번복하라는 말인가.” 힘들게 말을 이어가던 작가는 ‘학생’이라는 말에 가까스로 최종적인 승낙을 했고, 어떻든 나는 그때의 일을 지금까지도 감사하게 생각하고 있다.

기적소리 따라 걷는 길, 학생 작품 제목을 표제로 한 2000겨울문학캠프 문집의 제목이다. 책장 깊숙이 있던 문집을 꺼내어 묵은 먼지를 털고 표지의 사진을 물끄러미 바라보았다. 사진 속의 얼굴들이 그들의 이야기에 딸려 아득한 그리움으로, 어느 많은 부분은 생생한 그리움으로, 그 때의 겨울 파도처럼 밀려든다.

선생님의 권유로 〈외딴방〉을 읽었다. 제일 기억에 남는 건 '희재 언니'도 아니고 '열아홉의 나'가 살았던 외딴방도 아니었다. 어쩌면 그냥 배경이었을지도 모르는 시골집에서 여운이 가장 많이 남았다. 어쩌면 나는 '외딴방'이 아니라 '시골집'이라는 책을 읽었을지도 모른다. 나에게 작가의 시골집은 정말 정겹게 찾아왔다.

똑같진 않지만 조금은 비슷한 일들.

맨 처음 쇠스랑이 다리에 찍혔을 때, 나는 유치원 때 옆집에 살던 정길이가 쇠파이프로 내 이마를 찍었던 일을 생각했다. 똑같다. 나도 울지 않았다. 엄마가 다가오자 그때서야 훌쩍대던 내 모습이 어렴풋이 지나갔다. 멀리에서 살았다던 작가의 큰오빠와 천안에서 일하던 우리 큰언니. 부자이진 않았지만 그래도 좀 살았다던 작가의 시골집. 그리고 돈이 많진 않았지만 땅이 넓어 부자처럼 보였던 우리 집.

작가의 시골집은 내 어렸을 적 우리 집으로 다가왔다. '혹시 이 사람이 나의 기억을 훔쳤을까?' 너무도 비슷해서 가끔 내게 있었던 일처럼 착각해 버리는……. 작가네 집에서는 두레박으로 퍼 올렸다던 우물. 내가 어렸을 때도 전기로 끌어올리긴 했지만 나도 가끔은 그 우물에 무언가 던져 버렸던 일이 있었던 것 같다.

동생이 큰언니에게 선물 받은 장난감 블록을 샘이 나서 동생 몰래 하나를 집어들고 우물 속으로 밀어 넣어 버렸던 일. 그 후로도 동생은 내가 장난감을 던져 버렸다는 걸 모른다. 왜냐하면 그 장난감은 블록이 수도 없이 많아서 하나 정도 던져버려도 티도 나지 않으니까. 그때는 왜 그거 하나 버리고 그렇게 만족했는지 모르겠다. 그때는 작은 것에도 만족하던 어린애여서 그런지도…….

그리고 헛간. 우리 집에 헛간은 없다. 하지만 헛간처럼 생긴 것 하난 있다. 예전에 우리들의 세면장이었던 지금의 아빠가 개밥을 끓이는 곳. 그때는 그곳에서 꿀도 짜고 김치도 담고 했는데 요즘은 통 구실을 못하고 아빠의 개밥 끓이는 곳으로 전락해버렸지만…….

작가의 엄마. 구수한 사투리의 엄마. 우리 집에도 사투리를 쓰시는 엄마가 계신다. 나 어렸을 적엔 밭에서 밭을 일구던 엄마가 계신다. 이마 다치던 날 수건으로 머리를 꽁꽁 싸매시던 구수한 사투리의 엄마가 나도 계신다. 작가의 남동생. 항상 작가를 따라다니던 남동생이 나도 있다. 지금은 따라다니지도 매달리지도 않지만 어렸을 적엔 곧장 따라다녔던 남동생이 나에게도 있다. 이처럼 작가의 시골집은 나의 어렸을 때를 회상하게 만들었다.

신경숙 소설에는 시골집이 많이 등장한다고 한다.

아마도 신경숙은 시골집을 지금도 많이 그리워하고 있는 것은 아닐까?

— 권주현(태인여중3), 사전과제 독후감

어릴 적 그 아인/ 내 마음에/ 한가득 별을 털어 주었다.// 조금 큰 아이는/ 색 구슬 빛나는/ 엄마 브로치도 던져주었다.// 그리고 좀 더 컸을 때 그 아인/ 아파하는 쇠스랑도 던져주었다./ 그 묵직한 쇠스랑은/ 내 마음 속으로 조금씩 박혀 들어갔다.// 그 아이는 나에게 더 이상 줄 것이 없자/ 저 멀리 도시로 떠나갔다./ 다시 돌아왔을 때/ 그 아인 어엿한 숙녀가 되어 있었다.// 그녀는 어렸을 적 던져 놓았던/ 별들을 보며/

도시 생활의 꿈과 고달픔과/ 눈물을 떨구었다.// 나는 함께 슬퍼했다./ 나에게 속마음 다 털어주고/ 도시로 다시 떠나간 그녀// 나는 생각했다./ 그녀가 다시 돌아오면/ 내게 돌아와도/ 이젠 줄 것이 없다면// 이제는 내가/ 그녀의 눈동자/ 깊은 우물이 될 것이라고.

— 권주현(태인여중3), 캠프후 소감시 '우물'

'혹시 나의 기억을 훔쳤을까'라는 표현이 좋았다. 사전과제에서 '우물'을 이야기했던 것을 캠프 후 소감문에서도 '우물'을 다시 한 번 이야기하고 있다. 흔히 하는 산문으로가 아닌 시로 표현했다는 점이 신선하고, 신경숙 작품의 핵심을 살리면서 자신의 경험을 그대로 연결하여 쓰는 점이 좋다. 이 아이의 언니도 이 아이도 내가 가르쳤는데, 자매가 다 연도를 달리하여 대산청소년문학상(시)에 뽑혔던 경우였다. 공부를 비록 썩 잘은 못해도 반짝이는 시어의 가능성에 희망을 걸고 그렇게 응모하게 했던 것 같다. 가끔 상처를 주고받기도 했으나 내가 좋아했던, 나를 좋아했던, 그 아이들은 지금 어디서 무엇을 하고 있을까.

내 아이들에게 눈길이 가는 거야 어쩔 수 없겠지만, 정읍문학캠프에서 자기 소속 학교에 매몰되어서는 안 되는 일이었기에 태인여중 아이들은 내 모둠이 아니었다.

안녕하세요? 어제 처음 뵙고, 오늘 엽서에 보낼 수 있다고 해서, 이렇게 펜을 들었습니다. 제 이름은요, 곽현정이에요. 절 기억하실 지는 잘 모르겠지만, 어제 싸인 2장 해주셔서 아마 절 기억하실지도 모를 거라는 희망을 가져봅니다. 오늘 선생님의 고향집 과교동 299번지를 가보았어요. 저와 같은 상황 속에서도 그런 생각과 글을 쓰신 것에 대해 정말 놀랐어요.

전 앞으로 작가가 꿈이에요. 그런 저에게 어제 선생님과의 만남은 흥분과 충격의 시간들이었습니다. 그래서 너무너무 기뻤고요. 그리고 선생님을 보며 앞으로의 저를 생각해봤어요. 저도 선생님처럼 훌륭한 작가가 될 수 있을지 의문도 생기더군요. 그래도 용기를 가질래요. 꼭 훌륭한 글을 써야 그게 진정한 문학은 아니잖아요. 지금 바다 근처, 손이 너무 시려워요. 그래도 선생님이 읽으실 거 생각하고 기쁜 맘으로 펜을 굴리고 있습니다.

일생에서 한 번 있을까 말까한 선생님과의 만남이 아직도 제 맘을 흥분시키고 있습니다. 답장을 써주신다면 좋겠지만 그럴 수 없다 해도 어제 만남으로 만족할게요. 만나 뵈어서 너무 반가웠습니다. 그럼 이만.

― 곽현정(학산고2), 작가에게 엽서 쓰기

여기서 이렇게 와 보니/ 처음 와 본 느낌이 든다.// 항상 논밭을 다니면서/ 지나던 곳인데…….// 문학캠프란 곳에서/ 여길 와보니/ 꼭, 내가 살던 곳이 아닌 것 같다.// 처음 느낌, 느낌이지만/ 왠지 낯설지도 않은 느낌이다.// 문학캠프란 곳에서/ 우리 동네/ 과교 마을에 와 보니// 괜히 신기하기도 하고/ 기분도 좋다.

― 신은남(학산고2), 캠프후 소감시 '철길'

문학캠프에서 작가를 지망하는 학생을 만나는 것도 행운이고 초대 작가와 같은 고향마을을 가진 학생을 만나는 것도 행운인데, 나는 내 모둠에서 그 두 학생을 다 만나고 있었다. 오랫동안 중학교에만 있던 내가 고등학교 아이들을 만나는 것은 긴장이기도 했고, 일반고가 아닌 산업계고 아이들을 만나는 것은 또 다른 긴장이기도 했던 것 같다. 이 아이들은 오랜 시간이 흘러버린 지금도 신경숙 작가에 대한 마음을 간직하고 있을까, 궁금도 하고 걱정도 해본다.

문학캠프에서 학생이 모둠 교사를 잘 만나는 것도 행운의 하나인지 모르겠다. 아이들에게 말 덜 들으려고 나름으로 무지 애를 쓸 수밖에 없는 일이었는데, 문학캠프의 원활한 진행을 위해서 유독 많은 궂은 일 처리들을 해야 하는 교사가 있기 마련이다. 나는 사전 준비들을 치밀하게 오래 하는 편이지만 정작 캠프가 시작되면 순발력을 잃고 동력을 잃어버리는 스타일이기도 했다. 그럴 때 박래흥 선생님의 실무적인 역할들은 무척 중요했다. 덕분에 박래흥 선생님 모둠 아이들은 그때 꽤 외로웠다. 그럼에도 내 모둠 아닌 그 아이들을 기억하는 것은 그 아이들이 가장 능동적이고 반짝반짝 빛났기 때문이었다.

> 전날 내린 눈으로 세상은 온통 하얗기만 했다. 학교에서 같이 참가하기로 한 친구를 만나 선생님과 함께 내장산으로 향했다. 낯선 얼굴과 낯선 장소, 모든 것이 두렵게 느껴졌다. 가방을 풀고 숨을 돌릴 틈도 없이 모둠 편성이 시작되었다. 나는 1모둠 '바위섬'이었다. 중1의 안준, 유성욱, 중3의 최유리, 그리고 고1의 박미라, 김미현. 내 친구의 불참과 우리 모둠이었던 민지가 돌아감으로써 우린 다른 모둠에 비해 두 명이나 모자랐고 처음부터 너무나 불안했다.
>
> 그러나 어쩐 일인지 우리 모둠 아이들이 전혀 낯설지가 않았다. 오히려 알고 지내온 동생들처럼 편하고 좋았다. 또 적은 숫자는 우리가 금세 친해지는데 도움을 줬다.
>
> ……
>
> 사인회를 끝으로 작가님과의 대화 시간도 끝나고 우리는 숙소로 돌아와 곧 있을 '문학의 밤'을 준비했다. 모둠가와 모둠 소개 그리고 시 낭송 등 이것저것 준비를 하다 보니 어느새 하루해도 저물어가고 있었다. 저

녁을 먹고 문학캠프의 꽃이라 해도 과언이 아닐 '문학의 밤'이 시작되었다. 우선 지난여름에 있었던 문학캠프에 대해 소개하고 조금 후 본격적인 '문학의 밤'이 시작되었다.

각 모둠은 모둠 소개와 더불어 짧은 시간에 열심히 배운 모둠가를 노래하고 자신의 글을 발표했다. 그렇게 1모둠부터 8모둠까지 모두 마쳤을 땐, 처음의 두려움과 낯설음은 어디에서도 찾을 수 없었다. 한층 무르익은 분위기로 퀴즈 대결이 이루어졌다. 각 모둠에서 두 명씩 나와 그동안 갈고 닦은 솜씨를 선보였다. 모두가 최선을 다했고 주어진 결과에 승복했다.

'문학의 밤' 마지막 순서로 놀이가 있었다. 모두 즐겁게 참가한 놀이에서는 퀴즈 대결에 이어 4모둠이 발군의 실력을 자랑하며 우승을 했다. 부럽기도 했지만 우리 모둠도 열심히 했기에 후회는 없었다. 어느새 하나가 된 우리를 느끼며 첫날의 일정은 모두 끝이 났다. 숙소로 돌아오는 길에 바라본 하늘에는 별이 유난히도 반짝이고 있었다. 그 별빛을 보며 어느 순간 부쩍 자란 나를 느낄 수가 있었다. 그렇게 문학캠프의 밤은 깊어만 갔다.

……

어제에 비해 빡빡한 일정 탓에 조금 바쁜 아침시간을 보내고, 짐을 정리하여 버스에 오르는 것으로 오늘의 일정이 시작되었다. 신경숙님 소설 속에 배경이 되는 곳들을 돌아보고 작가님의 집까지 둘러보는 행운을 얻게 되었다. 〈외딴방〉에 나왔던 우물이랑 기찻길. 그리고 〈모여있는 불빛〉의 배경이 되었던 호수까지, 모두 작가님의 손길 발길이 닿았던 곳이라는 생각에 가슴이 떨려 옴을 느낄 수 있었다.

……

돌아오는 버스 안에서 서로의 소감을 말하는 시간을 가졌다. 우리는 짧은 만남을 아쉬워하며 꼭 다시 만날 것을 약속했다. 시작이 있으면 끝이 있듯이 나의 첫 문학캠프는 시상식을 끝으로 모두 끝이 났다.

집으로 돌아오는 버스 안에서 지난 보름간을 떠올려봤다. 문학캠프에 대한 기대감과 설레임, 준비기간의 어려움 또, 포기하려 했던 나의 어리석음, 그리고 즐거웠던 1박2일의 문학캠프까지, 짧은 기간이었지만 너무도 많은 일이 있었다. 이제는 추억이 되어버린 지난 보름간을 어쩌면 난 평생 잊지 못할 것 같다.

— 김미현(왕신여고1), 값진 나의 문학캠프

다른 모둠은 7, 8명이었는데 1모둠은 5명이었고, 모둠 교사는 바빴다. 엄마 없는 아이들처럼 기죽을까 마음이 쓰였지만, 1모둠 아이들은 전혀 그렇지 않았다. 맏이로서 따뜻하고 세심한 리더 역할을 하는 여고 아이, 콩콩 튀며 웃음을 만들어내는 남중 아이, 언니의 도움을 받으며 동생을 다스리며 꼼꼼히 중간 다리 역할을 하는 여중 아이, 성큼성큼 큰 걸음으로 가는 남고아이가 없고 지도교사가 자주 자리를 비우는 속에서도, 그 아이들의 웃음은 단연 돋보였고 훈훈했다. 중1부터 고3, 남학생과 여학생, 남교사와 여교사, 모둠을 편성하는 일은 난이도 높은 작업이지만, 예측할 수 없는 경우까지 포함해서 '모둠활동'이란 이 모든 종합적인 결과물이기도 했다.

'평생 잊지 못할 것'이라는 표현이 단순한 과장은 아니다. 초핵가족화 시대에 사는 아이들이 이렇듯 '대가족 형제자매'의 구성 속에서 자기 역할을 찾아내고 종합해내는 일이 어디 흔한 일이겠는가. 초대 작가의 작품을 찾아 읽고 홈페이지에 독후감을 올리는 사전과제를 수행하며, 모둠이 정해지면 모둠 교사의 지도에 따라 모둠활동을 준비하는데, 편견 없이 모인 공동체 활동은 학교에서와는 또 달랐다.

신경숙문학캠프는 일단 아주 가까운 내 지역 출신 작가라는 점에서 친밀도가 높았고 작품 배경지 또한 바로 곁에서 찾을 수 있다는 점이 특별했다. 정읍 지역에 학생들의 단체 활동이 가능한 유스호스텔이 없다는 점은 항상 아쉬운 일인데, 신경숙문학캠프의 경우에도 숙소가 문제였다.

금산사가 있는 모악산처럼 내장산에도 유스호스텔이 있으면 좋았겠지만, 내장산에는 '호텔'이 있었다. 10년을 폐허로 방치하다 2015년에 요란한 발파 해체식을 보였던 그 내장산 관광호텔이 그때는 운영되고 있었다. 열악한 경제형편의 정읍국어교사모임이었기에, 지인들 도움을 구하는 것이 필수인 경우도 많았는데, 내장산에서 식사를 해결하는 곳은 파출소 앞의 회원 어머니가 운영하는 식당이었고, 숙박지는 회원 이모가 운영하는 모텔이었으며, 모둠활동이나 작가 만남 장소는 회원 어머니 단골이 총괄책임으로 있는 내장산 관광호텔이었다. 그러다보니 숙소로 돌아오는 길에 밤하늘의 별을 볼 수가 있었던 것이었다.

작가와의 대화 시간은 장장 두 시간 반이었는데, 나는 사회자로서 서 있는 그 시간이 전혀 긴 줄을 몰랐었다. 말이 어눌한 작가라고는 하지만 그것이 그 작가의 개성이라고 생각하고 보면 그것이 또한 재미로 다가왔다. 계속 서 계실 거냐고 작가가 질문을 던졌지만 나는 계속 서 있었고, 작가 또한 계속 서있던 시간이었고, 아이들의 웃음은 청량제가 되었던 시간이었다.

[2000겨울문학캠프, 신경숙 작가와의 대화]

사회자 먼저 오늘의 주제가 한 곡 듣고 시작하겠습니다.

> 카테리니행 기차는 8시에 떠나가네/ 11월은 내게 영원히 기억 속에 남으리/ 내 기억 속에 남으리/ 카테리니행 기차는 영원히 내게 남으리// 함께 나눈 시간들은 밀물처럼 멀어지고/ 이제는 밤이 되어도 당신은 오지 못하리/ 당신은 오지 못하리/ 비밀을 품은 당신은 영원히 오지 못하리// 기차는 멀리 떠나고 당신 역에 홀로 남았네/ 가슴 속에 이 아픔을 남긴 채 앉아만 있네/ 남긴 채 앉아만 있네/ 가슴 속에 이 아픔을 남긴 채 앉아만 있네
>
> — 조수미 노래, 기차는 8시에 떠나네

〈작가 이야기〉

노래가 명랑하고 밝은 내용이었으면 좋을 텐데……. 문학이라는 것은 이 세상에서 약간 어긋난 것, 양지보다는 약간 그늘진 것, 가능한 것보다는 불가능한 것, 이런 것에 초점이 맞춰져 있는 것 같고, 그러다보니 문학 속에 들어가 있는 음악도 명랑하고 밝은 내용보다 뭔가 좀 우울하고 그런 내용이라는 생각이 잠깐 들었습니다.

그런데 이렇게 넓은 자리에서 이렇게 멀리 떨어져서 얘기를 선생님처럼 서서 하는데 저는 강연을 잘 못하는 사람이에요. 말을 잘하고 논리적으로 내 의사를 내가 생각하는 것을 잘 전할 수 있는 능력을 가졌다면 글을 쓰지는 않았겠죠. 그게 아마 소통이 잘 안되고 뭔가 나 아닌 다른 사람한테 무슨 말을 하고 싶은데 그게 잘 안되고 그러니까 뭔가를 써보

기 시작했을 테고, 그것이 어떤 미화 작용을 일으키고 어떤 세계관을 갖게 되고 그것이 소중히 되지 않았나 그런 생각을 합니다.

아침에 안 늦을려고 6시 반쯤 나왔는데, 6시 반이라는 시간이 그렇게 깜깜한 줄 몰랐어요. 집안에 있을 땐 불을 켜놓으니까 깜깜한 줄 모르는데, 좀 춥고 그렇긴 하지만 저한테 뭔가 고요한 세계의 6시 반이란 거리를 보게 해주고, 또 서울의 풍경을 보게 해주고, 내려오면서 쭉 보니까 눈이 하얗게 쌓였더라구요. 그런 풍경을 너무 오랜만에 봐서 좋았어요.

이렇게 여러분들을 만나게 되어서 처음엔 가서 무슨 말을 해야 되는지, 이런데 내가 가야 하는지 그렇게 속으로 구시렁거렸는데요, 여러분을 보니까 좋네요. 좋고, 여러 생각들을 하게 하고 그러네요. 얼마간 제 이야기를 한 다음 제 이야기 가운데 궁금한 거 저한테 질문을 해주시면 제가 그 답변을 통해서 많은 이야기를 하는 쪽으로 시간을 갖는 걸로 하는 것이 좋겠습니다. 사회자께서 저더러 여러분께 이야기를 너무 어렵게 하지 말라 했는데, 저도 마찬가지예요. 여러분들도 제게 너무 어려운 질문을 하지 말아주세요.

(웃음)

저는 문학이라는 것을, 문학이라고 거창하게 말 안하고 소설이라고 할게요. 소설을 쓰는 사람이 되겠다, 처음부터 생각한 것은 아니었어요. 저한테 오빠가 여럿 있었는데 오빠들 중에 한 오빠가 책 읽는 걸 굉장히 좋아했어요. 저는 정읍 시내가 아니고 좀 안으로 들어간 외딴 마을에 살았는데, 그때는 참 책이 귀했어요. 그래서 오빠가 빌려온 책을 읽기 시작했어요. 만화책에서부터 무슨 로미오와 줄리엣, 안데르센 동화 그런 걸 읽는 걸 나중엔 오빠보다 더 좋아했어요. 지금 생각해보니까 현실 속에서 보이지 않는 것들을 책이 보여주는 것이 좋았던 것 같아요. 내가 살고 있는 작은 마을에서 일어나고 만들어진 일들이, 그 일이란 것이 책 속에서 많이 보여주고 있는 것을 알게 되었어요. 그래서 빠졌던 거 같아요. 오빠는 제가 먼저 그 책을 읽으니까, 나이 터울이 별로 안 나니까 자기 책이라고 안 빌려주고 그랬어요. 어떻게 해서든지 몰래 갖고 가서 헛간 같은 데서 읽고 그랬던 거 같아요. 그러다보니까 이제 이 세상에서 글을 쓰며 사는 사람은 어떻게 생겼을까, 그 사람들은 뭘 먹고 살까 어린 마음에 동경을 가진 것 같고, 학교에서 장래 희망이라는 것을 적으라고 하면 조심스럽게 이렇게 써도 되나 하면서 무슨 작가라고 써보기 시작한 거 같아요. 그랬던 것이 사춘기를 통과하면서 그 생각이 굳어진 것 같고, 그래서 그 뒤로 지금까지 생각을 버리지 않고 소설가가 되어가고 있는 중입니다.

중학교 땐가 뭔가를 많이 써보게 되었던 것 같아요. 제가 정읍여중에 다녔는데 그때 친구가 하나 있었어요. 그땐 친해진다는 것은 내 마음 속에 가지고 있는 어떤 비밀스러운 것을 나눠가지는 것이라 생각했어요. 그래서 그 친구한테 내가 누굴 좋아한다 얘기를 했는데 그 다음날 다 알고 있는 거예요. 짝꿍도 알고 그 옆 애도 알고. 그때 이 말이라는 것에 대해 굉장히 실망을 했어요. 말이라는 것은 내가 한 번 내뱉어서 그 다음부터는 내 것이 아니라는 생각이 들었어요. 실망을 많이 해서 마음속에 지니고 있던 생각을 말보다는 노트에 적었어요. 처음엔 너무 괴로워 쓰다가 나중에는 '이렇게 되었으면 좋겠다'라는 것도 쓰게 되었어요. 내가 쓰는 글 속에 들어오는 다른 사람에 대해 생각해보게 되고, 좋은 글을 쓰는 분들의 글을 보고 비슷하게 쓰려고 노력하고 그런 사춘기 시절이 아니었나 싶어요.

그런 글쓰기를 하다 고등학교 때 서울로 가게 되었는데, 여러 가지 사정으로 야간학교를 다녔어요. 근데 학교를 많이 빠지게 되어서 반성문을 쓰라고 했어요. 반성문을 대학노트에 반쯤 썼는데 반성문이 아니고 무슨 소설같이 썼겠죠. 선생님이 교무실로 오라 해서 앉히고는, 소설을 써 보는 게 어떻겠냐 했어요. 그전에는 막연히 글 쓰는 사람, 내가 하고 싶은 게 시인지 수필인지 희곡인지 정해지지 않았다가, 반성문을 계기로 그 선생님이 소설을 써보는 게 어떻겠냐 말씀하셔서 소설가가 되어야겠다 확고하게 마음을 먹었던 것 같아요.

저는 생각해요. 이 세상에서 많은 일이 벌어지고 그런 일들이 어떤 사람 가슴에 가서는 굉장히 커다란 영향을 끼친다는 거, 그래서 말이라는 것은 항상 조심스럽게 해야 되고, 꼭 해야 될 말인데 안 해서는 안 된다는 것, 그런 생각을 지금도 해요. 만약에 선생님이 그때 제게 소설가가 되는 게 어떻겠냐? 말씀하지 않았어도 훗날 어떻게 했던지 소설가가 되었겠지만, 멀리 돌아서 왔을 거라고 생각합니다. 그런데 그 이후로 이제 마음속에 내가 뭘 해야겠다 정해지니까 모든 일이 다 무던하게 보이고, 굉장히 자존심 상하는 일이 생겨도 제 마음 속으로 나는 소설가가 될 거니까, 이렇게 다독이는 거죠. 일이 잘 안 풀려도, 괜찮다, 난 소설가가 될 거니까, 뭐 이렇게 청소년 시절을 보냈어요. 그래서 진로 고민이나 이런 거 없이 제 맘속에서 소설가가 되겠다 확고하게 정해져서 그 때문에 대학에 가는 것도 성공했고, 고등학교 때 공부를 제대로 할 수 없는 환경이었기 때문에 입시 공부를 전혀 못했는데 실기고사를 통해 서울예술대학교를 가게 되었지요. 마침 거기서 문예창작과라는 환경이었기 때문에 들어가서 본격적으로 문학이란 무엇인가 또 기존 작가들의 이뤄논 소설 세계가 무언가를 체계적으로 공부할 수가 있었고, 또 거기서는 공부를 한다기보다 소설 쓰고 책 읽고 시 쓰고 또 책 읽고 하는 게 수업이었으니까, 자유로운 독서에 적응할 수 있었으니까 도움이 된 거 같습니다.

근데 여기 앉아있는 여러분 중에도 문학에 뜻을 둔 분들이 있으리라 생각하는데요. 학교에 들어와서 또는 누군가를 통해서 소설은 이렇게 쓰는 거다 처음부터 알게 될 수는 없는 일인데, 다만 그 분위기가 어떤 것인가를 대학교 졸업하는 2년 동안 체득할 수 있었던 거 같아요. 그걸 문학적 분위기라고 하나요? 그것은 일단 문학을 한다든지 그림 그리는 것도 마찬가지고 모든 예술 경향이 다 똑같다고 생각하는데 그 분위기를 자기 체질화 시키는 것이 첫 시작이라고 봐요. 학교에서든 어디서든 소설은 이렇게 쓰는 것이다 가르쳐줄 순 없는 거지만, 그 중에서 비슷한 생각을 가지고 있는 사람들과 만나고 방황하고 절절히 생각하고 하면서 그것을 습득했다는 기분이 들어요.

그래서 학교를 졸업하던 해 신춘문예에서 23살 때 등단해서 소설가가 되었는데, 되기 전보다 되고난 후부터 진짜로 더 힘들고, 새로운 시작을 해야 되니까 더 힘들었습니다. 제가 장편 소설이나 이런 것을 통해 제가 하고 싶었던 말은 크게 말해서 인간과 인간의 어떤 친밀성을 가지고 어떻게 서로 친밀하게 지낼 수 있는가라는 점, 이름 없이 살아가는 운명의 개인들이 속으로 무슨 생각을 하고 있는가 그 점, 수면 아래 가라앉는 얼핏 보기 별것 아닌 사람들의 지닌 외로움이나 이런 것을 퍼올려서 이런 사람들이 이렇게 존재하고 있다, 그것을 알렸을 거예요. 고독이라는 주제로 혹은 죽음을 주제로 또는 사랑이라는 주제로 했을 텐데, 소설은 사랑이 이뤄낸 역사에 개인이 끼치는 영향은 있다고 생각해요.

그런데 제 소설은 외적인 큰 목적을 향해서 발언하는 그런 쪽이 아니라, 내적으로 이름도 없이 그냥 아마 저처럼 살아가는 사람들의 보편적인 정서를 대변해왔다고 생각합니다. 앞으로 그런 세계는 계속되겠고 그것에 제가 인간으로서 가진 재능이 있다면 그것을 나눠주고 갈 수 있는 그런 시간들이라고 받아들인다고 믿고, 이야기를 여기까지 맺고 작품에 대해서 질문을 받아 이야기하다 보면 더 많은 이야기들이 나올 거예요. 이제 질문을 하지요.

1모둠 바위섬 질문과 답

질문 호남중학교 안준입니다. 이 책은 '발매조차 아깝다'라는 책이 있다면 무엇이 있는지 알고 싶습니다.

작가 발매? 판매는 내가 하는 것이 아니니까, 앞으로 그런 작품 쓸게요, 발매조차 아까운. (웃음) 근데 그냥 개인적으로 모든 작품들이 다 마침표라고 찍지만 찍어야 되니까 찍을 뿐이지 마음 속에 흡족해하면서 찍은 마침표는 아직 없는 거 같아요. 또 내가 어떤 이야기를 썼으나 내가 마침표를 찍는 자리에서 끝난다고는 생각 안 해요. 여러분이 읽었을 때 마음속으로 퍼져 들어가는 그것이 소설의 완성이라 생각합니다. 발매조차도 아까운 그 책은 나보다는 읽는 사람이 그거를 어떻게 가슴 속에 받아 들였나 거기에 따라서 정해진다고 생각합니다.

질문 홍숙정 선생님의 제자 최유리입니다. 〈외딴방〉을 읽어보면 과거를 현재형으로 쓰셨는데 그렇게 쓰신 특별한 이유라도 있는지 알고 싶습니다.

작가 좋은 질문이에요. 〈외딴방〉을 쓸 때는 단순히 소설을 쓴다기보다 제 개인적으로 형식 실험을 할 때였고, 이것이 10여 년 전 20년 전 과거의 시간을 복구하는 작업이었어요. 시간을 두고 생각할 때 우리가 보통 어제, 그제, 내일이라 하지만 오늘이란 5분이란 순간도 단독으로서의 시간이 아니라는 것, 태어날 때 그때부터 바로 기차를 타고 와서 그때까지의 순간들이 결합되어서 복합되었다는 것. 그래서 과거가 과거라고 말할 수 없다 하고 생각하며 쓰여진 것. 현재에서 일어나는 일을 과거로, 과거에서 일어나는 일을 현재로 썼죠? 그래서 〈외딴방〉의 형식 구조는 현재의 일과 과거의 일이 뒤섞이는데, 현재와 과거가 분리되지 않고 얽혀 있다는 것을 말하고 싶었어요. 우리가 가지고 있는 과거라는 것은 우리가 잊어버린 것이 아니라 우리 무의식에서 늘 작용하고 있다는 것, 이 현재라는 것이 그냥 단순한 일회적인 게 아니라는 것을 말해주고 싶어서 시간을 반대로 했고, 기본적인 이유는 그 속에 나오는 주인공들이라고 생각하는데 그땐 20년 전 사람들을 과거 속에서 현재 시간으로 살려내고 싶은 욕구가 강했어요. 그래서 눈에 보이지 않아도 현재에 살고 있는 우리들한테 많은 작용을 하고 있다는 것을 얘기해주고 싶어서 그렇게 한 겁니다.

질문 호남중학교 유성욱입니다. 신경숙님의 소설을 어떻게 평가해주길 바라는지 알고 싶습니다.

작가 제가 원한다고 그렇게 되겠어요? 하지만 작가로서 이런 바람은 있어요. 청소년 시절에 정체성이 없이 형성기에 있었을 때 어떤 분이 해준 말이 있어서 영향을 받아서 그 길로 간 것처럼 제 소설의 문장과 내용이 읽는 사람의 가슴에 들어와서 사회적으로 개인적으로 좋은 영향을 끼쳤으면 좋겠다, 그런 바람은 있어요.

2모둠 불나비 질문과 답

질문 태인여중 이선아입니다. 〈외딴방〉을 읽어보면 노동조합에 대한 이야기가 많이 나오는데요. 이 캠프도 전교조에서 하는 거잖아요. 전교조에 대해 작가님은 어떻게 생각하는지 알고 싶어요.

작가 전교조에 대한 제 생각은 그냥 솔직하게 얘기하면, 아까 말했던 고등학교 때 선생님이 전교조 일 많이 하시는데 그분 말씀 가끔 만나 들으면 뭔가 많은 변화가 안에서 일어나고 있다는 것, 그리고 이번에 서울에서 김규식 선생님이죠? 선거에 나오셨다는 것, 아슬하게 지긴 했지만 기반을 마련했다는 것, 그 지지문도 써주고 그랬죠? 뭔가 힘이 있기를 마음속에 원하는 점도 있어요.

질문 왕신여중 이수진입니다. 〈외딴방〉을 읽어보니까 작가님께서는 글을 쓰실 때는 집에서 쓰신다고 했는데 그 이유라도 있는지요.

작가 책상이 집에 있으니까. (웃음) 〈외딴방〉은 제가 제주도에 가서 시작을 했어요. 작가들의 성격이나 이런 문제일 거예요. 어딘가를 떠나야 글이 잘 써지는 사람이 있고요. 지금은 많이 바뀌었지만 또 〈외딴방〉을 쓰던 그 시점까지는 어딜 가도 지나가는 그 길만 지나가는 그런 약간 외골수적인 성격이었어요. 그래서 아마 그 내 책상, 뭔가 좀 친숙하고 편안하고 그런 속에서 집이라는 느낌이 드는 내가 안정할 수 있는 그런 곳에서 더 잘 써졌으니까 그랬을 거예요.

그런데 〈외딴방〉을 쓰던 무렵에는 여러 가지 사정이 있어서 제주도에 갔었는데 또 거기 가니까 일주일 정도는 적응이 안 되어서 좀 헤매다가 그 시간이 지나니까 적응이 되고, 또 전화나 그런 것은 제가 하지 않는 이상은 어느 쪽으로부터 연락이 안 되니까 긴장이 있어요. 좀 야릇한, 낯선 곳에 가 있는, 모든 것과 단절된 그런 긴장감이 주는 게 생기게 되고, 그 이후로는 가끔 아주 낯선 곳에 가서 쓰기도 하죠. 다만 거기 도착하는 순간부터 일주일간은 좀 적응 기간이 필요했죠. 그리고 또 일주일이란 시간이 생기지 않으면 안 가고, 왔다갔다 배회할 시간이 마련되면 다른데 가서 쓰기도 하죠.

질문 태인여중 송미희입니다. 작가님께서 존경하는 다른 작가님이 계세요? 존경하신다면 어떤 면에서 존경하는지 알고 싶어요.

작가 국내 작가로는 여성 박경리, 박완서, 오정희, 이런 분을 존경하구요. 그분들이 이루어낸 세계가 탄탄하고 인간의 영역을 넓혔다고 생각하기 때문에 존경해요.

근데 그것뿐이 아니고 모든 것으로부터 모든 영향을 받아요. 이 순간 제가 여러분에게도 받을 거예요. 내면에 들어오고 마음속에 느껴지고 이 모든 것들을 딱히 존경이라고 설명이 안 되더라도 여러 영향을 받죠. 국내 작가 뿐 아니라 외국 작가들, 꼭 작가 뿐 아니더라도 그림 그리는 사람들, 노래 부르는 사람들 이런 쪽에서도 많이 있고, 당장 누구누구냐고 왜 그러냐고 물으면 정확히 생각이 안 나네요. 또 만날 수 있으면 그때도 얘기해줄게요.

3모둠 푸르른 날 질문과 답

질문 만나 뵙게 되어 영광입니다. 정주여고 2학년 변선영입니다. 소설 〈감자먹는 사람들〉에서 덜커덩 덜커덩 기차 소리가 자주 등장을 하는데 그 소리가 단순한 전환의 소리인지 다른 의미가 있는지 궁금합니다.

작가 그 〈감자 먹는 사람들〉 외에 제 소설에는 이따끔 기차 소리가 등장하는데, 제 살았던 마을에 지금은 좀 달라졌지만 그곳에서는 기차가 지나갈 때 논에서 일하는 사람들이 서서 쳐다보고 손을 들고 그랬어요. 그때 저는 꼬마였을 테고, 지금 기차를 타면 먼데를 갈 수 있을 텐데, 다른 세계를 만날 수 있을 텐데, 뭐 그런 생각, 저 기차를 타고 떠나는 사람들은 얼마나 좋을까 그런 생각을 했던 것 같아요.

근데 그뿐만 아니라 그 기찻길에서 사람들이 많이 죽는 모습도 봤어요. 술 취해서 기차 레일을 베고 잠든 사람, 뭐 어디 밤중에 길을 걷다가 기차를 피하지 못해서 죽은 사람들, 뭐 소설 속에서도 썼던 거 같은데 집에서 기르던 개도 나 따라오다가 거기서 치어죽고 그랬어요.

기차라는 게 이중 인상을 저에게 줬던 거 같아요. 그니까 어떤 굉장한 속도로써 여기에 땅 위에 살고 있는 나를 아주 먼 데다 내가 생각하는 이상적인 곳에 데려가줄 텐데 하는 설렘과, 또 가끔 기찻길 옆에서 살아본 분들은 알겠지만 기차가 사고가 나면 저기에 물체가 있다고 기관사가 발견하면 그땐 이미 늦은 거래요. 그때부터서도 한참 앞에 가서 서게 되어 있으니까. 어렸을 때 그런, 사람이 죽고 개도 죽고 그런 다음 기차가 섰을 때, 사람들이 많이 모이죠? 그때 풍기던 피비린내 이런 것들이 선명히 기억에 있어요.

같이 동시에, 꿈을 이루기 위해 떠나는 상징으로서의 기차, 무엇인가를 죽음으로 데리고 가는 상징으로서의 기차, 이런 것이 일단 제 맘에 있는 것 같아요. 아무래도 〈감자 먹는 사람들〉 안에서 그 기차 소리를 병든 아버지의 죽음을 앞두고 있는 화자의 심리 상태를 대변해주고 있다고 보면 될 거예요. 그러니까 거기에서 〈감자 먹는 사람들〉에서는 그 아버지라는 존재의 과거가 처음 나오죠. 그 과거를 이야기해주는 것으로서 기차로 된 것이고, 그 마을에서는 잠자다가도 기차 소리에 깨고 그랬어요. 까뮈가 그런 말을 했는데, 14살 때까지 봤던 풍경 그때까지 봤던 이미지 그것은 그 사람 평생 무의식에서 작용을 한다고 했는데, 그 말이 맞는 것 같아요. 반대로 표출이 됐든 비슷하게 표출이 됐든 그 어린 시절에 완성된 많은 생각이나 이런 것은 특히 글쓰기를 할 때는 어김없이 나도 모르게 되어 나오지 않았나 합니다.

질문 정주여종고 2학년 박민경입니다. 작가님 고향이 정읍이잖아요. 고향에 대해서 어떻게 생각하는지 알고 싶어요.

작가 충분히 다 살아보지 못하고 저는 사춘기 때 떠나온 사람이에요. 고향의 현실적인 모습보다 환상을 가지고 있는지 몰라요. 우리는 살아보지 못한 이런 것에 대해서 약간 미련과 아쉬움이 있잖아요. 내 고향 정읍 그러면 아직 따뜻하고 아름다운 것으로 기억이 되고 내 부모가 살아 계신 곳, 사춘기라는 것은 여러분도 그러리라 생각이 되는데 결핍되고 부재하는 것에 대해 그리움을 품게 되잖아요.

없는 것도 만들어서 내 가슴 속에 품는 그런 때인데, 나는 그 청소년 때 기차를 타고 떠나서 그리운 곳이 정읍이에요. 떠나는 그적부터 그리운 곳이 정읍이었고, 30이 되기 이전까지도 시간만 나면 여기를 오려고 밤차를 타고, 시간이 한 열 시간뿐이 없는데도 왔다가고 그런 사람이었어요. 여기서 머물지 않고 가고, 머물고 싶은데 가야 하는 사람에게 고향은 여기 사는 사람과는 다르겠죠. 아직도 여기 오면 좋고 대신 글은 안 써지는 곳이에요. 글을 써볼려고 내려온 적도 있지만, 너무 현실이 보이니까 안 써져요. 책상에 앉아 글을 쓴다는 게 우습고, 밭에 가서 뙤약볕에 고추를 따는데, 어머니는……. 나는 같이 따는 게 아니라 방해를 하죠, 오히려.

고창이 고향인 얼마 전 돌아가신 시인이 그랬죠. 고향에 대해 해준 것이 없어서 가진 못하고 그냥 그 근처에 서성이다 돌아온다, 그런 내용의 시, 그런 마음이죠. 공적인 일로는 잘 안오게 되고 사적으로 와요. 부모님 곁에 있다 가고 그런 것이 굉장히 힘이 돼요. 내가 어떤 사람이 되었든 간에 '내 태생지가 여기다'라는 것, 주저 없고 편안하고, 역전이나 시장통에 들어갔다오면 깨 같은 거 한단 놓고 팔고 있는 할머니도 만나게 되고, 마음이 아주 검소해지죠. 서울에 돌아가면 적어도 일주일 동안은 택시도 안타게 돼요. 약효가 일주일이라서 문제인 거 같아요.

질문 배영중학교 3학년 채범석입니다. 〈난장이가 쏘아올린 작은 공〉을 옮겨 썼다고 하셨는데, 그 작품에 대한 느낌은? (작가, 질문이 더 있나요?) 대답하신 다음에.

작가 고등학교 때 선생님이 나에게 책을 두 권 주셨는데 〈난장이가 쏘아올린 작은 공〉과 실천문학 계간지였어요. 그때는 고등학교 1학년이라서 거의 무슨 뜻인지도 모르고 존경하는 선생님이 주신 거니까 읽고 또 읽고 그랬어요. 노트에 그대로 옮겨서 적어도 보고, 대학교를 들어와서 그 소설을 다시 대하고 볼 때 우리가 노동소설이라 하지만, 그 소설 안에는 어떤 인간으로서 지녀야 하는 존엄성이라든지 삶에 대한 미학적인 시선이 아주 강렬하게 깔려있는 작품이라 생각해요.

그리고 문학성으로서도 단문이라는 문체가 굉장히 건강하게 설득력 있는 작품이고 그래서 지금까지도 그 작품을 보고 있고, 여러분들도 꼭 읽어보세요. 제가 기존 소설에서 몇 안 되게 좋은 그런 소설로 꼽혀서 간직하고 있어요.

질문 그러면요, 〈난장이가 쏘아올린 작은 공〉은 사회를 반영하고 있다고 제가 알고 있거든요. 작가님은 어떻게 사회를 반영하시는지?

작가 아까 말했듯이 소설은 현실을 떠날 수 없어요. 가상소설이다 정해놓고 시간을 100년이나 200년이나 역사소설이라 해서 앞으로 가거나 뒤로 가거나 해서 정해놓지 않는 이상은 어느 작가가 쓴 소설이든지 현실이 반영됩니다. 그러나 그때는 직접적이냐 간접적이냐 하는 것이 남아 있죠. 나의 소설은 사회적인 바람을 직접적 화자로 인해 나타내지는 않아요. 그러나 주변의 묘사되어 있는 환경이나 다른 것을 통해서, 이 화자가 사는 사회 현상의 분위기가 어떤 것인가 짐작할 수 있도록 묘사를 해나가고 있다고 생각해요.

그리고 주제에 따라 다른데, 이를테면 〈외딴방〉이라는 소설은 비록 과거의 어떤 것을 오늘 대에 부각시켜서 데려오는 기법을 썼지만, 70년대라는 사회를 제 방식으로 어떻게 해서든 그대로 보관시켜 놓을려고 애쓴 작품이고, 또 아주 환상적이고 우화적인 단편 중에서 〈새야새야〉는 현실을 완전히 배제하는 그런 작품들도 있어서, 전체적으로 모든 작품이 어떤 것을 지향한다고는 말할 순 없고, 작품마다 반영되는 방식이 다르죠.

4모둠 향수 질문과 답

질문 배영중학교 강민우입니다. 작가님께서 쓰신 소설과는 좀 관계없는 내용인지 모르겠지만, 학교에서 국어공부에서 소설을 접하고 있는데 무턱대고 하기에는 너무 어렵거든요. 저희가 아직 소설을 배우기에는……. 선생님의 입장에서가 아니라 소설가님의 입장에서 저희가 소설 공부하는데 좀 쉽게 할 수 있는 게 있다면 조언 한 가지만 해주세요.

작가 지금까지 저는 선생님의 입장으로서가 아니라 소설가의 입장으로 말했죠. 소설을 잘 쓸 수 있는 방법은 없어요. 자기 정신을 들여다보고 나하고 사회와의 연관을 살펴보고 어디서 불협화음을 일으키는가 열심히 생각하고, 내가 뭣 때문에 이렇게 외롭고 고독할까, 반대로 왜 기쁠까도 생각해보고, 생각에만 그치지 않고 표현을 해보고 또 표현을 해보다 보면 자기하고 가장 근접하게 알맞은 문체가 와요. 내가 어떻게 쓰는 것이 잘하는구나, 순간이 온다고 봐요. 그때까지 보고 듣고 느끼고 찢어버리고 또 쓰고 이런 거밖에, 그리고 책을 한 권도 안 읽고 소설을 잘 써야겠다, 이런 거는 틀린 생각이겠죠. 일단 읽고서 해독하려는 마음 기본은 되어 있어야겠죠.

5모둠 감자 질문과 답

질문 정일여중 이새롬입니다. 〈외딴방〉에 나오는 '창'이 실존인물인지, 지금도 그와 만나고 있는지 알고 싶어요.

작가 실존 인물일 수도 있고 아닐 수도 있고, 지금 어딘가에 살고 있을 수도 있겠죠. 그렇게밖에는 말할 수 없겠네요.

질문 태인여중 박정아입니다. ≪강물이 될 때까지≫란 창작집이 있는데, ≪겨울우화≫와 어떻게 다른지 알고 싶습니다.

작가 등단하고 나서 5년 동안 썼던 9편 정도 중단편들을 모아서 낸 작품집의 제목이 ≪겨울우화≫인데, 작품 중의 하나가 〈겨울우화〉이고 그걸 표제로 한 거예요. 그 출판사가 부도가 났고 다른 출판사에서 책을 내면서 ≪강물이 될 때까지≫로 바뀌었는데 제목만 바뀐 거지 내용은 똑같아요. 그 중에 또 다른 작품인 〈강물이 될 때까지〉를 표제로 한 거죠. 초기 작품이라 서툴고 초기 작품이라 신선한데도 있는데, 새로 출간하면서 어색한 부분은 고치고 탈고하는 과정을 거쳐서 되었어요.

이제 서점에는 ≪겨울우화≫라는 작품집은 없어요. 대신 ≪강물이 될 때까지≫란 책 안에 수록이 되어 있어요. 새로운 출판사에서 기존의 제목을 쓰기 꺼려해서 ≪강물이 될 때까지≫로 했는데 같은 책이에요. 평론만 다른 사람의 평론이 실려 있고 작품 배열순서만 약간 바뀌었지 같은 책이에요.

질문 태인여중 1학년 오정진입니다. ≪오래전 집을 떠날 때≫에서

〈벌판 위의 빈집〉은 옛 이야기를 이용한 것 같은데 왜 이용했는지, 어떻게 이용했는지 알고 싶어요.

작가 〈벌판 위의 빈 집〉은 아주 짤막한 30매도 안 되는 작품이에요. 어떤 출판사에서 굉장히 무서운 이야기를 써 달라 청탁을 했어요. 마감이 다되도록 무슨 이야기를 쓸지 고민했는데, 산책 중에 어떤 집에 담쟁이덩굴이 파랗게 우거져 있어요. 무서운 이야기를 써야 한다는 강박관념에 시달려 다른 때 멀쩡해 보이던 담쟁이덩굴이, 잎사귀들이 막 이렇게 어우러지는 것들이 사람의 혓바닥처럼 보이는 거예요, 제 눈에. 막 무슨 말을 하고 있는 거 같아요, 그 순간에. 순간 무서워져서 집으로 뛰어왔어요.

근데 그것만으로 무서울 것 같지가 않아요. 그래서 가상으로 텅 빈 들판에 아무도 안사는 집, 이렇게 하나씩 하나씩 공포를 조성하면서 그렇게 글을 썼죠. 그러다 보니까 글이 나왔는데, 또 역시 내가 알고 있는 이야기 중에 가장 무서운 이야기가 뭔가 생각해보니까. 여러분도 아시죠? 9층인가 사는 애가 있는데, 엘리베이터 타는데 맨날 무서웠다고 그래요. 하루는 엄마한테 마중을 나와 달라 그랬어요. 과외를 마치고 오는데 엄마가 마중을 나왔어요. 같이 오는데 "이상해, 엄마랑 같이 타도 무서워." 그러니까 "내가 니 엄만 줄 아니?" 뭐 그랬다고 그래요. (웃음)

근데 별 이야기 아닌 거 같지만 굉장히 무서운 이야기예요. 생각해보면 인간 자체를 못 믿게 하는, 형상으로 나타나는 '너'라는 존재를 '너'가 아닐 수도 있다 말해주는 무서운 거예요. 더군다나 친구 관계가 아니고 사회에서 만난 관계도 아니고 그 아직까지 가장 신성하다고 믿고 있는 모성 그것까지도 허물어뜨리는 이야기라고 나는 생각했어요. 그래서 그 이야기를 차용해서 그 이야기의 다른 보조물로 "엄마, 나 이뻐?" 이렇게 물어보도록 한 거죠. 근데 전 무서워라 썼는데, 별로 안 무서워하는 거 같아요. 제가 쓴 이야기 중에 가장 무서워라고 쓴 이야기입니다.

질문 만나서 반갑습니다. 저는 정읍농공고에 재학 중인 윤명섭이라고 합니다. 지금 결혼하셨죠? 선생님은 소설가라는 전문적인 직업과 한 가정의 가정주부라는 직업이 계신데 소설가라는 직업은 많은 다른 사람들한테 인정을 받으셨는데 주부라는 직업은 남편한테 인정을 받으시는지, 가령 요리를 잘한다든가. (웃음)

작가 그냥 뭐, 그냥 살죠, 뭐. 아직 제가 결혼을 했다고 실감을 해야 되는데 제가 잊어버려요, 자꾸. 그래가지고 그냥 혼자 사는 것처럼 살아요. 아마 불만이 많겠죠. 근데 인정받으려고 한 건 아니니까, 결혼이라는 것도 누구한테 인정받으려고 한 것은 아니거든요. 인정이란 걸 떠나서 그렇게 살고 있죠. 미안해요, 이렇게밖에 대답할 수 없네요.

6모둠 들판 질문과 답

질문 배영중학교 노민석입니다. 〈외딴방〉에서 나오는 쇠스랑이 허구인지 사실인지. 쇠스랑 때문에 상처가 생겼는데 그것도 사실인지.

작가 음, 사실인지 허구인지 다 말해주면 문학 작품을 대하는 게 신비롭지가 않잖아요. 그러니까 말 안 해줄 거예요. (웃음)

그래요. '외딴방'이라는 제목도 여러 가지 뜻으로 붙였어요. 그러니깐 소설을 포괄하고 있는 사랑과 노동과 꿈이 있는 그런 방, 죽음까지도 포함된 그런 방이란 뜻도 있고, 모든 사람은 평소에 자기 마음속에 누군가는 들어와 볼 수 없는 빈 공간이 있다고 생각해요. 황지우 같은 시인은 '폐허'라고 표현했는데요, '내 마음의 폐허'라고. 그런 폐허 같은 게 존재한다고 봐요. 그 누구도 들어와 볼 수조차 없는 상징하는 그런 곳으로 '외딴방'이라고 생각했거든요. 그 안에서 우물 안에 화자가 빠뜨리는 쇠스랑이라는 것은, 내 발을 찍은, 나한테 상처를 주는, 피를 흘리게 하는 그런 도구죠. 우물 밑바닥이라는 것은 인간의 심연을 말하는 거고 그 공간을 택한 거예요. 우물 밑바닥, 인생을 살아가는데 무어라 표현할 수 없는 아픈 그 무엇이 심연의 쇠스랑처럼 빠져있다. 그것을 건져내는 것이 어쩌면 글쓰기인지도 모른다. 그런 논리를 따라가서 만들어진 거죠. 누가 말했듯이 '나무 위에서 잠자고 있는 백로'라는 상징도 이거와는 완전히 반대되는 것이잖아요. 내 작품 속에 나오는 이러이러한 장면은 이러이러한 뜻으로 썼어요,라고 말하는 것이 사실은 굉장히 부질없거든요. 근데 여러분이 너무 진지하니까 말해본다면 이런 것을 그냥 찾아가는 재미로 읽는 것이 독자들이 문학작품을 읽어내는 즐거움이에요. '백로'는 우물 밑바닥에 빠진 '쇠스랑'과 반대의, 인간이 가장 고귀해질 수 있는 순간, 상처 없이 가장 편안한 순간을 뜻하는 거예요.

모든 나무에 하얀 백로들이 이렇게 하늘을 향해서 자고 있다. 그니깐 이 글쓰기라는 것이 가슴 속에 쇠스랑을 빠뜨리는 것에서부터 출발을 해서 결국 도달하고 싶은 그곳이다 하는 그런 상징이에요. 그거 가지고 사실입니까? 라고 물어보는 것은 "말 안 해 줄 거예요."라고밖에 대답할 수 없죠.

질문 배영중학교 3학년 박기영입니다. 한 사람의 문학인으로서 만약 우리들이 사는 삶과 문학을 연관시켜서 생각한다면 어떤 느낌이 드시는지 궁금합니다.

작가 처음에는 내가 저 사람을 어떤 언어로써 따라잡을 수 있다고 생각했어요. 혹은 더 앞서갈 수 있다고까지 생각한 적이 있어요. 지금 생각은 아무리해도 삶이 더 강렬하고 치열하고 질기다는 거예요. 그래서 문학이란 것은 그 삶을 뒤쫓아 가는 거, 남아 있는 뭣이라는 것은 어제까지 우리를 성찰해보게 하는 역할을 하는 것이지, 이 삶을 따라 붙잡아서 이 삶을 어떻게 궤도 수정시키고 이런 것을 할 수 없는 거, 언어의 치명적인 결핍이라는 거, 그거 깨달았습니다.

질문 배영고등학교 1학년 허정우입니다. 앞으로 쓰고 싶은 소설은 무엇이고, 작품 곳곳에 동학제나 전봉준 장군에 대한 예문이 나오는데 그를 주인공으로 역사 소설을 쓰실 생각은 없습니까.

작가 동학제, 지금도 하나요? 중학교 때 소복을 입고 등불을 들고 마스게임을 했어요. 연습 많이 했어요. 게다가 그때 키가 지금 키였어요. 제일 앞에 서서 해야 됐기 때문에 다 알고 있어야 돼요. 그니깐 앞에서 이렇게 인도하는 그게 굉장히 인상적이었던 모양이에요. 그 전봉준 장군도 뽑고 행진도 하고 정읍여중 들어와서 3년 동안 그렇게 했어요. 그게 끝나고 우리는 산 넘어서 집에 가야 되니까, 소복을 입은 채로 분장한 채 산 넘어서 이렇게 집에 오면, 귀신이 아닐까 여러 상상을 많이 하게 하는 동학제였어요. 그것이 나도 모르게 작품 곳곳에서 그로테스크한 모습으로 등장하곤 하는데, 지금까지는 동학 그런 쪽으로 전격적으로 글을 써봐야겠다 생각은 아직 못하고 있어요. 특히 소설로써.

왜 그러냐면 그게 엄청난 자료도 필요하거니와 검증이나 그런 게 많이 필요하고, 동학에 대해서는 기존의 작가들이 어느 정도 일정 부분 도달해 있고, 제가 그냥 개인적으로 어떻게 해보고 싶은 거는 '정읍사'라는 우리 설화가 있는데 그것도 그냥 마음속으로 생각하고 있을 따름이지 그것을 구체적으로 어떻게 작품화하고 있는 것은 아니구요.

앞으로 지금 당장 제가 하고 있는 작품은 장편 소설 하나 탈고하고 있는 중이고, 〈어머니〉라는 제목으로 좀 긴 장편 써보고 쓸려고 하고 있는 중이고, 그렇게 두 가지가 제 앞에 있고요. 어쨌거나 오늘 그냥 하루, 일 년 하고 말 일이 아니니까 제가 어쨌든 도저히 글을 쓸 수 없는 그럴 때까지 글을 쓸 거니까, 그 안에 동학에 대해서 생각이 닿아가지고 글을 쓰고 싶은 그런 생각이 들지도 모르지요. 아마 역사 쪽으로 접근한다면 그쪽으로 접근을 할 거예요.

질문 태인여중 이유진입니다. 소설을 쓰실려면 책을 많이 읽어야잖아요. 어렸을 때도 책을 많이 읽었다고 하셨는데 그 중에서 추천하고 싶은 책 있으세요?

작가 앞에도 말한 것처럼 제가 어렸을 때는 무작위로 막 읽은데다가, 정읍여중 다닐 때 그때는 책을 30원 주고 빌려주는 데가 있었어요. 그때는 그게 큰돈이었어요. 자전거를 타고 학교를 다녔는데 그렇게 빌려 읽기도 했죠.

책은 여러분만할 때 〈호밀밭의 파수꾼〉 읽어봐도 될 것 같고 장그르니에 산문집 〈섬〉 읽어보세요. 좀 더 시간이 지나면 〈난쟁이가 쏘아올린 작은 공〉도 읽어보고, 수도 없이 많죠. 시집도 많이 읽어보고 책을 많이 읽어봐요. 왜냐면 영상이라는 것은 자기가 직접 참여하지 않아도 앉아있으면 그냥 지나가잖아요. 그 시간 동안에 앉아 있으면 그냥 지나가는 것이죠. 근데 이 책읽기라는 것은 자기가 직접 참여하지 않으면 안되는 거예요. 그니까 한 페이지 읽지 않으면 다음 페이지로 넘어가지 않죠, 절대로. 자기 힘이나 이런 것이 직접적으로 참여하는 것이기 때문에 그 훨씬 강력한 힘이 있다고 저는 봐요. 그러니까 여러분만한 때 책 읽을 시간이 있는지 그건 제가 잘 모르겠어요. 현대소설부터 고전까지 두루두루, 제 소설도 좀 읽어 주시구요.

질문 태인중학교 김형수입니다. 처음 책을 출판하셨을 때 느낌이 어땠는지요.

작가 그때 서문에 글을 쓴 것 같은데요. 책이 1년쯤 걸려서 나왔어요. 잊어버리고 있었는데 책이 나왔다고 전화가 왔어요. 반가워서, 저녁 6시쯤인가 밥을 짓고 있었던 것 같아요. 출판사가 20분쯤 뛰어가면 나오는 거리인데, 막 뛰어갔는데 두 권 주데요. 가서 보니까, 책을 보겠다는 마음이 앞서 뛰어가서 보니까, 양말도 안 신고 맨발인 거예요. 창피한 생각이 들어서, 주세요, 그래 받아가지고 다시 뛰어왔죠. 그때는 책이 지금처럼 글씨가 크지 않구요, 자디잔 글씨였는데, 잉크 냄새, 새 책 냄새가 좋았어요. 베고 잤어요. 좋아서. 자다가 꺼내서 읽어보고 또 자다가 꺼내서 읽어보고. 그때는 지금처럼 제 책을 많이 읽어주는 사람도 없었고 그런 때였는데도, 그 첫 책을 가졌을 때의 그 느낌을 사실은 못 가졌던 것 같아요. 그렇게 정말 설레고 좋았어요.

7모둠 겨울 우화 질문과 답

질문 왕신여중 권이슬입니다. 저희 모둠은 〈외딴방〉에 대해서 많이 이야기했는데요. "어서 날 여기서 데려가줘요"라고 오빠에게 썼는데, 여기서 왜 평화로운 시골생활을 포기하고 여유롭지 못하고 고달픈 서울 생활을 택했는지 궁금한데 그 이유를 말씀해주세요.

작가 일단 서울 생활이 그렇게 고달플 줄을 꿈에도 생각하지 못했죠. 사실 그렇게 고달픈 것이라기보다, 먼 세계에 대해서는 일단 동경하는 마음이 있잖아요. 제가 그때 고등학교 진학을 못했어요. 다른 아이들은 다 학교 가고 혼자 남아 있고 그런 상태 굉장히 싫었던 거 같고, 일단 서울이라는데 가서 학교를 다니고 싶었으니까, 날 데려가겠다고 한 오빠의 마음이 변할까봐 편지를 쓰기도 했겠죠. 달리 할 일이 없었어요. 한낮에 라디오 듣고 편지 쓰고 그런 기간이 6개월이었어요.

우리 어머니는 저를 논이나 밭에 데리고 다니는 걸 굉장히 싫어했어요. 그 이유는 한 가지 살이 탄다 이거예요. 햇볕에 타니까 데리고 다니지도 않으시고 집에 있으니까 너무 답답하고 어서 빨리 이곳을 떠났으면, 또 그즈음 개인적으로 말할 수 없는 무서운 일이 있었어요. 여기를 떠나면 거기로부터 벗어날거다 하는 마음이 강했죠. 그리고 그것은 밑바탕에 깔린 마음이고, 오빠, 데려가달라 한 것은 낯선 곳 아직 안 가본 곳에 대한 동경심, 그런 발로라고 보시면 더 좋을 거예요.

질문 태인종고 박지수입니다. 쓰신 소설 중에서 자주 등장하는 '새'의 의미에 대해 알고 싶습니다.

작가 음, 그니깐 〈외딴방〉에 나오는 새는 제가 설명을 했던 것 같아요. 그리고 다른 새들에 대해서는, 〈오래전 집을 떠날 때〉에 나오는 그 새는 존재론적으로 굉장히 무서운 새고, 다른 곳에 나오는 새는 또 아주 가벼운 새고 그래요.

그 어디에 매이지 않고 어디로 새로운 데로 날아갈 수 있는, 억압을 풀고 어떤 금지된 것이 없는 것으로서의 자유 표상으로서의 새로 등장하고 있어요.

질문 왕신여중 김가은입니다. 문체에 대해서 몇 가지 질문을 하고 싶어요. 먼저 문체는 그 사람의 성격을 반영한다는데 성격과 문체에 대해서 어떻게 생각하세요? 두 번째는 말줄임표, 쉼표를 많이 사용하시는데 그 이유가 있는지 알고 싶어요.

작가 제 문체가 어떤데요? 음, 이렇게 생각해요. 글쓰기의 출발점은 자기의 문체를 갖는 거라고 봐요. 어디 길을 가다 책이 한권 떨어져있다. 표지도 떨어져 나가고 본문만 있다. 다섯 장 쯤 읽어보고 이건 신경숙이 소설이다,라고 느낄 수 있게 해주는 것이 저는 문체라고 봐요. 그 문체라는 것은 그냥 이렇게 생성되는 그런 것은 아닌 것 같고, 그 문장을 쓰기 이전까지의 시간들이나 이런 것들이 깊이 되었다가 나올 거라고 생각해요. 인간의 얼굴이 존재할 때 뺨 밑에 흐르는 피 같은 것이죠. 글을 쓰는 사람이든 아니든 자기의 고유한 문체는 그래서 다 가지고 있다고 봐요. 내가 쓰는 문체가 나를 닮았느냐, 글쎄, 그것은 제가 모를 일이죠. 그것은 현실 속의 없는 나를 꿈꾸며 그 문체를 사용했는지, 그러면 내가 동경하는 세계가 담아져 있을 거고, 현실에 있는 나를 말하고 싶어서 그 문체를 썼는지 그런 것은 작품에 따라 다르니까, 그렇습니다.

그리고 저는 말줄임표나 쉼표를 하나의 부호로 보지 않았어요. 어떤 단어보다 더 강렬한 말을 하고 있다고 생각해서 선택한 말줄임표, 쉼표예요. 우리가 흔히 말하듯이 뭐라고 말해야 할지를 모르겠다, 그 말이죠. 뭐라고 어떻게 말해야 될지 모르겠어,라고 쓰지 않고 말줄임표를 한 거고, 말을 줄임으로써 훨씬 많은 말을 하게 하는 것이라고 생각했고, 쉼표 같은 것도 비슷해요. 우리가 한숨하고는 다른 어떤 깊은 숨을 쉴 때가 있어요. 감동했을 때, 뭔가 생각을 깊이 해야할 때도 그렇고, 여러 가지 상황에서 깊은 숨을 쉬게 될 때 그런 것이 쉼표로 되어지곤 한 거예요.

그래서 한 건데, 최근에는 말줄임표나 쉼표를 거의 많이 줄였어요. 안 쓸려고 노력해요. 왜 그러냐면 너무 많은 분들이 쓰니까, 제가 처음 쓸 때는 그러지 않았거든요. 우선 저 자신이 식상하고, 어쩌면 또 말이 안 되더라도 그와 아주 가장 가깝게 표현을 해야 된다는 작가적 부채감 같은 게 그동안 생긴 건지도 모르겠고, 최근에는 쉼표, 말줄임표를 줄였어요. 거의 안 쓸려고, 의식적으로.

질문 태인종고 조유미입니다. 작품을 읽으면서 참 특이하다는 생각을 많이 했었거든요. 처음에는 무엇보다도 등장인물 이름에서 정말 특이하다 생각했는데, 두 번째 세 번째 작품을 읽어보면서 여기엔 뭔가 있지 않을까, 왜냐면 〈외딴방〉에서 보조인물로 강력한 '창'이라든가, 〈깊은 슬픔〉에서 은서와 삼각관계에 있는 주위 인물이나 새, 완 이런 사람들, 외자로 표현되잖아요. 그, 그녀 같은 인칭대명사나 아버지, 외사촌, 큰오빠, 셋째오빠 등 이름을 사용할 수 있는 경우에도 가족적인 인칭으로 사용했다는 게 특이했거든요. 여기에는 인물을 설정하는데 어떤 특이한 방식이라도 있으신지, 있다면 어떤 의미를 두고 쓰시는지 알고 싶습니다.

작가 이름 짓는데 굉장히 어려워요. 특히 남자 이름 짓는 것은 참 힘들어요. 그 이름을 떠올리면 내가 부여하는 성격이 생각이 나야 되는데, 우리나라 남자 이름들을 아무리 대치를 해보려 해도 그 이름이 잘 안 돼요. 여자 이름 같은 경우에는 오히려 주고 싶은 성격에 근접할 수가 있어요. '은서'라든가 내가 지을려고 하는 가까이 가 있는 인물로 만들 수가 있어요. 초기 작품은 그, 그녀라고 하는데 무슨 성격을 갖겠어요. 내가 주는 것만 갖죠. 그것도 한계가 왔죠. 단편이 한순간의 포착이라면 장편은 호흡이 길어 그 긴 호흡으로 읽음으로써 그 세계가 탁 보이는 건데 거기서 계속 그, 그녀라고 끌고 가기에는 너무 벅차요. 그래서 이름을 할 수 없이 지어야 되는데, 중학교 때 앨범 같은 거 꺼내놓고 연구하는 거예요. 완, 새, 그렇게 지어봤더니 작가인 나 이외에 다른 사람이 그런 이름 속으로 들어갈 수 없는 뭔가가 느껴졌어요. 그렇게 지어진 이름이에요. 그러니까 나만 이 사람 성격을 주겠다, 그런 뜻으로 이름이 정해진 거고, 외자라는 것이 뭔가 고독하면서도 완강하잖아요. 한 자만 딱 부르고 끝이잖아요.

여자 이름 같은 경우에는 가능하면 평범하게, 내 소설 속에 나오는 화자들이 뭔가 찾으려고 방황하고 있고 애쓰는 사람들이기 때문에 조금 연하면서 부드러운 이름, 그러면서 예쁘지 않은 이름, 그런 이름을 선호했고 그랬죠.

〈깊은 슬픔〉 같은 경우에는 세 사람이 사실은 한 몸에서 분열된 성격들이기 때문에, 그 세 사람들을 다 합쳐 놓으면 한 인간이 되죠. 거기서 '새'하고 '은서'하고 각자 분리되어서인 것 같지만 사실은 세 사람이 한 몸이고 한 인간인 거죠. 다 합치면 아마 한 인간일 거예요. 은서란 이름은 발음했을 때, '완'이라는 뭔가 모자라는, '새'라고 하면 뭔가 모자라는, 작가로서는 하여간에 그런 생각을 다 하면서 짓죠.

은선이나 이런 이름은 묘하게 어떤 성격을 다 보여줘도 다 받아들일 수 있는 이름으로 그렇게 지은 거예요. 그와 그녀라는 것도 처음에 툭 던져 주었을 때는 그와 그녀일 뿐이지만 그 소설 다 쓰고 마침표를 찍을 때 그와 그녀는 이미 쓰기 전까지 내가 부여해주는 그런 냄새가 나는, 그런 걸 생각했을 거예요. 특이하게 생각하고 있는 게 나을 뻔했죠?

8모둠 기차 질문과 답

질문 호남중학교 1학년 이듀마입니다. 글 쓰는 게 재미 있어요? 그리고 저희 모둠 노래가 '기차는 8시에 떠나네'인데요. 소설은 '기차는 7시에 떠나네' 제목을 왜 그렇게 정하셨는지.

작가 글 쓰는 게 재밌지는 않아요. 그런데 어떤 희열을 줘요. 잘 될 때, 앞 문장에 따라서 내가 생각지도 못했던 뒷문장이 술술 솟구쳐 잘 나올 때, 그 누구도 줄 수 없는 존재에 충만감이 있죠. 싫으면 절대 못하는 게 글쓰기예요. 거기서 누구도 알아채지 못하는 충만감을 느끼니까.

기차는 7시에 떠나네, 전업 작가 전에 방송국에 있을 때 음악 프로를 맡은 적이 있는데 그때 들었어요. 십 몇 년 전인데, 그리스 성악가가 부르는 그 노래를 들었을 때, 파악을 해서 좋은 게 있고, 처음 듣자마자 가슴을 울리는 게 있는데, 이 노래를 들을 때도 그랬어요. 그때 데뷔하고 작가 활동을 많이 하지 않을 때 경제적으로 독립이 안 되어 있을 때, 비슷한 제목 아니 분위기를 가진 소설을 써야겠다 생각했었어요.

이 노래 가사는 '기차는 7시에 떠나네'라고 바뀌어서, 소설을 읽어보시는 분은 알겠지만, 이 소설 안에서 80년대의 서로 모였다가 야학을 하는 분들의 암호로 작용하는 숫자로써 7시가 쓰인 것입니다. 그렇게 정해진 것이죠.

질문 왕신여중 2학년 박소현입니다. 쓰신 소설이 솔직하다는 생각이 들고, 그래서 감동을 받았는데, 꾸며서 쓰고 싶진 않았는지 알고 싶어요.

작가 〈외딴방〉은 꾸밀 필요가 전혀 없는 작품이었고, 거기에서 내 얘기를 하는 게 아니고 글쓰기란 무엇인가, 그리고 과거라는 시간 속에서 어떤 한 인간을 형성했던 그 사람들이 끼치는 영향은 무엇인가, 추적해놓은 작품이기 때문에 그거는 뭐 따로이 꾸밀 필요가 없었어요. 대신 그 안에서도 상징을 많이 동원했어요. 상승 작용에 의한 '나뭇가지에 앉은 백로'라든지 하강 작용으로서 '우물 속에 빠진 쇠스랑'이라든지 이런 것이 이를테면 문학적으로 꾸며지는 상징인 거죠. 그런 것을 같이 복합적으로 보면 됩니다.

사회자 질문 다 했나요? 이것으로 여덟 모둠 모두 질문이 끝났습니다. (박수)

작가 질문을 하라고 하면 많아야 열사람 질문하겠지 생각했어요. 이렇게 질문을 해줘서 고맙구요. 마무리로 이런 이야기 들려주고 싶어요. 소설이라는 거는 현실 속에서 직접 눈앞에 나타나는 효용 가치는 없어요. 당장 시험을 잘 보게 한다든가 눈앞에 어떤 거를 해결해준다든가 그렇지는 않아요. 늘 가까이 하고 있으면 심리학이라는 게 생겨요. 인간을 이해하는 방법이나 인간하고 소통하는 방법, 은연중에 체득할 수 있다고 생각해요. 제가 그래왔기 때문에. 뭔가 꿈을 가지게 되면, 제가 〈외딴방〉에도 쓴 거 같아요, 그 꿈 곁으로 한 발짝 한 발짝 가까이 늘 가고 있으면, 우리는 꼭 꼭대기까지 올라가지 않아도 그 근처에까지 가 있잖아요. 저도 그렇게 생각해요. 소설가가 안됐다 해도 적어도 소설을 이해하고 즐겁게 책을 읽는 그런 사람은 되었을 거예요.

그런 것처럼 마음속에 내가 뭔가 하고 싶다 생각을 한 번 잘 정해보고, 그 정한 거에 대해서 진짜 이것을 하고 싶은가? 한 열 번쯤 질문해본 다음에, '그렇다'라고 대답이 나오면 거기다가 자존심을 걸구요, 열심히 해보는 거예요. 그러면 '그 근처에 가 있다'라고 생

각해요. 그 말을 여러분한테 하면서 끝을 맺겠습니다. (박수)

사회자 마음속에 정말 내가 하고 싶은가? 진지하게 질문해보고 그 일이 정해졌으면 자존심을 걸고 한 번 해봐라, 그런 말씀으로 마무리해 주셨습니다. 두 시간 반 동안 정말 고맙습니다. 그리고 자기가 사서 읽은 신경숙님의 책이 있는 사람은 이 기회에 작가의 사인을 받을 수 있는 시간을 갖도록 하죠.

정읍문학캠프에서는 작가에게서 사전에 원고를 받지 않았다. 요즘은 기관의 지원이 많아져서 작가와의 만남 프로그램을 연 1회나 2회 진행하는 개별 학교가 많고, 출판사를 통해 섭외를 하는 경우가 많다. 강사비도 학교의 정해진 규정대로 한다. 원고를 미리 받고 원고료를 추가하기도 한다. 하지만 당시 정읍문학캠프에서는 작가를 섭외하는 일이 정말 어렵고 큰 과제였다. 교사의 욕심도 항상 있어서 '고전'의 반열에 오름직한 작가, 교과서에 나오는 작가를 하고 싶어했다. 작가가 정해지면 작가 연락처를 수소문했고, 먼저 작가에게 편지를 보내거나 이메일을 보내거나 한 뒤에 전화를 시도하고는 했다. 원고를 받는 것은 자연스럽지 않고 작가에게 부담을 준다고 생각했고, 현장의 대화 내용을 녹취하는 것으로 정리하고는 했다.

신경숙 작가와의 대화 시간도 그런 식으로 정리한 것인데, 살아있는 말을 보여준다는 것이 녹취의 장점이지만 여기에서는 여러 군더더기를 빼야 했다.

〈외딴방〉을 읽으면서 참 많은 기대를 했었는데, 의외로 신경숙씨가 말을 못하는 편인 거 같았다. 내가 작가를 판단하는 건 좋은 일은 아니지만 내 기대가 너무나 컸기 때문일까? 신경숙씨가 우리의 질문에 대해 성의 없이 대답해주시는 거 같기도 하고 말을 잘 못하는 거 같기도 하고, 신경숙씨의 대답은 거의 어~~로 시작해서 웃음으로 끝을 맺었다. 그러면서 우리의 질문에 확실한 대답이 거의 없었다. 그런데 선생님들은 웃으시면서 열심히 그 말을 들으시고 또 대답을 확실히 들은 듯한 표정들이셨다. 그러는 동안 나는 내가 의심스러워졌다. 내 이해심이 부족한 건지 하고……. 솔직히 나는 신경숙씨의 대답을 시원하게 듣지 못했기 때문이다. 작가들은 말을 잘 못한다고 하는데, 신경숙씨도 그래서 그런 건가? 하지만 글을 쓰는 사람이기 때문에 말을 더 잘해야 하는 거 아닌가. 치이, 그래도 정읍에 사셨기 때문에 우리를 위해 일부러 내려오신 것에 대해서는 감사하게 생각한다. 내 친구들이나 아는 선생님들도 신경숙씨를 만나고 싶어 하는 분들이 많기 때문에 괜히 어깨가 으쓱해지고 또 자부심이 생겼다.

— 홍한별(정일여중3) 소감글

이 학생의 솔직한 표현에서 학생들이 받아들인 두 가지의 측면을 읽게 된다. 신경숙에 대하여는 문체의 아름다움과 아련함으로 이해하는 독자들도 있지만 답답함으로 받아들이는 독자들도 있다는 것, 그럼에도 유명한 작가이고 만나고 싶어 하는 독자들이 많다는 것이다. 신경숙의 영향인지 시대의 영향인지는 모르겠으나, 학생들도 이미 말줄임표를 엄청 많이 쓰고 있었다. 온전한 말줄임표도 과해서 점 2개 점 3개 말줄임표도 많다.

태인여중에 오래 근무하면서 글모임을 꾸리기도 했었는데, 사립학교의 장점이겠지만 선후배로 이어지는 전통을 만들어갈 수가 있었다. 나 역시 선배였는지라 학생들에게 욕심을 부리는 경우도 많았던 것 같다. 대회에 참여하여 상을 받고자 하는 일도 큰 관심사였다. 그러한 실적을 냈던 두 학생의 경우 신경숙을 무척 부정적으로 말하고는 했었다. 답답하다, 현실의 구체성이 주는 감동이 없다, 이런 이유였던 것 같다. 나는 열심히 변명했었다. 그때 나는 신경숙의 작품에 많이 감동하고 있었기 때문인데, 그 아이는 그런 내게 "선생님과 닮았어요"라는 말을 해서 그 말에 내가 뿌듯해야 할지 기분 나빠해야 할지 고민스러웠던 기억이 또렷하게 살아난다. 그리고 지금의 내게 '뿌듯한 기분'이란 솔직히 없다고 해야겠다.

국어교사를 하면서 가장 많이 문학기행을 갔던 곳이 '신경숙'일 것이다. 나와 같은 고향(면 단위는 다르지만), 같은 나이, 이러한 영향은 상당히 특별한 것이었다. 나보다 나이가 많은 작가들을 만날 때는 작가에 대한 경외심 말고는 다른 감정이 끼어들 여지가 없었으나, 신경숙부터는 달랐던 것 같다. 나이가 같아지고 작가보다 내가 더 나이가 많아지고, 그런데서 가져야하는 자괴심 같은 감정들도 숨길 수 없는 사실이었다. 같은 지역이기에 정보가 상대적으로 많았고 공연히 비교가 되는 기분도 숨길 수 없는 사실이었다.

태인의 모교를 떠나 첫 공립학교에서 남자 중학생을 가르치는 일이 상당히 힘들었었다. 도서관 수업을 하는데 휴대폰을 공공연히 했다. 그때는 휴대폰을 아침에 걷는 일이 없었는데, 수업 중에 관리를 하기엔 내 '카리스마'가 부족했다. 한 번은 뒤로 다가가 휴대폰을 뺏어버린 일이 있는데, 그 아이는 벌떡 일어나 욕을 하고 의자를 발로 차고 도서관 출입문을 발로 차고 빨리 달라고 내게 협박을 했다. 다른 아이들을 다 먼저 보내고 난 도서실, 외진 그곳에 그 애와 나 혼자 있는데 무섭다는 생각이 들었다. 그때 마침 용인 아저씨가 지나가지 않았다면 어땠을지 모르겠다. 남교사를 불러 달라 했는데, 그 남교사는 다짜고짜 남자애의 머리를 때리며 욕을 했다. 그런데 그 아이의 반응이라니, 갑자기 눈물을 뚝뚝 흘리면서 "잘못했어요" 하는 것이 아닌가. 내가 처한 현실을 그때만큼 실감했던 적은 없었던 것 같다.

그 아이를 처벌하는 일은 내 관심사가 아니었다. 해리에서 정읍으로 퇴근하는 길이면 항상 신경숙의 고향마을을 지나는데, 그 앞에서 내 마음의 처연함을 어찌할 수가 없었다. 나는 정말 자주 교사의 적성에 자신 없어 했고, 교사 그만두고 글을 써보겠다고 고집을 부린 적도 꽤 있었으나, 한 번도 그 누구도 "그래, 한 번 해봐", 그랬던 적이 없었다. 그것을 나는, 내가 가능성이 없기 때문이라고 우울하게 정리했다. 신경숙의 경우 절대로 교사는 못한다고 할 것이다. 교사의 일이란 정읍국어교사모임의 선생님들 같은 사람들이 하는 것이라고.

신경숙이 동생더러 일 년만 뒤를 봐 달라, 직장을 그만두고 글을 쓰고 싶다, 그랬을 때, 동생은 흔쾌히 그러라고 했다고 한다. 그 일 년 뒤 작가가 내놓은 ≪풍금이 있던 자리≫는 작가 자신이 얼떨떨하다고 할 만큼 성공을 거두었다. 나는 그 철길 마을 앞에서 그런 생각을 했을 것이다.

신경숙문학캠프에서 작가 관련 기행지를 잡는 일은 쉬운 일은 아니었다. 이런 때 강의를 해준 작가가 동행하는 기행을 생각할 수 있겠으나, 그러한 기행에 동의하는 작가란 쉽지 않은 일이다. 보호 받아야 할 작가의 영역이 있는데, 일반인들은 그것을 소홀히 생각하는 경우가 있고, 그 때문에 충돌이 생기는 경우가 발생하기도 한다. 기행지에 가는 것도 조심스럽다. 동행은 못하지만 마을에 피해를 주지 않는 선에서 다녀오시라고 허락을 받는 것도 빼먹어서는 안 되는 절차이기도 했다.

정읍국어교사모임 문학캠프에서 신경숙문학캠프는 2회째였다. 1회째는 작가 초대 없이 문학기행 중심으로 진행했었기 때문에, 신경숙 작가 초대는 사실상 첫 경험이기도 했다. 어디론가 떠날 수 있다는 여행의 설렘이 없이 바로 우리가 사는 이곳 정읍에서 진행한다는 점도 우려되는 부분이 많았다. 그 때문에 1박 2일의 짧은 기간임에도 소설가 신경숙 외에 모항의 박형진 농부시인을 같이 하여 이튿날에는 모항의 바닷가로 향하는 쉽지 않을 프로그램을 만들었다.

[2000겨울문학캠프 일정]

1월 4일(목)

사전 과제 독후감 홈페이지에 올리기 → 내장산 숙소 개별 집합 → 자기 소개, 모둠 소개 → 질문지 작성 → 작가와의 대화 → 문학의 밤 준비 → 문학의 밤 → 공동체 놀이마당

1월 5일(금)

내장산 산책 → 신경숙 문학기행 → 부안 신석정 시비 → 모항 박형진 시인과의 만남 → 작가에게 엽서글 쓰기(모항) → 정읍 → 모둠 지도교사에게 소감문 이메일로 보내기

처음 신경숙문학기행을 준비하면서 나는 작가에게 장소를 일일이 확인을 구하지는 않았다. 내가 읽은 작품을 근거로 정 안 되는 부분은 소

설의 허구를 내세우며 학생들에게 기행을 안내했다. 문학캠프의 경우 문학기행은 일부분이기 때문에 기행지를 복잡하게 할 수도 없다. 그때 내가 선택한 곳은 '당고개'와 '작가의 집'과 '철길'이었다.

작품 〈황성옛터〉를 보면 '당고갯재 뭉텅 깎아내리며 펼쳐지던 아스팔트가 불과 마을 삼백 미터 남기고 뚝 끊겨' 있고, '저수지를 찾아가는 시내 오토바이꾼들'이 있고, '끊긴 다리' 때문에 사고가 나고, '다리 양쪽으로 왼편 끝은 마을이고 오른 편 끝은 철길' 등의 배경이 나온다. 그리고 여중 시절 동학제 행렬 그대로 밤에 당고개 넘어 마을로 가던 으스스한 분위기를 표현한다. 〈그 여자의 이미지〉에서 보면 '이제 버스를 타고 어떤 면으로 가야 한다. 그곳은 황토와 자갈과 그리고 지금쯤 질경이꽃이 하얗게 피어 있을 것'이라는 표현이 나오고, 〈모여 있는 불빛〉의 제목에서 추론을 해본다면 마중 나온 남편의 오토바이 뒤에 바짝 기대어 바라보던 마을의 불빛은 바로 가족의 끈끈한 연대를 상징할 수 있다. 당고개는 포장도로가 생긴 이후로 흔적이 희미하고, 작가가 등하교길 보았던 다리 밑 유랑민들은 당고개 마을 정착민이 되었다. 작품 속에서처럼 마을에는 저수지가 있다.

작가의 집은 정말 이야깃거리가 많다. 이만큼 실존을 보여주는 배경지도 없을 것 같은데, 그 때문에 학생들에게 교육적인 효과는 크다고 생각했다. 2000겨울문학캠프 기행에서도 작가의 집에 갔었다. 미리 부모님 허락을 받았었는데, 그분들은 친절하였고 거실까지 학생들이 들어오게 해서 벽의 가족사진도 보여주고 학생들에게 일일이 귤 하나씩 나눠주고 그랬었다. 수필 〈인어공주 생각〉에서 어떻게 문학이 소녀에게 운명처럼 다가왔는지 대단히 인상적으로 그리고 있는데, '인어공주에게 넋을 잃어 저녁밥 지을 것도 잊어버린' 헛간을 집에서 찾을 수가 있고,

'소녀의 발바닥을 찍은 쇠스랑을 삼킨 채 아무 일도 없었던 듯 하늘을 받아들이고 있는 깊고 어두운 우물'도 찾을 수가 있다.

작가의 집으로 들어가는 길도 중요했다. '정읍역'은 작품 곳곳에 나오지만 마을에 들어와 같이 설명했다. 〈외딴방〉은 대단히 사실적인 소설이기도 한데, 11시 57분 밤기차를 타고 올라오는 정읍역, 그때마다 '배웅하는 엄마' 그리고 '역사 울타리에 얼굴을 내밀고 섰는 창', 〈풍금이 있던 자리〉에서 이 고장을 떠나거나 도착할 때마다 역구내 수돗가에서 손을 씻는 주인공의 모습 등을 그려볼 수가 있다. 등단작인 〈겨울우화〉에서도 마을의 배경이 물씬 나는데, 역전에서 대흥리 가는 버스를 타고 과교동 창고 앞에서 내려 마을 사잇길로 죽 가면 우물이 나오고 들판을 지나 골목 끝의 집, 그 집 주소 번지까지도 작품에서는 그대로 쓰이고 있다.

논길 지나 철길은 2000겨울문학캠프 때도 그랬고, 5년 전 기행 때까지도 차단막이 없어 철길 위로 올라서서 설명할 수가 있었다. 밤낮으로 들으며 내면 의식을 형성했던 기차 소리, 수시로 일어나는 기차 사고로 사람 또는 사람을 따르던 개의 죽음, 〈새야새야〉에서 어머니가 아들 형제에게 한사코 철길을 금하였던 이유를 설명하는 전설 같은 이야기, 〈황성옛터〉에서 철길을 베고 잠들었던 죽은 오빠……. 기행 때 나는 기차 시간을 미리 알아두고, 그 시간에 맞춰 지나가는 기차를 학생들이 보게 하려고 했다. 하지만 그것도 운이라서 철길에 있을 때는 한 번도 기차가 지나지 않다가, 마을을 나오면 그때서야 몇 번이고 기차가 지나는 경우는 참으로 아쉬운 일이었다. 바로 앞에서 기차가 바람을 가르며 요란하게 지나가는 그 자리, 신경숙 작가의 많은 이야기들이 강물처럼 흘러나왔다. 수필집 ≪아름다운 그늘≫에서 보면 철길에서 '창'과 놀던 국화향 가득한 풍경이나 '풍금'의 상징성의 실체를 읽어낼 수 있는 어린 시절 풍경은 소설과 수필을 비교하게끔 해주는 교재이기도 했다.

그때는 어떻게 그렇게 철길 위를 자유스럽게 올라갈 수 있었는지, 안전을 최우선시하며 거대한 차단막을 설치해놓은 지금에 비하면 정말 세월의 격차를 실감하지 않을 수가 없다. 차단막이 설치된 이후에도 슬그머니 울타리를 열고 들어간 적이 있었는데, 그러면 금세 어디선가 불호령이 떨어진다. 근처 어디에 초소도 없는데 항상 누군가 감시하고 있는 것만 같다. 문학적인 체험만 우선시하고 안전 최우선이어야 할 교사의 본분은 아니었음을 자백해야겠다.

신경숙문학기행은 내가 가장 자주 갔던 것인데, 2000겨울문학캠프 60명 인원이 가장 많았고, 고등학교에서는 40명 버스 한 대 인원으로, 중학교 농촌의 작은 학교에서는 학급 단위나 동아리로 10명 내외로 가곤 했다. 가장 최근은 2018년 이 글을 쓰는 시점이다. 그렇게 많이 갔으면서 2018년 이 시점에 다시 가는 이유는 하나, 조금이라도 더 현장감을 살리기 위함에서였다.

제대로 간다면, 남초등학교에서 과교동까지 걸어서, 정읍여중에서 과교동까지 자전거를 타고, 정읍역에서 과교동까지 시내버스로, 그렇게 3회에 걸쳐서 기행을 해볼 일이다. 2000년 사전 답사 때는 자전거 대신 걷기로 해서, 그렇게 3번을 갔었다. 학생들과 문학기행은 대단히 치밀한 준비를 필요로 한다. 최대한 사실에 근접하고 최대한 나 자신에게 내면화시키지 않으면 학생들 앞에서 간결하고 쉬운 말로 설명을 할 수가 없기 때문이다. 내 말이 아이들의 귓등을 넘지 못하고 허공으로 흩어져버리는 모습을 앞에서 보는 일만큼 고역스러운 일은 없을 것이다.

작품 곳곳 고향의 흔적은 무수히 많고 내가 확신까지는 할 수 없지만,

2018년 5월 3일 답사지를 정리하면 이러하다.

[2018년 답사 일정]

정읍남초등학교(강물이 될 때까지) → 정읍여중(모여 있는 불빛, 밤길) → 대흥리 다리(등대댁, 작가의 말) → 당고개, 저수지(황성옛터) → 작가의 집(겨울우화, 외딴방, 모여 있는 불빛) → 철길(새야새야, 외딴방) → 교회(초경) → 신성리 성당(지붕)

이들 장소 중 실제 수업에 적용했던 경험으로는, 한 학년 한 학급에 8명이었던 성내중에 있을 때, 〈모여있는 불빛〉으로 공개수업을 한 적이 있다. 학교에서의 공개수업 전에 문학체험 수업을 했었는데, 성내에서 과교동까지 아주 가까운 거리였기에 2시간 수업과 방과후 시간을 연결하여 살아있는 수업이 될 수 있었다. '정읍여중 등나무 밑'과 '과교동 헛간'에서 상황극을 만들어 발표하도록 했는데, 친구와 비밀 이야기를 나누는 장면을 연출하고, 고모와 작가의 대화를 연출하면서 아이들은 퍽 재미있어했고 작품을 잘 이해할 수 있었다. 공개수업에서는 그 사진 자료를 활용했고, 간단한 토의를 하게 했다. 소설 속의 작가는 '소설'을 '연약한 사람들의 심연에 잠겨 있는 아름다운 이야기를 퍼뜨리는 것'이라고 말한다. 고모님은 '집안 궂은 일 광고하는 것'이라고 역정을 낸다. '소설'에 대하여 어떻게 생각하는 것이 바람직하다고 생각하는가. 이것이 토의 주제였다.

2018년에 와서 처음 시도해보았고 다소 충격이었던 곳은 교회와 성당이었다.

다아, 소용 없소. 내 딸 망쳐놓은 교회마저 지으라고 이 밭을 내놓을 순 없으니께.

— 신경숙, 초경

할머니가 못 가게 해, 성당 얘기만 꺼내면 야단맞아. 근처에도 가지 말라던 걸. 흉한 곳이라면서.

— 신경숙, 지붕

성당과 교회로 대표되는 타자의 이미지는 타자와의 관계 속에 잠재된 자아 발전의 가능성이 신경숙 소설에서는 탐구되기 어렵다는 것을 시사한다.

— 황종연, 현대적 실존과의 접촉

신경숙 작가의 작품은 사실적인 배경이 많다는 일종의 선입견을 가지고 접근한 것이 문제일 수 있겠으나, 성당과 방죽을 보고 난 뒤 작품을 다시 읽었을 때, 기분은 꽤 좋지 않았다. 내가 그 마을 사람이고 〈지붕〉을 읽었다면 가만히 넘어가진 않았을 것 같다. 〈지붕〉이라는 작품 내용부터가 상당히 문제성이 있어 보인다. 신성함의 장소가 어린아이 성폭행 당하는 장소로 쓰인 것, 가해자의 어머니는 아들의 흉을 시대의 아픔으로 모성의 눈물을 끌어내는 것, 가해자의 조카가 피해자와 이성으로 가까이 지내는 것, 가해자의 어린조카를 피해자가 가까이하고 그 어린조카의 말들은 섬뜩하고, 피해자의 어머니는 가해자 어머니 장례에

'조기라도 한 꾸러미 보내고 싶구나… 묻어두거라…'라고 말하고 있다. 가해자는 성당 위 방죽에서 시체로 발견되며 그 시체는 어머니 혼자 건져 올린다. 지금 이 시대의 관점으로 보아서는 안 된다고 말하려나. 하지만 작품속의 인물들의 이야기 전개는 너무 이해불가였다. 그리고 내가 이번에야 처음 가본 작은 공소와 그 위의 방죽이 있는 마을, 다녀온 뒤 나는 오싹했고 후유증이 심했다.

〈외딴방〉을 처음 읽었을 때의 감동은 매우 컸다. 대단하다, 내 제자들에게 꼭 읽히고 싶다, 내면의 이야기를 전개하면서도 대단히 참여적인 성격을 겸한 작품이다, 그렇게 생각했다. 하지만 2018년에 다시 읽으면서, 이게 뭐야, 수없이 반복하며 읽어야 했다. 정말 훌륭한 작품이란, 다시 읽을 때마다 '다르게, 더 좋은' 작품이라고 생각한다. 30대에 읽었을 때는 감동이었으나, 50대에 읽었을 때는 좀 화가 났다. 옛날 그 제자가 불평했던 감상을 내가 똑같이 하고 있으니, 나이가 뒤바뀐 것만 같다.

주인공은 자기 것을 찬양하는 '자기애'로 가득한 것 같고, 참여적인 성격이라고 생각했던 부분들은 단순한 무늬이고 변명으로 읽혔다. 당시 뉴스에서 이렇게 나오더라, 당시 이런 사람이 보이더라, 이런 스침의 장면들을 나는 예술적이면서 참여적이라고 생각했던 것 같다.

> 몰라, 오빠. 나는 그런 것들보다 그때 연탄불은 잘 타고 있었는지, 가방을 챙겨들고 방을 나간 오빠가 어디 길바닥에서나 자지 않았는지, 그런 것들이 더 중요하게 느껴져. 그때 왜 그렇게 추웠는지 말야. 김치를 꺼내다가 잘라서 접시에 올려서 밥상 위에 얹으면 살얼음이 끼어 쭉 미끄러지곤 했어. 그릇이 깨지고 김치가 사방으로 흩어졌지. 오빠, 그때 내가 정말 싫었던 건 대통령의 얼굴이 아니라 무국을 끓이려고 사다놓

은 무가 꽝꽝 얼어버려 가지고 칼이 들어가지 않은 것 그런 것들이었어. 눈이 내린 아침에 수돗물을 틀었을 때 말야. 물이 얼지 않고 시원스럽게 나와 주면 너무 좋았고, 안 그러고 얼어서 나오지 않으면 너무 싫고 그랬어.

— 신경숙, 외딴방

〈외딴방〉의 이 부분은 소녀적인 감성으로 아름답게 읽힐 수 있었는데, 다른 작품에서 또 다르게 읽으니 이건 아니다 싶었다.

6월이구나, 나는 절망했다. 이숙이 이 지상에서 사라져갈 때 우리는 뭘했던가? 그때에 우리는 어떤 열기에 설레이며 혼자 있는 그녀를 까마득히 잊고, 인파 속에 섞여 터질 듯한 갈망으로 손을 쳐들었으며, 쫓겨다녔으며, 핸드백과 신발을 잃어버렸으며, 지하도에 쓰러졌으며, 다시 일어나 어두워지고 난 후까지 공습 중인 것만 같은 거리를 헤맸다.

— 신경숙, 밤길

나는 20대에 5 · 18 항쟁, 6월 항쟁에 참여한 적이 없다. 하지만 참여하지 못한 나보다 참여한 그들이 나보다 우위라고 생각했다. 역사의식이 부족해서, 일에 얽매여서, 참여하면 닥칠지 모를 위험이 두려워서, 그 때문에 죄의식 또는 부채 의식을 가지는 사람도 많다. 그런데, 소외된 개인을 외면한 현란한 분위기몰이라고 어떻게 그렇게 재단할 수가 있다는 말인지. 역사와 공동체를 강조했던 시대의 반사작용으로 개인적 일상과 내면의 세계를 들고 나온 것은, 대단히 시대에 편승한 인기 전략이었다고 나는 이제 와서 생각해본다. 본인이 그것은 아니라고 한다면, 그렇다면 시대에 이용당한 것이라는 표현을 쓰고 싶다. 이용당하는 줄 왜 몰랐느냐고 얼마나 오래 갈 줄 알았느냐고, 하고 싶다.

여기서 '표절 문제'를 이야기하지 않을 수가 없다. 한때 나도 그의 작품에 깊이 감동했고, 많은 학생들 또한 감동했었는데, 그 책임을 누구에게 물을 것이며 상처는 없을 것인지. '표절' 문제가 나왔을 때, 솔직히 완벽한 창의적 표현이 어떻게 가능하단 말인가 적절한 표절은 어쩔 수 없는 일 아닌가, 생각하기도 했다. 재미있으면 됐지 편리하면 됐지 그런 대중들의 심리가 분명히 있다.

도대체 뭘 말하는 건지 궁금해서 〈전설〉이 표절했다는 미시마 유키오의 〈우국〉을 찾아 읽은 적이 있다. 이문열 편찬 세계명작 산책 '죽음의 미학' 편에 올라가 있는 작품이었다. 지식이 얕은 내게 탐미주의라면 불타는 광경을 찬미하고 시체를 찬미하는 등 광기가 떠오르곤 하는데, 정말 그처럼 오싹한 이야기였다. 일본 군국주의 실체를 알겠고, 극히 겸손하고 예의 바르며 극히 부지런하며 극히 착하며 그러나 전체주의 앞에서 극히 광적인 '일본'의 난해한 모습을 엿볼 수 있었던 것 같다. 내 생각에는, 어느 부분의 표절인지 아닌지보다, 전체적인 분위기의 표절이라고 생각되었던 것 같다. 그리고 창피했던 것 같다.

> 이승만 정권의 비역사적 행태와 미국의 개입 혹은 승인에 의해 발발된 전쟁이라는 전제에도 불구하고 젊은 남편은 「남자로서 할 일」이라는 이유만으로 자원입대한다. 이 괴리는 크다.
>
> 작가의 역사에 대한 무자각성, 무신경함은 분명히 지적되어야 마땅하다. 이 무자각성 때문에 개인은 신비화되고 역사는 추상화되었으며, 〈전설〉은 모호한 감상의 장식만 남은 작품이 되었다.
>
> — 서영인, 신경숙 문학의 한계에 대하여

이 평론을 읽으면서야 실체가 잡혔던 것 같다. 〈전설〉은 다른 작품에 비해 좋은 작품이라고 생각하지 않았기 때문에, 읽으면서 참 알맹이도 없고 뭔 말인지 했던 작품이라서, 이 작품에서의 표절 문제를 나는 그다지 깊게 생각하지 않았었다. 그런데 자꾸 '표절' 문제를 대하다보니 앞으로 신경숙의 작품을 내가 제대로 읽을 것인지 걱정이 된다.

오정희 〈중국인 거리〉를 보면 혼미한 풍경들을 배경으로 주인공 소녀의 성장통이 그려지면서 '초조였다'라고 끝 문장이 정리된다. 신경숙 〈초경〉을 보면 지독한 가뭄과 아버지의 바람과 불륜인 언니의 가출과 운동권 오빠의 몰락 등을 배경으로 주인공 소녀의 성장통이 그려지면서 '초경이었다'라고 끝 문장이 정리된다. 윤흥길 〈아홉 켤레의 구두로 남은 사내〉에서 하나의 인간을, 램과 디킨즈 둘의 측면, 오 선생과 권 씨 둘의 측면으로 나눌 수 있으며 그 둘을 합하면 하나의 인간이 된다고 하였다. 신경숙 〈깊은 슬픔〉에서 새, 완, 은서, 그들은 나뉜 것이 아니라 그들을 합하면 하나의 인간이 된다고 하였다. 내가 떠올린 이러한 경우들, '표절'이 아니라 인간의 보편적인 정서와 사고라고 생각하면 좋을지 잘 모르겠다.

한때 나는 ≪난장이가 쏘아올린 작은 공≫ 한 권 전체를 옮겨 쓴 적이 있다. 방학 때도 아니었건만 교직 생활이란 게 마음 둘 데 없어 그런 작업을 했던 것 같다. 몇 번을 읽었고 가르치기도 했고 필사까지 했건만 여전히 그 작품은 신비로웠고 어려웠다. 혹 나도 신경숙에게 영향을 받아서 그런 작업을 했었나? 지금 생각하면, 동화적인 비유의 특성과 문체가 신경숙 작가의 마음에 닿았을 것 같다. 참여 문학의 성격은 (못해서가 아니라 싫어서) 외면하는 작가가, 그럼에도 그런 작품부터 시작했다는 것은 참 아이러니한 것 같다. 아니 그래서 독자들에게는 어필이 되었을 수도 있겠다.

검색어 1위로 신경숙 표절이 올랐을 무렵, 아이들의 반응은 "신경숙 소설 올해 수능에 안 나와, 공부 안 해도 돼."였다. 최홍이 선생님은 제자에게 "너의 작품이 교과서에 실리기를 바란다"고 했고, 그것이 쉬운 일이 아님에도 액자소설의 특성을 보여주는 〈모여있는 불빛〉이 중학교 교과서에, 다양한 시점을 보여주는 〈엄마를 부탁해〉와 과거와 현재가 교차되는 〈외딴방〉이 고등학교 교과서에 실렸다. 세 작품 공통적으로 고향에 대한 애착과 끈끈한 가족애가 빠지지 않는다.

고등학교에 재직하면서 하루 일정의 문학기행을 진행했었는데, 국어 교사들의 협조가 필수임에도 '국문과 가는 학생이나 필요할' 문학기행을 꼭 해야 하느냐는 식으로 말했던 동료교사가 있었다. 그런데 그 교사는 '신경숙 작가 초대'에 대해서는 선망에 가득한 눈을 반짝이며 성사되었으면 하는 바람을 표현했다. 씁쓸했지만, 신경숙에 대한 대중적인 인기가 어느 정도인지 엿볼 수 있던 순간이었다.

나는 그래서 신경숙 작가의 책임이 크다고 생각한다. 언어를 다루는 기교만으로 훌륭한 작품은 나오지 않을 것이며, 역사와 철학을 갖추지 못한다면 대중 소설 이상을 넘지 못할 것이다. 그럼에도 그에게 단기간에 깊은 영향을 받는 대중들이 존재한다. 그 대중에는 '학생'들이 포함된다. 2000겨울문학캠프에서 작가 초대가 무산되기 직전의 순간에, '학생'이라는 이름 앞에 고집을 접었던 신경숙 작가를 떠올린다. 그가 '학생'의 존재를 기억했으면 좋겠다.

2018년 5월 3일 기행에서 새롭게 각인되었던 풍경은 다른 때 갔을 때는 보지 못했던, 밭둑 위로 까마귀가 날고 물 가득한 논 위로 백로들이 내려앉는 장면이었다. 작가가 그린 작품 속의 풍경을 떠올릴 수 있었다.

신경숙 작품 기행지가 가까운 곳들인지라, 오후에는 안도현 '서울로 가는 전봉준' 관련하여 동진강을 따라가는 여정을 추가했는데, 과교동에서 보았던 백로가 내려앉는 풍경과도 연결이 자연스러웠다. 글을 써서 항아리에 담을지언정 절필은 못하겠다는 신경숙, 전혀 다른 작품 세계의 연결고리가 그에게서 가능했으면 좋겠다.

[2018. 05. 09.]

신경림

내 영혼이 담뿍 강물에 실려 흘러가는 것 같던 시 읽기

〈불빛〉 시는 '느티나무를 돌고 마을 앞을 지나 신작로로 나가면/ 종일 통통대며 쌀겨를 날리는 정미소가 있고/ 매화가 피어 담 밖을 넘겨다보는 연초조합이 있었다.'로 시작되는데, 이번 2018년 답사 때 보았던 시인의 생가 앞에 느티나무와 황금벼 들녘이 훤하게 떠올라서 기분이 특별했다. 정미소는 못 봤지만 나락을 널어 말리는 풍경이 정말 오랜만에 보는 풍경이었고 술을 빚는 곳인 듯한 건물 벽엔 '이 몹쓸 그리운 사람아, 왜 이제야 오는가' 찡한 구절이 눈길을 끌었다. ('신경림' 중에서)

[강물 같은 시]

시인의 눈물도
빛처럼 흘렀으리라.

슬픔과 그리움에 젖은 가슴
못 견디도록 푸른 시심의 물결도
모두가 빛처럼 흘렀으리라.

물길 따라 모여든
삶의 아우성
고스란히 강나루에 남았을
그 옛날

시인의 유리 같았던 동심은
그 속에서
꿈을 꾸었으리라.

이제
시인이 우리네 가슴에
강으로 흘러들어 왔으나

우리네 어두워진 눈빛은
시인의 유리 같았던 동심을
빛으로 보지 못하였으니

우리는 어디에
우리의 꿈을 둘 것인가
어디쯤에
강물로 흐를 것인가.

— 심은희(1997년 태인고1), 목계나루에서

떠들썩한 아낙네의 썸박한 웃음도
흥겨운 가락에 맞춰 노를 젓던
뱃사공들의 힘찬 함성 소리도
남은 생선 얻으려 날아든
백색의 갈매기도 모두가 떠나고
그저 추억만 남은 듯이
유유히 흐르는 강물만이 우릴 반기는구나
강물에서 풍기는 어지러운 비린내가
이 강물이 혼자 지낸 시간 같아
서러움에 한참을 우두커니 서있으니
강바람이 내 뺨을 스치며
강물의 마음을 전하는구나
강물도 사람도 시간도 흐르거늘
뭐가 그리 아쉽냐고
지금 흐르는 이 강물도
근처의 식물과 물고기를 위해

그리고 옛 사람들의 추억을 위해
지금도 흐르고 있다고

— 이현종(2005년 정읍고2), 목계장터

21년 전 고등학교 학생이 쓴 시와 13년 전 고등학생이 쓴 시 두 편을 적어보았다. 잘 쓴 시라는 생각은 들지 않지만, 학생 작품이라는 것만 해도 분명 어른들에게는 매력이 있다. 잘하면 예쁘고, 못해도 예쁘고, 성장할 수 있어서 예쁘다. 은희의 시는 표현하고자 하는 아련한 시심을 읽을 수 있지만 시의 운율이 살아있지 않고, 현종이의 시는 '강물에서 풍기는 어지러운 비린내가/ 이 강물이 혼자 지낸 시간 같아', 이러한 시적 표현이 좋지만 전체적으로 산문처럼 시어를 쓰고 역시 시의 운율이 부족하다.

신경림 시인의 시는 운율이 살아있다. 신경림 시를 읽다보면 내 영혼이 담뿍 강물에 실려 흘러가는 것 같다. 어린 시절 흥겨운 강나루 풍경을 보며 자랐고, 시 등단 후 떠돌이 생활을 했고, 돌아와 시를 쓰며 민요기행을 다녔던 시인의 독특한 삶의 여정이 신경림 시의 특색을 만들었다는 생각이 든다. 그래서 나는, 이 글을 시로 쓰고 싶었다. 쓸 수 있을 것 같았다. 그 기분으로 마음속으로 숱하게 말을 만들어보았는데, 불행히도 나는 시의 언어가 아닌 산문의 언어로 말하고 있었다. 은희나 현종이의 경우처럼 나는 가능성의 여지도 없어보였다. 할 수 없지. 산문 속에 강물을 담아보아야지.

태인여중 글모임 아이들과 다녔던 문학기행에서 가장 인상적이고 아름다웠던 풍경을 꼽으라 하면 나는 남한강 따라 가던 길이 가장 먼저 생각이 났다. 1997년 여름문학기행 때였다. 강변의 드넓은 초원 위에 우뚝 솟아 있던 중앙탑은 원시의 신비를 느끼게 하였고, 15인승 승합차에 실려 굽이굽이 따라가는 남한강변은 저녁노을을 바라볼 때의 마음처럼 고즈넉하고 심오한 세계를 느끼게 해주었다. 나중에 운전자가 말하기를, 일부러 아름다운 길을 고르고 골라 갔노라고 하였으니, 우리는 복이 많았던 셈이다.

2018년 답사길에서는 처음 가보는 비내섬에서 만난 남한강 풍경이 그러했다. '갈대' 배경지로 상상하며 들어갔는데 정작 갈대숲을 찾지는 못했지만, 강이 세찬 흐름으로 살아있다는 가슴 뚫리는 기분이었다. 물론 그럴 줄 알고는 있었으나, 목계나루는 그때나 지금이나 마찬가지로 허망함을 몰아오는 풍경이었다. 은희의 시도 현종이의 시도 그러한 허망함을 표현하면서, 신경림 시인이 품었을 아름다운 동심과 시심을 찾아보려 노력했을 것이다. 2018년에 보는 중앙탑과 그 앞으로 흐르는 남한강은 많이 아쉬웠다. 탑 둘레가 시멘트 길로 갇혀져 있었고, 강은 흐르지 않았으며 강 저편 충주시 홍보용 글자판이 촌스러웠다. 하늘은 미세먼지로 어두웠다.

충주시는 뭘 참 많이 잘못하고 있다는 생각이 들었다. 최선의 선택이라 판단하고 자연을 그대로 둘 것인가, 편리한 삶을 위하여 인위적으로 손을 댈 것인가, 그 갈림길에서 온전한 순수함으로 선택하고 일을 진행하는 기관이 있을지, 나는 솔직히 그 대답에 항상 회의적이다. 그냥 권력 지향과 자본 지향에 실려 움직이는 것 같다. '자연은 후손에게 빌린 것'이라는 지극히 근원적인 생각을 한사코 외면하고 있는 것 같다.

탄금대는 욕심에 아까워 온갖 것을 다 갖다 모아놓은, 미적 감각 제로의 풍경이었다. 남한강 본류와 달래강이 합해지는 두물머리 풍경은 완전히 수몰되어버렸고, 유홍준 교수가 비판했던 '뽈대'의 흔적이 너무 많았다. 임진왜란 때 이곳에서 배수진을 치고 싸웠던 신립장군을 기리는 기념비도 그러했지만, 그에 밀릴세라 나란히 웅장하게 자리한 6 · 25 충혼탑은 신립장군의 충혼까지 밀려나게 하는 느낌이었다. 이승만이 썼다는 충혼탑 글씨, 권태응 〈감자꽃〉을 굳이 항일로 해석하기보다는 자연스럽게 해석할 필요가 있다는 비문의 글귀, 내 좁은 소견으로는 많이 거슬렸다. 정상에 자리잡은 충주문화원이 유도하고 있을 자동차들과 포장길은, 이곳이 탄금지인지 탄금대인지 알 수가 없게 하였다. 현실이 슬펐다.

> 탑 밑에 앉아 싸 가지고 온 도시락을 먹노라니 물오리들이 요란스럽게 꺽꺽대며 억새 사이를 헤집고 다녔다. 길은 줄곧 강을 따라 나 있고, 길 옆 언덕으로는 콩밭과 수수밭이 이어져 있었다. 걸으면 이마에서는 땀이 흘렀지만 수숫잎을 흔드는 강바람은 쓸쓸하고 어두웠다. 탄금대 나루를 건너 수수밭 언덕길을 걸으면서 받았던 감동은 아직까지도 생생하다.
>
> — 신경림, 강 따라 노래 찾아

신경림 시인의 동심과 시심 한 조각이나마 느껴보고 싶었던 나는, 정말 '싸 가지고 온 도시락'을 탑 밑에 앉아 먹었다. 그나마 옛길을 살려두어 반갑다는 생각을 하며 자전거길이 조성되어 있는 강변에 서보았고 언덕길을 찾아 잠시나마 걸어도 보았다. 수수밭을 못 찾고 간신히 수수 몇 그루 찾았을 뿐이지만, 그것만으로도 나는 반가웠다. '나루'를 조금이나마 느껴보기 위해서는 충주호 유람선이라도 타야 했지만, 2005여름문학캠프의 기억을 떠올리며 남은 유혹을 접었다.

학생들과 갔을 때 잠깐이라도 배를 타게 하고 싶은 유혹은 정말 떨치기 힘든 것 같다. 뭔가 흥미와 활기를 갖게 하고 뭔가 체험을 하게 하고 싶다는 교사의 낮은 수준의 욕심 때문일 것이다. 언젠가 정선 아우라지에 갔을 때, 강에는 줄이 있었고 그 줄을 잡고 나룻배를 건넜던 적이 있었다. 그 뱃사공은 정선아리랑을 불렀다. 나룻배를 탔고 그 배에서 노래를 들었다는 것, 그러한 체험은 귀한 것이고 아이들은 오래 그것을 기억했다. 하지만 '유람선'은 그것이 어려운 것이다.

시는 아무나 쓰나. 시 쓰는 것은 타고나야한다. 나는 그러한 생각을 정말 많이 한다. 신경림 시인은 '엉덩이가 가벼운' 사람은 시를 쓰라고 했다. 나는 엉덩이가 가볍지 않다. 일어나서 둘러보고 사람들 속으로 들어가는 것을 두려워하기에, 한번 앉은 자리에 코를 박고 시간 보내는 일이 많다. 옆에는 온갖 것들이 쌓인다. 국어선생 해봐 그러면서, 책들과 인쇄물과 내 자료와 학생 자료, 구석 틈틈이 쌓여간다. 시를 쓰는 사람이라면 메모지 한 장 들고도 먼 길을 떠돌 수 있을 것이다. 그러한 시 쓰는 사람이 나는 부러웠다. 하지만 이제 인정할 것은 인정할 나이가 되었다는 것은 그래도 다행인 것 같다. 나는 이 많은 자료들을 메모지 한 장에 정리할 수 없기에, 오늘도 어쩌지 못하여 한 자리에 코를 박고 있어야겠다.

[흑백사진 풍경]

2005여름문학캠프 아이들이 읽은 책은 신경림 시집 ≪가난한 사랑노래≫, 신경림 글과 평론가의 글을 모은 ≪우리 시대의 시인 신경림을 찾아서≫, 그 두 권이었다.

시 〈가난한 사랑노래〉는 중학교 교과서에 실려 있는데, 이 시는 어른인 나도 무척 좋아하지만 중학생들도 좋아하는 시이다. 사랑이 사치일 가난한 젊은이의 사랑노래는 절절했고, 암송하기를 시키면 아이들은 노래하듯이 수다 떨듯이 암송하고, 완벽히 암송했음을 교사에게 인정받기 위해 기를 쓰곤 하는 모습이 예뻤다. 새벽 두 점인데 메밀묵 사려 소리 기계 굴러가는 소리를 듣는 절박한 삶의 풍경이 리얼했고, 고향에 대한 그리움을 그리는데 '집 뒤 감나무 까치밥'을 생각하고 '새빨간 감'의 시각과 '바람소리'의 청각을 동원하는 감각적인 시어 선택이 탁월하고 아름다웠다. 입술도 사랑한다는 속삭임도 뜨겁지만, 연인의 울음에 등보이며 가야하는 젊은이의 애잔함에 중학생들도 쉬이 공감을 했던 것 같다.

쫓기는 현실과 가난 때문에 결혼을 포기해야했던 젊은이를 위해 신경림 시인이 주례를 서고 축시를 썼다고 했다. 결혼식에 실제 건넸던 축시는 〈너희 사랑〉이라는 시라고 하는데, 〈가난한 사랑노래〉만큼 아름다운 시는 아니었다. 시집 ≪가난한 사랑노래≫에는 분단의 현실을 다룬 시들도 많았고, '세상에서 제일 높은 곳, 쫓기고 떠밀려 더 갈 데가 없는' 산동네 풍경을 노래한 시들이 많았다. ≪농무≫에서 참신했던 시들이 ≪가난한 사랑노래≫에서 생경한 시어의 느낌을 들게 하기도 했다.

〈농무〉 시는 고등학교 교과서에 실려 있고 수능 문제로 잘 나오는 시이다. 나는 임꺽정문학기행 때 이 시를 자료로 활용하기도 했는데, "보름달은 밝아 어떤 녀석은/ 꺽정이처럼 울부짖고 또 어떤 녀석은/ 서림이처럼 해해대지만 이까짓/ 산구석에 처박혀 발버둥친들 무엇하랴", 이 부분 때문이었다. 2005여름문학캠프에서 신경림 시인이 ≪임꺽정≫에 나오는 '버들잎 설화'를 이야기했는데, 지금 생각해보면 시인은 ≪임꺽정≫ 소설을 좋아했던 것 같다. 소설에 나오는 인물을 시에서 이렇게 절묘하게 끌어들이는 시인의 능력이 많이 부럽기도 하다.

시인의 등단작인 〈갈대〉 시도 시집 ≪농무≫에 실려 있는데, 이 시는 중학교에서도 많이 읽히는 시이고 학생들이 곧잘 외우곤 하는 시이다. 시인은 이 작품으로 등단했지만 등단 이후 시에 대한 회의에 빠져 떠돌이 생활 10년 길로 갔다는데, 나 역시 이 시를 그야말로 순수 서정시로 생각했었다. 고독을 즐기는 현대인들의 정서에 어울리는 시라고나 할까. 하지만 이번에 다시 읽어보니, 〈갈대〉 시를 두고 정말 많은 해석들을 해내는 것 같다. '전쟁 통에 남편을 빼앗긴 젊고 예쁜 마을 아낙네들'을 떠올리게도 하고, 자신의 삶이 흔들리는 것이 다름 아닌 자신의 울음 때문이라는 사실을 깨닫는 순간 절망과 패배를 극복할 수 있는 '민중'으로 해석하게도 한다.

≪우리 시대의 시인 신경림을 찾아서≫는 ≪신경림 문학앨범≫을 새로 편집하여 나온 책이라는데, 지금은 절판이라고 하니 새 책을 구하기는 어렵겠지만 지금도 내 책꽂이에는 여러 권의 이 책이 있다. 학생들 읽히려고 많이 샀던 것인데, 나는 이 책을 읽으면서 '남한강' 풍경에 푹 빠졌었던 것 같다. 문학캠프 아이들도 이 책을 퍽 재미있게 읽었던 것 같다. 역효과가 있었다면 이 때문에 실제 작가와의 대화에서 학생들이 작가의 이야기를 신선하게 듣지 못하지 않았나 하는 것이었다.

이 책에는 시인의 대표 시들이 모아져 있어서 문학캠프 아이들의 과제도서로는 아주 좋았었다. 〈파장〉에서 '못난 놈들은 서로 얼굴만 봐도 흥겹다' 구절에서 시인의 인간관계가 그려지는 것 같았고, 〈폐광〉에서 아버지의 제삿날이 같은 집이 여럿이었다는 그 시대의 어둠을 읽었다. 〈목계장터〉 만큼 고등학교 문학수업에서 많이 다루어지는 시가 있을까 싶은데, 이 시가 '이제는 결코 다시 자연으로 돌아갈 수 없는 현대인들의 비극'을 표현한 시라는 느낌이 강하게 들었다. 구름이 되라 하고 바람이 되라 하지만, 들꽃이 되라 하고 잔돌이 되라 하지만, '되라'는 말을 들을 뿐이지 되고 싶어도 될 수 없는 것이 우리 현대인들이다. 목계장터에 가서 아무리 사라진 자연을 그리워하고 애달파한들, 현실을 고달파한들, 답을 찾기는 정말 쉬운 문제가 아니었다.

≪달넘세≫의 〈씻김굿〉은 섬칫했지만 시인의 구체적인 삶의 여정으로 하여 낯설지는 않았고, 굿의 가락이 시에도 살아 있다는 생각을 했다. '어머니와 할머니의 실루엣'은 2005여름문학캠프 백일장 글제로도 나왔는데, 멀리 다니고 많이 보고 들을수록 이상하게도 좁아진 시야에, 어렸을 때 보았던 어머니와 할머니의 모습만이 마지막 가득 차게 되었다는 역설적인 표현에 감동이 있었다. 〈아버지의 그늘〉은 내가 시를 읽어주니 남편이 들으며 그렇지, 그려, 내가 그려, 줄곧 추임새를 넣을 만큼 잘 썼다고 생각되는 시였다. 시집 ≪뿔≫은 예전에 내가 그 평이함으로 하여 좀 실망하며 읽었던 시집이었는데, 지금 다시 읽으며 〈편지〉 시에 감탄하고 감동했다. 어머니가 돌아가셨다는 것인데, 죽음에 대하여 이렇듯 정답게 표현할 수가 있을까 싶다. 저승에 가서 이승에서 먼저 떠난 가족들을 만나 시끌벅적 어울려 있을 어머니를 생각하는, 시인의 '편지'는 반전이었다.

내가 아는 신경림의 가장 최근 시집 ≪사진관집 이층≫을 요즘에야 읽었는데, 80이 되는 나이에 이런 시들을 쓸 수 있다면, 80이 되는 일도 나쁘지는 않겠다는 생각이 들었다. 처음에 실린 〈정릉동 동방주택에서 길음시장까지〉가 가장 좋았는데, '정릉동 동방주택에서 길음시장까지 오가면서도/ 만나는 사람이 너무 많고/ 듣고 보는 일이 이렇게 많은데/ 더 멀리 갈 일이 무엇이냐는' 시인 어머니의 모습이 선명하게 그려지는 것 같았다. 사적으로 말하면 내 어머니가 그러했으면 얼마나 좋을까 하는 생각을 많이 하였다. 오가는 길 누구하고라도 따뜻하고 소박하게 어울리며 살아가는 우리의 옛 어머니들 모습, 그러나 내겐 너무도 먼 환상이고 내 어머니는 언제나 외롭기만 해서, 이를 보는 자식들 마음만 고달픈 것 같다.

〈불빛〉 시는 '느티나무를 돌고 마을 앞을 지나 신작로로 나가면/ 종일 통통대며 쌀겨를 날리는 정미소가 있고/ 매화가 피어 담 밖을 넘겨다보는 연초조합이 있었다.'로 시작되는데, 이번 2018년 답사 때 보았던 시인의 생가 앞에 느티나무와 황금벼 들녘이 훤하게 떠올라서 기분이 특별했다. 정미소는 못 봤지만 나락을 널어 말리는 풍경이 정말 오랜만에 보는 풍경이었고 술을 빚는 곳인 듯한 건물 벽엔 '이 몹쓸 그리운 사람아, 왜 이제야 오는가' 찡한 구절이 눈길을 끌었다.

옛날과는 완전히 달라졌을 테지만, 느티나무 아래 방물장수를 기다리는 어린 시인의 모습과 함께, 내게 노은면 거리는 무언가 퍽 독특했고 과거의 풍경으로 돌아가 있는 것 같은 느낌을 받았다. 이 시집의 표제작이기도 한 〈역전 사진관집 이층〉은 지금 다시 읽어보니, 죽은 아내가 찾아오는 살아보지 못한 새로운 세상으로 시인이 가려는 것이고, 그 첫날을 어릴 적 추억의 사진관집에 머물겠다는, 죽음을 준비하는 인생의 황혼을 표현한 시라는 생각을 하게 되었다.

노은초등학교에 갔었는데, 옛날에 볼 수 없었던 신경림 시비가 있었고 중앙 현관에는 지금까지의 졸업생 사진들이 연도순으로 게시되어 있었다. 다른 학교에는 없는 독특한 풍경이어서 좋았는데, 신경림 시인이 졸업한 24회 졸업사진을 카메라에 담았다. 사진들은 모두 흑백이었는데 흑백사진이란 게, 칼라사진이 줄 수 없는 심오함으로 마음을 두드린다는 것을 이번에 새삼 깨닫게 된 것 같다. 신경림의 시는 바로 그 흑백사진 풍경이었다. 문학캠프를 한다면 노은초등학교의 협조를 얻어 '백일장' 시간 정도 진행해보면 어떨까 하는 생각을 해보았다.

> 소년 시절 고향 집 마당에 휩쓸려 다니던 수유나무 낙엽의 요란한 소리가 있었다. 재상경해 살던 시절 김관식의 집 마당에도 가을이면 낙엽이 많이 쌓였다. 어느 날 시인 김관식, 백시걸과 신경림이 마당 낙엽 위에 앉아 술을 마시기 시작하였다. 술이 계속 모자라 신경림의 아내는 10분 정도 걸어가는 구멍가게에 여러 차례 다녀왔다. 세 사람은 술에 취해 낙엽을 몰아다가 누운 사람들을 다시 덮어주었다. 그런데 어느 해 가을을 맞으니 김관식도 백시걸도 자신의 아내까지도 모두 세상을 떠난 상황이 되었다.
>
> — 구중서, 신경림과 나

[2005여름문학캠프, 신경림 시인을 만나다]

2005년 7월 28일 오후 5시, 신경림 시인과의 만남 시간이 있었다. 이렇게 늦은 시간이 된 이유는 오전에 문경새재에서 '독서추적놀이'를 하고 숙소인 충주호리조트에 왔기 때문이었다. 독서추적놀이 진행은 첫째 마당에서, 버스 주차장에서부터 제일관문까지 모둠원들이 함께 걷는데 삼색의 들꽃과 맛있게 먹은 빈 도시락과 후식으로 먹은 아이스크림 막대들을 모아서 제일관문 선생님께 제시하고, 둘째 마당에서는 성문에 올라가 모둠 깃발과 옛날 복장이 들어간 모둠 사진을 찍고 성문 통과하고, 셋째 마당에서는 왕건 세트장을 탐방하고 나누어준 재료를 활용하여 고려왕궁, 백제왕궁, 고려의 서민, 양반가옥 등 각 건물의 특징을 최대한 간단히 스케치하고, 넷째 마당에서는 계곡 주변의 돌들을 사용하여 돌탑을 쌓고 물고기 또는 다슬기를 잡으며 신경림 시 〈갈대〉를 암송한 뒤, 쌓인 돌탑 앞에서 모둠원 전체가 적절한 동작과 함께 시를 암송하며, 다섯째 마당에서는 '문경새재는 웬 고갠가 굽이야 굽이굽이가 눈물이 난다'에 이어 진도아리랑 매기는 소리를 만들어 부르고 후렴을 같이 부르며 어깨춤과 함께 문경새재 넘기. (제시된 시 제목들 중 신경림 시 제목을 맞추고 이를 자연물을 활용하여 땅 위에 써보이는 여섯째 마당은 시간상 생략), 일곱째 마당은 숙소에 돌아와 진행하였는데 다음 순서인 작가와의 대화 준비를 위한 '질문지 만들기' 였다. 비가 오던 날 새재에서의 시간이 늦어지는 바람에 이 마당이 다소 부실할 수밖에 없었음이 많이 아쉬웠는데, 학생들은 미리 그려왔던 '시인의 캐리커쳐'를 전달하였고, 동안의 미소를 가진 시인은 강물 같은 목소리로 이야기를 풀어가기 시작하였다.

〈시인의 이야기〉

정읍, 멀리 찾아와 주셔서 감사합니다. 저도 정읍하곤 인연이 없진 않아요. 제 사위가 정읍 사람이에요. 외손주가 10살인데 고향집이 내장동 근처에 있죠. 몇 년 전에 갔는데 그 녀석이 제 고향길을 영 기억을 못하고서 그냥 서울로 올라온 기억이 납니다. 제가 특별히 정읍 분들을 반기는 까닭이 거기에 있습니다.

제가 태어난 곳은 이곳 충주이고 자란 곳도 이곳이죠. 엄밀히 말한다면 태어난 곳은 저쪽으로 좀 내려가서 있는데, 세 살서부터 여섯 살까지 한 3년 동안은 바로 이 근처에서 살았어요. 왜냐면 아버지가 일을 하는 바람에 아버지를 따라와서 여기서 살았던 기억이 있어요. 강가에 뽕나무가 참 많아가지고서 그 오디를 따 먹으러 아이들이 많이 올라가는데 제가 겁이 참 많아요. 그래서 아이들한테 떨어진다고 올라가지 말라고 소리를 지르던 그런 기억이 납니다. 제가 태어난 노은면에서 초등학교까지만 다니고서 중학교는 이 읍내로 왔죠.

중학교 시절에 지금 추억할 수 있는 가장 선명하게 박혀있는 이미지라면 강가에서 보던 뗏목입니다. 뻐꾸기 울고 꽃이 피는 3, 4월쯤 됐을 거예요. 뗏목이 하나가 내려가지 않고 한 번 내려갔다 하면 100미터 200미터씩 사이를 두고서 많은 뗏목들이 내려가는데 한 뗏목에 뱃사람이 두 명씩 있어요. 앞 뗏목꾼이 노래를 하면 뒤 뗏목꾼이 받고 이러면서 한 20대가 지나갈 때까지 노래가 그치지 않죠. 여기서 서울까지 가려면 3, 4일 걸렸다는데 3, 4일 동안 쉬지 않고 노래를 부르면서 갔다 그래요. 그 노래가 대개 '정선아리랑'인데 곡은 그 곡뿐이지만 노래가사는 자기들 맘대로 붙여가지고 수백 개 수천 개가 됐고 여러 가지 노랫말이 거기 들어가 있는 거죠.

민요를 들으러 제가 많이 다녔는데, 단양 제천 충주 또 내려가서 여주 이천 여주까지가 노래가 비슷비슷합니다. 그 노래가 다 정선아리랑에서 나왔어요. 여기서는 방아타령이라는 유명한 민요가 있는데 사실 알고 보면 정선아리랑을 좀 고쳐서 부른 거죠. 뗏목꾼들이 불렀던 노래가 이 충주 일대뿐 아니라 서울까지 영향을 끼쳤다고 할 수 있죠. 어릴 때 그 노래를 들었던 것이 가장 선명하고, 그늘에 서서 저 뗏목을 타고 나도 서울까지 가봐야겠다 그런 꿈을 가졌던 게 생각납니다.

그리고 그때 제가 참 즐거운 추억이 있어요. 그때 생물선생님이 최기철 선생님이었어요. 내가 사범학교 다닐 때, 사범학교라고 지금은 없어졌지만 중학교 3년 고등학교 3년, 6년만 공부하면 초등학교 교사로 나갈 수 있는 자격을 주는 특별한 학교죠. 초등학교에서 석차가 10% 안에 드는 학생들만 다시 시험을 보는 학교였는데, 그 학교 선생님에 최기철이라는 물고기 박사가 있었습니다. 근데 이 양반이 두 시간을 가르치는데 제일 끝 시간에 자기 시간을 이용해요. 제가 이 선생님께 수업을 일 년 반을 배웠는데 교실 수업은 한 번도 없고 학생들을 강으로 데리고 나왔어요. 강을 나와 가지고서 놀고 싶은 사람은 놀고 나한테 물고기 공부하고 싶은 사람은 공부하라, 나는 풀, 꽃, 나무 이런 것에 대해서 아니깐 나하고 같이 공부하자 그랬습니다. 아마 그 선생님이 충주일대에서 연구한 물고기 가지고서 후에 우리나라에서 가장 유명한 물고기박사가 됐죠. 그분한테서 1년 반을 배웠는데 그분한테 그때 그렇게 공부를 하면서 못된 버릇도 하나 생겼어요. 교실에서 공부하는 게 그렇게 싫고 자꾸 밖으로 나가고 싶은 거죠. 그런 것이 어떻게 보면 저의 운명을 결정하는데서 한 역할을 했다고 볼 수 있어요.

제가 시를 좋아하게 된 것도 그 무렵부터였는데 중학교 때 선생님은 여선생님이셨는데 전라북도 익산 분이셨어요. 우리 중학교 2학년 때 국어선생님으로 왔는데 무척 시를 좋아했어요. 그래서 국어시간만 되면 시를 가르치는 시간이고 시를 가르치지 않는 시간이고 시 얘기를 일단 하고, 시를 읽고 자기가 좋아하는 시를 칠판에 써서 잘 외우는 학생들에게 국어점수를 잘 주고 그랬어요. 그래서 그 선생님은 교장선생께 많이 혼나고 그랬을 겁니다. 학교에서 6 · 25가 나자마자 쫓아낸걸 보니깐 교장선생님한테 좋은 인상을 못 받은 거 같아요. 그때 선생님한테 배운 시중에서 아직도 생각나는 시가 하나 있는데 하나 외워볼까요?

> 은하 푸른 물에 머리 좀 감아 빗고/ 달뜨걸랑 나는 가련다// 목숨 수壽자 박힌 정한 그릇으로/ 체할라 버들잎 띄워 물 좀 먹고/ 달뜨걸랑 나는 가련다// 삽살개 앞세우곤 좀 쓸쓸하다만/ 고운 밤에 딸그락딸그락/ 달뜨걸랑 나는 가련다 (이병철, 나막신)

달밤에 아직 달이 뜨기 전에 하늘이 새까맣고 그럴 때 길을 걸어가면서 그 아름다움을 노래하는 거죠. 은하수처럼 푸른 물이죠. 은하수라서 물이 전혀 오염되지 않았을 텐데 그 물에 머리를 감아 빗고 달 뜨걸랑 나는 가련다, 그때만 해도 여기저기 우물이 있었어요. 우물이란게 이 바가지로 물을 떠먹는거죠. 그 그릇에는 대개 목숨수(壽)자 복복(福)자를 새겨놓는데 그런 그릇으로 물 한모금 떠먹으면서 오래 살고 복 많이 받으라는 거죠. 옛날엔 우리나라 풍습에 물을 급하게 마시면 속이 배탈난다고 목 맥힌다고 그래서 버들잎을 띄워서 먹었죠. 버들잎을 후후 불면서 먹었죠. 옛날 ≪임꺽정≫ 드라마 보면 이장곤이 귀향을 갔다가 도망을 갔는데, 목도 마르고 배도 고프고 근데 한참 정신을 차려보니깐 어떤 아가씨가 개울에서 빨래를 하고 있어요. 그래서 말하죠. 아가씨 나 물 한모금만 주소. 그러니깐 그 아가씨가 바가지에다 물을 주는데 버들잎 한 잎을 띄워서 줘요. 한 잎을 따서 넣는 게 아니라 몇 개 더 따서 넣어야 불어서 먹는 재미가 있지. 그랬더니 감독은 그거 요즘 생각이고 옛날에는 한 잎 따서 넣었을 거라고 우기데요. 우리나라에 '버들잎 설화'의 정서가 있는 거죠. 삽살개라는 게 옛날부터 있던 토종개죠. 그 토종개를 앞세우고 혼자 달 뜨걸랑 나는 가련다. 이런 식인데요. 저는 이런 시를 당시에 선생님한테 들으면서 이것이야말로 바로 한국적 아름다움의 최고의 표현이구나 그런 생각을 하면서 시를 좋아하게 됐어요.

그때 그 여선생님이 87년이죠? 대선 때 전화가 왔어요. 한 30년만에도 선생님을 기억하니깐 좋아하데요. 점심을 먹자고 하데요. 그래서 만났는데 70이 다된 할머니가 앉아있어요. 머릿속에 20대 선생님이 있는데 보니깐 70대 할머니였어요. 김대중 대통령 입후보했는데 네가 좀 도와달라고 말하려고 왔다. 너는 잘 도와줄 것 같아서 내가 말하려고 왔다. 그래서 제가 걱정하지 마십쇼. 도와 드릴테니 걱정하지 마십쇼. 그런 기억이 납니다. 하여튼 그 선생님한테 그 영향을 받았고 그러면서 그 최기철이라는 그 물고기 박사 선생님하고 또 국어 담임을 담당하던 여선생님하고 결정적으로 영향을 받으면서 시를 좋아하게 된 게 아닌가 생각합니다.

그리고 그 여선생님 때문에 시집을 처음 사봤는데 노천명 시집이었어요. 그 선생님이 노천명 시집 좋은 거라고 샀는데, 물론 그때에는 좋은지 나쁜지 확실히 분간을 못하고 그래도 재미있다 하는 생각을 하면서 시집을 읽는 그런 습관을 붙인 것도 그 선생님의 덕이었고 또 노천명 덕이었죠. 그 노천명이라는 시인은 여러분 잘 알죠? 모가지가 길어서 슬픈 짐승이여. 뭐 〈사슴〉이란 그런 시를 잘 쓰는 사람이었는데 전형적인 친일시인이에요. 해방되니깐 문제될 시들을 책에서 찢어내고 다시 편집해서 팔았다고 하는데, 그 17편 시를 뽑아서 친일시로 임종국씨가 발표했죠. 그 17편 시가 전부 젊은 사람들한테 처녀들은 일본 군인을 위해서 정신대 나가라는 소리, 남자들은 일본 천황을 위해 죽자 그런 식이에요. 노천명 시인의 〈사슴〉이나 순수한 시를 읽고 좋아했던 것이 하루아침에 깨졌던 것이 생각납니다. 그때까지만 해도 노천명을 참 좋아했었죠. 그 뒤에 노천명이라는 시인에 실망했고 그리고 시라는 것이 무엇인가 한 번 더 고민하게 해주는 것도 노천명시인이었고, 또 처음에 좋아했던 것이기 때문에 시에 대해서 더 깊이 생각해보게 된 기회가 아니었나 생각해요.

근데 그 뒤에 6 · 25가 나지 않았습니까? 6 · 25가 났을 때 내가 중학교를 다녔어요. 중학교 다니는데 피난을 갔었죠. 영덕까지 피난을 갔다가 먹고 살수가 없으니깐 담배장사를 했어요. 영덕에서 대전까지 100리인데 100리를 걸어 다니면서 양담배를 싸게 사서 팔고 상당히 돈을 모으기도 했었죠. 근데 하루아침에 깨졌어요. 동생하고 내 친구하고 겨우 빚을 내서 영동까지 오니깐 영동에 갑자기 미군부대가 들어왔어요. 그 미군부대가 들어와 가지고 담배 값이 똥값이 됐어요.

완전히 거지꼴로 된 거예요. 그냥 공짜로 팔다시피 해서 사분의 일쯤 오분의 일 값쯤 받고 팔고 나니깐 다시 장사를 할 수 없게 된거죠. 그래서 어떻게 할까 생각하다가 미군부대에 들어가게 됐어요. 그래서 미군부대에 갔는데 미군부대는 뭘 뽑냐면 하우스보이 조그만 애들을 뽑아요. 십오륙세 아이들을 뽑아가지고 잔심부름을 시켜요. 또 옷 빨아주고 그런 역할을 하는 거죠. 그러면서 밥을 먹여주고 과자도 많이 주고 그래 아이들 내 또래에 아이들 꿈이라는 것이 전부 미군들의 하우스보이에 들어가는 거였어요. 아주 고약한 인간들이라 어떻게 뽑냐면, 무슨 말을 물어봐서 영어로 몇마디 하나 그런 시험을 치르는 것이 아니라 초콜렛을 던져줘서 입으로 받아먹기 했어요. 그니깐 몸이 날쌘 걸 보이려고 그러는지 한국 사람을 개처럼 생각했는지 그런 시험을 쳐가지고서 내가 미군 초콜렛을 받아먹고서 하우스보이로 들어갔죠.

홍천에서 중공군과 딱 맞닥뜨렸는데 중공군이 홍천까지 와가지고서 그때 생각하면 아직도 생생하게 생각나는데, 눈이 왔는데 굉장히 밝았어요. 느닷없이 피리소리가 들려요. 삼국지에서 나오는 피리소리가 여기저기서 들려요. 점점점 더 커져가면서 무언가 접근해온다는 게 느껴지죠. 미군들이 싸울 생각을 못하고 전부 그냥 지저분하게 앉아가지고서 자기들 가족사진 꺼내보고 울고 많은 사람들이 그랬어요. 그런데 명령이 떨어졌어요. 전부 무기를 분해해서 땅 속에 묻고 눈 속에 묻고 땅은 얼어서 잘 안 되니깐 눈 속에 묻고 후퇴한다. 그래서 인제 거기서 미군부대에서 있다가 하룻밤동안 중공군하고 대치하고 있다가 돌아와가지고 원주에 왔는데, 장교가 나한테 우리들 따라가면 넌 죽겠다, 그러니깐 빨리 집으로 도망가라. 여기서 우리 집이 가깝다 그랬더니, 도망가라 그래서 도망갔죠. 거기서 빠져나오면서 집으로 돌아와 가지고 다시 학교로 중학교 3학년으로 복귀한 게 생각이 납니다.

그 장교가 아주 좋은 사람이었어요. 처음에는 그 사람이 속옷빨래도 시키더니, 내가 그 부대에서 책 들고 다니면서 읽고 시집도 읽고 그런걸 보더니, 그 사람이 아 너 문학 좀 아느냐 그러더니 영어로 된 팜플렛 조그만 책 문고판을 여러 가지 이것저것 주기도 하고, 이 사람이 약속하기를 언젠가 너 내가 미국으로 데리고 가서 공부시키겠다. 그런데 그 뒤로 만나지 못했으니깐 어디에서 전사했는지 모르겠네요. 이름도 안 잊어버렸는데 비이엘엔이티 그리스어로 브라이트랍니다. 자기이름이 그리스어로 브라이트라고 항상 그랬는데 그때에 여러 가지 추억 이런 것도 오늘 내가 글을 쓰는데 많은 도움이 되지 않았는가 이런 생각을 하고, 또 그라는 사람 때문에 내가 영문학에 관심을 갖고서 여러 사람의 영미시인들 소설가들의 작품을 영어로 많이 읽었던 생각이 나요. 제가 섬머셋모옴이라는 사람의 소설을 거의 30권 정도 읽었을 것 같아요. 영문으로. 나한테 문학공부를 하는데 결정적으로 도움이 되는 사람이라고 생각이 듭니다.

학교로 다시 돌아오니깐 40일이 결석되어 있어서 진학을 하려면 열심히 공부해야하는데 공부를 따라가지도 못하고 영어만 대충 따라갈 수 있는 정도였죠. 원래 제 꿈이 소학교 선생님 되는 것이어서 사범학교를 택했는데, 담임 선생님이 어느 날 부르시더니 너 고등학교 가라 그래요. 옥신각신하다가 결국 사범학교 갔는데, 중3 때의 담임이 사범학교에 올라오더니 또 담임이 됐어요. 이 선생님이 얼굴만 마주치면 너 고등학교를 전학가라해요. 그때 제가 풍금을 못 쳤습니다. 120명 중에서 풍금을 못 치는 사람이 딱 2명이었어요. 초등학교 선생을 하려면 풍금을 못 치면 못합니다. 결국 고등학교로 옮겨갔는데 또 그 담임선생님을 만났어요. 그 담임이 시를 좋아했어요. 만나면 시 얘기하고 자기도 앞으로 시를 발표하고 시인이 될 거니깐 너도 시인이 되거라. 그분한테서 그때 가장 좋은 시인이라고 추천 받은 시인이 이용악 시인이었던 것 같아요. 그때 읽었던 시가 〈북쪽〉이라는 시인데 지금도 기억합니다.

> 북쪽은 고향/ 그 북쪽은 여인이 팔려간 나라/ 머언 산맥에 바람이 얼어붙을 때/ 다시 풀릴 때/ 시름 많은 북쪽 하늘에/ 마음은 눈감을 줄 모르다 (이용악, 북쪽)

대학 2학년 때 추천을 받아서 문단에 나갔는데 그 선생님한테 가서 내 작품이 실린 책을 보여주고 자랑을 했더니 술을 마시면서 이런 소릴

했어요. 야, 이제 니들이 문단에 나가고 그랬으니깐 그런 건 니들이 하고 나 딴거 하겠다, 홀연히 학교를 그만두고서 산속에 들어가서 공부를 해가지고 딱 2년 공부해서 고등고시 봐가지고 변호사를 하고 있죠.

고등학교 3학년 때였는데 결정적으로 제 인생행로를 바꿔놓은 사건이 있었죠. 그때까지만 해도 참 공부를 열심히 안했어요. 그냥 뭐 이것저것 책 읽고 그래도 앞으로 시를 쓰고 문학을 하려면 외국어 한두 가지는 하지 않으면 안 된다고 아까 말한 선생님의 충고가 있었기 때문에 영어공부 하난 열심히 하고, 일본어 공부를 해가지고선 일어책 읽고 그 두 가진 했는데 딴 공부는 전혀 안했어요. 그니깐 대학 입학할 준비가 안 된 거죠. 막상 다가오니깐 당황했죠. 안 되겠다 그래가지고 여름방학 한 달 시골집에 가서 공부할 참고서를 사기 위해서 서점에 갔는데 일어판 도스토예프스키 전집을 샀어요. 처음엔 제가 한권만 읽고서 시험공부 시작한다 생각하는데 그 책을 한권 읽는데 한 닷새 걸렸어요. 읽고 나니깐 다른 책이 너무 읽기 쉬운 거예요. ≪까라마조프형제들≫을 읽었더니 방학이 다 끝나버렸죠. 이왕 할 수 없다 학교다시 돌아와 가지고는 그밖에 ≪백치≫를 하나 더 읽었죠. 더 읽었더니 학교가 끝나버렸어요. 그 어떻게 시험을 칠수 있겠습니까? 그래서 대학입시에 실패했지만 어차피 실패한 거 다시 대입공부라는 그 지긋지긋한 것은 하기 싫다. 이왕이면 엎어진 거 계속해서 문학공부를 해서, 그 뒤에 시인 아닌 것이 도저히 될 수 없게 나를 만들어버리자 그런 생각을 했었죠.

고등학교 중학교 시절을 돌아보면 책만은 열심히 읽었다고 생각이 들어요. 지금도 제가 웬만한 거 어디 가서 얘기하고 그런 거는 중고등학교 때 읽은 거 가지고서 얘기할 때가 많아요. 기억이 좋을 때니까, 어쩔 때는 글 쓸 때는 그냥 좀 부려가지고서 옛날에 읽었던 기억 가지고서 글을 쓰는 경우가 많아요. 제가 시를 사오백 편쯤 외우는데 중학교 때 외웠던 시지 그 뒤에 다시 읽었던 게 그렇게 많지 않아요. 중학교 고등학교 때 책을 많이 읽는 것은 평생 동안 먹을 양식을 저축해놓는 것입니다. 저는 그래서 공부를 열심히 안 해서 좋은 대학을 못 갔지만 대신 책을 많이 읽어서 보람 있게 중고등학교를 보냈다고 생각해요. 지금도 가장 많이 꾸는 꿈이 시험날짜가 됐는데 시험공부를 하나도 안한 거 시험문제가 나왔는데 문제를 읽을 수가 없고 글씨가 안 보이는 꿈, 꿈이 빨리 깨야 하는데 시달리는 그런 꿈을 많이 꿔요. 그게 지금까지 남아있는 거 참 희한한 거지요. 또 한 가지는 형사한테 끌려가는 거. 그런 꿈에서 벗어나질 못해요.

초등학교 중학교 얘길 했는데 이 충주라는 곳은 강이 참 많은 곳입니다. 그래서 제가 제 시의 정서의 바탕이 된 게 무엇인가. 그 정서는 강과 그 강에 얽힌 이야기가 아닌가 생각합니다.

질문과 답 · 1

시인이 되고 싶은 학생들에게 조언을 해주시고 싶다면 어떤 말씀을 해주시겠어요?

시인이 되고 싶은 학생들에게 한마디만 하라면 역시 책을 많이 읽는 거밖에 방법이 없고 또 한 가지는 외국어 공부는 꼭 하라는 거. 게으르지 말고 외국어는 하나둘쯤은 해야지 더 폭 넓게 책을 읽을 수 있으니깐 내가 그것만은 꼭 말해주고 싶어요. 또 한 가지는 사물을 자세하게 관찰하는 습관 붙이는 거 그거 세 가지를 말하고 싶네요.

질문과 답 · 2

가오카미 하지메의 책은 무슨 내용이길래 작가님께서 시에 대한 생각을 바꾸게 되었는지 알고 싶습니다.

청소년 시절에는 여러분들 다 마찬가지겠지만 감성적인 그런 것이 시를 쓰는 바탕이 되죠. 그런데 어느 나이가 되면 내가 이렇게 이런 것만 가지고 시를 쓸 수 있는가 하는 그럴 때가 있어요. 가오카미 하지메의 〈가난에 대해〉를 처음 읽었는데, 가오카미 하지메란 사람은 어떤 사람이냐면 말하자면 공산주의자죠. 일본에서 공산주의 운동을 하다가 도쿄에서 계속해서 공산주의 운동을 하려면 학교 교수직을 그만둬라. 그래서 미련 없이 학교 교수직을 그만두고 그 뒤에 계속해서 공산주의 운동을 하고 반전 운동을 했죠. 제2차 세계대전을 일으킬 때, 목숨을 걸고 "이 전쟁을 일으키면 남만 죽일 뿐 아니라 우리도 다 죽는다. 전쟁은 우리가 꼭 피해야 한다." 운동을 해서 한 4, 5년 감옥살이를 하다가 해방 뒤에 나왔는데, 그 가오카미가 자기의 삶의 체험을 쉽게 에세이풍으로 쓴 그런 내용이죠. 그 사람이 철저한 공산주의자라기보다 사회주의자라고 얘기하는 게 빠르겠죠.

질문과 답 · 3

〈가난한 사랑노래〉란 시에 어떤 특별한 이야기가 있는지 알고 싶습니다.

사실 〈가난한 사랑노래〉 완성도는 나로서는 사실 그렇게 만족스럽게 생각하는 시는 아니에요. 왜 〈가난한 사랑노래〉가 표제가 되었냐면 출판사에서 '사랑'이 들어가면 책이 잘 팔릴 거라고 생각했던 거죠. 그때 88년 정도 되는 걸로 기억하는데 노동운동이 한참 심할 때죠. 어느 날 주인집 딸이 자기친구라고 그러면서 소개해요. 노동운동하는 사람인데, 아무래도 우리는 결혼을 못할 것 같습니다. 지금 잡혀가면 나는 여기 없는데 그 아가씨까지 고생시킬 수 없습니다. 그런 얘기를 해요. 얼마나 가슴이 아픈지, 그러지 말고 결혼해라, 결혼하면 내가 주례도 서주고 축사도 써준다. 그랬더니 나를 믿고서 그때 도망 다니고 있었는데 이 젊은 사람이 결혼식을 했어요. 결혼식을 했는데 양쪽 부모 하나도 안 오고 친구들 한 열 명 모여서 산동네 교회 지하실에서 결혼식을 했어요. 술 한 잔씩 하고 거기서 내가 주례도 서고 축시까지 써 줬는데 그 축시란 사실은 〈가난한 사랑노래가〉 아니고 〈너희 사랑〉이라는 시를 써줬어요. 술이 취해 너무 기분 좋아 가지고서, 내가 축시 한편 더 써주겠다. 그리고 며칠 뒤에 축시를 써가지고서 그 사람한테 주지는 못했지만 그걸 달라는 출판사가 발표를 했던 시가 〈가난한 사랑노래〉죠. 시집 제목도 그 '가난한 사랑노래'가 더 장사가 될 것 같다 했는데 장사가 하나도 안됐죠. 그런 사연이 있어가지고선 시의 완성도에 있어서는 조금 불만족스러운데도 없지 않지만, 나름대로 애착을 갖고 있는 시가 〈가난한 사랑노래〉죠. 지금 그 사람은 중견 기술자가 되어 아주 행복하게 잘 살고 있고, 그때 내가 주례 서가지고선 장가들어서 아들이 고등학생이라는 얘기를 들었으니까 옛날 얘기죠.

질문과 답 · 4

학창시절에 산문부분에서도 상을 타셨다고 들었어요. 근데 시와 산문 두 장르 중에 어느 장르에 더 관심이 가는지 하고요. 시와 산문에서 고민이라고 해야 하나요? 좋아하는 것과 잘하는 것을 말씀해주세요.

학교 다닐 때는 대개 다 그렇지만 시하고 산문을 같이 다 쓰죠. 쓰면서 생각해봤는데 난 아무래도 엉덩이가 가벼워서 한자리에 오래 앉아있질 못해요. 그래서 그 산문이라는 거는 오래 앉아있을 자신이 있어야 쓸 수 있지 재능만 있다고 안 되거든. 엉덩이가 가벼워가지고는 시 쓰는 게 낫다 하는 생각을 했고, 그러나 산문에서의 매력 같은 것을 버리지 못해서 소설은 아니지만 여러 가지 산문을 쓰기는 했죠. 그러나 전문적인 역할을 하는 산문을 쓰는 것이 아니니깐 시를 쓰는 일의 연장이었다고 말할 수 있겠죠. 사실 그렇잖아요? 시를 돌아다니면서 쓸 수 있어요. 오래 책상에 안 앉아있어도 되니깐. 그러나 산문은 오래 책상에 앉아있어야 됩니다. 그것이 다른 점이고 여러분들이 자신이 있는 사람은 산문을 택하고, 자신 없이 10분마다 방정스럽게 돌아다니며 자유스럽게 일할 사람은 시를 쓰는 게 좋겠다 충고를 할 수 있을 것 같습니다.

질문과 답 · 5

작가님이 초등학교 때 글짓기대회에 나갔을 때 작가님 말고 산지기 아들이 상을 탔을 때의 심정이 어땠는지 궁금합니다.

초등학교 다녔을 때 그래도 내가 좀 여유가 있어서 책도 가장 많이 읽고 환경이 좋았죠. 산지기 아들이 한 반에 있는데 공부를 잘해요. 여건이 나쁘니까 책도 안 읽고 그래서 내가 좀 깔봤죠. 그래도 글을 잘 써서 둘이 같이 도에서 모집하는 글짓기대회에 둘이 같이 응모했어요. 전교에서 두 사람이. 그런데 어느 날 도에서 연락이 온 거죠. 당신네 학교에서 장원이 나왔다. 그니까 학교에서 신이 났어요. 학교에서 선생님들은 내가 당연히 장원이 됐을 거라 생각하지. 그래서 미리 다 얘기하고 전국에서 일등으로 장원했다 소문이 났죠. 근데 일주일 뒤에 통지가 온 거 보니깐 나는 가작도 안 되고 그 산지기 아들이 최고 장원이 된 거죠. 그때 심정은 앞으로 절대 글 안 쓴다. 책도 안 읽는다 그런 생각을 했었죠. 속으로는 겁나서 안 쓰면서, 겉으로는 심사하는 놈들이 글을 볼 줄 모르고 내가 보낸 거 잘못 알아들으니까 아예 안 한다 그랬어요. 그런데 고등학교 때 담임 선생님한테 갖다낸 원고를 담임 선생님이 내 가지고 신문이 한번 당선한 일이 있습니다. 그리고 또 한 번은 학교에서 내가 글 잘 쓴다고 소문났으니까 전주에서 하는 전국 고교생 백일장에 참가하라고 했어요. 문예부원들 여섯 명이 학교에서 점심값까지 받아가지고서 버스 타고 전주까지 갔어요. 근데 시 제목을 다섯 가지 봤는데 도저히 쓸 수가 없어요. 그냥 새까매가지고 눈에 하나도 안 들어오는 거예요. 그래서 에잇 할 수 없다, 내가 안 쓰고 안 내니까 다른 애들도 하나도 안 냈죠. 이왕 망한 거 짜장면 한 그릇씩 먹고 올라가자. 선생님한테 다음날 그대로 얘길 했다가 내가 데리고 간 애들 다섯 명이랑 아침서부터 밤까지 운동장 돌았어요. 벌로. 하여튼 백일장 같은데 나가서 당선해 본 적이 한 번도 없어요. 한 번인가 더 나간 기억이 나는데 그때도 물론 쓰다가 말아가지고선 되지도 않은 작품 냈더니 예심에도 못 올라가고 떨어졌지.

질문과 답 · 6

암기식 공부에 대한 선생님의 견해를 말씀해주세요.

일제 강점기에는 다 암기식 교육으로 했는데 미국식 교육방식으로 오면서 암기식 교육은 학생들의 창의력을 저하시킨다고 해서 거의 안 하죠. 근데 그런 문제가 간단한 거 같지만은 않아요. 왜 그러냐면 저도 어릴 때 배웠던 것은 평생 안 잊어버려요. 뿐만 아니고 한문학자들 가운데서 아주 어려가지고서 다섯 살 여섯 살 일곱 살 때 맹목적으로 글을 외운 사람이 큰 학자가 되지, 뒤에 합리적으로 이치를 따져가면서 공부한 사람들은 큰 학자가 되는 경우 별로 못 봤어요. 요즘 반드시 미국식 교육만이 좋은 건 아니다, 동양식으로 암기하는 것도 아주 좋은 방법이 아닌가 하는 흐름이 다시 일고 있다고 그래요. 뭔지 모르겠지만 시 공부하는데 있어서는 남의 시를 많이 외우는 것이 참 좋고, 물론 처음엔 맹목적이지만 일단 머릿속에 기억이 되면 그걸 맹목적으로 외우는 사람은 없습니다. 머릿속으로 다 따져보고 다시 그 의미를 생각하는 그런 거지, 문학이라는 것은 무조건 많이 읽는 것이 좋은 거 같고요. 그것은 저보다 선생님들이 잘 대답을 해줄 수 있을 거예요. 지금 저도 회의에 빠져 있으니까.

질문과 답 · 7

≪뿔≫이라는 책에서 '뿔'이라는 의미는 무엇일지요.

어떤 평론가들은 그것이 '민중'이다, 남한테 이용당하다가 결국 자기 몫도 못 내고 그냥 버림받는다, 그런 뜻으로 해석하는데 그렇지 않고, 삶 자체가 '뿔'처럼 아주 중요하게 써 먹히지도 않고 언젠가 함부로 버려지고 인생 자체를 조금 허무주의적인 입장에서 쓴 시죠. 그 시를 쓸 무렵에 이상하게 제가 어떤 역사주의 우리가 완전히 선한 세상을 만들

수는 없다는 인식에 빠져있을 때 이 시를 썼던 거 같은 기억이 나요. 삶 자체를 얘기한 것이지 민중의 비유로서 뿔을 이용한 것이 아니라는 얘기를 하고 싶네요.

질문과 답 · 8

지금까지 살아오시면서요. 단 한순간 찰나의 순간이라도 시 쓰는 일이 괴롭다고 생각하신 적이 있으실 것 같은데요. 그럴 때는 어떻게 하시는지?

시를 쓰는 일이 괴롭고 싫고 귀찮을 때가 더러 많이 있죠. 많이 있을 때는 억지로 시를 쓰려고 안 그러고 술 마시고 막 놀고 그래요. 술 마시고 돌아다니고 놀고, 제가 또 여행을 좋아하다 보니까 여행을 많이 다니죠. 정읍만도 다섯 번 이상 갔을 거예요. 등산을 좋아해서 내장산도 등산을 한 세 번쯤 했어요. 정상까지. 그니까 제가 낙천적인 데가 있어서 어려움을 당하면 인상을 쓰고 이를 북북 갈면서 그 난관을 극복하려고 안 그러고 그냥 술 먹고 되는대로 자연스럽게 흘러가는 대로 내버려두죠. 그러다 다시 '아, 안 되겠다. 시를 써야겠다.'는 생각이 나죠. 제 삶의 태도를 얘기한다면 자연스럽게 산다, 억지를 부리지 않고 자연스럽게 산다는 게 내 인생에서의 삶의 태도가 아닐까 생각합니다.

[두 동무 이야기]

신경림 시인의 책을 읽어보면 '두 동무'라는 제목으로 글이 쓰여 있다. 나에게도 신경림 시인 못지않은 두 동무가 있다.

나의 두 동무 중에 한 동무는 이번 문학캠프에 오지는 않았다. 개인적인 사정으로 참여하지 못해서 좀 아쉽기는 하다. 이 동무는 공부도 잘하고 운동도 잘하고 게다가 참 웃기는 친구이다. 그 친구를 보면 왠지 모르게 웃음이 나오고 그 친구를 보면 우울하다가도 그 순간만이라도 즐거움을 되찾는다.

이 친구랑은 인연이 아주 깊고 오래 전부터 알았다. 초등학교 때부터 알아서 중학교 2학년까지 쭈욱 친한 동무로 보내왔다. 중학교 1학년 때는 같은 반이었고 2학년 때는 아쉽게도 떨어지게 되었다. 그래도 나와 동무는 쉬는 시간마다 만나고 점심시간에도 같이 만나서 밥을 먹는다. 또 그 친구 나름대로 우리를 웃겨 보기 위해서 개그 같은 것을 많이 하곤 한다. 집에서 생각을 해오는 건지 그 짧은 시간 내에 생각하는지는 몰라도 정말 대단한 동무이다.

또 다른 동무는 이번 문학캠프에 같이 왔다. 공부도 그럭저럭 잘하고 웬만한 것은 다 잘하는 녀석이지만 책 읽는 것만은 정말로 싫어하는 친구이다. 이번에 독서골든벨을 하는 것만 해도 그렇다. 자기는 책을 안 읽었다고 그냥 떨어지겠다는 것이다. 인원이 많아서 처음엔 오엑스 문제로 50명 정도를 뽑았다. 오엑스 문제를 하는데 우리들은 사람들이 많이 가는 쪽으로 왔다갔다 했다. 그런데 이 친구는 일부러 반대쪽으로 가는 것이다. 그것도 혼자가 아니라 같이 가자는 것이다. 이런 것만을 보더라도 정말 책읽기를 싫어하는 것 같다.

그리고 이 동무는 힘이 웬만한 어른보다는 센 것 같다. 나 같은 경우는 그냥 들고도 남을 동무이다. 이 동무와 악수 한번 했다가는 손이 부러질지도 모른다. 나도 한 번 잡혀봤는데 죽는 줄 알았다. 솔직히 말하면 눈물이 찔끔 나올 정도이다.

이 두 동무들은 나에게 없어선 안 될 동무이다. 이 동무들을 20년 후에 만나면 어떻게 되어 있을까? 두 동무들은 분명 모두 잘 될 것이다. 두 동무의 20년 모습이 궁금하다. 그 안에 내 모습도 함께.

— 이한백(배영중2), 백일장 작품 〈두 동무〉

한백이는 어려서부터 엄마를 따라 문학기행을 다녔고 중학교에 들어와서부터는 정읍문학캠프에 참여하고 있던 아이인데, 활발하지 않고 유순한 아이로 보이지만 늘 곁에는 친구들이 있고 그 친구들을 몰고 문학캠프에 오곤 했었다. 엄마 입장에서는 곁에 있는 친구가 꽤 관심대상이었을 터인데, 여느 부모가 그러하듯 내 아이의 친구가 공부를 잘하는지 놀기만 하는 건 아닌지 책은 많이 읽는지, 때때로 현미경 같은 눈으로 바라보는 것이다. 하지만 그 두 동무가 누구인지 한백이는 말해주지 않았다.

"객지 생활에서는 잘 먹어두는 게 제일이야."

"너 잘되면 다 갚아야 해."

…… 그가 내 걱정을 하면서 사방으로 나를 찾아다니더라는 소문은 들렸지만 둘다 집에 전화는 물론 일정한 근무처가 없는 터라 연락이 되지 않았다. 얼마 뒤에 기원에서 우연히 만난 옛 벗으로부터 막 그를 화장하고 오는 길이라는 소리를 들었다. 동생네 집에서 술을 먹고 잠이 들었는데 아침에 일어나보니 죽어 있더라고 했다. 세상이 모두 망나니라고 부르는 그에게 나는 너무 많은 빚을 졌고, 그것을 갚을 기회를 영

원히 놓쳐 버리고 말았다.

…… 내가 시집 ≪농무≫를 보내자 그것을 읽고 편지지에, 자기가 하고 싶었던 얘기를 다 해주어 기뻤다는 뜻의 독후감을 써 보내주었을 때는 어떤 평론가의 칭찬보다도 더 큰 칭찬으로 받아들여졌다. 그 얼마 뒤에 만났을 때 그는 앞으로의 내 시는 시골 사람들의 기쁨과 설움, 그들의 어렵고 고달픈 삶을 담아내야 한다고 요구했고, 나는 꼭 그러마고 약속했다. 그는 제법 착실한 농사꾼으로, 특수작물을 해서 쏠쏠히 재미도 보고 있는 형편이었다. 몇 해 전부터 일기를 쓰기 시작했는데 이것을 책으로 내어 농사짓는 사람들한테 도움이 되게 하겠다는 포부를 말하기도 했다. 그러나 그것이 실현되기 전에 경운기를 새로 사, 그 기쁨으로 술 한 잔을 마시고 들어가다가 그 새 경운기에 깔려 죽고 말았다. 그 빚이 어떤 것인지 분명하게 말할 수는 없지만 그한테도 나는 크게 빚을 지고 있다는 느낌이다.

— 신경림, 강 따라 노래 찾아

아이들도 그랬겠지만 나도, 신경림 시인의 책에서 〈두 동무〉 이야기를 눈물 나게 읽었다. 아마도 부모라면 색안경 끼고 떼어 놓고 싶었을 그런 친구일 것이지만, 신경림 시인의 인간관계에서는 극히 자연스러운 어울림이었을 것이다. 시인의 이야기를 읽다보면 연인에 대한 이야기보다 친구에 대한 이야기가 많은 것 같고 그 친구들의 순박한 마음 씀이 시인의 성품 덕인 것 같다는 생각이 든다. 그 친구를 표현하는 시인의 문체도 참 좋다. 교사나 학생들이 좀더 책을 세밀히 읽었다면, "농사짓는 친구가 써둔 일기를 책으로 내주실 수는 없는지?"라는 질문을 했으면 어땠을까 하는 생각도 했다.

내게도 '두 동무'가 있나 생각해보았다. 초등학교 시절의 두 동무. 당시 태인에는 면 지역인데도 중학교 과정의 학교가 3개나 있었다. 여자중학교, 남자중학교, 남녀공학의 기술학교, 그 두 동무는 비정규 과정인 기술학교에 갔고 나는 정규과정인 여자중학교에 가는 바람에 사이는 알게 모르게 멀어져버렸고 차츰 연락이 끊겼고 지금은 어디에 어떻게 사는지도 전혀 모르게 되었다. 내가 태인여중에 간 이유는 정말이지 유치하고 단순했다. 중졸 자격 검정고시를 보아 합격할 자신이 없었고, 그 기술학교 앞의 전봇대에서 사람이 감전사고로 죽는 광경을 목격했다는 무서움 때문이었다. 형편이 어려운 아이들이 기술학교를 간다는 생각은 전혀 하지 못했던 것 같다. 오히려 공부 잘하고 어른스러운 아이들이 가는 학교라고 생각했으니까.

향기라는 아이는 우리 집과 가림막 수준의 울타리 하나 사이에 두고 있는 집이었는데, 그 애네 집은 컸고 따로 큰 대문이 있었고 마당이 넓었고 우물이 있었고 우물가 단감나무에는 단감이 주렁주렁 열렸었다. 작약이며 고급스러운 꽃나무들이 그 애네 마당에는 퍽 많았던 것 같다. 따뜻한 햇볕이 쏟아지는 그 애네 마루에 앉아 놀던 풍경 속엔, 우리 집이 못사는 집이라는 의식이 항상 깔 있었다. 그 단감들은 얼마나 먹고 싶은 귀한 과일이었던지.

정인이라는 아이가 사는 집은, 향기네 집을 지나 원불교 앞 우물을 지나 삼거리막의 작은집을 지나 서닥바우 가는 길 굽어지는 오른 편에 있었다. 그 애네 마루도 따뜻한 햇볕이 쏟아지는 널찍한 곳이었다. 내가 이렇게 마루를 기억하는 이유는 우리 집에는 그러한 마루가 없기 때문이었다. 우리집은 쓰는 방이 하나였던 것 같다. 할머니가 부지런하고 내가 학교를 빨리 가는 아이였는데, 정인이네 집에 들러 그 애와 함께 학교에 가곤 했었다. 그런데 그 애는 항상 나보다 늦었다.

그 애는 오후에도 나하고 놀다가도 4시 반쯤만 되면 저녁밥 지어야한다고 집에 갔었다. 먼 훗날 딱 한번 그 애의 전화가 온 적이 있는데, 그때는 내 근무처가 태인이었고 고정된 집 전화를 썼기 때문에 연락이 가능했을 것이다.

중학교의 두 동무, 생각이 나지 않는다. 고등학교의 두 동무, 영영 연락이 끊겼다. 대학교의 두 동무, 연락할 생각도 못했고 방법도 없다. 이 정도의 인간관계라면 교사로서 썩 좋은 것 같지는 않다. 지금 딱 한 명 만나는 친구는 있다. 고등학교 때 같이 자취생활하며 같이 공부 안하고 놀아서 그 애도 나도 좋은 대학교를 못 갔다. 나는 정말 신경림 시인의 인간관계가, 그러한 성품이 부럽다. 그리고 '동무'라는 말의 어감이 너무 좋다.

[문학, 캠프, 문학캠프 이야기]

〈아이들이 쓴 소감글〉

추적놀이는 재미있었다. 비가 좀 와서 그렇지만, 새재 위에 올라가서 아리랑을 부르며 춤을 추는 것도 조금 어색하긴 했지만 그래도 재미있었다. 또 '갈대' 시를 외워서 조원이 모두 다 외우는 것도 있었다. '갈대' 시가 그렇게 긴 시도 아니었는데 막상 외우려고 하니 안 외워져서 힘들었다. 우리 조 성적은 그리 좋지는 않았을 것이다. 작가와의 대화 시간은 다른 때보다 시간도 가장 짧았지만 추적놀이를 하고 여유도 없이 바로 해서 모두들 피곤했었나보다. 그래서 우리 조 누나들은 모두 자버렸다.

영상시 발표가 그래도 가장 기억에 남는 것 같다. 형과 누나 둘이만 다 찍긴 했지만 나도 마지막에 한 장면을 찍었다. 기행은 책에서 본 목계장터, 신경림 생가, 중앙탑, 탄금대, 남한강, 여러 곳들을 다녔는데, 사람 숫자도 많고 영상시 사진을 찍느라 솔직히 여유 있게 제대로 감상한 것이 없다. 마지막 날 밤에 조끼리 노는 시간에서 다른 조는 신나게 노는데 우리 조는 그렇지 못했다. 우리 조는 처음부터 해체되어서 모두 나가버리고, 나도 그냥 돌아다니기만 했다. 들어갈 데도 없고 모든 일정이 다 끝나고 집으로 오는 버스 안에서 소감을 말해야 하는데, 올 때 자기소개 안했던 것처럼 역시 말하지 않았다. 조용한 버스를 타고 집으로 왔다. (배영중2 한백)

버스를 타고 집으로 돌아오는 길. '목계장터'라는 시를 외워 발표를 해서 문화상품권도 받았고, 지금까지의 문학캠프를 즐기며 느꼈던 소감도 말하고 서로서로 연락처도 주고받고, 노래방 기계로 노래를 부르며 즐겁게 왔었는데, 2박 3일이라는 길다면 길고 짧다면 짧은 시간 동안 정이 들어 '이제는 정말 헤어지는구나'라는 생각이 들어 마음 한구석이 찡해지는 느낌을 받았다. 버스에서 내려 헤어지는데, 나는 사정으로 인해 모둠의 뒷자리에 참가하지 못했는데, 모둠 사람들에게 정말 미안했고, 나중에 한번 모였으면 합니다. (감곡중3 정미)

신경림 시인을 만날 수 있어서 좋았다. 직접 만나보는 자체만으로도 행복했다. 나의 삶에서 위대한 작가를 만나 악수하고 내 이름을 말했던 것은 잊혀지지 않는 최고의 기억으로 남을 것이다. 시인 캐리커쳐를 전달하게 위해 특별한 재주 없는 내가 창피함을 무릅쓰고 나간 것은 이런 연유였다. 그림 자체에 목적을 둔 것이 아니라 시인에게 전달하면서 보잘것없는 내 이름 석 자라도 밝혀보고 싶었기 때문이었다. (서영여고1 정임)

중학교 처음 입학해서 여름방학 때 이런 기회가 있다는 사실을 알고 그냥 전 단지 수행평가 때문에 가보니 배우고 가는 게 많더라고요. 그런데 벌써 세 번째라니 이번은 시간이 너무 촉박해서 힘들어 죽는 줄 알았습니다. 그래도 진짜 많은 추억을 얻어가네요. 오락실에서 철권도 하고 자동차도 하고 스키도 하고 총 쏘는 것도 하고 인형 뽑기도 했는데 너무 늦게 들어가서 김인정 선생님께 학산 단체 혼난 적이 있었는데 진짜 미안했습니다. 그리고 두 번째 배를 탔는데 너무 재미있었어요. 영상시 때문에 거기서 타이타닉 흉내도 내고 즐거웠습니다. 장기자랑과 모둠끼리 방에 들어가 이야기하는 시간을 가졌습니다. (학산여중2 은주)

장기자랑 시간 저는 사회를 보게 되었습니다. 얼떨결에 보게 되었는데 진짜 창피했습니다. 말도 더듬고, 몸도 막 떨리고, 다른 사람 시선도 무섭고, 하지만 호삼이가 있어서 든든했습니다. 호삼이 만약 없었다면 사회를 보다가 뛰쳐나갔을지도 모르겠네요. 아, 그리고 우리 호남고 학생들과 태인중 학생들도 많이 도와줬어요. 박수도 가장 열심히 쳐주고, 호응도 해주고, 나와서 춤도 춰주고 정말 고맙습니다. 그리고 사회자는 저에게 있어 새로운 경험이었어요. 한 번도 추지 않았던 춤도 추고, 노래도 부르고, 그리고 중요한 건 '나에게도 이런 면이 있구나'라는 생각이 들게 해주었거든요. 아직도 그때 무대에서 있었던 장면이 생생하게 떠오르네요. (호남고1 현수)

신경림 시인과의 대화는 제가 가장 기대한 코너였지만, 그다지 제가 기대해온 이야기는 별로 해주지 않아 많이 아쉬웠죠. 그래도 배운 게 있다면 역시 신경림님의 시에 대한 열정과, 자신을 낮출 줄 아는 겸손함이었습니다. 내가 제일 좋아하는 '가난한 사랑노래'를 별로 만족함을 느끼지 못하는 시라고 했을 때는 약간의 상처를 받기는 했지만요. 다음에 진행된 '토론'은 조금 화가 많이 나는 부분이었습니다. 선생님들이 내주신 여러 의견들은 토론과는 너무나 멀었고, 마치 저희들을 훈계하기 위한 자리 같아 많이 언짢았습니다. 죄송하지만 다음부터는 이런 코너를 진행할 때에는 조금 더 성숙한 토론으로 진행해주시면 감사할 것 같습니다. (정읍고2 현종)

편지를 다 쓰고, 조끼리 한 방에 모여서 모둠선생님과 얘기를 나누었다. 얘기가 끝나고 선생님께서 나간 뒤 약간 어색하다 싶더니 쪽팔려 게임을 하자고 했다. 별로 재미없었다. 돌아다니기만 하고, 우리 방에 찾아오는 사람도 한 명도 없고. 조끼리 놀다가, 방으로 들어가서 씻고 누웠는데, 홍숙정 선생님이 찾아왔다. 그래서 모여서 이야기를 나누었다. 모둠별 평가시간에는 은지가 부담스러워할까 봐 못했던 말을 선생님께 솔직히 털어놨다. 그래서 다음번에는 좀 더 잘할 것 같은 느낌이 들었다. 그리고 이번에 처음 오는 언니들이나 동생들이 좀 실망했다고 했을 때는 좀 그랬는데, 다음번에 다시 오고 싶다는 말을 들었을 때는 너무 기분이 좋았다. (태인여중2 지인)

시영상극 편집을 하고 반성의 시간을 가졌다. 조윤정 선생님의 말씀을 시작으로 한마디 한마디 한마디씩 하면서 이틀 동안 느꼈던 아쉬운 감정 그리고 좋았던 감정을 나누었고 게임을 하면서 이야기를 하면서 조원들과 내일이면 헤어진다는 아쉬움을 가지게 되었다. 특히 조장인 나로서는 매우 많은 아쉬움을 가졌다. 다음날 시영상극 발표를 했다. 다들 정말로 멋진 작품이었지만 특히 최우수 작품상을 탄 '충주에서, 江'이라는 작품을 보여준 10모둠의 작품은 매우 멋있었다. 10모둠의 조원들의 연기도 멋있었지만 코믹함이 있으면서도 무언가 딱, 딱, 힘이 들어가는 언어들이 있는 시가 매우 멋있었고 그에 어울리게 음악도 좋았다. 그리고 우리 조도 우수상을 받아서 매우 좋았다. 수지의 고생이 매우 컸다. 마지막 시상식을 하였을 때는 정말 끝이구나 하는 생각이 들었다. 고등학생으로서, 조장으로서 참가했던 문학캠프, 아쉬움과 추억만이 남았다. (호남고1 락준)

"그래서 우리 조 누나들은 모두 자버렸다." 이 말에 찔리는 누나와 형들이 많을 것이다. 중고 모여 모둠이 편성되면 각자의 역할이 조금씩 다르면서 서로 보완이 되기 때문에 어느 한쪽이 놓아버리면 그 모둠은 삐거덕거리게 된다. 버스를 나누어 갈 경우 진행교사가 누구냐에 따라 전혀 내용이 달라지기도 한다. 어느 버스는 올 때 자기소개, 갈 때 소감 말하기를 하지만, 어느 버스는 오로지 침묵으로 일관하는 경우가 있다. 모둠교사 협의를 거쳤어도 그렇게 되곤 한다.

"오락실에서 철권도 하고 자동차도 하고 스키도 하고 총 쏘는 것도 하고 인형뽑기도 했는데"는 숙소가 충주호리조트였기 때문에 발생한 일이었다. 외관은 대단히 화려했으나, 밥이 너무 부실하여 학생들의 불평불만이 쏟아졌고, 오락시설이 있어 자꾸 새는 아이들이 있었다. 그 학교에서 교사가 같이 오느냐 학생들만 보내느냐도 중요한데, 학생들만 오는 경우 '캠프'의 노는 측면에 치중하는 경우가 발생하고는 했다.

신경림문학캠프는 버스 3대 인원으로 규모도 컸지만, 그렇게 할 수 있었던 것은 시청의 예산 지원을 받았기 때문이었다. 시청 지원은 두 번인가 받고 끊겼는데, 비슷한 성격의 새마을문학캠프 지원은 계속되었던 기억이 난다. 우리 문학캠프에서 따간 듯한 새마을문학캠프가 시작되는 것을 보는 나의 불편함은 컸고, 여러 차례 나름 문제 제기도 했었다. 의욕은 있으나 예산이 없어 쩔쩔매는 우리에 비하여 그쪽은 열의와 상관없이 예산이 넘쳐나는 것 같았다. '새마을'이라는 이름을 왜 그렇게 싫어하느냐고 그쪽 사람이 어이없다는 듯 내게 말을 했었는데, 그렇게 말하는 사람이 나는 어이없다고 말하고 싶었다.

정읍문학캠프가 가능했던 것은, 전교조라는 조직성이 뒷받침되었기 때문이라고 나는 생각했다. 물론 각 학교에서 자기 학생들을 데리고 참가한다면 안정성이 있는 문학캠프가 되겠지만, 전교조라는 조직성이 없으면 무한 열의는 거의 불가능한 일이었다. 전교조의 매달 내는 회비가 적은 것이 아니지만, 문학캠프를 하던 시절에는 그 회비가 전혀 아깝지 않았다. 전교조 교사들이 내주는 그 회비가 참교육 현장에 쓰이고 있다는 것을 알기 때문이었다.

'문학'과 '캠프' 어느 쪽에 강점을 둘 것인가. 이 고민은 문학캠프 교사들에게 무척 어려운 문제였다. 오로지 문학을 지망하는 학생들이 참가해서 공동체 활동도 같이 할 수 있으면 좋겠지만, 오로지 문학을 지망하는 학생들은 갈수록 적을뿐더러, 그러한 학생들이 있다해도 아마도 이런 캠프에 오기보다 혼자만의 자리를 찾아가 있을 것이라는 생각을 했다. 여기서 그 학교 지도교사의 역할이 무한대로 커지는 것이다. 완벽함은 불가능하지만, '문학'만이 아니고 '캠프'만이 아닌 '진정성 있는 문학캠프'를 위한 교사와 학생 소통과 지속적인 연대 노력이 필요한 것이다.

문학캠프에 와서는 자기 자녀도 있고 자기 학교 아이들도 있지만, 전혀 다른 아이들을 모둠으로 맡는 것도 꼭 지켜야할 규칙 같은 것이었다.

내가 사립중학교에서 공립학교로 옮기면서, 고창의 중학교에서는 고창교육청 주관의 의무적으로 참여해야했던 독서캠프가 있었다. 정읍의 고등학교에 왔을 때는 도교육청 주관의 인문학캠프가 있었고, 중학생 인문학캠프가 진행된 적도 있다. 옛날에 자생적으로 진행되던 활동들을 도교육청에서 대부분 흡수하고 있다는 생각을 한다. 자생적이지 않다는 것은 중요한 문제인 것 같다. 도교육청 차원인 만큼 초대작가나 프로그램의 수준이 대단히 높을지라도, 내 학교 아이들을 데리고 가서 나는 '관람'만 할 뿐이다. 전혀 바쁘지 않은데 나는 소외되고 너무 힘들었다. 특히 중학생 인문학캠프에 가서는, 방학이 아닌 학기말에 수업을 빼고 가서, 그 많은 교사들이 그냥 '숙박'하면서 '관람'만 했다. 운영진 교사들은 따로 많이 있었으니까 다 합하면 정말 많은 수가 되었을 것이다. '문학'의 진정성과 '캠프'의 활기는 둘다 중요한 것이었다.

"선생님들이 내주신 여러 의견들은 토론과는 너무나 멀었고, 마치 저희들을 훈계하기 위한 자리 같아 많이 언짢았습니다." 이 학생의 말은 교사의 마음을 많이 아프게 했다. 교사의 안 좋은 특성이겠지만, 학생들 앞에 서면 은연중에 자꾸 '학생을 나무라고 있는' 자신을 발견하게 된다. 교사들의 고민이 있었기에 학생들과 함께하는 토론의 자리를 작정하고 만들었던 것인데, 그다지 목적을 달성한 것 같지는 않다. 생각해보면, 선생님이 우리와 함께 하고 있구나 하는 마음을 알기만 하면 되는 것이었다.

문학캠프에서 '작가와의 대화' 시간이 가장 중요하다고 교사들은 생각했고 학생들에게도 누누이 강조했던 일이지만, 실제 그 시간을 졸려

하는 아이들이 분명 있는 것이 맞다. 신경림 시인의 경우 워낙 대작가라고 생각했고 그럼에도 기꺼이 정읍문학캠프에 와준 것이 놀랍고 감사했었다. 신경림 시인을 섭외한 이형미 선생님의 공이 컸을 것이다. 하지만 앞의 문경새재 활동에서 늦어지면서 지장이 있었고, 시인의 목소리는 아이들을 긴장시킬 수가 없었던 것 같다. 대화를 녹취해서 옮겨야하는데 시인의 목소리를 교사인 나도 알아듣기가 어려웠다.

마이크 시설도 정말 로또 같아서 속상할 때가 있다. 하지만 2018년 지금, 시인과의 대화를 다시 옮겨 적고 교정 보면서, 좋았다는 생각을 한다. 작가와의 만남 준비는, 아무리 많이 해도 부족하지 않은, 꼭 필요한 것이었다.

아이들이 직접 사회를 보는 공동체놀이 시간은 대단히 흥과 열기가 넘치는 시간인데, '문학'은 외면하고 오로지 이 시간의 주인공이 되는 것이 중요한 아이들이 있다는 문제가 있다. 학교에서 교사가 동행하지 않는 경우가 그랬는데, 내가 권유했던 태인중 아이들이 그러했던 것 같아서 나로서는 꽤 속상했다.

신경림문학캠프의 경우 학생들이 모둠별로 움직이는 '독서추적놀이'와 '공동창작 영상시'를 좋아했는데, 특히 '공동창작영상시'가 가장 호응도가 높았다. 마지막 퇴소식을 하는 자리에서 발표회를 하는데, 이를 보는 아이들은 자기들이 나온다는 것 하나만으로도 숨소리 하나 없이 집중한다. 교사들이 노트북을 가져오고 밤늦게 학생들과 편집하고 하기 때문에 그러한 프로그램이 가능했을 것이다. '영상극'을 할 경우 너무 많은 시간이 걸리기 때문에 그보다 간단한 '영상시' 제작을 하기로 했던 것이었다. 이 경우에도 작품의 수준이 흥미 위주로만 떨어지지 않도록 하기 위해서는 교사의 끊임없는 격려와 지원이 필요할 수밖에 없는 일이었다.

〈공동창작 영상시 발표〉

1모둠 LEC(Literature enjoy children) **〈새재의 강〉**

새재를 중심으로 물이 한강과 낙동강으로 갈라지는데 그 물이 결국 태평양에서 만나는 것처럼, 남한과 북한이 지금은 나눠져 있지만 훗날 통일할 것을 믿는 우리들의 마음을 사진과 자막으로 표현하였음.

2모둠 전진 〈길〉

끝없는 길에서 좌절하고 있는 여자는 저편에서 보이는 희미한 그림자를 향해 걸어간다. 오랜 시간이 흐른 후 여자는 그 그림자를 자각하고, 그의 도움으로 삶의 비애와 애환을 함께 극복하여 인생의 참된 의미를 찾고 행복하게 살아간다는 모습을 표현하였음.

3모둠 99.9 **〈친구〉**

한 친구가 부모님의 이혼으로 가슴아파하는 상황에 있다. 그런데 이 친구는 누구에게 말도 못하고 혼자 속만 끓이고 있다. 이 상황을 지켜보는 그 친구의 친한 친구는 어려움을 덜어주고자 하는 마음으로 따뜻한 캔커피를 건넨다. 그의 진실한 마음에 친구는 마음의 얼룩들을 조금이나마 덜어낼 수 있었음을 표현함.

4모둠 퍼즐조각 〈충주에서〉

선비가 문경새재를 넘어 과거를 보러가는 심정과 서울 가는 길의 경치, 돌탑을 쌓으며 이제껏 걸어온 수고가 헛되지 않길 빌어보고, 힘든 장터일 아낙네들의 서러움 모른 채 흐르는 강물을 바라보고, 이러한 장면들을 사진으로 담아서 표현하였음.

5모둠 문캠의 추억 〈바람맞은 날〉

위로받고 싶은 마음에 친구들을 찾아갔다. 첫 번째 친구는 기척이 없다. 두 번째 친구는 귀찮다며 돌려보낸다. 세 번째 친구는 자신의 급한 일로 무시한 채 가버린다. 유난히 차가운 바람이 불고 걸어가는 길엔 아무도 없다. 텅빈 공간에서의 외로움, 쓸쓸함, 고독을 사진으로 담아 표현하였음.

6모둠 갈참나무 〈한사람의 길〉

어느 한사람이 쓸쓸히 길을 걸어간다. 시간은 그를 비껴간 듯 빠른 시간의 흐름 속에 조용히 길을 걸어간다. 한발 한발 강하게 걸어간다. 그는 자신의 목표를 향하여 걸어간다. 인생의 꽃을 화사하게 피우기 위해 길을 간다. 나무에 비유하여 연기하였고 사진에 담았음.

7모둠 냅둬 〈그의 길〉

그가 길을 따라 걸으며 자신의 삶을 반성한다. 잡초가 무성한 길을 개척해나가며 자신이 나아가야 할 길을 찾아간다. 그에게 환한 길이 없는 것이 아니니 그는 마침내 자신의 길을 만나고 나아간다. 시인의 별명과 같이 낙천적인 모습들을 사진과 자막으로 담았음.

8모둠 갈림길 〈길〉

길 위에 서다. 수많은 갈림길. 그리고 나의 시작. 시작의 길 위에 서있는 나. 길을 걸으며 얻게 되는 행복과 고통. 내가 가야하는 길. 걷다가 쓰러지고 쓰러져도 다시 일어나는, 행복을 위해 다시 길에 서는 나의 모습을 표현하였음.

9모둠 폴라리스 〈여름날 내가 기다리는 것〉

나에게 돌진하는 태양, 이 무더운 날에는 겨울이 그리워지기도 한다. 해바라기는 바람의 리듬을 타며 해님을 바라보고 그늘을 찾아가는 내 발걸음이 당연한 몹시 더운 날. 땀방울을 시원하게 식혀주는 반가운 바람을 기다리고, 엄마가 주시는 시원한 물 한잔과 사랑이 담긴 격려를 기다리는 나의 모습을 표현하였음.

10모둠 똘아이 〈충주에서, 江〉

차안에서 기대감과 설렘으로 차있다. 목적지에 도착하여 감탄과 환희로 가득차 중원고구려비를 둘러본다. 나루터에 도착하여 서로 배를 먼저 타기위한 치열한 몸부림을 하다 무사히 승선하고 그 안도감에 휩싸여있다. 배멀미를 해 널부러진다. 그러다 몸을 추스르고 주위를 살펴보고 배를 내릴 때 아쉬움에 휩싸인다. 돌아오는 차안에서 뿌듯함에 이어진 고단함으로 잠이 드는 모습을 표현함.

11모둠 깜찍이와 아이들 〈여름날〉

5연의 시로 표현하였다. 1연에는 세부적인 여름을, 2연에는 여름날의 초록색을 시각으로 보는 즐거움을, 3연에는 매미소리 빗소리 등의 청각적인 심상을, 4연에서는 물속에 발을 담그고 느끼는 촉각적 심상을, 마지막 5연에서 여름을 마음으로 음미하는 모습을 담았음.

12모둠 생뚱맞조 〈이성에 대한 그리움〉

여자가 애수 찬 눈으로 옛 남자를 그리워한다. 옛 남자와 버스 안에서 mp3 듣고, 손잡고, 즐거워하는 모습, 호숫가를 거닐 때 장난치며 웃고 떠드는 모습을 추억하고, 옛 남자의 새로운 여자 등장을 떠올리지만, 여자의 그리움은 여전히 남았음을 사진과 자막으로 표현하였음.

[남한강]

신동엽 시인의 ≪금강≫, 김용택 시인의 ≪섬진강≫, 그리고 신경림 시인의 ≪남한강≫, '강'을 노래한 내가 떠올릴 수 있는 작품들이다. ≪금강≫은 객관적이고 역사적인 사실을 노래한 서사시, ≪섬진강≫은 같은 제목 아래 여러 수로 이어지면서 노래하는 연작시, ≪남한강≫은 이야기와 노래를 섞어가며 이끌어가는 장시, 이렇게 좀 다르게 정리할 수 있을지 모르겠다.

신경림 시 ≪남한강≫을 요즈음에 4번 읽었다. 이 글을 쓰기 위해 대강만 느껴보려고 처음 읽었을 때 전체적인 파악이 잘 안되었고 두 번째 읽었을 때도 잘 감이 오지 않았다. 마음은 급하고 시어들은 함축적이고 나는 걸림돌을 자꾸 대충 넘어가려고 했던 것 같다. 결국 시 해설 자료를 찾아 읽고서야 줄거리에 대한 감을 잡을 수 있게 되었다. 그리고 4번째는 노트에 부분 부분 옮겨가며 읽었다. 4번째 읽으면서는 내가 강물을 타고 있다는 느낌을 갖게 된 것 같다. 그리고 풍물 장단 소리가 귓가를 채웠다.

교직 3년차에 내가 풍물 장단을 접하게 되었는데, 워낙 끼가 없는 나는 잘 따라가지 못했지만 멀리서 풍물장단을 들으면 막 들판으로 내달리는 것 같은 묘한 기분이 되는 것은 이상했다. 대보름날이었을 것이다. 내가 속해있던 풍물단체에서 마을굿을 나가게 되었는데, 내가 맡은 것은 꽹과리였다.

시에 나오는 '캥매캐갱 캥매캐갱' 이것은 삼채장단이고 '캥 캥 캥매캐갱' 이것은 이채장단일 것이다. '캥개갱 캥개개갱 개갱 개갱 갱개개갱' 이것은 내가 배웠던 굿거리 장단일 것이다. 나는 보통 기계적으로 칠뿐이었는데, 북을 치는 다른 젊은이들의 모습이 인상적이었다. 전혀 무겁지 않게 가뿐하게 북을 들고 장단에 맞춰 힘껏 솟구쳐 뱅글거리며 돌았다. 마을 사람들이 몰려나와 덩실덩실 어깨춤을 추었는데 그들은 정말 자연의 흥 그대로였다. 무대를 마련하고 연주하고 흥을 독려하는 그런 판이 아니라, 나 같은 무감각도 꽹과리의 장단에 흥을 신게 되는 그런 판이었다.

그러한 마을굿을 못 본 지가 얼마나 오래인지 모르겠다. 요즘 아이들은 보통 풍물장단을 시끄러울 뿐이라고 외면한다. 이게 옛날 것이라 그렇다고만 말할 수는 없을 것 같다. 왜냐하면 고창 지역에 있을 때 풍물부에 있던 아이들은 장단이 자연스러웠고 보는 아이들도 자연스러웠고, 정읍 지역에 있을 때 정읍사에서 민요를 배우고 흥얼거리며 길을 내려오는 아이들의 모습이 전혀 어색하지 않았기 때문이다. 익숙하게 접한 것을 사람들은 좋아하기 마련인 것이다. 알면 사랑하게 된다는 것과 마찬가지 이치일 텐데, 그러한 분위기를 교육하지 못하는 학교의 잘못도 있을 것 같다.

신경림 시인은 시에서 꽹과리 장단을 살리고 민요의 가락을 넣으면서 이야기를 이끌어가고 있었다. 서구적인 서사시의 개념으로는 〈남한강〉 시가 뭔가 문제점이 보인다고 평자는 말하지만, 나는 잘 모르겠다. 그냥 강물의 흐름으로 읽으면 좋았다는 생각이었다. 그리고 '쇠무지벌'에 대한 이야기는 정말 충격이었다. 제주의 4·3을 알았을 때, 오마도 간척 사건을 알았을 때, 그러한 흐름에서 충격이었을 것이다.

> 그러한 기가 막힌 역사를 이야기하는데 쇠무지벌 이야기처럼 절실한 곳이 또 있을까? 신경림 시인의 담시(이야기 시)의 제목이기도 한 쇠무지벌은 지금의 충주부근의 땅이다. 그 역사는 고구려 때까지 거슬러 올라간다.
>
> 고구려의 국원성을 빼앗은 신라는 그곳 쇠가 많이 나는 남한강변에 '다인철소多人鐵所'라는 특별구역을 두어, 포로로 잡힌 고구려 병사와 유민들로 하여금 대대로 쇠를 캐고 연장을 만들며 천민으로 살게 했다. 이 '다인철소'는 고려 때까지도 존속, 1255년 몽고군이 침입했을 때 도망친 벼슬아치와 관군을 대신해서 주민들이 관노와 함께 용감히 싸워 몽고군을 물리친 공로로 익안현으로 승격되고, 그 주민들은 천민에서 풀려 비로소 평민으로 살게 되었다. 한편 나라에서는 그들에게 넓은 황밭들을 주어 농사짓게 했는데 사람들은 나라에서 준 땅이라 해서 이 땅을 사유화하지 않고 익안현이 폐현되어 충주목에 속하게 된 조선왕조 이후까지도 공동 경작, 공동분배의 전통을 이어왔다.
>
> 그러나 이 땅은 1910년에 시작된 토지조사사업 때 간교한 친일 신흥양반에 의해 궁장토로 신고되었다가 그들의 소유가 되었다. 해방이 되

자 이 땅을 두고 지주, 순사출신 경찰, 그리고 왜놈의 주구였다가 이제는 미국놈들의 주구가 된 자들이 한패가 되고 쇠무지벌의 민중이 한편을 이루는 양측의 긴장이 최고조에 이르게 된다.

— 김광수, 빈민해방실천연대교육자료

≪남한강≫은 3부로 구성되어 있다. 1부 〈새재〉는 남한강의 뱃사공인 돌배가 주인공인데, 문경 새재 너머 새 세상을 꿈꾸며 부자들의 폭압에 항거한다. 왜가 이 땅에 들어오면서 의병에 합류하고 새재에서 싸우지만, 양반의 밀고에 의해 처형되어 남한강변 이름 없는 '도적'의 무덤으로 남는다. 2부 〈남한강〉에서 돌배의 아낙인 연이가 주인공인데, 돌배의 죽음을 가슴 속의 불꽃으로 인내하면서 장터에서 술 팔고 몸 팔며 돈을 번다. 이 돈은 압록강 너머 독립군 자본으로 흘러가는 것이라고 나는 읽었다. 3부 〈쇠무지벌〉은 땅을 빼앗긴 젊은이들의 항거와 이를 만류하는 어리석었던 어른들의 이야기인데, 그 '영혼의 땅'을 신흥 양반이란 것들이 알량한 법을 악용하여 제것으로 만들었다는 것이 너무 화가 나지만, 더 화가 나는 것은 빨갱이타령하면서 그 법을 내세우면 무사통과되고 정착되고 그리고 잊어버리는 '이 땅의 현실'이었다. 시에서는 '항거하자'라고 끝나지만 그 이후는 무엇이라는 것인지, 좀 답답하기도 했다.

이곳은 고구렷적 옛 싸움터
밤마다 물 위에 일렁이는 아우성
비오면 누웠던 넋들 일어나
모래밭에서 자갈밭에서 즐펀한 호밀밭에서

굿거리 장단에 깨끼춤 추는 곳

뭇부리 얽은 바위 그 하나하나에
따뜻한 숨결 솟구치는 힘 배어 있으련만
바람은 그저 잊으라하는구나
먼 능선 굴참나무에만 엉겨 울면서

— 신경림 '남한강' 시 부분

'잊으라하는구나'를 보며 목계장터의 '되라 하네'를 떠올리고, 목계장터를 읽으면 자꾸 연상되는 노래가 있었는데 그것이 안치환이 노래한 감남주 시 '노래'라는 것을 알았다.

'이 두메는 날라와 더불어 새가 되자 하네 새가'의 가락과 닮았다는 것인데, '되자 하네'와 '되라 하네'의 상이함은 김남주와 신경림 시의 상이한 특성을 연상하게 한다. 김남주 시가 좀더 실천적인 특성과 함께 한다는 생각이 들었다.

2018년 5월에 나는 '동진강'을 답사하였고, 이번에 '남한강'을 답사했으며, 10월 29일 내일은 '섬진강'을 답사할 예정이다. 단일 일정으로 할 수밖에 없는 현실 때문에 세심한 답사가 되기 어렵긴 하지만, 강을 따라가면서 지금껏 별로 생각해보지 못했던 우리 역사와 우리 자연을 골똘히 생각하게 된 것 같다. '남한강'은 내가 사는 곳과 전혀 다른 지역이라서 파악하기가 어려웠다. 아마도 '북한강'과 '한강'은 시도도 해본 적이 없으니 더 어려울 것이다. 강을 제대로 느끼려면 자동차가 아니라 걸어야 한다는 생각이 들었다. 끊기고 끊기는 강을 보며 울음도 분노도 터지겠지만, 현실을 외면할 수 없는 일이라면 있는 상황을 정확히 이해하고,

내게 가능한 작은 길일망정 '아름다운' 삶의 방향을 잡아가는 것이 중요하다고 생각했다.

나는 TV를 잘 보지 않으면서도 주말드라마를 꼭 챙겨보는데, 생활반경이 좁은 나로서는 그나마 다른 사람들이 사는 모습을 주말드라마 그 시간을 통해서 엿볼 수 있기 때문이다. 판타지 요소야 '드라마'니까 하면 될 일이었다. 그런데 이번 주말 〈하나 뿐인 내 편〉을 보면서, 갑자기 나는 속이 답답해 터져버릴 것 같았다. 왜 저 속엔 '농촌'이 아~예 없지? 언제부터 '농촌'이 사라져 버렸지? 이게 정상 국가이고, 우리는 정상인가? 너무 새삼스럽지만, 충격이었다.

정년을 다 채우든 채우지 않든 내게 퇴직은 얼마 남지 않았다. 퇴직 후 나는 농사를 지으며 살 수 없을까, 요즘 나는 골똘히 생각해본다. 나는 여전히, 이 세상에서 '농부'가 가장 아름다운 직업이며, '농부'와 '문학'은 쌍둥이 같은 모습을 가졌다고 생각하기 때문이다. 어릴 때 우리 집은 땅이 전혀 없었기 때문에 논을 가진 집이 너무 부러웠다. 지금은 땅이 있는 사람들도 농사를 지으면 가난하다. 나는 여전히 농사지을 수 있는 땅도 없고, 자본의 유혹과 하얗고 예쁜 여자가 되고 싶은 유혹을 떨치기 어렵지만, 앎에 바탕을 둔 삶의 목표 설정을 정확히 하여, 꿈꾸는 그 길을 갈 수 있다면 정말 좋겠다.

[2018. 10. 28.]

박형진

시짓기가 농사짓기라고 말하는 모항의 농부시인

미리 메일로 보낸 학생들의 시를 시인이 평가해주는 시간이 있었고, 시인의 옛날 노트를 보여주기도 했으며, 돌아서며 많이 아쉬웠고, 다행히 문학기행 소감글로 받아둔 것이 하나 있었다. 시인에게 가장 좋은 시로 평가 받은 아이는 어찌나 좋아하던지, 학교에 가서도 틈틈이 '나는 시인에게 칭찬 받은 시를 쓴 사람이야' 하면서 우쭐해하곤 했었다. (*'박형진' 중에서*)

2018년 12월 31일, 나는 모항의 박형진 시인을 찾았다. 이번엔 남편과 함께였고 같이 간 학생들은 없었다. 일 년의 시간이 오직 이 하루에 달려있기라도 하듯 한 해의 마지막 날이라는 의미가 작은 것은 아니어서, 혹 그 시간을 방해하는 것은 아닐까 부담도 됐지만, 역설적으로 이런 날 내가 좋아하는 작가를 만난다는 것은 분명 행복한 일이었다.

2018년은 무술년 개띠 해였다. 진도의 박상률 작가가 58년 개띠인데, 경상도에서 농사짓는 서정홍 시인도 58년 개띠였고, 지금 내가 만나는 박형진 시인도 58년 개띠였다. 셋 모두 내가 만났던 작가였고, 그중 박형진 시인과 가장 많이 만났다. 한 작가의 작품을 읽고 공부한다는 것은 그를 숭배하는 경지가 되지 않으면 수월히 하기가 어렵다. 한 작가를 알게 되면 그 무게가 내 자존감의 무게가 되기도 해서, 어느 시점에서는 돌아서기가 어렵다.

"제가 선생님이라고 호칭을 써도 될지 모르겠어요. 선생님, 하면, 교사인 저와 동격이 되는 것 같은 기분이 들어서 주저가 되는 마음을 어쩔 수가 없네요. 그렇다고 작가님 하면, 드라마 작가도 다 작가인지라, 그것도 형식적인 것 같고."

"그러면 오빠라고 부를라요? 허헛, 홍 선생님과 같은 '선생님'으로 불리는 것은 오히려 제가 영광이지요."

예상치 못한 그의 친근한 말에 나는 작가를 대할 때면 늘 부담이던 위축된 마음이 풀렸던 것 같다. 그렇다고 사람 대하기를 어려워하는 내

성품이야 어디로 간 것은 아니지만, 그럼 시인오라버니라고 부르는 것은 어떠냐고, 시인오라버니, 농부오라버니, 농부시인오라버니, 문맥에 따라 적절하게 달리 부르는 것도 좋을 것 같노라고, 그런 말까지는 하지 못하였다. 말이 나왔으니 하는 말인데, 나는 우리나라의 이 호칭이나 높임말 체계가 정말이지 불편하다. 호칭에 따라 말을 높이느냐 낮추느냐에 따라 서로의 친근 관계와 나이 차이를 드러내면서, 그 와중에 내가 왕따가 되는 일이 비일비재하다. 어쨌거나, 이 말은 박형진 시인이 잘 쓰는 말투, 나는 그날 그를 '선생님'이라고 불렀다.

그날 시인을 처음 만난 곳은 변산 면사무소였다. 한적한 농촌마을 한가운데 면사무소가 있었고, 그 안에서 몇 명 어르신들이 짚풀 공예를 하고 있었다. 둥구미를 만드는 작업이었는데, 어렸을 때 익히 보았을 물건이지만 아무 기억이 없어서 먼저 이름을 물었고 한참 동안 만드는 과정을 바라봤다. 짚을 꼬아서 만든 새끼줄을 가로세로로 둥글게 엮어 밑판을 만들고 그 위에 높이를 만드는 거였다. 어린 시절 집 마당에 이렇게 볏짚들이 널려있고, 초가에 이엉을 얹는 풍경이 참 따스했었지. 아버지는 한때 가마니를 짜는 일을 하기도 했었지. 끼어드는 개인적인 회상을 밀어내며, 나는 나름 필요한 이야기들을 펼쳐갔다. 같이 하는 어르신들은 나와 시인의 대화에 귀를 기울였다.

"여기 오기 전에 변산공동체 학교에 다녀왔습니다. 가는 길 내변산 풍경은 정말 아름답던데요. 정읍에서 못 본 하얀 눈밭이며 키 큰 나무들이 많아서 원시림을 보는 것 같았어요. 겨울풍경을 보면, 기름기 다 빠지고 아름다운 영혼만 남은 깨끗한 노년의 얼굴이 떠올라요. 나도 그렇게 늙고 싶다는 생각을 하게 되죠."

"인위적으로는 안 되는 일이지요. 나도 모르게 내 얼굴에는 아집이 깃들고 안 그럴라고 노력은 헙니다만."

"작년부터 변산공동체학교 교장선생님 하신다고 들었습니다."

"나는 알고 오시는 줄 알었네요."

"아니, 몰랐어요. 선생님 글에 보면 변산공동체학교 이야기가 종종 나오잖아요. 푸짐이 꽃님이 아루 보리 이야기도 나오고. 한번 가보고 싶었는데 이제야 간 거지요. 예전에 제가 학생들과 문학기행 준비할 때도 선생님께서 변산공동체학교를 이야기하셨는데, 제가 깊이 듣지 않았어요. 그때 일정에 넣을 수도 있었을 텐데요."

"많이 규모가 작아졌어요. 지금은 학생이 열 명이 안 돼요. 지금은 학교에서 대안학교 프로그램을 많이 수용하고 있어서 옛날처럼 공동체학교의 의미가 크지 않은 거지요."

"긍정적으로 보시는 거네요. 학교에 대한 부정적인 시각들이 많은데."

"하지만 그래도 많이 변했죠. 초등학교가 변했고 중학교가 변했으니까. 나는 긍정적으로 보입디다."

"공동체학교에 들어서면서, 빨치산 해방구 같다는 생각을 했어요. 아늑하게 작은 마을이 있고 농지가 있고 직접 지었을 담 없는 몇 채의 집들이 둘러있고 빨랫줄 가득 널은 옷들이 보이고 장독대가 보였어요. 커다란 눈덩이를 쌓아놓고 꼬마들이 놀고 있길래 뭐냐고 물었더니 '이글로'라고 하던데요. 사진을 찍어도 되느냐니까 브이자 손을 하면서 포즈까지 잡아주고 활짝 웃어요. 장작을 자르던 좀 큰 아이들이 있었는데, 남편이 화장실을 물으니까 손으로 가리키면서 하는 말이 종이는 거기 접혀진 신문지 쓰면 된다고. 아니 작은거라고 하니까, 그럼 저기 숲에 가서 보면 된다고, 참 때묻지 않은 천진한 아이들이었어요. 농촌에서 아이들을 보면 정말 좋아요."

"아이들이 없는 농촌은 죽은 거지요. 그렇게 만들면 안 되는 일인데……. 공동체학교 운영도 어려워서 관의 경제적인 지원을 받아보자는 말을 하지만, 제도권 교육과 다르게 하자고 대안교육을 하는 것인데 지원을 받는 것은 문제가 있다, 그렇게 원칙을 정해놓고 있긴 헙니다. 어쨌거나 오늘 어쩔라요. 내가 안내를 허는게 좋을랑가?"

"그래주시면 정말 좋지요. 바쁘시면 제가 다니면서 찾아볼게요."

"아니, 내가 말해주지 않으면 찾기 힘들 거요. 점심 먹고 우리 집에서 만납시다. 한번 돌아보지요."

시인의 형님이 하시는 큰골식당에서 같이 점심을 하자고, 형님의 연장공방도 보고 싶다고 했지만, 형님은 식당이 안 되어 문을 닫았다고 했다. 시인은 어르신 일행과 같이 점심을 해야 했고, 나는 올해 답사 때마다 하던 대로 운전하며 먹으며 이야기하며, 편의점 먹거리로 시간을 절약하는 방식을 택하였다.

차로 가는 길에 걸어서 마을을 지나는 시인을 본 것 같기도 했는데, 집에서 만난 시인은 밖에서보다 더 바빠 보였다. 아들 보리가 오면 머문다는 사랑채를 살피고, 소막으로 소 먹일 여물을 나르고, 앞뒤로 바쁜 걸음을 하고 있었다. 손수 지은 흙집은 소소한 곳들이 다 예술적으로 보였고 뒤곁 처마에 가득 매달린 투명 고드름들도 그러했다. 나는 그렇게 바쁜 시인을 마루에 앉히고 밖에서처럼 '한가한' 시간을 만들었을지 모르겠다.

"「유인」 시가 참 아름다웠어요. 지금 이렇게 마루에 앉아있는 그 느낌이에요. 지금 겨울인데도 마루로 비쳐드는 햇살은 너무 환하고 따스해서 하루내 햇살 보며 앉아있고 싶은 기분. 처마에서는 눈 녹은 물이 똑똑 떨어지고, 그 밑에는 갯벌에서 가져온 조개껍질들이 깔려있고, 부딪치는 그 소리들이 음악 같은 기분. 햇살 따라 창호문에서 마루 끝으로 마당으로 사립문으로 보리밭으로 곰밤부리로 가시랑퀴로 붕알잿이로, 그러다가 농부는 '이런! 내일부터 밭을 매야겠구나', 그러니까 농부를 유인하는 햇살이 농부이고 농부가 햇살이고, 제 느낌이 맞는지 모르겠어요."

"시험 보는 거 아닌 담에야 맞고 틀릴게 뭐 있겄소. 계절은 다르겄네요. 시에서는 농부가 부지런히 움직임을 시작해야하는 봄이고, 지금은 겨울이니까. 항상 아랫니 빼서 윗니 박는 살림, 걱정으로 마르지만, 이것도 힘이라면 힘이것소."

"올해 농사지으신 이야기를 듣고 싶었습니다."

"이제는 일이 힘들고, 자꾸 계산속으로 되는 것 같으요. 놀지 않고 무엇이든 농사일을 해야 하는 것으로 알고 해왔고, 돈이 안 되더라도 해야 하는 일이니까 하는 것이라고 생각했어요. 그런데 이제는 몸이 아프고, 이것저것 쏟아 붓고 힘들여 농사지어본들 나중에 손에 들어오는 것은 없고, 한번은 땅 삼백 평을 농사 안하고 놀려버린 적도 있어요. 어디 가서 품을 팔아도 이보다 더 돈을 벌 수 있는데, 내가 이렇게 농사를 지어야 하나, 속으로 계산셈을 하고 있습디다."

"농촌에 희망이 있을까요."

"……내가 무슨 말을, 어떻게 못 허것습니다. 하지만 분명한 것은, 희망이 있든 없든 우리가 버릴 수는 없다는 것입니다."

"희망이 있든 없든, 버릴 수는 없는 것이다. 정말 본질을 읽는 중요한 말씀이네요."

"농사짓는 사람들이 없고 다 떠나고 있어요. 노무현정부 때 우리나라 농사를 선택과 집중으로 풀겠다고 이야기했어요. 농사도 기업처럼 소수를 선택하고 집중해서 몰아주는 것이지요. 콤바인, 포크레인, 농기계 투입해서 대규모 농사를 짓고 돈을 가져가고 기업처럼 농사를 짓는다는 거죠. 모두 떠나고 소수 남은 사람에게 어쩔 수 없이 농사일이 몰리게 되는 현실에서 나온 이야기겠지만, 그건 농촌을 살리는 게 아니죠. 문재인정부에서 말하는 소득주도성장의 개념도 농촌과 멀기는 다르지 않을 거요."

"제겐 어려운 개념인데요. 공부해봐야겠어요. 며칠 선생님 책을 읽으며 잠이 안 오게 많이 심각했습니다. 2003년에 나온『모항 막걸리집의 안주는 사람 씹는 맛이제』, 옛날에 나왔던 책을 다시 보완해서 2005년에 재출간한『변산 바다 쭈꾸미 통신』, 두 권의 시집『바구니속 감자싹은 시들어가고』와『콩밭에서』, 분명 옛날에 읽었던 책들인데, 처음 읽는 것 같고 무지 심각한 겁니다. 우리 사회가 이렇게 살아도 되는 건지 도대체 희망이 있는지."

"홍 선생님은 심각하지 않으셔도 됩니다. 글쓴 사람이 심각하면 되지."

"독자가 작가와 소통해야죠. 선생님은 글을 잘 쓰신 거예요."

"두 번째 시집은 왜 다시 안 읽었소?"

"『들판에 다시 서서』 말씀이죠? 아이들에게 다 가버리고 제 것이 없더라구요. 다시 구입하려 했는데 절판이고, 중고로 주문하긴 했어요. 책이 절판일 때는 괜히 슬퍼요."

"농사 같은 거 아닐까 싶으요."

"세 번째 시집『콩밭에서』는 선생님 사인 받은 책을 제가 가지고 있습니다. 2011년 여름이었으니까 제가 고창 성내중학교 있을 때였고, 전교생이래봐야 스물 몇 명 다 데리고 모항 바닷가에 갔었죠. 솔숲 나무의자

있는 곳에서 아이들에게 이야기를 해주셨어요. 말썽쟁이 남자애 하나는 나중에 따로 모항 놀러오겠다고 조르기도 하고, 진짜로 놀러와서 문제라도 일으키면 어떡하나 걱정스러웠는데 그때 선생님이 아이에게 적절하고 분명하게 선을 그어주셨어요.

모항이 그러한 곳인 것 같아요. 제가 학생들과 이곳을 오겠다고 계획하는 것도 어쩌면 '아이들의 관광' 측면을 계산에 넣은 것은 아니었나 반성을 해보기도 합니다. 태인여중 아이들과 갔을 때는, 선생님께서 아이들에게 쑥개떡과 막걸리를 돌리셨잖아요. 농사짓는 밭이 바라다 뵈는 흙집 마당에서 함께했던 자연교실이 저는 정말 좋았지만, 그중 몇 아이는 돌아가서 따로 더 놀고 술을 마시기도 했더라는 이야기를 듣고는 꽤 당황스러웠던 일이 있어요. 교사의 입장이 참 묘한 줄다리기 같고, 마음으로는 옳다 생각하는 일도 눈치를 살피는 경우가 많아요.

같이 갔던 한 남자 선생님은 또 엉뚱하게 저를 괴롭혔는데요. 학교 교무실에서는 말 한마디 않고 지내는 사람이 박형진 시인을 만나서는 웃기도 잘하고 말도 잘하고 그런 모습 처음 봤다고 어떻게 그럴 수가 있느냐고 막 뭐라 하는 거예요. 일을 주관하는 입장에서 일부러 한마디라도 더 하고 더 웃는 얼굴을 보여야 했던 제 입장으로서는 억울하기도 했지만, 저의 인간관계나 사회생활에 대해 반성을 해보지 않을 수 없었지요."

"그 정도가 말을 많이 하는 거라고 했다면 도대체 평소에는 얼마나 말을 안 한다는 겁니까. 홍 선생님 반성하셔야겠네. 말은 없어도 속으로 열정이 많으실 듯한데, 그렇지 않나요?

"아, 그것도 제 계산속일걸요. 말을 못해서 잘 안하는 거고, 말을 안해야 밑천이 드러나지 않고 속에 뭐가 많이 숨어있을 것 같은 분위기를 풍기는 거니까. 열정 없는 사람이 어디 있겠어요. 표현의 차이이고, 얼마나 이루느냐의 차이일 뿐이죠. 그런데 이상하죠. 『콩밭에서』 사인에 써주신 거나 선생님 제게 주시는 말씀 보면 제 마음을 다 꿰뚫고 있지 않나 생각이 들 때가 있어요. 국어교사라면 대부분 가지고 있을 문학에 대한 향수이고 그것을 잘 아시는 것일지 모르지만, 주관적인 제가 착각을 할 때가 있는 거죠."

"착각이라고 말할 것까지는 없지요. 홍 선생님이 주신 문집을 열어보아도 거기에는 선생님의 글이 있었고, 메일을 열어보아도 홍 선생님 마음이 있었고, 행사를 주관하면서도 가치관에 따라 움직일 수밖에 없는 홍 선생님의 말이 있었으니까요. 나는 농사꾼이고 컴맹이고, 받고 나서도 나중에 되새김할 때가 많아서 한참 지나간 말을 떠올릴 때가 많긴 하지만, 홍 선생님이 문학을 생각한다는 것 정도는 느낄 수 있었으니까요."

"문학소녀라고 하면 딱 맞겠죠. 그런데 결코 소녀가 아닌 장년의 나이라는 게 도무지 현실에 맞지 않는다는 것이 우스꽝스러운 겁니다. 이건 제 남편의 표현인데요. 제가 무슨 말을 할 때마다 무슨 글을 쓸 때마다 맨 앞에 서시처럼 등장하는 말이 있대요. '나는 타의로 교직을 시작했고, 나는 교사자격 미달이고, 그래서 끊임없이 교직에서 도망치려고 하는 사람'이라고 서두에 말을 놓는 것이 습관이 되었다는 것이지요."

"참 멋진 양반이십니다. 말과 글의 무게를 존중하자는 조언이 아닐까요. 국어교사에서 나아가 문학을 하고 싶다면 그 길이 얼마나 더디든 그 길이 얼마나 가능성이 있든 없든, 해야 하는 거면 그냥 하면 되는 겁니다. 열정이 있고 없음이 문제지 잘하고 못하고는 문제가 아니요."

"선생님 산문집에 나오는 아버지 모습이 참 멋있었어요. 집안 살림

자상히 살피시고 못 만드는 것 없으시고 없는 살림일망정 집에다 서당을 앉히시고, 식구들 손잡고 여름밤 앞장불에 나가는 풍경도 멋있었어요. 한 숨에 별 열을 따서 구워서 불어서 식궈서 구럭에 다 담아야 끝이 나는, 아이는 온갖 바닷소리를 들으며 그렇게 아련한 단잠으로 빠져들었다는 글은 정말 아름다웠습니다. 아버지는 선생님께 참 많은 자산을 남기고 가신 것 같아요. 자식 놈이 삶은 고구마 먹을 때 껍질 벗기고 먹는 거 보시면 '따숩고 배야지 불러서 그런다고' 하시던 삶의 방식이 훤히 떠올랐어요. 환갑을 못 넘기고 돌아가셨다니, 선생님의 아버지에 대한 애틋함을 잘 알 것 같았습니다."

"그걸 내가 소설로 쓰고 싶다는 생각을 했어요. 써보려고 했지만 못했습니다."

"소설을 쓰려면 허구를 만들어야 하잖아요. 선생님께 안 맞을지도 모르겠는데요."

"그럴 수도 있겄소만, 살을 붙여 써보면 되것다 생각한 거지요. 내 산문집 읽어보니 재밌습디여?"

"정말 심각하기도 했지만, 재밌었습니다. 온갖 농사 작물이 나오고 온갖 음식 만들기가 나오고, 저는 전혀 모르는 그 많은 것들을 어떻게 그렇게도 잘 아시는지, 아는 정도가 아니라 그렇게도 멋스럽게 풀어내시는지. '나는 이 사람들이 없으면 못살 것 같다.' 산문집 맨 앞에 나오는 말이었는데요. 저는 그 말에서부터 기가 죽었습니다. 저는 그런 말할 친구나 이웃을 만들어본 적이 없거든요."

"그렇다고 마을에 가서 '모항 막걸리집' 찾으면 안 됩니다. 지금은 있지도 않지만 물어봤다가는 된통 야단만 들을 거요. 책에다가 실명 그대로 썼다고, 내가 그 책 써내고 얼마나 시달렸는지 모르요. 잠을 못자고 삐쩍삐쩍 말랐으니까."

"막걸리집 어디냐고 당연히 안 물어보지요. 그래도 저는 책 속의 마을이라면 막걸리 나누며 안주삼아 책 이야기 할 거라고 생각했는데요. 책으로 마을 사람들 이야기가 나왔다는 것을 자랑스러워하며 어깨 툭툭 치면서 말이지요. 보상 한번 제대로 받아본 일도 없이 고생만 하다가 묻히고 잊히고 말 가난한 이웃들의 삶을 작품 속에 살려낸다는 것, 작가의 보람이라고 저는 생각했습니다. 어른이 된 옛 아이들이 수락상회 도현엄마를 찾아가면, 애들은 다 말짓하면서 크는 거라고 웃으실 것 같았습니다. 근데 어떻게 그렇게 무사히 넘어갈 수가 있었죠? 나중에 커서 사죄는 하셨어요?"

"우리들이 얼마나 말썽쟁이였는데 그것쯤이야 감쪽같이 넘어갔지요. 그러고 보니 어른이 되어서도 사죄를 안했네. 지금은 수락상회도 없어졌어요. 잘 되어야 말이지. 업종 바꾸고 좀 잘되는지 몰르겠소."

"아이 출산 때면 우셨잖아요. 아비가 되었다는 느낌이 들면서 돌아가신 아버지 보고 싶어 우시고, 새끼 낳는 것을 애비가 못 보면 새끼가 애비 임종을 못 본다는데 나 죽을 땐 어쩌나 우시고. 병원 가는 도중 차안에서 출산했다는 이야기는 생생했어요. 그렇게 세상에 나온 보리는 이름도 예쁘고 사진도 예뻐요. 아이가 똥누는 사진은 정말 명 작품이었습니다. 저는 그 사진 보면서, 제 동생이 찍은 사진이 생각났는데, 잠자리채를 들고 잠자리 잡는다고 뛰어다니는 꾀벗은 아이 사진이었어요. 에덴의 동산 풍경 같았죠."

"내 아내는 참 마음 좋고 이쁜 사람입니다. 아이들이 엄마를 닮았어요. 어찌 보면 내가 산문집을 쓴 것도 농사꾼 아비로서 아이들에게 들려주고 싶은 이야기들을 써보고 싶었던 것이지요."

"녹두밭 매러 가신 어머니와 누님을 찾아서 수묵제밭을 올라가던 풍경은 정말 아름답고 인상적이었는데요. 키가 넘게 자란 풀 때문에 숨이 다 막히고 겁이 나다가도, 밭머리에 들어서면 별안간 앞이 훤히 터지면서 위도 큰애기 머리 빗고 치마 털던 바람이 불어오고, 저녁노을은 더없이 아름다웠다. 저도 그곳에서 오늘 노을을 볼 수 있으면 좋겠습니다. 수묵제밭이 어디쯤이에요? '위도 큰애기 머리 빗고 치마 털던 바람'이라는 표현이 종종 나오는데 그 바람 맛도 느껴보고 싶으네요."

"수묵제밭은 지금은 다 깎아서 흔적이 없어요. 몬당에는 초소가 지어졌고 옆으로는 해마루펜션이 들어서 있어요. 내가 그 시간까지 같이 있을 수는 없고, 가보시면 찾을 수는 있을 겁니다."

"이상화 시 '빼앗긴 들에도 봄은 오는가'를 말씀하시는 장면도 인상적이었어요. 속으로 중얼거리다보면 나도 모르게 봄의 신명이 접혀서 출렁이는 보리밭 물결 속을 거닐고 있는 착각에 빠지곤 한다고. 보리밭이 시를 떠올리게 했는지, 시가 보리밭을 떠올리게 했는지, 나중에는 분간도 못하도록 그 둘에 취하곤 한다고. 근데 슬퍼요."

"슬프다는 말이 맞겠네요. 이젠 4월이 와도 푸른 보리밭을 볼 수가 없는 현실이니."

"제가 구십 몇 년엔가 정읍 동학제 때 자전거 순례에 학생들과 참여한 적이 있었는데요. 황토현까지 갔다가 다시 황토현에서 정읍으로 오는 것인데, 천변길 따라 들어오면서 바라보았던 보리밭 풍경을 잊을 수가 없어요. 바람에 출렁이는 보리밭 물결은 환상적이지요. 이제는 그게 없어요. 제가 학생일 때, 선생님이 수업에서 자주 하시는 말씀이 우리 때는 이렇게 힘들게 살았는데 너희들은 편한 세상에 살아 모를 것이다, 그러셨거든요. 그 말 들으면서 저는 항상 생각했어요. 지금 우리도 그렇게 사는데 뭐가 다르다는 거지? 하고. 그런데 지금 제가 선생이 되어 수업에서 그런 말을 하면, 세대차이 난다고 태고적 이야기 하지 말라고 이해도 안 된다고 그럽니다. 나는 뭐 한 것도 없는데 세상은 순식간에 너무나 변해버려서 정말 억울할 때가 있어요. 선생님 책에 쓰신 '밀'의 운명도 그런 것인데요. 저도 밀밭을 본 기억이 어릴 때 말고는 없습니다. 쌀도 그렇게 되면 이 민족의 미래는 끝나는 것 아닌가요. 그런 꼴 바라보고만 있을 수는 없고, 저부터 농사를 지어야 할 판입니다."

"그런 생각을 하시는 홍 선생님 생각이 건강한 겁니다. 도시 농부, 텃밭 농사, 나는 가족 중심의 유기농업을 주장하고 싶어요. 어떻게든 희망을 살려야죠. 현상을 정확히 파악하는 눈을 길러야겠지만, 부정성을 파악한다고 해서 희망을 버리면 안 되는 겁니다."

"『변산바다 쭈꾸미통신』에서 「풍물소리 들리지 않는 곳이 어찌 고향이랴」 글이 강렬했습니다. 섣달그믐날 격포에서 버스도 끊어진 시각 어둑한 산길을 걸어 집까지 오는데, 미친년잔등이 산모롱이를 돌았을 때 고향마을 풍물소리를 들으셨다고 하셨지요. 뜨거운 눈물이 볼을 타고 흘렀노라고. 그 미친년잔등이도 가보고 싶습니다. 섣달그믐의 의미가 무엇이고 옛날 우리 농촌의 풍경이 어떠했는지 환히 그려지는 글이었어요. 굿패들 대접하고, 차례 준비하고, 세배상 차려내고, 잠을 잘 시간도 없으실 어머니의 모습인데도, 어머닌 전혀 고생스러워 보이지 않고 행복해 보이는 것은 참 신기했습니다. 일은 적을수록 편할수록 더 힘들고, 상대적 빈곤에 시달리는 것 때문에 힘들고, 공동체 개념이 없어서 삭막하고, 지금 세태는 그런 것 같아요."

"부모님 전상서 편지가 오면 삼이웃이 다 돌려보고, 스무날 휴가를 맡아 집에 오면 한집도 빼지 않고 집집마다 인사를 하러 다니는 것이 군대간 사람의 일이었으니까요. 줄다리기를 할 때면 개미새끼 한 마리 남기지 않고 온동네 사람 다 나와서 이루 말할 수 없는 북새통이었지요. 지금은 농토 태반이 외지인에게 팔리거나 묵밭이 되고, 동네 사람들은 흩어지고, 더 말해 무엇합니까."

"제가 웃음을 터뜨린 대목이 있었는데요. 발동기 이야기였어요. 비는 오려고 날은 꾸무적한데 일껏 고쳐서 돌리면 애통 애통 애통, 애통거리다 꺼져버리고 애통거리다 꺼져버려서 발동기의 이름도 '애통기'가 됐다는 이야기."

"동네에 발동기가 하나밖에 없어 돌려서 쓰는데 그게 고장이 잘나서 치는 시간보다 고치는 시간이 더 많았으니까요. 지금이야 농사짓는 사람이 적고 기계로 다하니까 그럴 일이 없지요."

"파헤쳐지는 고향을 보면서, 어떤 근원적인 공포감을 떨쳐버릴 수가 없다는 선생님의 말씀이 너무 공감이 되었습니다. 개인의 힘으로 불가능한 것이라면 연대가 필요한 것 아닐까요."

"운동가라면 왜 그런 말을 하느냐 뭐라시는 것 같습니다. 농민운동에 열정을 쏟아 붓던 시절에는 회복이 가능한 것이라고 생각도 했습니다만, 한계에 부닥치다보니 그런 허튼 소리나 하게 됐습니다. 다른 새로운 방식의 길을 찾으면서 옛날 속에서도 새 길을 찾으면서, 나를 세워야겠다는 생각을 많이 허기는 헙니다."

때로는 부끄럼쟁이 소녀처럼 때로는 익살꾸러기 놀이꾼처럼 때로는 애교 많은 막둥이처럼 때로는 투쟁하는 운동가처럼 때로는 겸손쟁이 글쟁이처럼, 내가 만난 박형진 농부시인의 모습은 다양했다. 하지만 '농부시인' 이란 말 속에 답은 다 들어있을 것이다.

변산 해넘이 축제가 진행되었을 그날, 지역의 중요한 사람일 그는 바빴을 것이고, 그 와중에도 그는 우리에게 몇 곳을 안내해주고 바쁜 길을 떠났다. 그가 직접 안내한 곳은 모항마을과 개건너가 바라다 보이는 곳, 미친년잔등이, 턱거리재, 세 곳이었다.

시인의 집에서 좀 올라오면 모항마을과 개건너가 보이는 비탈진 곳에 다다른다. '항구'가 있는 곳이 책에서 말하는 앞장불이라 했다. 지금은 방파제로 다 막아버려서 자취가 없지만, 옛날에는 썰물 때면 모래밭과 자갈밭이 드러나고 여름밤이면 그곳으로 온가족이 나가 앉던 아름다운 곳이었다고 했다. 내려다보이는 저 마을에 30년을 살았고 큰형님 돌아가신 뒤로는 저 마을도 잘 안 가게 되었노라고 말하는 시인의 목소리에 쓸쓸함이 묻어났다.

나는 '개건너'가 도대체 무슨 이름인가 의아했는데 언덕에서 내려다보며 설명을 들으니 단박에 이해가 되었다. 옴팍 들어간 곳에 갯벌이 펼쳐져 있고 그 건너에 산이 있었고 그 산이 개건너였다. 아들 무덤 찾아가 진달래꽃 따담으며 슬피 울던 아낙 이야기의 배경이 되는 곳이었다. 시인은 간척 이야기를 꺼내었다. 저 옴팍 들어간 곳을 간척해서 가난한 동네사람들 농토로 나누어주겠다는 야심을 20년 동안 품었노라는 이야기를 했다. 그 일을 위해 동네 이장도 일부러 맡아 몇 번을 했지만 결국 그 일을 해내지 못했고, 20년 세월이 지나서는 그 간척 사업이 자연에 해가 되는 '잘못'이라는 판단을 하게 되었노라고 하였다. 그 말을 들으며 나는 순간 오마도 간척지를 떠올렸다. 얼마나 땅을 갈구했으면 그렇게 간척사업에 매달렸을까, 그러나 그 땅은 누구에게 갔나, 지금은 사람이 농사지을 농토가 부족한 것보다 농사지을 사람이 부족한 현실이 되어버렸으니 어찌하랴. 하지만 그대로 보존된 개건너의 갯벌은 귀한 가치일 것이다. 밀물 때면 배타고 줄포까지 나갔다가, 썰물이 되면 배 기다리지 않고 갯벌을 걸어 돌아왔었노라는 이야기를 들으며, 나는 바라다 뵈는 바다에 열심히 상상의 풍경을 그려보고 있었다.

개건너가 보이는 곳에서 조금 더 가면 호랑가시나무 군락이 있다. 북방한계선 군락으로 보호되고 있고 야생의 군락에 더하여 조성된 군락도 함께 번식하고 있었다. 맞은편에 카페가 하나 있었는데 창밖으로 바다가 보이는 멋진 배경이었고 건물도 예뻤고 이름도 '호랑가시나무'여서 잘 어울린다고 생각했다. 그런데 문이 닫혀 있었고 손님이 잘 찾지 않는 곳인 것 같았다. 학생들과 문학기행을 온다면 이곳에 내려도 좋겠다는 생각을 했는데, 카페가 그대로 있다면 활용해도 좋을 것 같다. 시인의 산문집에 보면 동네의 야학에서 호랑가시나무반 이름이 있다. 개건너가 보이는 곳에서 마을과 개건너를 설명하고 좀 걸어올라 와 호랑가시나무 군락을 보고 잠깐의 활동 시간을 갖는 것도 좋을 것 같다.

거기서 좀더 가면 바람개비가 줄지어 있는 언덕 위 카페가 있다. 그 아래 휘어져 돌아가는 길이 미친년잔등이였다. 시인은 섣달그믐날 이곳에서 고향마을의 풍물소리를 들었다고 했다. 좀 더 가면 턱거리재였다. 해안도로가 뚫리고 차들이 다녔지만, 수락동 학교를 다니는 마을 아이들은 지름길인 턱거리재를 넘어 다녔다고 한다. 몇 굽이를 돌아가는 군인들 차량이, 태워주지도 않고 건빵도 던져주지 않고 휙 가버리면, 아이들은 턱거리재를 힘껏 달려 앞서가서는 바윗돌을 굴러내려 길을 훼방하고 주먹을 날렸더라는 이야기. 턱거리재 산길에는 서낭당이 있고 마을 사람들은 그곳을 지날 때면 치성을 올렸다는데, 예를 들면 밑에서 돌을 지고 와 단에 올리며 다리병 낫기를 기원한다든가 여러 가지 기원을 했다고 한다. 치성으로 올린 먹을 것은 지나가던 아이들 차지가 되어 즐거웠을 것이다. 그곳을 넘어보고 싶고 서낭당 나무를 보고 싶었으나, 지금은 길이 막혔고, 험하고 먼 길이 됐다 해서 포기했다.

턱거리재에서 박형진 시인은 최근에 썼을 몇 편의 시들을 내게 건네주고는 바삐 돌아서 갔다. 시인과 헤어진 우리는 미친년잔등이에 있는 카페에 들어가 차를 마셨고, 나는 시인에게서 받은 시들을 읽었다. 2013년 정읍고문학기행 때도 아직 출간되지 않은 '따끈따끈한' 시들을 받은 적이 있었다. 이번에 받은 시도 그러했는데, 이렇게 시를 받으면 내가 그런 자격이 있나 고맙기도 하고 그 작품들을 제대로 읽어내지 못하면 어떡하나 부담으로 다가오기도 한다. 그렇다 할지라도, 카페에서 바다를 바라보며 시를 읽는 느낌은 특별했다.

「송아지」는 화자의 모습이 안됐긴 하지만 그와 대비인 듯한 송아지의 모습이 귀엽고 시인이 키우는 송아지가 보고 싶었고, 「12월의 바다」는 반복되는 '포효'라는 단어와 모항에 있던 현장감과 함께 내가 시속에 들어가 있는 기분이었다. 「추석 막 지난」은 다른 시에 비해 밝은 분위기가 느껴졌으며 '벨 테면 베보라지 금세 또 꽃피고 씨를 맺는' 이런 표현 참 좋았고, 「칠석」에서 '직녀에게' 시가 잠깐 떠올랐으며 힘든 농사일이지만 희망이 있든 없든 버릴 수 없다던 말도 떠올랐다. 「택배」의 아버지와 딸의 모습이 너무 사랑스러워서 웃음이 절로 나는 따스함이었고, 「세습」에서 관절통의 고통이 어떤 것인지를 알 수 있을 것 같았으며 돌아가신 어머니의 모습으로 모아지는 것도 아픔으로 다가왔다. 「감나무」에서 농사짓기에 대한 고뇌일지 시 쓰기에 대한 고뇌일지, 밖으로 나가 있는 애들에게 까치밥으로 남은 그리움 그런 이미지도 떠올렸다. 일곱 편의 이 시들에서 어느 시가 선택되고 어느 시가 버려지고 어느 시가 수정될까? 언제쯤 네 번째 시집이 나올까? 여러 가지 생각들을 카페에서 했던 것 같다.

사실 12월 마지막 날의 의미를 살려 곰소항에서 해넘이를 볼까 처음엔 생각했었지만, 나는 최종적으로 곰소항을 포기하고 '수묵제발'을 택하였다. 곰소를 가지 않기로 하고보니 일몰까지 여유의 시간이 생겼고, 그 시간에 미친년잔등이에 있는 카페에서 시를 읽게 된 것이었다. 서울살이를 버리고 다시 농사꾼으로 귀환하던 길, 섣달그믐밤 이곳에서 고향의 풍물소리를 들었던 기분이 어떤 것이었을까 상상해보았지만, 들리는 것은 일몰을 보려고 모여든 외지인들의 어수선한 목소리들이었고, 나 역시 그 외지인일 수밖에 없었다.

하지만 수묵제발을 선택한 것은 화룡점정이었다. 슬프지만, 아름다웠다. 초소를 둘러친 철망이 을씨년스럽고, 군사차량이 지나다닐 길은 반들하게 닦였고, 토지매매 현수막은 미친년잔등이처럼 파닥거리고 있었다. '바람과 함께 사라지다'의 배경 같은 멋진 나무가 음영을 드리운 언덕에는, 관광객들이 모여 떠들고 있었다. 기암괴석들이 보였고 그 사이로 깨끗한 작은 모래밭과 바다가 보이기도 했는데, 그곳에는 어김없이 관광객의 카메라가 있었다. 우리가 노을을 보기 위해 자리한 곳은 '수묵제발'에 가장 근접하는 사람 없는 곳이었다. 가장 척박한 곳에서도 잘 자라는 녹두를 심는 몬당의 자리, 어머니와 누님을 찾아 이곳을 올라오는, 무성한 수풀에 무섭다가 훤히 트인 바람에 환하다가 장엄한 노을에 감동하던, 어린 시인의 마음이 되어보았다.

지금의 수묵제발도 변할 것이다. 농사를 짓고 싶어도 미친소리가 될 것이다. 모항 해수욕장을 만들면서 2만평 되던 마을 뒤편의 논들도 다 사라졌다고 했다. 정부에서 토지를 매입한다고 통지하면 나는 내 땅이라서 거부하고 버틸 수 있을까? 내가 정말 부자가 되어서 '오기'로 비싼

황금 땅에다 버젓이 '농사'를 지어본다면 좋겠다고 생각했었는데, 그래서 썩어빠진 자본주의를 맘껏 비웃어주고 싶다고 생각했는데, 이게 과연 개인 감상과 의지로 될 수 있는 일일까?

모항의 '항구'에서 바라본 바다를 떠올렸다. 작은 배들이 정박해 있는 풍경을 보며, 그래도 아직 사람 사는 냄새가 나서 좋았었다. 칠산바다가 어디를 말하는 것일까 궁금했는데, 정말 광활한 바다가 앞에 펼쳐지고 있었고 저 너머로 고창의 선운산이 보였다. 내가 근무했던 해리가 저 너머에 있었구나 생각하는 기분은 정말 신기함이었다. 해리는 이름 그대로 바다마을이어서 그곳 아이들은 평야의 나와 달리 바다에 대하여 항상 무덤덤했다. 옴팍 들어간 넓은 만에 곰소항이 자리하고 있었고, 그래서 곰소가 천혜의 항구였다고 했다. 그런 곰소가 폐항되어 쓸쓸한 폐촌처럼 된 것이다. 그러한 자연의 변화를 우리는 어떻게 받아들여야 하는 것일지.

턱거리재를 넘은 곳에 있는 '솔섬학교'는 지금의 학생수련원 자리였다. 인문학캠프 때 처음 가보았던 곳, 그때 보았던 '솔섬'의 풍경은 환상적이었고 이런 곳에 사는 행복이 어떤 것일까 부러웠었다. 나는 숙박을 안 하고 집에 갔다 왔지만, 그곳에서 숙박한 선생들의 말을 들어보면 달빛에 반짝이는 밤바다의 풍경은 그야말로 황홀경이었다고 했다. 하지만 나는 그 풍경을 보지 못했고, 지금 보는 것은 짧은 역사를 마감하고 폐교된, 박형진 시인이 다녔던 도청초등학교의 쓸쓸한 기념비였다. 그래도 이러한 흔적이나마 감사해야 하는 것일지 모르겠다. 흔적 없이 사라져야 했던 비극도 많을 것이므로.

내가 박형진 시인을 처음 만난 것은 2000년 동지섣달이었다. 그해 겨울방학에 정읍국어교사모임에서는 2회째 문학캠프를 진행하였고, 초대 작가가 신경숙 소설가 그리고 박형진 시인이었다. 첫날은 내장산에서 신경숙 소설가를 만났고, 둘째 날에는 모항에서 박형진 시인을 만났는데, 두 작가는 성별도 반대지만 성향도 대단히 대조적이어서, 아이들이 두 작가를 받아들이는 느낌도 많이 달랐던 것 같다. 유명세로 하면 신경숙 소설가 쪽이 더 컸겠지만, 박형진 시인을 더 크게 받아들이는 아이들이 많았다는 것은 현실에 바탕을 둔 그 체험의 무게 때문일 것이다. 아이들 전체 시 낭송 「약속」을 들으며 이어진 시인의 이야기는, 여느 작가들과 다르게 파격적으로 짧았고 무엇보다 그는 아이들 앞에서 겸손했다.

[2000겨울문학캠프, 박형진 시인과의 대화]

"여러분 앞에서 말할 사람이 못되는데 이렇게 서게 되어 미안합니다. 첫 시집이, 외로워할 때 쓴 시집인데 여러분 입을 통해 그 시를 듣게 되니 감회가 새롭습니다.

이곳은 눈이 많이 오는 곳입니다. 여름에 비구름이 변산을 지나가다가 여기가 어디여? 변산. 변산? 그냥 가드라고. 그래서 여름엔 비가 적게 오고. 겨울에는 눈구름이 변산? 에이 쉬었다 가지. 그래서 눈이 많이 오는 곳이랍니다. 이곳은 한두 달 장설이 내리기도 하는데 그것은 반도라는 지리적 여건 때문에 그럴 것입니다.

어제도 눈이 많이 왔는데 오늘은 날이 참 좋습니다. 눈이 오니까 모두들 좋아해요. 또 여러분을 보니까 여러분만할 때 생각이 납니다. 논바닥에서 스케이트를 타고 팽이치고 연 날리고, 누나들이 짜준 옷이며 양말이 다 젖어서 화롯불에 말리고, 그때 장난감이란 다 우리가 만들어서 놀았어요. 어렸을 때를 생각하면 가장 잊혀지지 않는 것이 눈 오는 겨울밤입니다. 기운 옷을 입고 손이 쩍쩍 터지고 고단하게 살았어도 그리운 시절이에요.

지금은 물질이 지배하는 사회, 타성에 빠진 현실, 경쟁의 시대, 농촌이 살아남지 못하는 시대가 되었어요. 이웃이 한집 식구처럼 위하는 것은 없어지고, 물질문명의 황폐함, 속도 위주의 단점만 남게 되었습니다. 인간성이 살아남아야 할 농촌이 피폐되고, 그 원인은 정치, 경제 제도가 농촌이 순박하게 못살도록 만든 거죠. 농촌은 상대적인 박탈감에 이농 현상이 늘어납니다. 옛날 농촌의 모습을 찾아볼 수 없는 것은 우리들 자신이 그 이유였습니다. 우리가 그렇게 만들었습니다.

농촌 기반이 붕괴되고 농촌 공동체가 사라지는데서 근원적인 슬픔을 느끼면서, 저는 시를 머리를 쥐어뜯어가며 썼어요. 사실 누가 알아주지도 않죠. 저의 첫 시집에서는 농촌에 남아 살면서 겪는 제도적인 외로움, 인간적인 무력감, 그에 대한 투쟁 의식 등을 담았습니다.

첫 시집 이후 6년이 지났는데 사정은 그때보다 더 악화되었어요. 두 번째 시집이 더 치열해야 하는데, 요즘의 가볍고 그런 추세에 나도 따르게 되는 것인지, 나도 그때보다 오히려 덜 치열하게 된 것 같아요. 문학작품이란 치열한 모습을 보여야 하는데, 저는 조리 있게도 못쓰고 그렇습니다. 공부도 중요하지만, 문학작품을 읽고 창작하는 것도 중요하지만, 그보다 더 중요한 그 무엇이 있습니다.

저는 중학교 1학년 1학기를 채 못 마쳤습니다. 14살부터 형님들 모시고 잔뼈가 굵으면서 좀 어렸을 땐 외로웠고 청년기 땐 안타까웠어요. 쓰는 행위는 그 자체가 사고의 인식을 더 강화하고 온전하고 건강하게 만들고, 세계관을 갖게 만듭니다. 저에겐 그러한 과정이 살아가는 하나의 힘이 됩니다.

글 쓰는 것은 좋은 선생님을 못 만나면 하기 어려운데, 여러분들을 보니까 참 좋습니다. 이렇게 여러분들처럼 만나서 하는 행위 자체를 계속 챙겨 나가서, 좋은 작가가 되기 바랍니다. 그래야 좋은 세상이 오는 것이지요. 제 짧은 이야기는 이 정도 하고, 여러분 질문 있으면 해보십시오."

"신은남입니다. 바구니속 감자싹은 시들어가고, 호박국에 밥 말아먹고 바다에 나가 별을 세던, 이렇게 제목이 긴데 무슨 이유라도 있어요?"

"제가 정한대로 출판사에서 그대로 해주더군요. 그때는 제목이 긴 것이 좋은 것 같았는데 지금은 아니에요. 앞으로 한다면 짧게 하겠습니다."

"박민경입니다. 농촌의 현실에서 벗어나고 싶지는 않으셨는지."

"오시는 분들이 다 학교 어디 다녔냐, 농사지은지 얼마나 되냐. 40 몇 년 됩니다. 그러면 놀래요. 44년 살아오는 동안 친구들이 죄다 떠나고, 80년대 초였죠, 왜 떠나고 싶지 않았겠습니까. 도회지로 간 허여멀쑥한 친구들을 만났을 때, 나는 얼굴도 새까맣고, 열등감이 생기기는, 사춘기 때 그랬죠.

하지만 그 시기가 지나고 나니까 그 생각보다, 농촌이라는 이 자리 어디에나 문제는 다 있다는 생각을 하게 되었습니다. 농민들의 문제는 도시와도 연결이 됩니다. 예를 들면 이농현상이 발생하는데 그러면 도시 인구가 많아지죠. 실업, 주택난, 교통난이 심해지죠. 이렇게 국한된 문제가 아닙니다. 내가 문제를 해결하든 못하든, 문제의 한 중심에 서 있고 싶은 마음을 갖게 되었습니다.

학교 많이 다닌 친구를 보면 열등감을 갖고 피폐하게 되고, 자기의식에서 자유롭지가 못하죠. 3년을 지독한 열병을 앓았습니다. 어느 날 그것을 벗어 던지니까 문득 자유로워지더군요. 마치 누에고치에서 나방으로 부화된 것 같은 그런 자유로움이었어요."

"조유미입니다. 글밥을 먹고 사는 것이 천직이라고 생각하고 글 쓰는 행위 자체를 기쁨으로 생각할 수 있지만, 내 글을 찾기 위해 힘들게 노력하고, 옳은 일인가 생각하며 힘들 때도 있을 텐데요, 어떻게 이런 걸 극복하셨는지."

"글을 쓸려고 생각은 안했습니다. 지금도 저는 농사가 천직이라고 생각합니다. 일이 인간을 구원하고, 노동의 신성성을 농사일을 통해서 확인합니다. 괴로운 일이 많았고 괴로움을 바탕으로 글은 자연발생적으로 나왔어요. 문학을 알고 쓴 것이 아니고 일을 하다 쓰게 된 거죠. 하다 보니 욕심이 생기기는 합디다. 남에게 감동을 주고 싶다는 생각을 하니까 남들이 이야기하는 기술로 발전하게 됩니다. 시인이 천직이라는 생각은 눈꼽만큼도 없습니다. 전업 작가가 아니라면 현실 속에서 살면서 현실의 애달픔을 표현해야죠. 충실한 삶을 사는 사람이 자연히 작품도 충실하다고 생각합니다. 여러분께 드리고 싶은 말은 좋은 작품을 쓰려면 삶을 열심히 살아라. 시인이 되기 전에 먼저 사람이 되어라. 이겁니다."

이야기를 마친 시인은 처음 아이들의 시낭송에 답하여 「대한」 시를 낭송하는 것으로 마무리하였는데, 그것은 아직 출간되지 않은 두 번째 시집에 있는 시였다. "어리디 어린 봄이 보리밭에서/ 밤새 저렇게 떨고 있는데/ 내 사랑은 왜 가슴 속에서만/ 가슴 속에서만 타오르느냐/ 달려가 껴안는다고선/ 왜 발끝에서 쩡쩡 얼고 마느냐"

시인의 낭송 시도 무척 짧았는데 눈덮인 겨울 바닷가 바위를 배경으로 그 시낭송은 매우 강한 인상으로 남았던 것 같다. 시인의 육성으로 시를 듣는다는 것이 그런 것이었다.

[2000겨울문학캠프, 엽서글과 소감글]

"많이 배우고 많이 꾸미는 다른 시인들보다는 훨씬 친근하고 좋았습니다. 저도 시를 쓰는데요. 주변에 글 쓸만한 소재들은 무수하게 많은데 '무조건 멋있게 써서 칭찬을 받아야 한다'라는 생각 때문에 솔직하고 친근한 글쓰기보다는 꾸미는 데에 치중을 하는데요. 이제부터는 아무리 글 실력이 좋든 나쁘든 느낌대로 솔직하게, 이왕이면 이 시대의 잘못된 제도를 예리하게 그려내는 법도 배워야겠습니다. 다음에는 좀더 많은 질문과 대화를 나누고 싶습니다. (유리)"

"시인님께서는 지금 글도 쓰시고 농사도 짓고 계시는데 저는 시인님이 존경스러워요. 왜냐하면 저는 지금 피아노와 속셈학원에 다니고 있는데요. 두 가지를 배우다 보니까 언제나 한 가지는 소홀하게 하고 있거든요. 앞으로는 시인님처럼 모든 일을 열심히 하는 사람이 될게요. 그리고 시인이 되기 전에 사람이 되라는 말씀도 잊지 않을게요. 시인님의 다음 시집도 기대할게요. 앞으로도 좋은 글 많이 쓰세요. (수진)"

"저희 동네도 젊은 사람들은 얼마 없어요. 그래서 슬퍼요. 동네 할머니, 할아버지, 자식들 없이 힘드신 몸에도 농사짓는 거 보면 맘이 아파요. 저 시인님 말씀 듣고 저도 농촌을 떠나고 싶은 맘은 있는데…… 고향을 떠나고 싶진 않네요. 친구들이 이곳 정읍을 뜨고 싶다고 말하는데, 그때마다 화가 나서, 막 쏘아붙여요. 성격이 안 좋거든요. (아연)"

"오늘 문학캠프에서 만나서 반가웠어요. 농사일이랑 시 쓰는 일이랑 같이 하려면 힘드실 텐데, 오늘 바쁘게 뛰어가시는 걸 보고 집에 할 일이 있나보다구 생각했어요. 집에서 개밥이 끓고 있었나 하구요. 이번에 시집 내시는거 잘 되셨으면 좋겠구요. 농사일도 열심히 하세요. 오늘 와주셔서 고맙습니다. 다시 만났으면 좋겠네요. (주현)"

"농촌을 지키기 위해 무던히도 많은 노력을 하셨지요. 아직 어린 눈으로 세상을 바라보기엔 부족하지만, 40여 년간 우리 고장 농촌을 지켜주신 거 감사합니다. 40여 년간 어디 한번 떠나지 않고 꿋꿋이 농촌을 지켜온 뚝심 배울 수 있게 좋은 말씀 많이 해주신 거 감사합니다. 바다를 보며 시인님의 지난 일생들을 그려봅니다. 지나온 나날 동안 순탄치 않았던 많은 날들 저 멀리 날려 버리고요. 새해 복 많이 받으시고 건강하세요. (승희)"

"제가 살고 있는 마을도 농사를 지어요. 오늘 시커멓게 햇볕에 그을린 시인님의 얼굴을 보니 아빠 생각이 났습니다. 저희 아빠도 농사를 지으세요. 가끔 모판을 나르기도 하고 농약 주는데 따라가서 아빠 일을 조금씩 돕는데요. 정말 힘이 많이 들었어요. 농사짓는 일이 보통이 아닌데 그 일에 자부심을 가진 시인님이 위대하다고만 느껴지더군요. 어제 시인님의 시 '섣달그믐'을 읽었는데 정말 좋더군요. 꼭 시집을 사고 싶습니다. (유진)"

"오늘같이 뜻깊은 시간을 가질 수 있게 우리에게 좋은 말씀 해주셔서 감사하고, 저에겐 이 시간이 좋은 추억이 될 것 같습니다. 저는 시인님의 소박함에 감동을 느끼고, 그냥 좋다는 느낌이 들었어요. 저도 지금은 변변치 않은 글을 쓰는, 미래에 작가를 꿈꾸는 학생이라, 시인님의 긍정적이고 소박한 모습에 더 끌렸던 것 같습니다. 그리고 저는 변변치 않은 제 글에 간혹 절망을 느끼고 어떤 시련에도 잘 이겨내지 못하는 나약하기 그지없는 학생인데, 시인님의 학벌에 대한 얘기, 열등감 등을 들으며 무지 부끄럽더군요. 시인님이 존경스럽기도 하고.

그리고 제 질문에 더 감동을 받은 것 같습니다. 답변해주시는 시인님, 그 모습, 그 얘기를 들으며, 많은 생각을 했습니다. 글밥을 먹고 산다는 게 천직이라 생각하는 게 잘못된 생각은 아닌 것 같은데, 글은 삶의 자연스러운 모습의 일종으로, 모든 마음을 다 쓰기 위해 노력하시는 모습이 멋있었습니다. 오늘 좋은 말씀이 제 변변치 않은 글에 더 큰 힘을 주신 것 같아, 감사한 마음만 드네요. 그럼, 늘 건강하세요. (유미)"

"시인을 만났다. 해변의 끝, 자갈이 많은 곳에 모여 앉아 시인의 이야기를 들었다. 어릴 적 가난하던 시절의 이야기로 해서 자꾸 변해가는 세상 이야기도 해주셨다. 그러면서 너무나 안타깝다고 하셨다. 나는 이해가 갔다. 시인은 농사를 지으며 산다고 하셨는데, 우리 아빠도 농사를 지으시기 때문에 시인의 말씀이 귀에 쏙쏙 들어왔다. 그리고 나도 시인의 말씀에 공감을 하였다. 자꾸만 변해가는 세상이 너무나 안타깝다. 그리고 아빠랑 엄마가 생각이 났다. 힘들게 일을 하시면서 일한 대가를 제대로 받지 못하시는 농민들도 생각이 났다.

집에 도착했다. 신경숙 작가님도 박형진 시인님도 생각을 했다. 피곤했지만 전부 기억이 났다. 그냥 한숨이 나왔다. 글을 쓰는 사람에 대한 내 생각이 바뀌었다. 그리고 박형진 시인님이 자꾸 생각이 났다. 아름다운 지난날을 생각하며 우리에게 이야기하시던 그 모습이…… (한별)"

"그리고 모항의 겨울바다는, 너무나 오랜만에 보는 평화로운 풍경이었다. 나는 집마당의 좁은 공간이나 춥고 황량한 논둑이나 이런 곳을 생각했었는데, 뜻밖이었다. 아름다운 암벽이 바람막이로 둘러서고 앞으로는 선명하게 푸른 하늘과 시리도록 맑은 바다가 펼쳐진 천연의 무대 속에, 우리는 그대로 한 폭의 그림이 될 수 있었다. 고달픈 현실을 차단했다는 불만도 있을 수 있겠지만 그것보다는 박형진 시인의 배려가 감사했다. 그리고 시인이기보다는 농부라는 그의 용기있는 말도 감사했다. 시인에게보다 바다를 향해 먼저 달려가던 아이들도 밉지 않았고 엽서 쓰기 시간을 최대한 쪼개어 바다와의 시간을 만들어내는 아이들의 부지런함도 놀라웠다. 그리고 ― 어쩌면 박형진 시인의 바람일 ― 이 땅의 농부들의 고달픈 삶에도 그러한 여유와 평화가 주어졌으면 좋겠다는 생각을 해본다. (교사 홍숙정)"

여기에 그때의 기록을 옮기는 내 마음이 아득하다. 첫 회 문학캠프 때 같이 했던 영어과 신미라 선생은, 내가 읽어보라고 준 그 회의 정리글을 읽고는 내 글에 대한 이야기는 않고, 그때 아이들이 썼던 글을 읽으니 '가슴이 뛴다'고 하였다. 아이들의 글을 읽고 그러한 느낌을 가질 수 있다는 것은, 행복한 교사일 것이다. 문학캠프를 같이 했던 교사들의 마음이 그러하였으리라.

2000겨울문학캠프 이후, 전교조정읍지회에서 토요체험교실 프로그램으로 박형진 시인을 만난 적도 있고, 태인여중 소풍으로도 만나고, 성내중 독서캠프로 만나기도 했는데, 가장 가까운 만남은 2013년 여름 정읍고 문학기행 때였다. 26년 동안 내내 중학교에만 있다가 처음으로 간 고등학교가 정읍고였는데, 그곳에서 내가 처음으로 진행하게 된 문학기행은 자연 긴장감이 생길 수밖에 없었다. 익히 잘 아는 길도 헤매기 일쑤인 나로서는 특히나 학생들을 인솔할 경우에는 더욱 긴장하기 마련이었는데, 박형진 시인의 집을 찾는 것도 그러하였다.

버스가 멈추고, 주차하고, 내리고, 걸어서 어디로 들어가고, 이 진행 코스를 가기 전에 점검해야 했는데, 그렇게 혼자 터벅터벅 시인의 집을 찾았다가 밭에서 일하고 있는 시인 부부를 만난 적이 있다. 늘 볕에서 일하여 까맣게 타고 힘들어 낯빛이 어두울 것만 같은데, 그들의 모습은 나보다 훨씬 밝고 아이들처럼 맑았다. 내가 시인의 아내를 만난 것은 그날 딱 한번이었다. 사실 몰래 탐색하고 나오려다 들켜버린 셈인데, 그들은 나오는 나에게 농사지은 옥수수를 한보따리 안겨주었다. 나는 그 옥수수가 자랑스러웠던 것 같다. 집에서 내가 직접 쪄서 학교로 가져가서 나누었으니까.

그때 이야기 시간은 다른 때보다 훨씬 길었지만 혹 산만하게 될까 녹취하지 않았고, 메모 자료도 따로 남겨둔 것이 없다. 하지만 미리 메일로 보낸 학생들의 시를 시인이 평가해주는 시간이 있었고, 시인의 옛날 노트를 보여주기도 했으며, 돌아서며 많이 아쉬웠고, 다행히 문학기행 소감글로 받아둔 것이 하나 있었다. 시인에게 가장 좋은 시로 평가 받은 아이는 어찌나 좋아하던지, 학교에 가서도 틈틈이 '나는 시인에게 칭찬 받은 시를 쓴 사람이야' 하면서 우쭐해하곤 했었다. 그 시에서 시인이 가장 포인트로 칭찬한 것이 '제기랄'이었을 것이다. 학교에 적응 못하던 시인 자신의 옛 시절이 떠올랐을지도 모르겠다.

[2013년 정읍고문학기행, 학생 시와 소감글]

자전거로 집을 나선다
집을 나서자마자 U턴하고 싶다

첫 번째 신호등이 나왔다
U턴하고 싶지만 또 계속 나아간다

어쩌다 천변다리까지 왔다.
지금도 늦지 않았으니 U턴을 하려고 했지만
어느새 계속 나아가고 있다

학교 앞 신호등까지 왔다
큰 맘 먹고 U턴 하려 했지만 어느새 신호등을 건너고 있다.
제기랄, 또 다시 학교에 도착했다.
오늘도 U턴은 하지 못했다.

— 이경근(정읍고1), U턴

모항에 버스에서 내려 바람에 파도를 느끼는 풀들을 봤고 그 파도를 타고 오는 풀 향기를 맡으며 고대하던 박형진 시인의 집을 도착했을 때 내가 생각했던 시인과는 매우 달라서 조금 놀랐습니다. 정장 아니면 남방에 빵모자 같은 것을 쓸 줄 알았는데 파란 낡은 셔츠와 낡은 바지, 구멍 뚫린 양말을 신고 농사일을 하고 계시다가 우리가 오는 것을 보시고는 웃으면서 저희를 반기셨습니다. 저에게 가까이 다가오실수록 햇빛에 그을린 까만 피부와 주름이 돋보였지만, 그분은 미소로써 얼굴을 더욱 빛나게 하셨고, 주름은 인상을 찌푸려서 생긴 주름이 아닌 자연스럽게, 자연처럼 생긴 주름을 보여주셨습니다. 그 농부시인이 옆에 걸어가시면서 '너 키 몇이냐? 크다' 이런 식의 일상에서의 대화를 주고받았습니다. 시인이다 보니 비유적인 언어로, 중의적인 표현으로 우리를 곤란하게 하실 줄 알았는데 우리의 눈높이에서 쉽고 일상적인 표현을 해주셨습니다. 머리가 나쁜 저에게는 정말 다행스럽고 감사드리는 일이었습니다.

집 마당에 도착했을 때 황토로 짓고 예쁘게 디자인된 집과 꽃들과 나무들로 이루어진 마당을 보고 저는 '나도 50대, 60대 때 이런 생활을 하면서 즐겁게 노년을 보내고 싶다'라고 생각했습니다. 시인은 저희에게 줄 것이 없나 주방을 계속 둘러보시면서 보리차와 컵을 내다주시면서 저희에게 '미안합니다, 이것밖에 줄 수가 없네요' 하면서 정말 미안해하셨습니다. 그러나 보리차를 마셨을 때 고소한 보리향이 입속에서 맴돌면서 '저 보리차 가져가서 마시고 싶다'라는 생각을 했습니다.

학생들, 선생님들이 물을 다 마시고 시인이 풀이 우거진 숲속으로 안내해주셨습니다. 숲속에 들어설 때 힐링이 되고 사람이 손대지 않은 산길 바닥의 돌들의 질감을 느낄 수 있었습니다. 시인은 계속 가시다가 멈춰 서서는 돌에 앉아 보라고 하셔서 평평한 돌을 찾아 앉았습니다. 앉았을 때 시원한 돌의 온도를 느낄 수 있었고 일상에서 볼 수 없었던 자연 속 곤충들을 볼 수 있었습니다. 그러고는 시인의 자연 속에서의 강연이 시작되었습니다. 한마디 한마디가 모두 값어치 있고 소중한 이야기라서 A4 한 장에는 부족했습니다. 그중 마음에 남는 말은 '현실을 매의 눈으로 쳐다보라!'라는 말입니다. 공부나 게임을 중심으로 생각하는 학생들에게 정말 필요한 말 같습니다. 공부나 게임만을 추구하면 피폐해질 현실을 누가 관심 가져줄 것인가?라고 저 자신에게 묻고 반성하는 시간이 되었습니다.

마지막으로 학생들의 시를 고르셔서 칭찬해주셨습니다. 사랑에 관한 시, 시간에 관한 시, 학교에 관한 시, 자전거에 관한 시가 있었는데 가장 기억에 남는 시가 당연히 제 자전거에 관한 시였습니다. 예, 그렇습니다. 저는 시인에게 칭찬을 받았습니다. 생각지도 못했는데 마지막에 시인이 제 시를 보면서 아버지와 자전거의 비슷한 특성을 잘 잡아냈다면서 칭찬을 해주셔서 정말로 기분이 좋았습니다. 시인에게 시에 대해서 칭찬을 받다니 정말 영광스러운 일이 아닐까 싶습니다.

마지막에 시인에게 싸인을 받고 작별인사를 하고 버스로 가는 길에 방아깨비 한 마리가 보였습니다. 어렸을 때 많이 보았던 것인데…… 어린 시절에 방아깨비 가지고 놀았던 과거를 회상을 하였고, 시인이 지었던 '사랑'이라는 시를 떠올렸습니다. '풀여치 한 마리가 길을 가는데 내 옷에 앉아 함께 간다.'라는 구절이 머릿속에 맴돌면서 자연의 아름다움과 시의 아름다움을 느낄 수 있었습니다.

저는 이 기행을 하기 전에는 '왜 시집을 사는 그런 멍청하고 바보 같은 짓을 하냐?'라는 어리석은 생각을 하곤 했습니다. 그러나 이 기행이 끝난 후 '아, 시는 모든 사물을 풍요롭고 교양 있게 만들 수 있는 보이지 않는 강력한 힘을 가졌구나.'라고 시의 존재의 참된 의미를 느낄 수 있었습니다.

이런 가치 있고 참된 경험을 느끼게 해주신 홍숙정 선생님, 한범석 선생님, 이연아 선생님, 강지선 선생님, 곽혜숙 선생님께 감사드리고, 이 기행을 위해 매우 힘쓰셨다는 홍숙정 선생님께 진심으로 감사드립니다. 기행 전까지 느낄 수 없었던 감정들을 느낄 수 있게 해주신 모항의 박형진 시인께 정말 감사드립니다.

— 윤바른길(정읍고2), 모항의 박형진 시인을 만나고

시인이 산문을 쓰더라도 시인은 '시'로 말해지는 것이라면, 박형진 시인이 지금까지 낸 시집은 세 권이다. 많은 것은 결코 아닌 셈이다. 자신은 시인이기에 앞서 농부라고 말하던, 언젠가 들었던 그의 말이 떠오른다. 그 말에는 범접하기 어려운 무게가 있었고 그래서 아름다웠다. 첫 시집 『바구니 속 감자 싹은 시들어가고』는 첫 시집답게 가장 밀도와 열기가 높다고 나는 생각했다.

"지금은 비록 내 손에 움켜쥔 이 낫이/ 저 포크레인의 삽날을 이기지 못할지라도/ 내 땅을 파헤치는 것은 용서치 않으리라/ 반짝이는 낫날이 내 가슴 복판에 세워지고 저/ 포크레인의 삽날과 부딪쳐/ 반짝반짝 불꽃을 튀다 내가 쓰러질지라도/ 나는 이 땅을/ 이 농사를 포기할 수 없다/ 나는 농사꾼이기 때문이다." 농사가 아무리 절망적이어도, 그렇게 버텨주는 농사꾼이 있다는 것, 그 포효하는 자존심에 나는 긴장했고, 감사했다.

「섣달그믐」의 풍경은 절망스러웠다. "그 옛날 기억만 귓가에 쟁쟁한/ 이 밤은 밤이 아니다"라고 했으니, '연이'가 "객지로 떠돌다가/ 떠돌다가 칠흑같이 어두운 별을 밟고/ 산모퉁이를 돌아 어디쯤이라도 오고" 있기를 간구하며 그는 불면의 밤을 하얗게 새울 것이다. "술 한잔 앞에 두고 내일 품앗이할 것을 이야기하고, 품앗이하다 논둑에 앉아 내온 새참을 함께 먹으며 동네일 함께 걱정할 수 있는" 친구의 부재는 그의 어깨를 무너뜨릴 것이다. 그러면서도 「사월」 시는 젊은 농민운동가의 목소리와 다르게 한편의 서정시로 읽혀지는 시였다.

이 첫 시집의 발문을 쓴 사람은 김영춘 선생님인데, 전교조 해직교사와 군농민회 사무국장으로서 그들은 만났다고 했다. 그 끈끈한 연대와 애정이 글귀마다에서 묻어났고 그렇게 발문을 써줄 동지와 함께 세상을 살아가는 박형진 시인의 삶이 아름다웠다. "어렵게 살아가는 이웃들의 이야기를 십분의 일도 쓰지 못했구나, 그러나 쓰는 과정에서 조금씩 철이 들고 내 이웃의 사는 모습들을 돌아볼 수 있게 되었으니 비록 어줍잖아도 한권 시집으로 정리하매 이것이 거름이 되어 새로운 시작을 할 수 있으리라", 시인의 후기를 읽으며 나도 이런 멋진 글을 쓰고 싶다고 생각했다.

두 번째 시집 『다시 들판에 서서』 세 번째 시집 『콩밭에서』에 대해서는, 시인의 마루에 앉았던 아쉽던 시간의 연장선에서 독자인 나와 작가인 박형진 시인과 '가상 대화'를 만들어볼 참이다. 와도 좋으냐고, 당연히 좋다고, 내가 말하고 시인이 대답했지만, 그 미래의 일을 당겨 나는 이곳에 불러들이고 싶다.

"박영근 시인이 쓰시기를, 보름사리 물이 마당까지 밀려든다는 갯가의 허름한 집을 나와 울안이 훤하게 보이는 낮은 돌담길을 걸어 바다로 나간다고 하셨어요. 선생님의 옛집이 어떠했나 떠올릴 수 있었는데요. 학교에서 돌아오면 집에 가기 전에 앞장불에서 친구들과 멱을 감았다는 풍경이 잘 이해가 안됐었거든요. 장불의 뜻을 몰라 사전을 찾아봤죠."

"물이 들어오면 모래밭은 바다가 될 테니까 장불을 바다로 생각하면 돼요. 우리는 바다를 장불로 불렀으니까."

"고향을 떠난 시인과 고향에 사는 시인의 만남이 무척 인상적이었습니다. 고향이 같아도 서로를 몰랐었나 봐요."

"같은 변산이라도 모항은 완전 벽지였으니까. 박영근 시인은 이제 세상을 떠난 사람입니다. 벌써 12년도 전이요. '솔아솔아 푸르른 솔아' 노래 아요? 안치환이 부른 그 노래 가사의 원작자가 박영근 시인이에요."

"저는 전혀 몰랐어요. 박영근 시인의 이름도 저는 몰랐는걸요."

"허, 홍 선생님이 언젠가 주고 갔던 태인여중 전교생 문집, 하얀 표지의 그림이 '솔아 솔아 푸르른 솔아' 그림이었던 거 기억은 나요?"

"물론 기억하죠. 제가 그때 문집 표지 그림을 그렇게 선택하고 그 문집을 굳이 선생님께 드렸다는 것도 신기하네요."

"박영근 시인은 나와 고향도 같고 태어난 해도 같지만, 살아서 만난 것보다 죽은 후 만난 것이 더 많은 사람이요. 고향을 떠나 노동운동을 하고 노동시를 썼고, 신동엽창작기금을 받았고 백석문학상을 받았어요. 고향인 부안에서 해마다 추모문학제를 하고 있고, 그렇게 만나는 내 마음은 가볍기도 하고 무겁기도 하고 그럽디다. 그의 시를 추억하는 사람들과 함께 할 수 있다는 행복, 그가 꿈꾸던 세상은 어느 만큼 오기는 한 것인가 하는 비애스러움, 나의 시와 나의 죽음에 대한 사념들, 그렇게 복잡합니다."

"박영근 시인의 발문을 읽으면서, 박형진 시인의 시를 정말 예리하게 비평하고 있구나 감탄했어요. 시인만이 말할 수 있을 산문의 언어라고 할까. 박형진 시들이 흔히 말하는 세계와의 적당한 시적 긴장과 갈등의 관계를 훨씬 넘어 '삶의 벼랑'에 서있다는 말을 했는데, 정말 그의 시를 깊이까지 제대로 읽고 있구나 생각했어요. 그냥 겉만 읽으면 지나간 추억의 서정시 같은데, 시를 한 번 더 읽을 때마다 그 '삶의 벼랑'이 제게도 느껴졌으니까요. 현실의 억압이 견디기 힘들 때 시 혹은 삶이 취할 수 있는 또 다른 길은 현실에 대한 풍자일 것이라고 하면서 「남백산 씨」 시를 이야기하고 있었지요. 저도 그 시가 정말 좋았고 속이 시원했어요."

"농촌 현실에 대한 비애와 풍자에서, 자연과 가족 그리고 자족적 규모의 노동에 기반한 화해의 세계로 나아가고 있지만 이는 상당 부분 미흡하다고, 박영근 시인은 그렇게 말하지 않았소?"

"선생님 시를 사랑하기에 더 욕심을 갖고 표현하는 거라고 저는 받아들였어요. 사실 저도 그런 비슷한 생각을 할 때가 있었는데요. 젊었을 때의 치열함이 나이 들면서 보다 삶의 진리와 가까워진다는 점에서는 긍정성으로 보았습니다. 하지만, 요즘의 세태가 거칠고 강한 것보다 부드럽고 편한 것을 선호하지 않나 그것에 편승하는 것이 좋은 것은 아니지 않나, 결코 선생님의 시가 편승한다는 말이 아니라 선생님의 시가 그 세태에 이용당할 수 있지 않나, 저는 그러한 염려를 했습니다."

"홍선생님도 예리하요. 열정을 잃는 것이 두려울 때가 있어요. 나이 들면서 변하는 것이야 자연스러운 것이고 뭐랄 것이 없지만, 열정을 잃는다는 것은 시의 긴장미를 떨어뜨리는 것이니까요."

"박영근 시인은 이 흙집에도 오셨나봐요. '정처定處'라고 표현했어요. 끝맺는 글을 보면서, 제게는 정말 절절한 친구 마음이 느껴지는 것 같았어요."

"그러고 보니 그 양반 내가 만든 곶감 하나도 못 드렸네. 이따가 곶감 몇 개 드릴 테니 가져가요. 겉은 말랐어도 속은 물컹한 게 정말 맛있을 거요. 나는 그 양반 시를 무척 좋아합니다. 다른 '만든' 시들이 따라잡지 못할 치열함이 있어요. 홍 선생님도 꼭 읽어보았으면 좋겠어요. 언제 시간이 되시거든 부안에 추모문학제도 한번 오시고."

"시간이 되면이 아니라 시간을 만들어야겠죠. 시집을 먼저 읽어보도록 하겠습니다. 곶감 말리시는 거 보니 요즘 사람들이 뭔가 옛 음식을 만들어보면 좋겠다던 말씀이 떠올라요. 가져가서 아껴 먹을게요. 그리고 참, 굶주리는 이북동포에 대한 시가 많았어요. 비슷한 무렵일지 모르겠는데, 제가 태인여중에 있을 때 탈북자가 와서 강연을 한 적이 있어요. 그 전에 저는 힘들게 아이들 마음을 움직여 돕기 성금을 모았었는데, 그 강연 듣고는 아이들이 돈 돌려받아야겠다고 그러는데, 어찌나 화가 나던지. 그 화를 풀 데가 없어 한겨레신문 독자투고란에 글을 보냈었네요. 내가 그때 어떻게 썼지? 다시 보고 싶은데 자료가 없으니 다시 볼 순 없고, 『다시 들판에 서서』 읽으며 그때 생각을 했습니다."

"배고픈 형제에게 쌀밥 한 사발 들이밀지 못하는 개똥같은 세상이었지요. 사고가 왜곡되고 할 말을 못하고, 분단된 땅의 비애요. 내 아내가 눈물을 흘리는데 그걸 보는 내 눈에도 눈물이 흐르고, 그 시절 아마 많은 사람들이 그랬을 거요. 지금이라고 크게 달라진 것 아니고 좀 달라지나 싶으면 어느 순간 반작용이 일어나고……"

"어디는 배불러 죽고 어디는 배고파 죽고…… 실패한 자본주의의 단면인 것 같아요. 앞에서 「남백산 씨」 시를 이야기했지만, 「김인술 씨 기일에 김갑섭 씨」 시도 울컥했어요. 「빈집」을 박영근 시인은 높이 평가했는데, 이 시가 첫 시집의 「섣달그믐」과 비슷하잖아요. '연이'가 나오기도 하고. 두 시를 같이 다시 읽어보는 것도 좋았습니다. 어딘가를 지나다 농촌의 빈집을 보면 '돌아오지 않는 연이'가 떠오를 것 같아요. 고양이는 그러한 괴기스러운 어둠의 이미지와 맞는 거라고 생각했는데, 이상하게도 요즘은 '반려묘'의 이미지로 대하는 사람들이 많아요. 저는 싫더라구요."

“땅을 딛고 사는 구체적인 ‘생활’이 없다는 것 때문이 아닐까 싶으요. 신동엽 시인도 그런 말을 했어요. 우리에게도 ‘생활의 시대’는 있었다고.”

“첫 시집에서 「어머니」 보면 두부를 하다말고 동냥아치 주머니에 쌀을 부어주고 두부 한모 썰어 먹이시고, 두 번째 시집에서 「이상한 계산」 보면 가져간 곡식값 겨우 받아내고서는 정작 장사하는 사람 손해볼까 가져간 곡식 더 얹어주고 생선 값 달란 대로 주시고, 시집을 읽다보면 어머니 모습이 따스하게 떠올라요. 지금은 어디 계시는지 궁금했었는데, 시집을 다시 읽으며 보니까 2001년 4월에 쓴 서문에 ‘새파랗게 자라오는 어머니 무덤가의 잔디’라는 말이 있는 거예요. 큰 실수할 뻔했지 뭡니까.”

“그야 내가 홍 선생님 부모님 말 꺼내지 않는 것도 크게 다르지 않아요. 그래도 독자는 작품 속에서 읽으니까.”

“제 아버지는 돌아가셨고 어머니는 혼자 사세요. 제 어머니는 투정쟁이 어린애 같으세요. 작가들 작품 보면 그 안에 그려진 어머니의 모습은 왜 그렇게도 대단해보이는지 그런 어머니 밑에서 훌륭한 작가가 나오나 보다, 나는 그럴 자양분이 없는 거지, 그렇게 생각할 때가 있어요.”

“홍 선생님이 투정쟁이 어린애 같은 거 아니요?”

“아, 닮았겠죠. 그래서 더 괴롭고. 그런데 주위에 보면 그런 제 어머니 같은 어머니들 많아요. 옛날에는 일찍들 돌아가셨고 어울리는 공동체마을이 있었지만, 지금은 오래살고 개별화되다 보니까 정신이 해체되기도 하고 나이가 주는 따스한 지혜를 다 잃어버리고 사는 것 같아요.”

“홍 선생님 지금 하소연하고 있는 거네. 살아계실 때 잘 허시오. 돌아가시고 나면 잘한 것도 후회가 되는 법이요.”

"제가 또 주제를 이탈하고 있네요. 『콩밭에서』 시집 이야기를 하려던 것이었는데요. 제가 2013년 정읍고문학기행 때 아이들에게 『콩밭에서』 시집을 읽혔거든요. 학교에서 책정된 국어과 예산을 써서 참가 아이들에게 한권씩 배부했고, 시인에게 사인을 받아 자기 책으로 간직하게 했어요. 남자애들은 성적인 표현에 아주 민감한데, 그 시집을 읽으면서도 그런 부분들을 콕 집어내서 재미있어라 하더라구요. 제가 애들 엄마 나이보다 더 지나간 여교사이긴 하지만 남자애들의 적나라함이 민망할 때도 있고, 젊은 여교사의 경우엔 더하겠지요. 선생님의 아내 분께서는 뭐라 안하세요?"

"농사꾼들은 말과 마음을 포장할 줄을 모르요. 자연은 저절로 움직여 갈 뿐이고 농사꾼도 자연 속에 있을 뿐이요. 어쩌다 뭐랄 때도 있지만 내가 능치면 웃고 넘어가기밖에 더허것소. 그리고 시와 문학이라는 옷이 있으니까 일단 나는 유리한 고지에 있는 거죠. '콩밭에서' 시는 좋지 않아요? 용택이성도 좋다고 허던디."

"갑자기 '마음이 콩밭에 가 있다'는 속담이 떠올랐는데요. 이게 무슨 뜻일까요. '염불보다 잿밥' 속담과 비슷한 뜻일까요."

"비슷한 의미라고 할 수도 있겄네요. 절 사람은 '염불보다 잿밥'이라는 표현을 쓸 수 있것지만 나는 농사짓는 사람이니 '마음이 콩밭에 가 있다'라는 표현을 쓰것죠. 옛날 조선시대에 소작농이 많았고 힘들게 농사지은 것을 지주에게 착취당하다시피 했는데, 소작농들은 척박한 땅에서도 잘 자라는 콩을 논두렁이든 밭두렁이든 심어서 자기 것으로 먹었답니다. 농토 외의 땅으로 세를 받지 않은 셈인데, 그러다보니 소작농들은 그 콩이 서리라도 당할까봐 마음이 온통 콩에 가있겠죠.

"들은 것 같아요. 시집 제목이 '콩밭에서'이고 시들 중에 보면 콩밭에서 사랑하고 싶다는 말도 나오고, 뭔가 그런 속담의 이미지도 있지 않나 제가 생각했었나 봐요. 남자애들이 그 시집 읽으며 콕콕 집어내며 재밌어라 하는 것도 그렇고."

"홍 선생님 상상력이 대단한데요. 감상은 독자의 몫이니까요. 나는 내가 농사짓는 밭농사를 이야기한 것이고, 옛날 소작농들의 콩보다 지금 농부들의 콩이 훨씬 서글플지 모르겠네요."

"「보리」를 읽으며 뭔가 울컥 했습니다. 보리를 갈아엎는 심정, 보리가 보리 아닌 농부 같고 나는 농부 아닌 사기꾼 같아서 등골에 진땀이 흐른다고 말하는 그 심정, 농사를 지어보지 않으면 이런 말할 자격도 없겠지만, 내가 뭘할 수 있지? 그냥 관찰만 하나? 책만 읽나? 그냥 답답했어요. 「내게 농사는」에서, 이별을 앞둔 사람처럼 오래 바라보는 습관이 생겼다고 하고, 먼 곳을 걷고, 남새밭 한 두룩 갈지 않고, 오체투지의 신부와 스님을 생각하고……. 농사 그만두고 다른 일을 하려고 그러시나? 그런 느낌이 들었어요. 저 같은 독자에게도 그게 바로 이별하는 기분이고, 이별하고 싶지 않다고 생각했어요. 박형진 시인이 농사를 떠나지 않았으면 좋겠다는 기분."

"애독자의 마음이라고 생각해도 되겠죠?"

"물론 그렇지요. 제가 남편에게 퇴직하고 농사짓고 싶다고 말했습니다. 가장 죄짓지 않는 게 농사라는 말이 맞다고 생각하고, 시골에 살았으면서도 농사를 모르고 살았던 게 억울하고 농사 한 번 지어보지 못하고 죽으면 한이 될 것 같아서요."

"처음 농사 경험해보는 사람 보면, 고 몇 평 농사짓는다고 거기에 돈과 정성 다 쏟아 붓고 건지는 것보다 손해가 더 많아도, 매일 커가는 농작물 보며 신통하고 이쁘고 좋아서 어쩔 줄을 모릅니다. 돈을 생각하면 그렇게 못합니다. 홍 선생님이 하고 싶으면 해야지요."

"박영근 시인은 「남백산 씨」에서 '풍자'를 이야기했는데, 저는 「콩밭에서」 읽으며 '해학'을 떠올렸어요. 비판이 숨은 것은 비슷하면서도 해학에는 눈물이 있고 웃음이 있잖아요. 김용택 시인은 발문에서 '논으로 물이 들어가는 자유스러움이고 글이 화평해서 좋다'고 말했고, 저도 예전에 처음 이 시집을 읽었을 때는 그런 생각을 했는데요. 하지만 이제는 해학적인 표현으로 생각하게 돼요. 웃기면서도 눈물나고 아프고 그렇습니다."

"가볍게 쓴 시를 무겁게 해석해주니 고맙소. 고달픈 농사꾼 마음이 이해 받는 거 같아 기분 좋기도 허요."

"김용택 시인은 농사를 짓지 않으니까요. 그래서 저는 선생님의 시가 더 좋습니다."

다시 가상 아닌 현실, 박형진 시인은 내게 『모항 막걸리집 안주는 사람 씹는 맛이제』와 『변산바다 쭈꾸미통신』 재밌었느냐고 묻더니, 그렇다면 『농사짓는 시인 박형진의 연장 부리던 이야기』 책도 읽어보라고 말했다. 그러겠다는 약속대로 나는 책을 구입해서 읽고, 알라딘에 독서후기를 올렸다. 내가 알라딘에 독서후기를 올린 건 딱 두 번이다. 한 번은 전봉준 죽음을 다룬 너무 글 같지 않은 글에 화가 나서, 그런데 그 책에 올린 독서후기가 많았다. 이번에는 농촌의 혼을 이야기하는 글이 좋고 내 의식 안에 정리하고 싶어서, 그런데 이 책에 올린 독서후기는 없었다. 이것도 세태의 반영이었을까? 시인은 내가 올린 글을 혹 읽었으려나.

나는 이 책의 글들 중 한 편이나마 학생들이 배우는 교과서에 실렸으면 좋겠다는 생각을 했다. 교과서에 실리는 순간 글의 생명력이 감소할 염려는 있겠다. 하지만 그렇게 접한 글로 하여 한 권의 책을 찾아 읽게 되고, 관광지 모항이 아닌 생활터전 모항을 찾아 갈 수 있게 된다면, 그것만으로 충분히 가치가 있을 것이기 때문이다.

작가는 초등학교 졸업하고부터 자기 몸에 맞는 지게를 만들어 일을 다녔다는데, 그렇게 해온 땔나무를 어머니는 안타까워서 차마 때지를 못하셨다고 한다. 어머니와 어린 아들의 모습이 생생하고 아름다웠다. 농기구인 '지게'를 설명하는 것이 아니라, 지게에 담긴 이야기를 함께 풀어낸다는 것이 이 책의 강점이었다. 농촌에서 태어나 오래도록 살았으면서도 농촌을 모르는 나로서는 이 책을 읽고 많이 창피하기도 했지만, 어쨌거나 읽고나서 기분이 참 좋았다. 아프면서도, 내가 뿌듯했다.

나는 박형진 시인에 대한 이 글을 시작하기 전에 『농사짓는 시인 박형진의 연장 부리던 이야기』를 읽고 독서후기를 올리는 일 말고도, 신동엽 시집 『금강』을 필사하는 일을 마쳐야 한다고 생각했었다. 검색 과정에서 보게 된 EBS 영상 때문이었는데, 한 시간 가량 진행되는 박형진 시인의 강연 녹화영상이었다. 두서없이 알고 있던 시인의 이야기들이 일목요연하게 정리되는 것 같아서 퍽 유익했던 것 같다.

박형진 시인은 초등학교 때 문고판 한국문학전집 100권을 읽고 소설가를 꿈꾼다. 중학교 한 학기 다닌 것까지가 학력의 전부인 그는, 학교 다니는 의미를 찾지 못하고 형님 따라 농사를 짓기 시작한다. 열일곱이 되니 공부가 하고 싶어지더라는 그는 누님과 형님이 있는 서울에 갔는데, 누님이 필사해다 주는 『금강』을 읽으며 충격을 받았고 시인을 꿈꾸게 된다. "능력에 따라 일하고 필요에 따라 분배"라는 시 구절을 읽으며, 아, 이것이구나, 가슴에서 치미는 불덩이를 견디지 못하여 한꺼번에 소

주 2병을 마시고는 흠뻑 빗속을 걸었다는 이야기. 그래도 가슴의 불이 꺼지질 않더라는 이야기. 자신이 갈 길은 농사이고 운동임을 깨달은 그는 결국 다시 고향으로 돌아온다.

나오자마자 판금 서적이 된 까닭에 필사본을 읽어야했던 그 시절, 그 장편 서사시의 감동을 다른 사람한테도 느끼게 하고 싶었던 그는 10부 베껴 좋아하는 사람한테 나누어야겠다고 생각한다. 그리고 7부까지 베낀다. 그 필사본을 내가 본 것은 2013년 정읍고문학기행 때였다. 정말 오랜 역사가 내려앉은 그 필사본은 정말 문화재의 느낌까지 주었는데, 고등학교 아이들을 만나며 그가 마음을 다하고 있다는 생각에 울컥하기도 하고 고맙고 그랬던 것 같다. 돌아가는 아이들을 보며 "우리 밤새 같이 앉아 시를 토론할 수 있다면 얼마나 좋겠냐" 하는 말에도 나는 그러지 못하는 현실이 씁쓸하여 또 울컥했고 미안하고 그랬었다.

이 글을 쓰려면 먼저 『금강』 필사부터 해봐야겠다고 나는 생각했고, 정읍고를 졸업한 제자가 선물한 작은 공책과 만년필과 잉크를 사용하기로 하였다. 한 페이지도 버리지 않고 꽉 채우고 딱 맞게 『금강』 전체를 필사할 수 있었다. 그 작은 공책을 나는 남편에게 선물하였고, 나는 이 한 부까지만 필사할 생각이다. 이로 하여 내가 지금까지 작품 전체를 필사해본 것은 소설 『난장이가 쏘아올린 작은 공(조세희)』과 전작시집 『금강(신동엽)』, 딱 두 권이 됐다.

『금강』에서는 '동학농민혁명'을 노래하고 있었다. 1894 동학농민혁명이 1919 삼일운동으로 1960 사일구 혁명으로 이어지는 역사인식이 핵심이었는데, 이러한 역사인식의 처음이 신동엽 시에서 시작되었던 것일지, 문득 궁금했다. '우리들에게도 생활의 시대는 있었다'는 말은, 우리는 지금 '생활의 시대'가 아닌 '쓰레기 같은 자본주의' 시대여서 불행하다는 말이 되는 것 같다. 내가 요즘 때때로 화나는 순간들 '쓰레기 같은 자본주의'라는 말을 내뱉곤 했는데, 알고 보니 그 말은 내가 요즘 읽고 있던 박형진 시인의 시에 나오는 구절이었다.

농부인 박형진 시인은 세 번째 시집 후기에서 이렇게 쓰고 있었다. "내게 땅이 조금이라도 있고 몸뚱이가 아직 병들지 않은 이상 금년에 못 지으면 내년엔 잘되겠지 하는 심정으로 여태껏 농사는 지어왔고, 시 쓰는 것도 누가 알아주어서 쓰는 게 아니지만 알아주지 않으면 더 잘 써야지 하면서 써왔다. 그래서 나에게는 시짓기가 농사짓기다."

교사인 나는 이 글의 끝에 이렇게 바꾸어 써본다. "내게 수업이 조금이라도 있고 몸뚱이가 아직 병들지 않은 이상 이번 수업에 못 했으면 다음 수업엔 잘되겠지 하는 심정으로 여태껏 선생은 해왔고, 소설 쓰는 것도 누가 알아주어서 쓰는 게 아니지만 알아주지 않으면 더 잘 써야지 하면서 써왔다. 그래서 나에게는 소설쓰기가 수업하기이다."

박형진 시인은 '생활'이 있는 시인이기에 시에 진정한 감동의 울림이 있다. 그는 소설을 써보고 싶다는 생각을 한다고 했다. 그의 산문집을 보면 정말 시보다 더 좋다는 생각이 들기도 하는데, 그렇게 소설로 쓸 수 있을 많은 자양분이 부럽고, 그 재료를 내게 좀 팔면 어떻겠느냐고 슬그머니 부탁하고도 싶어진다. 하지만 '생활' 없는 글은 생명이 없는 것이고 보면, 나는 이제라도 정말 마음에서 우러나와 '수업'을 생활로 받아들일 수 있는 교사로 성장해보아야겠다는 생각이다. 제대로 된 수업 한 시간 만들어내는 것, 그것은 작품 하나 쓰기와 다름이 아닐 것이므로.

[2019. 02. 01.]

박상률

아직은 팽목항에
가고 싶지 않습니다

정읍 천변에 자리한 정읍고, 2016년 문학기행으로 나는 '진도'를 제안했었다. 청소년소설 〈봄바람〉을 쓴 진도 출신 박상률 작가를 진도에서 만났으면 좋겠다는 생각이었고, 팽목항을 학생들과 함께 둘러보는 것도 의미 있는 일일 것 같았다. 하지만 가장 나이 어린 국어선생이 말했다. 아직은 팽목항에 가고 싶지 않습니다. 그때 나는 그 마음을 받아들여야 했다. *('박상률' 중에서)*

내장산으로 향하는 길목 정읍 천변의 가로수는 40년 수령의 벚꽃나무 길로 조성되어 있다. 대한민국 전국을 획일화하듯 왜 벚꽃축제 물결인지 이해하기 어렵지만, 아마도 단풍나무 길이었더라면 2014년의 4월은 조금은 덜 눈물이 났을지 모르겠다. 눈을 들면 하늘인지 꽃인지 바람인지 눈물인지 알 수가 없는, 그 봄의 마음들이 그러했다.

정읍 천변에 자리한 정읍고, 2016년 문학기행으로 나는 '진도'를 제안했었다. 청소년소설 〈봄바람〉을 쓴 진도 출신 박상률 작가를 진도에서 만났으면 좋겠다는 생각이었고, 팽목항을 학생들과 함께 둘러보는 것도 의미 있는 일일 것 같았다. 하지만 가장 나이 어린 국어선생이 말했다. 아직은 팽목항에 가고 싶지 않습니다. 그때 나는 그 마음을 받아들여야 했다.

2018년 겨울에 나는 처음으로 그 팽목항에 갔다. 내놓은 말 한마디가 상처로 돌아올까 정치놀음으로 조롱이 될까, 세월호를 이야기하는 것은 언제나 조심스럽고 조심스럽다. 그래도 진도에 갔다면 그곳에 들르는 것이 예의라고 생각했다. 방파제를 따라 노랑 추모리본들이 빛바랜 채 바람에 흔들리고 있었고, 기억의 벽을 따라 추모의 그림타일들이 빼곡히 들어차 있었다. 중간 지점의 분향대에 서면 멀리 침몰지점이 보일 듯 먹먹했고, 앞에 놓인 귤이며 음료와 사탕들의 흩어진 모습이 시간의 무심한 흐름을 보여주는 것만 같아 서글펐다. 하늘나라 우체통이 실린 0416호 배가 혹여 안개 속에 길을 잃지 않도록, 기다림의 등대는 오늘도 거센 풍랑 이는 바닷길을 지키고 있었다.

12월 17일 내가 진도에 간 것은 박상률 작가와 작품에 관련하여 문학 답사를 하기 위해서였다. 〈봄바람〉의 훈필이는 진도의 부두에서 목포행 배를 타고 성장통의 가출을 감행한다. 그 항구가 진도항이라면 그것은 팽목항이 될지 모른다고 생각했다. 원래 이름이 팽목항이었는데, 세월호 이미지로 굳어질 것을 우려한 지역에서 진도항으로 이름을 바꾸었다고 했다. 나는 작가에게 메일로 몇 가지 질문을 했고, 작가의 답을 받았다.

[작가에게 보낸 메일 질문]

1. 고향마을은 의신면 침계리에 가서 찾아봐도 될는지요?
2. 〈봄바람〉 배경지를 그 마을에서부터 찾아도 될는지요?
3. 졸업하신 초등학교는 왜 의신초등학교가 아니고 진도초등학교인지, 〈봄바람〉 속의 학교라면 어느 학교가 더 근접할지.
4. 진도항에서 목포항까지 그때는 배가 다녔었나요? 지금 뱃길은 없는 건가요?
5. 소설 속의 진도항 부두 자리가 '팽목항' 자리와 같은 것인지.
6. 목포에 정말로 '나그네식당'이 있더라구요. 모델로 생각해도 될까요.

[메일 답]

1. 고향마을: 태어나기는 진도읍내에 있는 진도초등학교 관사지만, 의신면 침계리가 고향마을 맞습니다. 할아버지 윗대부터 살았으

니까요.

2. '봄바람' 배경지: 침계마을과 의신초등학교, 면소재지, 침계리에서 읍으로 가는 길과, 바닷가인 금갑으로 넘어가는 고갯길이라고 보면 되겠지요.

3. 졸업학교: 아버지가 진도초등학교 교사여서 진도초등학교 관사에서 태어나 2학년 때까지 진도초등학교를 다니다가, 아버지가 의신초등학교로 발령이 나서 5학년 때까지 의신초등학교를 다녔습니다. 6학년 때 아버지가 담임이 되는 바람에(자식을 가르칠 수 없어) 학교를 코앞에 두고도 걸어서 6킬로미터인 읍내의 진도초등학교로 다시 전학을 가야했습니다. 어차피 중학교는 읍으로 다녀야하니까 1년 먼저 왕무덤재를 넘는 연습을 한 셈으로 치고요!

4.5. 지금은 팽목항/서망항을 진도항이라 일컫는 것 같더라고요. 예전에 목포 가는 방법은 소포(해창)에서 배를 타거나, 벽파항에서 배를 탔습니다. 〈봄바람〉에선 소포에서 배를 타는 걸로 상정했습니다.

6. '나그네식당'이 목포에 실제로 있는지는 몰랐습니다. 언제 한 번 들러야겠군요!

정읍국어교사모임 주관 문학캠프의 마지막이 제19회 박상률 작가와 함께하는 문학캠프였는데, 내가 유일하게 불참했던 문학캠프였다. 정읍 태인여중 20년 근무를 끝으로, 처음 고창 지역에 발을 디뎠고 그곳이 바닷가마을 해리중학교였다. 벽지 공립학교 시스템은 퍽이나 깐깐했고, 타 지역 문학캠프에 호의적이지 않았고 게다가 날짜도 하필 신 학년을 앞둔 2월말이었다.

그 아쉬움의 후유증을 만회하기 위해 나는 다음 학년도 6월 학교도서관 행사로 박상률 작가를 초청했었다. 그 뒤에 옮겨간 고창의 성내중학교에서는 1박 2일로 진도독서캠프를 실시했고, 그 작가 역시 박상률 작가였다. 나로선 세 번에 걸쳐 박상률 작가를 만났던 셈이다.

2018 학습연구년제의 겨울, 나는 다시 한 번 박상률 작가와 작품을 답사를 통해 만나보기로 하였다.

[2018년 12월 17일 답사 일정]

정읍 → 진돗개 테마파크(진돗개 공연 관람) → 팽목항(서망항) → 금갑 해수욕장 → 의신초등학교 → 침계리 작가 고향마을 → 왕무덤재 → 소포, 쉬미항 → 진도읍 5일장 → 울돌목(명량해협) → 목포 여객선 터미널 → 목포 나그네 식당 → 정읍

〈개밥상과 시인 아저씨〉를 읽어보면, 결핵을 앓는 시인아저씨를 진돗개인 흰돌이가 지극히 보살핀다. 밥상에 마주앉아 같이 밥을 먹고, 흰돌이에게 시를 이야기하고, 시인아저씨의 외로운 죽음을 상복 입은 흰돌이가 홀로 지킨다. 사람처럼 개와 생활한다는 것에 무척 거부감을 가진 나이지만, 이 작품을 보면 그 반려 관계를 공감할 수밖에 없게 된다. 성내중 독서캠프 때는 울타리가 없는 야외에서 진돗개 훈련 묘기를 보았는데, 국기 게양대의 손잡이를 돌려 국기를 올리는 장면은 퍽 인상적이었다. '감사합니다' 인사까지 마친 누렁이 진돗개는 아이들과 함께 정답게 사진까지 찍었다. 아이들이 개를 퍽 좋아해서 바라보는 어른인 나도 좋았던 것 같다. 나이 지긋한 훈련사와 개와의 밀접한 호흡을 보며 〈개

밥상과 시인아저씨〉를 떠올려 보는 것은 충분히 가능한 일이었다.

올해 본 진돗개 공연은 울타리가 있는 넓은 훈련장이 달랐고, 그때보다 훨씬 체계가 잡혀 있는 것 같았다. 평일에는 매일 15분씩 2회 공연을 하고, 주말엔 20분씩 1회 공연을 하는데, 나는 진도에 도착하면서 바로 10시 공연을 관람하였다. '서커스 공연'을 기대하고 본다면 실망이겠지만, 작품 속의 진돗개를 생각하면 마음이 훈훈할 것이다. 작은 동물농장이 바로 뒤의 언덕에 있었는데, 생명의 존엄을 무시한 사육공간의 분위기가 아니라는 점이 무엇보다 좋았다. 진돗개들의 움직임은 장난스럽고 활발했다. 공작새는 날개를 폈고, 〈봄바람〉에서 등장하는 염소를 보여주듯 염소들도 많았다.

진도의 항구들을 전체적인 지리 속에서 파악한다는 것은 나로선 여전히 어려운 일이었는데, 팽목항과 서망항이 현재의 진도항으로 자리하는 것 같고, 소포항과 쉬미항이 같은 해안에 마주하고 있는 것 같았다. 팽목항에서는 거센 울음의 바다였는데 금갑에서는 따스한 햇살이 비쳐드는 온화한 바다였다. 〈봄바람〉의 가출에서 돌아온 훈필이가 '떠남'에 대한 향수에 잠기곤 하는 바다, 집에서 이십리 길이라는 이 금갑이 아닐까 생각해보았다. 작은 배들을 볼 수 있는 가장 가까운 바다는 도목항인 것 같은데, 이십리 길은 아니었다.

작가의 고향마을을 찾아가면서 이색적이었던 풍경은, 파릇파릇한 대파와 포기를 묶은 배추들이 너른 밭들 가득히 펼쳐져 있다는 것이었다. 이미 수확을 마치고 시든 배추 몇 포기나 남아있을 그런 밭이 아니었다. 그러한 겨울풍경을 본 적이 없는 나는 처음엔 그것이 무슨 작물인지도 가늠할 수 없었고 가까이 가보고서야 그것이 대파이고 배추라는 것을 알고 놀랐다.

침계리에서 만난 마을 이장은 무척 친절했다. 작가의 어머님이 홀로 살고 계시는 고향집을 직접 안내해주었고, 마을의 풍경과 역사에 대해 자랑스럽게 이야기해주었다. 배추의 '결구'와 '결속' 작업에 대한 설명은 유익했다. 겨우내 대파와 배추는 밭에서 자라고 4월까지 시장으로 내간다고 했다. 2009정읍문학캠프에서는 작가가 직접 이 고향집에서 학생들을 맞이했다고 했다. 대문에서 집채로 들어서는 길목이 특이했고 마당이 넓어서 많은 학생들이 들어와도 충분할 것 같았다. 마을 뒤엔 야트막한 산이 있었는데 그 산 위에서 꽃치가 마을사람들을 향해 자기 밥을 해내라고 외칠 것만 같았다. 아, 시에서는 그런데, 소설에서는 꽃치가 노래 말고는 말을 하는 일이 없는 사람이다.

마을 입구의 커다란 나무들과 표지석은 멋있었고 벽화가 있는 마을길은 정다웠으며 회관 옆에 있는 박사마을 기념비와 농민운동 기념비는 마을의 깊은 역사를 이야기하고 있었다. 박사마을 기념비 뒷면의 이름들을 보았는데, 교육자 또는 박사를 지낸 분들 이름 속에 박상률 작가 아버지 '박병술' 이름도 함께 있었다. 침계마을의 옛 이름은 영매마을인데 마을 뒷산 바위 사이를 울며 날아다니는 영험한 새가 있어 영매라는 이름이 생겨났다 한다. 현재의 진도는 일제 때 간척사업으로 너른 논들이 많고, 그 이전에는 바닷물이 밀려드는 낮은 지대였다는 것도 '침계'와 관련 있을까 하는 생각도 했다. 하지만 검색해보니 '가라앉을 침'자가 아니라 '베개 침'자여서, 마을 앞을 흐르는 시내를 베개 삼아 마을 터를 잡았다는 의미라고 나온다.

작가가 다녔고 〈봄바람〉의 배경지이기도 한 의신초등학교에도 가보았는데, 건물 앞에 놓인 목화 화분들이 특이하게 보였고, 한켠에 자리한 의신초등학교로 통합하면서 사라져버린 분교들의 기념비들이 애잔한 기분을 들게 했다. 저렇게 사라지면서 이름을 남기는구나, 내가 학생으로 다녔고 교사로 근무한 태인여중의 이름은 어디에 남아있을까, 그런 생각을 잠깐 했던 것 같다. 농촌인 태인에서 학교 수가 줄고 학생 수가 줄고 폐교되는 과정을 보면서 무척 심각했던 시절이 있었는데, 이제 와서 보면 그것은 한 지역만의 문제가 아니고 사회 전체의 문제였다는 것을 알게 된다.

침계마을에서 진도읍 넘어가는 고개인 왕무덤재 이름의 유래는 삼별초가 왕으로 세웠던 왕온의 무덤이 그곳에 있기 때문에 붙여진 이름이라 한다. 〈봄바람〉의 꽃치는 이 고갯길을 넘어 마을로 왔고, 고갯마루에는 군락을 이룬 동백숲이 있어 꽃치가 동냥을 하는 망태기에는 동백꽃송이들이 꽂혀져 있곤 했다. 마을에서 시집 장가 갈 때는 동백꽃으로 둥근 꽃다발을 만든다고 했다. 소설에서 '동백꽃'이 등장하는 이유가 궁금했는데, 고갯마루 표지석 '의신면(동백골)'을 보고 그 궁금증이 조금은 풀릴 수 있었다.

내가 사는 정읍도 남쪽 지방인데 진도에 오니 정말 '남도'에 왔다는 느낌을 주는 풍경들이 많았다. 동백나무에 꽃봉오리가 부풀어 있었고, 파초나무들이 많이 심어져 있고, 겨울이 아닌 봄이라고 착각할 만큼 파릇한 색조들이 많았다.

〈봄바람〉의 훈필이는 집에서 농사지은 농작물들을 수레에 싣고 어머니와 함께 진도읍 장날이면 왕무덤재를 넘는다. 농사일을 거드느라 놀새가 없는 아이들의 모습이 지금 아이들과 많이 달랐고, 장날에 어머니와 수레를 끌고 고개를 넘는 모습도 퍽 어른스러웠다. 어머니는 진도읍 오일장에 가서 농사지은 작물을 팔고 그 돈으로 다시 필요한 물건들을 사서 마을로 돌아온다.

그 오일장이 현재 2일과 7일에 열리는데, 그 분위기를 느껴보고 싶어 12월 17일 나는 그곳을 찾았다. 그런데 오일장은 점심 무렵 끝났고, 내가 갔을 때는 늦게까지 철수하지 않은 몇몇 장꾼들이 있을 뿐이었다. 뭔가 자취를 만들고 싶었던 나는 그곳 포장마차에서 따끈한 꼬치어묵을 먹었고 그 생전 처음 경험이 퍽 즐겁기도 했다. 진도 감자도 사고 싶었고 진도 단감도 사고 싶었지만, 남편은 진도 튀밥과자와 진도 홍주를 선택했다. 값은 다른 곳에서보다 알뜰했다.

진도에서 나는 두 개의 대조적인 풍경을 만났다. 팽목항과 쉬미항은 몸이 흔들릴 만큼 거친 바닷바람이었고, 금갑과 소포항은 피안의 세계를 엿보는 듯 따스한 햇살이 있었다. 같은 진도의 바다이고 바로 이웃해 있음에도 그렇게 대조적인 풍경을 보인다는 것이 나로선 무척 신비롭기까지 했다.

그리고 진도와 해남을 가르는 남해와 서해가 만나는 울돌목의 풍경은 그 모두를 뛰어넘을 만큼 강렬했다. 처음 오는 곳도 아니건만 그 바다 울음은 진혼곡을 듣는 듯했다. 진도의 역사에서 왜군의 침입 역사를 빼놓을 수 없을 것이다. 울돌목의 포효하는 물살 앞에서 누구도 이순신 장군에 대한 경외심을 갖지 않을 수 없을 것이다. 영화 〈명량〉에서 이순신을 연기했던 배우 최민식을 떠올렸는데, 그 연기는 신들림의 경지였다는 생각이 들었다. 그 신들림의 경지를 최근 나는 박경리 〈토지〉를 읽으면서도 느꼈다. 신들림의 경지가 아니면 '작품'을 만들 수 없다는 것도.

2018년 답사의 마지막 일정은 목포 나그네식당이었다. 〈봄바람〉의 훈필이가 불과 하룻밤의 가출에 거지꼴이 되어 찾은 곳이 나그네식당이었다. 아무 연이 없는 열세 살 훈필이를 거칠지만 따뜻하게 안아준 곳인데, 부둣가여서 뜨내기손님들이 많기 때문에 나그네식당이라는 이름이 붙었을 거라 했다. 그런데 소설 속의 '나그네식당'은 정말로 현실에도 있었다. 작가의 의도와 상관없이 나는 그곳에 가보고 싶었고, 아직 저녁 밥 시간이 아님에도 그곳에서 장어탕을 먹었다. 주인아주머니는 정말 소설 속에서 튀어나온 것처럼 구수한 전라도 사투리를 썼고 친절했고 음식이 맛있었다. 막 버무린 김장김치의 맛도 일품이었다. 목포에 '나그네' 이름이 하나 더 있었다면 이곳을 찾지 않았겠지만 '나그네' 식당은 하나였고 부둣가 가까운 곳에 있었다. 학생들과 〈봄바람〉 문학기행을 온다면 이곳에서 밥을 먹으면 좋겠다는 생각을 했다.

내가 유일하게 불참했던 2009겨울문학캠프는 문집으로 그 내용을 파악할 수밖에 없었는데, 그중 좋았던 독후감과 소감문을 한 편씩 뽑을 수 있었다. 전체적으로 좋았지만 특히 기억해두고 싶은 부분이 있었다. 백일장 작품이나 작가에게 쓴 엽서글은 울림 있는 글을 뽑기가 어려웠다. 내가 그 현장에 함께 했는가 안 했는가가 큰 차이라는 생각이 들었다.

> 하늘에 유유히 흐르는 흰 구름 같이 평화로운 일상을 보내다가도 흰 구름을 헤치는 먹구름이 소리 없이 몰려오듯 갑작스러운 날도 예고 없이 찾아오는 법이다. 안타깝게도 은주가 그에게 등을 돌리고 바로 그날 염소가 죽었다. 절망을 맛본 아이의 결심은 가출이었다. 하지만 어이없게도 가출은 단 며칠 만에 허무하게 끝나 버린다. 마치 김기림 시인이 지은 '바다와 나비'란 시를 한 번 쭉 훑고 난 기분이었다. 특히 '아무도 그에게 수심을 일러준 일이 없기에/ 흰 나비는 도무지 바다가 무섭지 않다'라는 구절….

아름답고 정다운 섬마을에 사는 훈필이는 무척 책임감 있는 아이였다. 동생을 돌보느라 친구들이랑 제대로 놀지 못했지만 가출해서 만난 할머니 딸이 챙겨주었던 사탕을 말없이 동생을 위해 건네준 맏이의 모습이 생생하였다. 염소를 진심으로 걱정하고 돌볼 줄 아는 기특한 아이였다. 가출을 해서 돈을 아끼기 위해 거짓말을 하고 역에서 뇌리에 스친 수많은 생각을 단번에 정리하여 위기에서 빠져나온 걸 보니 당차기도 하였다. (주리)

이제껏 나에게 '다시 한 번 가보고 싶다'라는 생각이 들게 했던 곳은 진도 국립남도국악원, 아마 그곳이 처음일 것이다. 상상하던 것과는 정반대로 말끔했던 숙소를 처음 보았을 때는 탄성이 절로 나왔다. 정읍에 돌아가던 날에 이 숙소를 떠나는 때 발걸음이 떨어지지 않아 나간 후에도 계속 뒤를 돌아보게 만들 정도였다. 급식 또한 너무 맛있었다. 정월 대보름이 가까워져 잡곡밥과 견과류를 내주던 그곳 아주머니들의 센스에 저절로 웃음이 나왔다. 국립남도국악원의 시설이 너무 좋아서 그곳에서 했던 모든 프로그램들이 재미있었다. 심지어 젊은 세대에게 대개 지루하다고 느껴질 판소리와 강강술래마저 흥에 겨워서, 매사 귀찮은 걸 기피하는 못된 성격을 가진 내가 그렇게 열심히 듣고, 그렇게 열심히 참여했을 줄 정말로 몰랐다. 할머니들의 추임새 장단이 인상적이었고, 그곳에서 느낀 우리나라의 전통문화는 정말 너무나 아름다웠다.

조를 나누어서 활동을 했던 문학캠프에서 나는 3조였다. 낯선 사람들과 처음 만나서 조를 이루어 활동을 했다는 것이 소심한 나에게 있어서는 정말 기적 같은 이틀이었던 것으로 자부한다. '진도, 그것이 알고 싶다'라는 기다란 조 이름을 걸고서 어색하지만 나름대로 열심히 활동해주었던 여덟 명의 조원들은 친목도모가 상당히 힘들었고 어색했던 만큼 나에게 평생 잊히지 않을 거 같다. 다음에 기회가 되어 다시 만나게 된다면 그때는 웃으면서 인사할 수 있었으면 좋겠다는 생각이 들었다.

그리고 놀라웠던 때는 딱딱하고 고지식할 거 같은 인상이었던 〈봄바람〉의 박상률 작가님과의 대화가 아직까지도 잊히지 않는다. 톡톡 튀는 말투와 센스 있는 말씀들에 나는 물론이고 그 안에 있던 많은 사람들도 작가님에게 절로 집중하게 되었다. 그때 작가님에게 하지 못했던 많은 질문들과 전하지 않았던 많은 말들이 지금 와서 후회가 되기도 하지만, 나에게는 충분히 소중하고 즐거웠던 시간이었다.

나의 꿈은 작가이다. 어떤 책을 쓴 작가를 직접 만났다는 것은 처음이었고 너무나 설레는 일이었다. 박상률 작가님, 그분을 통해서 기존에 가지고 있던 작가에 대한 편견을 깼고 나의 꿈에 대한 동경을 더욱더 키워 나갈 수 있었다. 훗날에 내가 꿈을 이뤄 내 이름이 걸린 책이 출간된다면 그분에게 직접 찾아가서 내 책을 드리고 싶다. 그때 작가님이 우리에게 나눠주었던 〈진도아리랑〉처럼 말이다.

실로 나는 여행을 좋아하지 않는 성격이었지만 이번만큼은 놀라울 만큼이나 즐겁게 보냈던 거 같다. 함께 일찍 알았으면 좋았을 문학캠프를 늦게나마 알고 가 그런지 기분이 아직도 좋다. (혜진)

국립남도국악원 시설에 대한 찬탄이 대단해서 나도 그 시설을 이용해보고 싶었다. 하지만 내가 진행했던 2012년 성내중독서캠프에서는 형편이 안 되어 금요일 저녁 7시 공연을 관람하는 정도에서 그쳐야 했다. 2009정읍문학캠프에서는 국악원의 프로그램을 십분 활용했던 것 같다. 문학캠프에서 내건 주제도 '진도의 봄바람 그리고 우리의 소리를 찾아'였고, 2월 말이었으니까 봄바람 이미지와도 잘 어울렸을 것 같다.

성내중독서캠프에서 숙소는 진도유스호스텔이었는데, 숙소에서 바라보는 창밖 풍경이 환상적이었다. 그렇게 바다가 환히 바라다 뵈는 숙소는 학생들과 함께 처음이었던 것 같다. 금요일 저녁 국악공연을 관람한 후 숙소에 들어와 '진도아리랑'으로 놀이 활동을 했던 것이 기억난다. 후렴을 같이 부르고 메기는 소리를 모둠별로 만들어 부르게 하는 활동이었다. 끝까지 남는 모둠에게 상품을 준다면 충분히 아이들의 흥을 돋울 수 있을 거라고 생각했다. 하지만 전교생 스물 몇 명이던 그 아이들은 숫기가 없었고 모둠별이 아닌 남녀 대항으로 해도 목소리가 크지 않았다. 아마도 진행교사의 '신들림'이 없기 때문이 아니었을지. 교사는 잘 놀 줄 알아야 한다. 나에겐 그 자질이 없고 꼭 공부하듯이 하니 내가 생각해도 참 문제였다.

독서캠프 시작에서 '모둠판 만들기'를 했던 것은 퍽 효과가 있었다. 전교생과 전교사가 함께 했던 캠프였는데, 전지 종이를 앞에 놓고 모둠원끼리 과제도서들을 소재로 하나의 작품을 구성하여 만들어내는 진지한 모습은 퍽 예쁘고 보기 좋았다.

여느 농촌이 비슷한 사정이겠지만, 고창 지역은 특히 작은 학교가 많다. 성내중의 경우 한 학급에 열 명이 못되고 전교생이라야 스물 몇 명, 거의 모든 활동에 전교생이 움직일 수밖에 없었다. 상대적으로 학생들에게 돌아가는 국가의 지원금은 넉넉하여 체험활동의 수준 또한 높다. 이것을 낭비이고 도시와 불균형이라는 말을 하는 사람들이 있지만, 그럼에도 농촌으로 들어오는 사람들이 없다는 현실을 생각한다면 그런 말을 쉽게 하지는 못할 것 같다. 모둠 편성이 가능할 만큼의 숫자가 무너지지만 않았으면 좋겠다는 생각을 해본다.

성내중독서캠프에서는 유스호스텔 강당 시설이 좋았고 모둠판 만들기 외에도 독서토론 활동을 진행할 수 있었다. 1차 토론 논제가 〈개밥상과 시인아저씨〉에서 '개가 사람과 겸상하고 상복을 입는 것을 어떻게 생각 하는가'였고, 2차 토론 논제가 〈봄바람〉에서 '훈필의 가출에 대해서 어떻게 생각하는가'였다. 입론과 반론, 교차질의와 최종변론의 형식으로 진행했는데, 보는 선생님들이 부담이었던지 아이들이 위축되었고 나 자신도 조금 그랬던 것 같다. 동료교사들과의 호흡이 중요한데, 부정적인 교사가 있다면 내 성격으로 쉽지는 않은 일이었다.

성내중독서캠프에서는 '작가와의 대화'를 녹취하지 않았다. 학교를 벗어났음에도 아이들은 공부하는 것 같았고, 나로서는 2010년 해리중에서 했던 것이 있어 미루었던 것 같다.

2010년 해리중에서는 국립어린이청소년도서관의 지원금을 받았었다. 지원금이라야 백만 원이 안 되는 돈이었지만, 계획서를 쓰고 월별 운영 보고서를 쓰고 하다보면 나 자신의 긴장이 무너지지 않고 일 년을 버틸 수 있어서 좋았다. 바다마을 아이들이라 그런지 아이들은 좀 거친 편이었고 아이들을 데리고 밖으로 나가면 나 혼자 감당하기가 어렵기도 했다. 박상률 작가 초청은 학교 안에서 이루어졌고, 작가의 영향력 덕분에 크게 선을 넘었던 것 같지는 않다. 이때도 나는 동료교사들과의 호흡을 만들지는 못했었던 것 같다.

국립어린이청소년도서관에서 펴낸 '2010 청소년독서문화프로그램 운영사례집'을 찾아내어 해리중 부분을 펴서 읽어보았다. 나도 모르게 웃음이 나왔고 재미있었다. 생각해보면 그때 다른 학교 선생님의 전화를 받은 적도 있었다. 해리중 프로그램 진행 내용이 좋았노라고 말할 때는 나도 모르게 조금 우쭐했던 것 같다.

그때 나는 '작가와의 대화' 녹취록까지 넣어서 최종운영보고서를 제출했었다. 너무 길다고 해서 그것을 뺐고, 준비과정에서 중점 둔 부분과 아차 했던 부분, 세부 운영 내용, 지도교사 소감과 학생 소감, 프로그램

성과 등을 적었다. 뒷부분에는 1학년 〈개밥상과 시인아저씨〉 2학년 〈밥이 끓는 시간〉 3학년 〈봄바람〉을 가지고 만든 사진영상작품을 장면 편집해서 넣었다. 바닷가였기에 훈필이 배 타는 장면을 찍는 것이 가능했고, 수련활동을 갔을 때 틈틈이 찍은 장면도 유용했으며, '개'의 모습은 연기하는 아이의 얼굴에 개의 얼굴을 포토샵 처리하는 것으로 했다. 작가와의 대화를 시작하면서 분위기를 살리는 차원에서 사진영상작품 감상 시간을 가졌던 것인데, 이 활동은 사진 찍을 때와 편집할 때와 관람할 때, 모두 재미가 있고 효과가 있는 활동이었다고 생각한다.

학생 소감 하나

읽은 책 중에서 가장 기억에 남는 책은 〈밥이 끓는 시간〉이란 책이다. 순지의 책임감이 엄청난데 그걸 버텨준 순지가 대단하다고 생각한다. 나에게 그런 일이 일어난다면 난 분명히 버티지 못할 테지만 이 책 속의 순지를 생각하며 앞으로 어렵고 힘든 일이 생길 때마다 순지를 생각하며 이겨나가야겠다는 생각이 든다.

외삼촌에게 통장을 준 모습을 보며 진짜 세상 물정 모른다는 생각도 하지만, 오늘날 사회가 옛날 같지 않게 가족 간의 사랑과 믿음마저 없어진 모습이 안타깝고 그렇다. 또 순지의 할머니를 생각하면 꼭 우리엄마의 모습 같아 눈물이 나온다. 항상 잘해드려야지 생각하면서도 오늘도 짜증을 부린 내 모습을 생각하면 많이 밉다. 순지의 새엄마처럼 무책임한 사람은 되지 말아야지 생각도 한다. 이래저래 많은 생각을 하게 해주는 책이고, 마지막은 잘되어서 기쁘다.

우리학교처럼 작은 학교에 작가가 오신다고 해서 신기했는데, 왜 우리학교에 오신다고 했는지 알 것 같고 대단하신 분이라 생각이 든다.

질문도 많이 하고 잘해야 하는데, 박상률 작가가 여기 와서 얻어가는 게 없다고 생각한다면 좀 슬프고 죄송스러운 마음이 들 것 같다. (가희)

[2010년 해리중, 박상률 작가와의 대화]

학생 사회자 1학년 〈개밥상과 시인아저씨〉 2학년 〈밥이 끓는 시간〉 3학년 〈봄바람〉, 학년별로 선택한 작품도 다르고 분위기도 다르고, 정말 재미있게 잘 보았습니다. 우리는 아직도 자라고 있다, 훈필과 함께. 끝 자막이 인상적이네요. 여러분도 재미있게 보셨나요? 참고로 여기서 훈필이가 접니다. 작가님께 쪼끔 부끄럽긴 하지만, 작가와의 만남 이 시간의 분위기 조성을 위하여 저희들 나름대로 노력한 모습은 이쁘게 봐주세요. 그럼 작가님 말씀 먼저 함께 듣는 시간 갖도록 하겠습니다. 자, 모두들 마음의 눈과 귀를 활짝 열어주세요.

〈작가 이야기〉

제 약력 보면 알겠지만 저는 여러분보다 더 깡촌에 살았습니다. 사람 안부는 묻지 않고 개 안부만 묻는 그런 섬이죠. 지금은 다리가 놓여있지만, 옛날에는 여객선을 타고 들어가거나, 차를 실은 '철선'이라는 배를 타고 들어갔습니다. 그래서 시골에 사는 학생들 마음이랄지 생활이랄지 제 나름대로 잘 안다고 생각합니다.

지금 중학생 여러분 가슴 속에는 세 가지가 있어요. 첫째는 진로. 고등학교 어디로 가느냐. 우리 때는 한 마을에서 열 명 정도가 초등학교 나왔는데 그 절반 이상이 중학교에 못 갔어요. 고등학교는 또 그 절반이 못 가고, 대학교는 한둘이 가고 그랬어요. 지금은 상급학교는 무조건 가는 식으로 되어 있지요.

두 번째는 뭐니뭐니해도 이성에 대한 호기심. 여러분 또래에 그런 호기심 없으면 사람이 아니지요. 물론 지나쳐도 사람이 아니지요. 올챙이 알죠? 올챙이가 크면 개구리가 돼요. 알, 까맣게 점 박힌 거 그것도 봤죠. 아버지 막걸리 안주로 쓰이기도 해요. 여러분은 마치 올챙이 같은 존재입니다. 올챙이는 논이나 웅덩이에 있으면 자라지만 둑을 넘어서 땅으로 나가면 말라서 죽어버리죠. 개구리하고 유전자는 같지만 올챙이는 땅에서 살기 힘든 존재죠.

여러분도 유전자는 부모님과 같은 인간이지만 어른이 아니죠. 어른 흉내 내고 싶죠. 근데 올챙이가 미리 웅덩이 넘어서서 도로로 나오면 말라죽는 것처럼 여러분들이 미리 어른을 흉내 내고 그러면 사람이 안 되는 거지요. 여자가 남자를, 남자가 여자를 여러분만한 때 가장 그리워하는 시절이에요.

이런 시절의 여러분들, 진로와 이성과 그 다음에 가정환경이 있어요. 일단은 누구나 부모를 부정을 합니다. 부자인 애들은, 누구 아빠 엄마는 안 이렇던데 돈만 주면 다야? 근데 부자 아닌 애들은, 다 좋은데 돈만 있었으면 좋겠어, 그러죠. 여러분들도, 하필이면 왜 나는 해리에서 태어났지? 그런 생각을 합니다. 누구나 자기가 처한 환경에 불만이지요. 근데 그 불만이 적당한 때는 긍정적으로 작용하여 성취를 이루고 발전할 수 있지만, 지나치면 그대로 찌그러진 사람이 되는 거예요.

여러분한테 하고 싶은 이야기는, 흔히 우리가 꿈을 많이 갖자 그러는데. 저는 거꾸로 꿈을 갖지 말아라, 더 쉽게 이야기하면 꿈을 깨라, 하고 싶습니다. 왜 그렇게 이야기 하냐면 대학에 들어온 신입생들한테 첫 시간에 나는 숙제를 내주지 않겠다, 고 말합니다. 그러면 다 좋아하죠. 그런데 과제는 내주겠다고 말합니다. (웃음. 대박) 숙제와 과제는 좀 다르죠. 숙제는 잠을 덜 자고 하고 과제는 일과시간에 해야죠. 왜 숙제 안내주느냐. 대학은 오늘 수업 세 시간 연속 강의를 하고, 다음 주 오늘 수업이 들어 있어요. 선생인 나도 다음 주 월요일까지 살아있을지 모르는데 안 내주겠다. 이건 거창한 이유고, 더 작은 이유가 뭐냐면. 내주면 그 전날 과대표가 전화를 해서, 숙제를 한 아이들이 절반도 안돼요. 일주일 연기해주시면 안될까요. 그러니까 안내주는 거죠.

왜 그렇게 이야기 하냐면, 우리가 영원히 살 것처럼 굴면 모든 일을 뒤로 미루게 됩니다. 내일까지 살 것처럼 굴지 않는다면 살아 있지 않다고 생각하면 미루지 않게 되지요. 지금 뭐하고 싶어요? (밥 먹어요.) (집에 가고 싶어요.) (게임하고 싶어요.) 소크라테스 알죠. 너 자신을 알라. 제자들이 죽기 전날 도망가라고 했죠. 내가 죄가 있으면 도망가 살겠다. 하지만 죄가 없으니 차라리 죽겠다 했어요. 죽으면서도 제자들에게 부탁을 했어요. 죽기 전에 뭐 부탁했을까. 소크라테스가 닭 한 마리 빌려다가 고아먹었어요. 갚을 길이 없네. 제자들이 나 대신 갚고, 내가 죽으면 안될까. 소크라테스에게는 죽기 전에 가장 중요한 일이 빚지고 죽지 않는다.

요즘 학생들은 뭐라고 그랬을까요? 이럴 줄 알았으면 10마리쯤 시켜 먹고 떼먹고 죽을 걸. 소크라테스는 죽기 전에 가장 중요한 일이 현재의 빚을 갚고 죽는 거였는데, 여러분은, 집에 가고 싶다, 밥 먹고 싶다, 그러죠. 이래서 내 이야기는 내일까지 살 것처럼 굴지 말고 오늘 지금 할 수 있는 일을 하자. 그래서 꿈을 깨라고 합니다.

지금 대화 시간이니까 대화에만 몰두해야겠죠. 먹을 생각으로 가 있으면 안 되겠죠? 게임을 할 때는 게임만 생각할 것. 수학하면서 국어 걱정, 영어하면서는 국어 걱정 그러면 안 되겠죠. 우물쭈물 하다 다 망치죠.

영국에 버나드 쇼라는 작가가 있었는데 묘비를 뭐라고 썼냐면, "우물쭈물하다 내 이럴 줄 알았지." 평생 우물쭈물하다 여기 드러누워 있을 줄 알았다는 말입니다. 그렇다면 그가 인생을 낭비하며 살았을까요? 90 넘게 살았고 사회활동 열심히 했고 노벨문학상을 받았어요. 그럼에도 인생에 불만이 있는 거죠. 보통 사람은 그보다 더 하겠죠.

여러분도 작가와의 대화 시간에는 대화에 몰두하고, 집에 가서 게임할 때는 게임에 몰두하고, 국어 시간에는 국어만 생각해야지, 수학 걱정해서 보면 안 돼. 이러다 보면 서른쯤 되었을 때 여러분이 될 수 있는 최대치가 되어 있는 걸 볼 수 있을 거예요.

선생님이 되고 싶고 은행원이 되고 싶고 과학자가 되고 싶다고 해서 되는 사람 나는 못 봤어요. 무슨 이야기냐면, 내일 살 것처럼 굴지 말고 거창한 꿈도 꾸지 말고 오늘 이 순간 바로 지금 할 수 있는 것 요것만 열심히 하자. 그러다보면 그 사람이 될 수밖에 없는 것이 서른쯤 되면 되어 있을 것입니다.

내가 장황하게 이야기 했는데 여러분은 알아들었을 거예요. 그래서 지금 이 순간 할 수 있는 것만 생각하자!

〈죽은 시인의 사회〉 봤어요? (독서교실 때 국어 선생님이 영화 보여주셨어요.) 국어 선생님은 훌륭하신 분이야, 그렇죠. 그런 명작을 보여주시는 것 보면. 로마 시인 호라티우스의 시 구절인데, 라틴어로 카르페디엠, 오늘을 잡아라. 이 순간이 지나가면 다 헛것이 된다. 라틴어 격언에 메멘트모리, 죽음을 기억하라. 이 사회가 욕심이 끝없고 왜 그러냐면 자기만은 영원히 살 것처럼 구니까 그래요. 자기도 죽는다고 생각하면 절대로 욕심 많이 부리지 않습니다. 여러분도, 오늘을 잡고, 카르페디엠, 죽음을 다시 기억을 하고, 그러다보면 될 수밖에 없는, 몇 년 뒤에는 인물이 되어 있을 것입니다.

또 하나 여러분에게 권하고 싶은 것은, 책을 많이 읽었으면 좋겠다는 것입니다. 이렇게 말하면 여러분은 어른들 하는 소리는 똑같고만. 똑같애, 합니다. 왜 책을 읽어야 하느냐. 이외수 할아버지 소설가가 있어요. 어떤 젊은 사람이, 나는 책을 안 읽어도 먹고 사는 데 아무런 지장 없는데 부끄러워해야 된다고 다 압박을 줘요, 그랬어요. 이외수 선생이 뭐라 했을까요? 부끄러워하지 마라 그랬대요. 돼지나 말이나 소나 양이 책 안 읽었다고 부끄러워하던가? 졸지에 질문한 사람이 돼지나 소나 말이나 양이 된 거지. 짐승과 다르려면 책도 좀 읽어야겠지요.

왜? 책을 읽는다는 것은 다른 세계 알아간다는 것. 그 세계를 모르고서는 앞으로는 정말 떡볶이 장사도 하기 힘들어요. 여러분 시대에는 뭘 해먹고 살아야 할지 걱정이죠. 우리 때는 걱정 안 해도 됐어요. 대학 졸업만 해도 은행 같은데 등록만 해놓고 가면 군대 다녀오면 은행원이 돼요. 상상도 안 되는 시대지요. 여러분 시대는 안 되죠. 책은 읽어야 해요. 책을 읽으면 지식도 생기지만, 지식은 또 까먹으면 그만이지만, 일단 기본적으로 상상력이 생겨요. 방바닥에 가만히 누워 있으면 백마 탄 왕자가 나타나서 신데렐라를 데려가는 그런 게 상상력 아니죠. 어디를 몇 시에 지나가느냐 알아서 거기에 가 있어야죠. 신발 일부러 떨어트리기도 하고. 그러한 앎이 어디에 들어있냐. 책에 있어요.

펌프샘 알아요? 하루 이틀 안 쓰면 물이 안 나와요. 안 쓰면 물이 쫙 빠져요. 다시 쓰려면 물을 부어줘야 합니다. 그 물을 '마중물'이라고 합니다. 책을 읽는다는 것은 내 인생을 살면서 최소한의 그 '마중물'을 갖추는 것입니다. 땅속에 있는 물을 품어 올리듯이 상상력을 가져올 수 있는 것입니다. 책을 읽지 않으면 백날 해봤자 공기만 나와요. '상상력'이 아니라 '빌 공'자 '공상'이지요. 책을 읽어야 글을 쓸 수 있습니다. 어떤 직업을 가졌든 글쓰는 능력이 있는 사람과 없는 사람은 다릅니다.

여러분 일기 쓰지요? 일기는 개인적인 비밀이라고 하지만, 책상 위에 나와 있을 때 있어요. 엄마 아빠 보라고. 누구는 엠피쓰리 있는데, 난 없다, 죽고 싶다, 사실은 일기를 쓰면서도 독자를 의식하고 있는 거지요. 목적을 이루기 위해서 보라고 하지만, 안보더라도 볼 거라는 의식을 하게 돼요.

생각지도 않은 글이 막 나오는 경우가 있어요. 무의식 속에 잠겨 있던 것이 쏟아져 나오는 거예요. 글이란 그 사람의 의식 무의식이 만든 그릇이에요. 책을 읽지 않으면 글을 쓸 수 없고 쓰지 않으면 사고나 정리할 수가 없어요. 여러분 핸드폰 가지고 있죠. 신나게 수다 떨다가도 집에 가는 길에 또 문자를 해요. 집에 가서 또 문자를 해요. 심심하니까. 순자야 뭐해. 대답은 기냥, 기냥도 아니고 걍. 대단한 사고를 하는 것도 아니고, 말을 하고도 또 문자를 해요.

여러분이 학교 오는 이유는 두 가지인 것 같아요. 오늘 급식으로 점심 뭐 나올까, 친구 만나서 수다 떨기. 공부도 하지만, 그 두 가지 이유가 있을 거예요. 남학생들, 밥 맛있게 먹으려고, 오늘은 닭다리 하나 나올까. 꼭 공부만 하러 나오는 거 아니죠. 공부시간에 졸다가도 쉬는 시간엔 기운이 펄펄나요. 시들시들하다가도 집에 갈 때는 씩씩해져요. 그렇게 수다를 떨고도 왜 굳이 문자를 할까. 인간은 문자에 대한 묘한 본능이 있어요.

생일선물 받아서 겹겹이 쌓인 포장을 막 끌러요. 순자야 생일 축하해, 그 뻔한 소리라도 제 손으로 쓴 게 있으면 반갑고, 없으면 서운해요. 문자에 대한 인간 믿음입니다. 핸드폰, 인터넷 메일, 블러그, 싸이, 카페, 다 글쓰기고 문자지요. 말로 하는 것은 사라져 버리지요. 텔레비전도 자막이 나와요. 텔레비전에 자막이 나오는 건 불과 10년도 안됐어요. 자막이 있어 말하는 상상도 하고 뒤집어 생각도 하고 감독의 의도도 알게 되고 그렇죠. 문자 생활을 하려면 제대로 책을 읽어야 하는 겁니다.

그렇다면 좋은 책만 골라서 읽어야 하느냐. 좋은 책만 있을까? 좋은 사람만 있을까? 일요일에 들에 나가 일을 해요. 여러분은 엄마가 밭에 가서 파 뽑으라 안 할 거 같지만, 일을 하다 목마르면 옹달샘을 찾아 마시게 되지요. 그 물을, 맑은 물을 뱀이 먹으면 독이 되고 젖소가 먹으면 우유가 됩니다. 이번엔 흙탕물을 먹었어요. 뱀이 먹으면 독이 되지만 젖소가 먹으면 역시 우유가 됩니다.

그렇다면 좋은 책도 제대로 안 읽으면 나쁜 사람, 교과서도 잘못 읽으면 나쁜 사람, 나쁜 책도 제대로 읽으면 좋은 사람, 좋은 독자와 나쁜 독자만 있습니다. 옛날에는 책이 그렇게 많지가 않았죠. 선데이서울이라는 책이 있는데, 휴가 온 형들이 기차간에서 던져놓고 가는 책, 학교로 가지고 오면 다 돌려 읽어요. 얼마나 야하냐 하면, 영화 '시' 문정희 배우 이런 배우들이 한복을 곱게 입은 한복 전신 사진이 나와요. 그게 제일 야한 거예요. 그걸 갖고서 얼마나 재미있게 보는지 몰라. 고민녀 상담이 있는데, 남자친구랑 예를 들자면 고창읍성을 손잡고 돌아다녔다, 남자는 군대에 복귀하고, 아무래도 여자 나 혼자 애 낳아야 될 것 같은데 어떻게 해야 하느냐. 손만 잡고 돌아다녔는데 그게 고민이에요. 야하죠? 선데이 서울, 그렇게 야한 잡지였습니다.

학교에서 그런 책 다 읽었어도 여러분의 아빠 엄마 안 나빠졌죠. 그래서 나쁜 책은 없으니까 아무거나 읽어도 되는데. 나쁜 독자가 되면 안 되죠. '젖소' 같은 독자가 되라는 겁니다.

질문과 답

사회자1 작가님의 말씀을 정리해보자면, 여러분은 꿈을 갖지 말라는 말이었습니다. 그니까 내일 살 것처럼 굴지 말고 오늘까지만 살 것처럼 오늘 하고자 하는 일에 몰두하라. 책을 나쁜 책이든 좋은 책이든 많이 읽지만, 우리는 좋은 독자가 되어서 나라를 살리자. (웃음)

사회자2 근영양의 정리된 말, 정말 고맙게 들었습니다. 복습을 하니까 훨씬 좋은데요.

사회자1 고맙습니다. 여러분들도 잘 들었지요? 이번에는 여러분들이 작가님께 질문을 하는 순서입니다. 방금 들은 작가님 이야기에 대한 것도 좋고, 여러분이 읽은 책 내용도 좋고, 문학에 대한 이야기도 좋습니다. 청소년들의 고민에 대한 이야기도 좋을 것 같습니다.

사회자2 모두 7모둠으로 앉아 있는데요. 모둠별로 준비 시간 5분 정도 드리겠습니다. 자료집을 활용해주시기 바랍니다. 가장 열심히 하고 태도가 좋은 모둠에게는 제가 상품으로 아이스크림과 사탕을 드리겠습니다.

사회자1 너무 상품으로 유혹하지 마시죠. 우리 친구들 성현군과 달라서 상품이 아니어도 열심히 할 텐데요. 각 모둠별로 2명씩 질문 준비해주시고, 준비된 질문자는 앞에 마이크로 나와서 자기소개 해주시고, 질문해주시기 바랍니다. 먼저 1모둠부터.

경규 작가님께서 책을 쓰실 때, 어떤 생각을 하면서 쓸까요.

작가 아주 추상적인 질문을 했는데, 무슨 생각하고 쓰느냐. 이야기는 내가 쫓아간다고 되는 게 아닙니다. 칠레의 파블로 네루다 시인이 말했어요. 어느 날 시가 내게로 왔다. 이건 김용택 시인이 산문집 제목으로 썼기 때문에 잘 아는 말일 텐데. 막 쫓아 다녀가지고 이야기 써지는 거 아니고 이야기가 찾아 와야 합니다.

그러려면 평소에 내 환경을 만들어줘야 해요. 첫째는 삶의 체험에서 이야기가 나오는 거고, 두 번째는 독서, 세 번째는 사람들을 만나는 관계 속에서 나옵니다. 누구하고 이야기하는 순간에 번쩍 떠오르기도 하고, 심지어 자려고 누웠다가도, 주인공인 순지가 자지 말고 내 이야기 좀 쓰라, 그러면 자다가 컴퓨터를 다시 켜고 이런 경험이 있습니다. 내가 순지를 만들어내는 게 아니라, 내가 살면서 여러 관계 속에서 내 몸속에 들어오는 것이고, 내 머리 속에 피부 속에 순지라는 인물이 정해지는 순간 이야기는 살아나가는 것이죠. 생각을 거창하게 하고 그런 게 아니고 이야기가 찾아오면 놓치지 않으려고 하는 것, 그게 중요한 거죠.

석제 왜 작가가 되셨나요.

작가 내 팔자죠. 그래서 꿈 갖지 말라고 말하는 거예요. 약력 보면 알겠지만, 원래 나는 작가가 되지 않기 위해 몸부림을 한 사람입니다. 상과대학 가면 대부분이 은행원 되지요. 여러분 혹시 〈화려한 휴가〉 영화 보셨나요. 대학 4학년 때 도청에 있었다는 이유로, 은행원이 되려고 했던 게 어느 순간 꺾입니다. 기독교 식으로 말하면 하나님 섭리이고, 불교 식으로 말하면 전생의 업이나 인연 탓이고, 우리식으로 편하게 말하면 팔자죠. 사람 죽음을 많이 보고 계속 그 후유증에 시달리고 그러다보니까 어느 날 찢어지고 있는 나 자신을 발견한 것이죠. 은행원 더 잘하려는 대학원 다니다가 어느 순간 이게 아닌 것을 알았어요. 이야기가 나를 찾아오는 것인데, 그 전도 그 후도 그런 경험이 없었어요. 몇 년이 걸려도 안 되는 일입니다. 그걸 받아놓았다가 어떤 계기가 되어서 응모를 해서 작가가 된 것이죠. 그래서 여러분에게 하고 싶은 말은, 뭐가 되려고 하지 말라. 꿈 깨라. 지금 할 수 있는 일 열심히 해라. 지금 해야 되는 일만 열심히 해라입니다.

〈화려한 휴가〉 영화 보면 제 소설에서 5 · 18 장면을 하나 따왔습니다. 고등학생 아들이 나가서 돌아오지 않으니까 사진을 상에다 놓고 문소리만 나도 아들이 오나. 내 소설에 이 장면 기억나나요. (예) 내 책에 나오는 장면이 영화에 쓰였어요. 그중에 뒤 꼭지만 보이는 사람들 가운데에 아마 내가 있을 거예요. 작가가 되는 것도 팔자고 여러분과 이야기하는 것도 팔자겠죠. 오늘 이 순간만 열심히 살자 그 이야기 하고 싶어요.

가희 〈너는 스무 살, 아니 만 열아홉 살〉에서 보면 영균만 많이 나오고 왜 영균의 동생은 많이 나오지 않았습니까.

작가 작품 쓰다보면 주된 인물 주인공이 있고 주변 인물이 있어요. 소설은 주인공을 살리고 주변인물은 나타날 때 나타나고 사라질 때 사라지고 그래야겠죠. 주변인물이 더 많이 나오면 안 되겠죠.

근영 인권변호사 조영래를 보면 폐암으로 죽는 것이 사실이지만, 다른 소설에서도 암으로 많이 죽는 이유가 무엇인가요.

작가 왜 암이 많냐고. 일단 사회적으로 한국 사람이 폐암 위암 교통사고 순으로 사망 이유가 많지요. 아무래도 죽어야 할 필요가 있을 때, 암 걸리는 게 낫겠죠. 드라마가 인기 있으면 시청자 압력으로 바뀌기도 하지만, 신통방통한 신약이 개발되기도 하고, 환자들한테 희망을 주기 위해서 그런 쪽으로 바뀌기도 해요. 하지만 소설에서 작가는 어느 시점에 퇴장하고 죽어줘야 하는 경우 그렇게 해야겠지요.

조영래는 실화고, 소설에서 죽어야 되면 죽어야 하고 상황에 맞게 교통사고가 될 수도 있고 암으로 죽을 수도 있고 단지 암이 많고 그런 이유일 뿐입니다.

원석 딱딱한 질문인데요. 요새 애들이 입시 때문에 고생하는 거 보면 어떤 생각 드시나요.

작가 여기 시험보고 가나요? 우리 때엔 치열했어요. 중학교도 시험

봤는데 용케 무시험으로 바뀐 것은 그 당시 박정희라는 사람 때문이었지요. 박근혜 아줌마의 아버지. 그 아들 박지만이 우리와 나이가 같은 학년이었어요.

무슨 생각 하냐면 우리 때 고생했으니까 니들도 고생해 그러기보다는, 굳이 그렇게까지 안 해도 어른이 되면 창의력 발휘하고 살 수 있는데, 왜 그렇게 줄을 세울까 그게 걱정이 돼요, 사실은. 입시에 너무 연연해하지 말고 형편 따라 실력 따라 고등학교 가면 되고. 옛날에 일류 삼류 서열이 엄격했죠. 삼류 나왔다고 해서 어른 되어서 인생 자체가 삼류인가. 절대 그것은 아니다. 일류 나왔다고 다 일류가 되나 그것도 아니다. 순간순간 열심히 하고 너무 걱정하지 말고, 그 사람이 될 수밖에 없는 것이 됩니다.

영인 죄송하지만 작가님 목소리가 감미로운데 노래 한 번만. (와아. 박수)

작가 살다살다 이런 소리 처음 듣네. 노래는 전라도 말로 허면 제 맛이고 노래는 고창 사람들이 잘하지. 고창고 나온 제자나 후배작가들 보니까 농부가 판소리 다 잘하더라고. 여러분들이 하나를 먼저 하면 내가 하겠는데, 안하겠죠. 초장부터 노는 분위기로 가면 그러니까 다른 질문 먼저 합시다.

순진 제가 즉석에서 생각한 질문인데요. (떨지 말고. 앉아서 장난칠 때와는 다르지) 박… (이름도 몰랐구나, 서운하네) 제가 주제문을 알려드리면 교수님께서 즉석에서 시 한 편, 어때요? (와아)

작가 연예인도 아니고 즉석에서 한다는 것은 있을 수 없는 일입니다.

시라는 것은 찾아와야죠. 질문으로 할 것은 아닌 거 같아요.

유전자 경험이 있다고 그랬죠. 여러분 속을 잘 알아요. 지금 친구 상당히 까불이. 옆에 친구 밥도 뺏어먹을 거 같고 나중에 사회에 나가면 의리는 있어가지고 누구 아버지 돌아가셨다고 하면 제일 먼저 올 거예요.

나도 자식 두어서 여러분 사정을 잘 알아요. 평소에 전화를 안하는 아들 녀석이 아버지 몇 시에 올 거예요 하고 전화합니다. 어, 별일도 다 있네. 그새 철들었나? 몇 시에 간다. 그러고 일찍이라도 가면 초인종 안 누르고 문을 따고 들어가면, 안방으로 거실로 노루 뛰어다니는 소리가 들려요. 마루에 티비 꺼야지, 방의 컴퓨터 꺼야지, 그러고 시치미 떼고 책상에 앉아 공부하는 척해요. 모니터 따뜻하죠, 컴퓨터 모니터, 다 알죠. 급히 껐어도 다 알죠. 어른들은 알고도 속고 모르고도 속고 그럽니다.

모른 척 넘어가지 않고, 너 금방 켜놨지, 너 이리 와봐. 그렇게 되면 속으로 굉장히 서운하겠죠. 다 경험해봤기 때문에 알아요. 지난봄에 한 짓까지 다 파악하게 됩니다. 질문은 시원찮은데 답은 그럴듯하지요.

성현 지금까지 쓰신 글 중에서 특별히 마음 가는 글이 있나요.

작가 책들이 뭐가 맘에 든다고 말을 하면 맘에 안 든 책들이 서운할 거 아녜요. 작가는 가장 최근에 쓴 책에 대한 애정이 커요. 첫 번째 책이 대표작이어도 가장 최근의 책이 낫다고 착각을 하고 사는 겁니다. 내가 그 책을 쓸 때 심정이 들어 있을 수는 있겠지만, 어떤 것을 기억해야할지 모르겠어요. 여러분이 한번 찾아보세요. 다른 건 몰라도 소설 〈봄바람〉하고 시 〈꽃동냥치〉, 그 두 개는 외워두는 게 좋아요. 모의고사에 나오고 대학입시에도 나오니까요.

조카가 그걸 안 봐요. 〈봄바람〉 서울대학 시험에 나왔는데, 난 서울대 안 갈 거니까 그러면서. 여러분 안 갈 거죠. (못가요) 에이 못가긴, 치사해서 안 가는 거지. 아무래도 애정은 〈봄바람〉에 있겠죠. 바람이 불어왔다, 첫 문장과 끝 문장이 같은 구절로 되어있죠. 꽃동냥치가 한 말, 꽃이 아름답지 않니. 그 의미를 생각하면서 책을 보면 작가의 의도와 접목이 되겠죠. 시험에서 작가의 의도보다 중요한 게 출제자의 의도인데, 그건 나도 모르겠어요.

민지 작가가 아니면 어떤 일을 하고 계실까요?

작가 아마 은행원 하고 있겠죠. 은행을 3일 다녔어요. 그러나 진짜 하고 싶었던 것은 목수 일입니다. 나무를 가지고 책장을 짜고 옷장을 짜고, 나무를 다루는 일은 참 즐거워요. 글을 안 썼으면 목수가 되었을 거예요. 지금도 내 책장 같은 건 내가 만들어요.

요한 저희를 보고 느낀 점을 듣고 싶어요.

작가 여러분 선생님은 참 힘드시겠다. (웃음) 사람이 아닌 여러분을 데리고 사람을 만들려면 힘들겠다. 또 한편으로는, 시골에 살기 때문에 참 순박하구나. 순박함이 어른이 될 때까지 유지가 되었으면 좋겠다. 여러분이 못되게 구는 것 같아도 그 속이 다 보이니까 밉지가 않아요.

정현 〈봄바람〉을 쓸 때 실제 이야기를 쓰셨어요?

작가 소설에서는 자기 이야기는 남의 이야기처럼, 남의 이야기는 자기 이야기처럼 씁니다. 봄바람이 본인의 이야기냐고 했는데, 내 이야기도 있고 남의 이야기도 있지요. 꽃치는 실존 인물입니다. 여럿이죠. 어떤 동냥치는 꽃망태기를 들고 다니고, 어떤 이는 말을 안 하고 묵묵히 다니고, 어떤 이는 제사나 잔치 찾아다니고, 그런 게 합성이 되어가지고 인물이 만들어져요. 반은 실존이고 반은 만들어진 거지요. 그래서 작가는 남의 이야기를 자기 이야기처럼 쓰지만, 탤런트는 원래의 사람으로 봐주지 않죠. 좋은 역 맡아야 광고 많이 들어와요. 악역 맡는 한편으로는 좋고 한편으로는 나쁘고. 작가도 마찬가지입니다. 작가 자신이라고 봐주면, 속아주고 있구나, 한편으로는 아닌데.

민주 학교에서 학생들에게 행해지는 두발 단속이나 소지품 검사에 대해서 어떻게 생각하시는지 알고 싶습니다.

작가 여러분 질문 속에 이미 원하는 대답이 들어 있어요. 작가니까 다른 대답을 할 수 있겠지 하지만, 어른이니까 해야지. 저는 내버려두자 그런 쪽입니다. (박수) 머리 자율적으로 하라고 중고등학교 때 내버려두니까 지가 귀찮으니까 짜르더구만. 여러분 끝까지 허리 닿게 길러버릴래요. 그거 안돼. 귀찮아. 지가 알아서 깎어. 하지 마라면 하고 싶어. 집에 가서 방에 청소를 하려고 하는데, 엄마가 보지도 않고 방좀 치우고 놀아라. 치울라고 했다가도 에이 쌍 시옷, 뭐 그러지요. (웃음) 여러분 뭐든지 하라면 하기 싫어요. 하지 마라면 하고 싶어. 그런 시대입니다. 머리도 니 맘대로 하라 그러면 정리가 됩니다.

그런데 어른들은 청소년 시절을 까먹는 겁니다. 개구리 올챙이 시절 잊어버려요. 못하게 해요. 한참 놔두면 지들 스스로 정리할 텐데, 어른들 한 달 참기 힘들어요. 작품 속에서는 그럴싸하게 쓰지요. 책에는 이렇게 쓰면서, 아버지는, 그러지만, 작가도 아버지야. 올챙인데 둑을 넘어서 말라죽을까봐 걱정이 되는 게 아버지입니다. 그래도 여러분, 방학 때면 신나게 머리 하고 싶은 대로 하고 고창읍내 지나다닐 걸. 전혀 낯선 사람처럼. 그러다가 개학 전날 머리도 자르고.

소크라테스가 말했어요. 요즘 젊은 사람들 예의가 없다, 2500년 전에 그랬어요. 똑같아요. 여러분들도 자녀들한테 분명히 그럽니다. 똑같이 반복되니까. 밀고 당기면서 그게 인생이 아닌가 싶어요.

현석 작가가 된 걸 후회한 적이 없으세요.

작가 일단 직업에 대한 만족도 거의 100%입니다. 내가 가진 기질이나 체력이 직업과 맞아요. 작가라는 직업 그만두기가 어렵지 않은가. 후회는 안 해봤어요.

찬진 설마 〈봄바람〉의 훈필이가 자신의 어렸을 때 이야기가 아닌지요.

작가 아까 대답을 했는데, 내 이야기는 남의 이야기처럼, 남의 이야기는 내 이야기처럼. 훈필이에게는 작가 자신이 상당히 투영되어 있어요. 다른 친구들 이야기도 같이 넣어가지고 훈필이 인물을 창조한 거죠. 작가의 자기 이야기다, 그렇게 봐도 되고, 안 만났으면 맘껏 상상할 수도 있겠고, 만나보고는 확 깨가지고 아니구만 할 수도 있고. 작품은 내가 쓰지만 읽고 해석하는 건 독자의 몫입니다.

미선 가장 존경하는 시인이 있다면 누구인지 말씀해주세요.

작가 존경한다기보다는 늘 읽고서 마음에 위안을 받는 시인은, 고창 출신 미당 서정주 시가 아니고, 북쪽에 백석이라는 시인의 시를 좋아했고, 살아있는 시인으로는 신경림 시인의 시를 좋아합니다. 왜 그러냐, 시를 어렵게 생각하는데 시는 시시하니까 시입니다. 그런 분들의 시는 우리들의 삶 그대로 쉬운 언어를 쓰고 읽으면 바로 느낌이 옵니다. 어렵게 쓴 시가 좋은 시라고 안 봅니다.

소현 작품들이 내용이 조금은 연관되어 보였습니다. 작품이 다른데 어떻게 이어지게 됐는지.

작가 아주 상당히 생각을 많이 한 친구예요. 영화 인기 있을 때 속편이 나오지요. 훈필이가 커서는 어떻게 됐을까 궁금해 한 독자들이 있었어요. 학교를 그만 뒀죠. 〈나는 아름답다〉 이야기가 나온 것이고, 〈나는 아름답다〉 속편 이거야 말로 처음 희곡으로 쓰고 있습니다. 시도 아니고 소설도 아니고 희곡입니다. 처음부터 다 생각해놓고 쓴 것이 아니고. 인생이 철저하게 계획 세워놓고 사는 거 아닌 것처럼 작품 쓰는 것도 그렇습니다. 오늘 할 일 열심히 하다 보면 다음엔 또 다음 할 일이 있습니다.

세진 고향이 전남 진도이신데 일 년에 몇 번이나 가시나요? 가족을 만나면 대화는 얼마나 하세요?

작가 일단 오늘 진도 갑니다. 해리에서 연락 주셨을 때 무조건 간다고 했어요. 고창까지 왔는데 진도 안가면 안 되지요. 서울에서 여기까지 왔는데. 고향은 명절 때 갑니다. 또 오늘같이 고향 가까운 데서 강연 있으면 또 그때 갑니다. 고향엔 시골집 아버지 돌아가셨고 어머니 혼자서 살고 계십니다.

대화를 얼마나 하느냐고 물었지요. 원래 제가 제일 싫어하는 게 말하는 것입니다. 집에서는 말 많이 하면 오히려 안 먹혀요. 아빠가 말 안하고 있으면 오히려 눈치 보며 그게 먹히죠. 집에서는 말 별로 안 해요. 시도 마찬가지. 말 많이 늘어놓는다고 시가 되나요. 다 설명한다고 독자가 좋아하나요. 시에 슬프다 기쁘다 한마디도 쓰지 않고 슬픔과 기쁨 우러나게 하는 것이 좋은 시입니다. 대사도 마찬가지. 이런 드라마 〈다모〉에서 보면. "아프냐" (나도 아프다.) 저렇게 기억을 잘해. 거기서 우리는 사랑의 감정을 느낄 수 있죠. 내가 얼마나 사랑하는 줄 아느냐 어쩌냐 하고 있으면 사랑이 확 깨겠죠. 그렇게 딱 두 마디. 그게 사랑의 감정입니다.

말이 많으면 쓸모가 없어요. 문학 속에서도 현실 속에서도 그렇고. 영자하고 갑돌이하고 고창읍성 데이트를 갔어요. 달이 굉장히 밝아. 영자가 갑돌이에게 "오늘 달 참 밝지." 남자가 "오늘 보름이잖아." 여자가 말했을 때는 이면적인 이유 있겠죠. 말의 표면이 아니라 이면을 읽을 줄 알아야 해요. 일상적인 대화에서도 언어의 이면으로 이야기하는 거 필요합니다. 어른이 되어 이면을 가지고 언어 구사할 수 있는 사람이 지성인입니다. 오늘 보름이잖아. 그런 사람하고 평생 살면 안 되겠죠.

건우 쓰신 책에 감동한 적이 있으세요?

작가 〈개밥상과 시인 아저씨〉 쓸 때 울었어요. 그 이야기가 절반은 실화입니다. 진도에 가면 진돗개에 관한 이야기가 굉장히 많은데. 나는 주로 개 팔아 먹고 살아요. 진돗개 이야기 써가지고. 다른 작가는 모르잖아요. 시골에 한참 후배 친구가 암으로 죽게 됐는데 부인이 애 데리고 나가버렸어요. 둘이 살았어요. 개가 시중을 들어줘요. 결국 죽죠. 개를 그 죽은 사람의 누님이 데리고 가려는데 안 가려고 해요. 대학병원에 시신 기증을 했는데 개가 시신을 못 가지고 가게 합니다. 옷을 태우죠. 다시 물어다가 방에 넣어놓습니다. 이 개를 상복을 입히자 했습니다. 실제로는 못 입혔어요. 입히지는 않았어요. 작품 속에서는 입혔어요. 작품을 쓰는데, 내 작품인데 눈물이 홍수처럼 쏟아져요. 머뭇거려지고 감동에 스스로 작품에 취한 적이 있어요.

근영 마지막 질문. 왜 훈필이는 사랑이 안 이루어져요?

작가 모든 첫사랑은 안 이루어져야 합니다. (웃음) 착각하지 마세요. 첫사랑과 결혼하는 사람은 한명도 없습니다. 결혼할 때 하필 옆에 있는 남자랑 여자랑 합니다. 어른 되면 이해 돼요. 이루어지면 문학작품 안 되는 것이죠. 문학은 완전하고 행복하고 흠이 없는 걸 다루는 게 아닙니다. 문학은 부족하고 흠이 있는 미완성된 걸 다룹니다. 소설이나 드라마 보면 싸우고 삼각관계가 있고, 처음부터 해피엔딩 이야기 아니죠. 갈등이 있어야 합니다. 소설이나 드라마는 흠이 있어야 이루어지고 해피엔딩만 있어서는 더는 이야기가 안 됩니다.

학생사회자 오랜 시간 귀한 말씀 해주시고 저희들의 질문에 친절히 답해주신 박상률 작가님 정말 고맙습니다. 다음은 작가님의 싸인을 받을 수 있는 시간입니다. 박상률 작가님의 책을 가장 많이 읽은 학생과 독서 활동에 열심히 참여한 학생에게 먼저 기회 드리도록 하겠습니다. 이 학생들은 원하는 책 한 권을 선택할 수 있습니다.

작가와의 대화 시간, 아이들은 무척 적극적이었고 과제도서 7권을 모두 읽은 학생들도 많아서 마지막 책을 선물하는 시간에는 혼란이 있기도 했다. 단체 사진 촬영에서는 작가가 피곤할 정도였고, 떠나는 작가를 배웅하는 것도 해리 아이들은 적극적이었다. 그 아이들에게 작가와의 만남은 무엇보다 '처음'이기도 했다. 2층 창가에서 웃으며 손을 흔드는 여학생들이 있었고, 정읍문학캠프에 참여한 경험이 있던 아이들은 작가의 승용차를 막으면서까지 악수를 청하기도 했다. 내가 담임했던 거의 통제 불능의 특수반 아이가 있었는데, 그 아이는 작가가 떠나는 모습을 끝까지 지켜보고 있었고, 아마도 작가는 그것이 걸렸던지 메일에는 그 이야기를 언급했던 기억이 난다.

2018년 답사에서 돌아온 나는 박상률 작가의 〈나는 아름답다〉, 〈나는 스무 살, 아니 만 열아홉 살〉, 〈인권 변호사 조영래〉, 세 권의 책을 도서관에서 빌려서 다시 읽었다. 작가와의 대화 녹취록을 보면서 아이들이 그 책을 언급하고 있기 때문이었는데, 읽기를 잘했다는 생각을 했다. 답사 가기 전에 읽은 책은 〈봄바람〉, 〈진도아리랑〉, 〈밥이 끓는 시간〉이었고, 이것은 중고로 구입하여 읽었다. 물론 옛날에 다 구입했던 책들이고 읽었던 책들이었다. 이제는 나도 내 책을 보관하고 체계적으로 정리하는 습관을 만들어야할 것 같다는 생각을 처음으로 했다.

시로 등단했던 작가는 희곡도 썼고 소설도 썼는데, 청소년소설의 문체에 가장 적합하다는 것을 깨닫고 그 영역에서 힘을 쏟고 있다고 했다. 소설 속에 표현된 교사의 모습은 참 재미있었는데, 〈봄바람〉에서 농사일에 놀 새가 없는 아이들을 두고 "방학 때 공부는 않고 밖에서 놀기만 해서 예외 없이 다들 얼굴이 새카맣게 탄 걸 보니 선생님 걱정이 앞선다"고 교사는 말하고 있었다. 〈나는 아름답다〉에서는, 진로상담을 위해 아버지는 농사일에 바빠 못 오신다고 말하는 아이에게, 어머니는 돌아가시고 없는 가정형편을 파악도 못하고, "그럼 어머니를 모시고 오면 되지 않느냐"고 교사는 말하고 있었다. 소설 장치로 필요해서 과장된 측면이 있을 수 있겠지만, 전혀 없는 모습은 아니어서 교사로서 뜨끔하기도 했다.

〈봄바람〉이 시골 바닷가 열세 살 '훈필이'의 성장통이라면, 〈나는 아름답다〉는 그 훈필이가 자라서 바다가 있는 도시의 고등학생이 되어 겪는 '선우'의 성장통이라고 할 수 있겠다. '나는 아름답다'는 깨달음은 자신의 인간 존엄을 깨닫는 일이기도 할 것이다. 처음이자 마지막으로 담임 선생님과 일치한 의견 하나, 학교를 더 다닌다는 것은 '시간낭비'라는 것, '선우'는 그렇게 자퇴를 한다. 정말 현실의 이야기라면 퍽 암담할 것 같다.

〈나는 스무 살, 아니 만 열아홉 살〉은 1980년 5월 광주의 이야기이다. 자기 손으로 돈을 벌어야 했고 어렵게 야간대학을 다니던 영균이는, '단지 그 도시에 살고 그 시간에 그 거리에 있었다는 이유 하나만으로' 개보다 못한 죽음을 당해야 했다. 이 작품은 아들 영균의 이야기와 어머니 월산댁의 이야기가 시점이 교차되면서 서술되는 방식이 특이했다. 정신

착란 상태가 된 어머니는 죽은 아들의 일터와 학교를 찾아가고 무덤을 산 자의 집으로 착각하고 마지막엔 응답이 없는 아들의 무덤을 열고 충격과 함께 그 안으로 빨려 들어가는 것으로 작품의 결말은 끝난다. 섬뜩하고 괴기스러운 장면이, 신경숙 〈새야새야〉에서 무덤이 열리는 장면을 떠올리게 했다. 정상인보다 더 정상인 정신질환자에 대하여 생각해보기도 했다.

〈밥이 끓는 시간〉은 제목이 좋고 멋있다고 생각했다. 결핍 아동 문제를 떠올렸고, 교사인 나는 옛날에 비해 그러한 아이들을 많이 잊고 살고 있었다는 것을 깨달았던 것 같다. 작가는 이러한 청소년들의 이야기를 쓰기 위해 많은 청소년들을 만나고 취재할 것 같다. 지방의 시골학교에서 작가를 초청하면 주저 없이 달려간다고 했다. 청소년들과의 만남을 소중하게 생각하는 작가의 모습이 맑고 아름답다.

〈인권 변호사 조영래〉를 읽으면서는 정말 내 영혼도 그렇게 맑고 아름다워지는 기분이었다. 시로 등단한 작가의 특징적인 모습이 이 책에서도 돋보였고, 글이 좋았다. 살면서 그 누군가의 평전 하나 쓸 수 있다면 그 삶은 성공한 것이 아닐까, 요즘 그런 생각을 한다. 평전을 쓴다는 것은 그 인물에게 감동하고 집중할 수 있기 때문이다. 그러한 인물을 갖는다는 것은 아무나 할 수 있는 일이 아닐 것이다. 다른 평전과 달리 박상률 작가가 쓴 〈인권 변호사 조영래〉는 청소년 독자가 쉽게 읽을 수 있도록 배려한 문체와 내용이 참 좋았다. 가난하여 감을 일 년 내내 식량삼아 먹었다는 것과 별개로, 집 마당에 감나무 열두 그루가 있어 지붕을 덮었다는 풍경은 나로선 환상적이었다. 환경 문제를 인권 문제로 파악한다는 것은 선구자적인 관점이라고 생각했다. 조영래가 쓴 〈전태일 평전〉도 다시 읽어봐야겠다는 생각도 했다.

앞으로 다시 한 번 박상률 작가 관련하여 문학캠프를 진행한다면, 나는 '광주'보다는 '진도'를 택할 것 같고, 침계리 마을에서의 숙박과 활동까지도 생각해볼 것 같고, 팽목항과 울돌목을 꼭 넣고, 목포 '나그네식당'에서 밥을 먹을 것이다. 진도 배경과 관련 없을지라도 박상률 작가가 쓴 〈인권 변호사 조영래〉를 꼭 읽히고 싶다.

[2018. 12. 21.]

에필로그

내장산문학관을 꿈꿔 보다

이 글의 초고를 쓸 때 나는 태인명봉도서관 어린이자료실에 있었다. 키보드 소리 때문에 열람실에서 밀려나 어린이자료실에 들어왔는데, 전면이 온통 유리여서 창밖의 아름다운 정원의 풍경이 그대로 안으로 들어왔다. 가만 앉아 있으면 다람쥐가 창틀 위로 지나다니고, 연청회색 빛깔의 날개깃이 신비로운 새들이 제 세상인 양 나무와 나무 사이로 날아다녔다. ('에필로그' 중에서)

4:44

새벽에 눈 뜨자 확인해본 시각이었다. 하필이면 사사사, 우연치고는 지나치다는 생각이 들었고 기분이 좋지 않았다. 9월 28일은 창비청소년도서상 발표일이었다. 2018 학습연구년제 동안 나는 〈학생들과 함께 만든 문학캠프〉 책을 만들기로 작정했고, 그중 1권을 완성하여 창비에 응모했던 참이다. '청소년 대상의 도서'라고 하니 딱 맞는 주제라고 생각했는데, 나중에 찬찬히 보니 '청소년이 대상 독자'라는 의미였다. 내가 방향을 잘못 잡았다는 생각도 들었지만, 아무튼지 학생들과의 활동이니 문제는 없을 거라고 합리화도 했었다.

내가 쓴 이 책을 어떻게 학생들이 읽으랴. 읽어도 국어교사들이 읽을 것이고, 또 몇 명이나 마음으로 읽어줄지 자신할 수 없는 일이었다. 혼신을 다해 학교신문을 만들고 문집을 만들었다 하나, 받은 이들은 그것을 제대로 펴보지도 않고 접혀있고 굴러다니던 기억. 보는 데서 버리는 모습을 차마 보기는 싫어, 먼저 돌아서던 내 마음. 〈학생들과 함께 만든 문학캠프〉 이 책을 자비로 만들어서 나누어주는 것이 어려운 일은 아니었다. 하지만 그것은 학교신문이나 문집을 배부하는 것만큼이나 두려운 일이었기에, 나는 감히 응모라는 걸 했던 것이다.

그러나 사사사, 그것이 암시나 되었던 것처럼 나는 떨어졌다. 그리고

'수상작없음'으로 발표가 됐고, 최종심에 오른 작품 평은 '창비어린이 겨울호'에 실린다고 했다. 그때까지 응모자들을 볼모로 잡는다는 것도 기분이 상했고, 거기에 내 것이 올라있다 해도 기분은 상할 것이고, 떨어져 있다 해도 내 기분은 상할 것이다. 사람 마음이란 그렇게 이상한 것이다. 응모하지 않았다면 내 능력에 대한 자괴감은 들지 않을 것이지만, 응모를 하고 떨어지고 보면 그 자괴감이란 피할 수가 없는 일이다. 내 마음이 먼저 흡족하지 않았으니 떨어지는 것은 당연한데도, 사람 마음의 얄팍함이란 게 그런 것이었다.

학습연구년제라는 족쇄에서 벗어날 수는 없었다. 하지만 어떻든 나는 일 년 동안 작업을 마무리해야만 했다. 다시 학교로 돌아가서까지 이 글쓰기 작업을 하는 것은 무리이며, 학교를 퇴직하고 나서 하는 작업은 더더구나 의미가 없다. 내가 해온 모든 문학캠프와 문학기행을 일 년 동안 담아내는 것은 애초에 불가능한 일이었다. 시공간의 순서 없이 나는 글쓰기 작업을 진행했고, 2018학년도가 끝나는 이 시점까지 내가 미처 하지 못한 부분들을 이제 인정해야겠다. 왜 하지 못했느냐고 하면, 함께 하는 작업이 아닌 혼자의 작업에 머물렀던 때문이라고, 그것이 나의 한계였다고 말할지 모르겠다.

2000여름문학캠프부터 2009겨울문학캠프까지, 10년 동안 정읍국어교사모임 주관의 19회 문학캠프가 진행되었다. 그중 내가 불참했던 것은 마지막 19회 문학캠프였고, 올해 내가 정리하지 못하는 문학캠프는 여덟 개 문학캠프이다. 내가 있던 학교 개별적으로 진행했던 문학기행과 독서교실 세 꼭지가 온전히 빠졌다.

3회 문학캠프 때 도종환 시인을 초청했는데 오전에는 김용택 시 문학기행, 다음날에는 정읍문학지도 탐방이 계획되었기 때문에, 도종환 한 작가에게 집중할 수가 없었던 문학캠프였다. 오전에 섬진강 진뫼마을에 다녀와서 숙소인 선운산유스호스텔에 내렸는데, 역시 그곳에서 행사를 진행하던 동학역사캠프 팀을 만났었다. 역사캠프 팀 선생이 안 좋은 말을 건넸고, 나는 활기를 띤 역사캠프와 비교되는 것 같아서 속이 상했던 것 같다. 더운 여름날 실외에 있던 아이들과 실내에 있던 아이들과의 차이도 있었을 것이고, 도종환 시인과의 시간에도 지장이 있었을 것이다.

7회 문학캠프 때 공선옥 작가였는데, 여성의 삶을 주제로 독서토론을 했던 기억이 난다. 곡성 기차마을은 낭만적이었다. 모둠장이던 고등학생 아이가 너무도 성실한 나머지 모둠의 태인여중 두 아이가 무지 피곤해 했었는데, 소통이 되지 않는 일방향은 문제가 있다는 걸 그 모둠장 아이도 인정하고 다음 문학캠프 때부터는 달라지려고 노력하던 모습이 선명하다.

8회 문학캠프는 고재종 시인이었다. 농촌 이야기가 많이 등장했고, 시인이 무척 소탈했다. 시극영화 제작 활동을 했었는데, 아이들이 완전 몰입을 했고 밤샘 편집을 하고 발표할 때는 숨을 죽이고 봤던 기억이 생생하다. 캠코더와 노트북과 편집프로그램이 모둠별로 준비가 되어 있어야 했고 어떻게든 2박 3일 안에 발표까지 마쳐야 했기 때문에 시간이 워낙에 부족했지만, 아이들이 오래도록 잊지 못하던 활동이었다.

9회 문학캠프는 〈사평역에서〉를 쓴 곽재구 시인이었는데, 나로선 가장 큰 후유증이 있던 문학캠프였다. 사전 답사 때 순천만 습지도 인상적이고 멋있었고, 순천대 캠퍼스에서 숙박을 했던 것도 값진 경험이었다. 하지만, 범접할 수 없는 작품을 쓴 시인을 만난다는 설렘이 무색하게,

시인은 만남의 시작시간부터 아주 늦게 도착했다. 만남의 시간 내용도 어땠느냐면, 막 마치고 돌아온 해외여행 이야기를 사진들을 넘기며 때우는 식이었다. 상상도 해본 적이 없는 경우여서 많이 충격이었다. 혹시 '작가와의 대화' 담당 교사가 제대로 실무 처리를 못한 것인지, 그것까지 확인하고 싶지는 않아서 넘어갔고, 담당교사는 미안함만큼 열심히 저녁시간의 공동체 놀이마당을 진행해서 아이들 마음을 풀어줬던 기억이 난다. 그런데 나중에 문집을 보면, 1학년 꼬맹이 태인여중 한 아이가 그 문학캠프를 정말 정감 있게 쓴 걸 보았다. 모둠 선생님, 모둠원들에 대한 애틋함이 묻어나는데 그 아이의 글썽이는 눈이 보이는 것 같았고, 문학캠프의 매력이 뭘까 많이 생각해보기도 했던 것 같다. 문학캠프에서 모둠활동이 얼마나 큰 비중을 갖는지 알 수 있었다.

13회 나희덕문학캠프는 모악산유스호스텔에서 진행됐는데, 다양한 형식의 시 낭송법을 배우고 발표하는 시간이 기억난다. 교사가 평소 수업에서 시낭송까지 소화할 수 있어야하는데, 그게 생각처럼 쉽지가 않다. 아이들도 마찬가지였다. 이튿날에는 담양 가사문학기행을 진행했는데, 담양은 장소도 소재도 항상 매력적인 장소지만, 나희덕 시와는 별 관련은 없었던 것 같다.

15회 복효근문학캠프는, 개인적으로 내가 속한 모둠 아이들이 정말 열심히 했고 좋았던 문학캠프였다. 우리 고전을 극으로 꾸며 창극을 발표하는 어려운 활동이 있었는데, 모둠장이 나서서 모둠 아이들을 적극적으로 참여하게 하고 즐거워하는 걸 보며 교사로서 많은 보람을 느꼈다. 정작 중 2인 아들 녀석은 힘들어하는 것 같았고, 이 문학캠프 이후로 절대 참여하지 않겠다고 선언을 할 정도였다. 전상국문학캠프 때는 나름 열심히 잘 했고, 방학 때 이런 활동을 해야한다며 달래어 데려온 두 번째 문학캠프였는데, 그렇게 됐다. 전북지역에서 같이 활동하는 복효근 선생님이라서 작가섭외는 어렵지 않은 경우였다.

16회 유용주 시인 때는 노동과 삶에 대해 생각해볼 수 있는 값진 문학캠프였는데, 〈목수〉 시 체험을 할 수 없을까 고심하다가 문 닫고 떠나온 태인여중 미술선생님께 도움을 요청했었다. 두 시간 범위에서 아이들이 할 수 있는 목수 활동이 쉽지는 않은 일이었지만, '문패 만들기'를 하기로 하고 그 선생님이 이것저것 재료와 도구들을 준비해왔다. 큰아들 녀석이 만든 문패가 아직도 집에 걸려 있는데, '가장 가벼운 짐'을 '가장 가벼운 집'으로 바꾸어 조각한 노란 색을 넣은 문패이다. 이 문패를 보면, 시낭송무언극을 할 때의 모습들이 떠오른다. 시낭송무언극은 대단히 교육적인 활동이라고 생각하는데, 시 한편을 해석하고 말없이 동작으로 시를 표현하는 활동인지라 아이들은 고도의 집중력을 보여주었고 그러한 모습이 감동이었다.

17회 이외수문학캠프는 씁쓸한 문학캠프였다. 정읍이 아닌 고창 해리중 아이들을 데리고 참여했는데, 짓궂으면서도 날카로운 데가 있는 남학생들, '감옥에 들어가지 못하니까 일부러 창살을 만들어 그 안에 들어가는 작가'라고 찧는 소리를 하던 기억이 난다. 지자체에서 전폭적인 지원을 해주고 있다는 점이 대단히 놀랍고 특이하기도 했지만, 상업적인 느낌이 강했고, 하나의 왕국이고 왕처럼 군림하는 듯한 모습에서 문학이 비웃음당하는 듯한 충격을 받았던 것 같다.

성내중에 있을 때 독서교실로 진행했던 김중미, 이금이 작가의 경우도 접어두기로 했다. 김중미 작가의 경우 인천과 강화도, 먼 지역임에도 몇 번이고 가서 답사를 하고 확인하고 했건만, 아이들은 나를 따라오기 힘들던 경우였다. 보호 받아야하는 소외 지역에 함부로 발을 들였다는 나의 행동에 대해서도 작가에게 호된 비판을 받아야 했다. 그럴 때는, 작가가 되고 싶었으나 동경일 뿐인 교사로서, 많이 눈물이 났던 것 같다.

서정주 시 관련해서도 정말 문학기행과 독서교실, 많이 했다. 바닷물이 밀려드는 마을 앞강을 건너며 들어서는 시인의 고향, 담쟁이덩굴 휘감아 올라간 정문과 문학관 건물, 바람과 질마재가 다가서는 전망대, 선운산 입구에 있는 시비의 시, 그곳들을 나는 학생들과 갔다. 지방자치제의 폐해라고 생각하는데, 자기 지역의 치적을 위하여 선명한 오점까지도 외면해야 하는 지역의 현실에서 나도 자유로울 수 없었던 것 같다. 마을을 지키는 서정주 시인의 동생 서정태 시인을 만나기도 했는데, 그는 학생들에게 말했다. 이육사와 윤동주처럼 살았다면 서정주는 죽었을 것이고 그 많은 시들을 남길 수 없었을 것이라고. 그러한 궤변을 교사가 교육할 수는 없지 않은가. 그의 많은 친일시들과 권력 찬양시들 그대로 전시하고 있는 문학관으로 변명을 내세운들, 그 궤변은 더 큰 궤변을 만들 뿐이다. 언제부턴가, 교사가 뭐라고 하기 전 이미 아이들이 먼저 "친일파 시를 왜"라고 거부하는 것을 본다. 학생일 때 교과서를 점령하다시피 했던 서정주의 시에 세뇌된 어른 세대를 향한 경고등으로 생각하고 싶다.

정말 학생들과 함께 가보고 싶었으나 못 갔던 곳은 권정생 작가의 요람이자 정착지였던 경북 안동 일직 마을이다. 권정생 작품인 〈몽실언니〉나 〈강아지똥〉을 모르는 아이들은 없을 것이다. 권정생은 1937년 일본에서 태어나 해방 직후 고국으로 돌아와 노동과 방랑과 거지 생활로 지독한 고생을 했으며 평생 병든 몸으로 살아야 했다. 부모님 고향마을에서 교회 종지기로 정착한 권정생은 누구도 흉내 낼 수 없을 지극히 아름다운 삶을 살다가 갔다. 그가 남긴 유서는 따뜻한 유머가 가득했고, 나는 그 편지를 교육 자료로 활용하곤 했었다. 그러나 정읍에서 안동은 멀었다. 아직까지 가보지 못한 그곳을 퇴직하기 전 언젠가 학생들과 한 번은 꼭 가보고 싶다.

〈학생들과 함께 만든 문학캠프〉 책의 가장 마지막 차례에 써야할 이 글의 초고를 나는 11월초에 먼저 썼다. 나는 글을 쓸 때 처음과 끝을 먼저 쓰고 중간을 채우는 방식을 택할 때가 많은데, 이 글도 그러했던 것 같다. 1권을 어찌어찌 끝내고, 2권을 늦게 시작하면서 마음이 급했던 것 같다. 미리 10개 정도를 빼놓고 시작했다. 정읍국어교사모임 이름으로 할 수 있다면 얼마나 좋을까 하는 생각도 하지 않은 것은 아니지만, 불가능한 생각이었다.

이 글의 초고를 쓸 때 나는 태인명봉도서관 어린이자료실에 있었다. 키보드 소리 때문에 열람실에서 밀려나 어린이자료실에 들어왔는데, 전면이 온통 유리여서 창밖의 아름다운 정원의 풍경이 그대로 안으로 들어왔다. 가만 앉아 있으면 다람쥐가 창틀 위로 지나다니고, 연청회색 빛깔의 날개깃이 신비로운 새들이 제 세상인 양 나무와 나무 사이로 날아다녔다. 그 너머에 노을 풍경이라도 깃들면 나는 가만 앉아 있지 못하고 일어서게 되었고, 박재삼 시 '울음이 타는 가을 강'이 떠오르고, 강으로 가보고 싶어졌다.

태인면을 막 벗어나 정읍시내로 향하다 보면 가로로 동진강이 흐르고 대각다리가 있다. 올해 나는 거의 매일 태인의 동진강을 지나다녔다. 아침이면 도리미산을 바라보면서 왜 저곳에 학교를 세웠을까를 생각했다. 저녁 해질 무렵이면 일부러 강 앞에 내려 한참을 서있기도 했다. 도리미산은 날씨에 민감했다. 폭풍우가 몰아치는 날이면 동산 전체가 암흑이었고 무슨 천재지변이라도 생길 것 같고 이 세상이 아닌 다른 세상 같았다. 학생이 사고로 죽었을 때도 그랬고, 학생이 자살 소동을 했을 때도 그랬고, 내 은사이던 교장이 자살하던 날도 그랬다. 초등학교 다닐 때 태인여중을 무서워했던 이유가 그런 분위기였을지 모르겠다. 숲이 울창하고 바람이 불면 으스스하고, 학교의 조경이 잘 되면서 그런 분위기는 많이 부드러워졌지만, 비바람 심한 날이면 여지가 없었다. 쿠르릉 쿠르릉 콰광.

이제 그곳엔 대안학교인 동화중학교가 있다. 작은 산은 더 깎였고 꽉 들어찬 건물은 산을 답답하게 한다. 대안학교가 된 그곳에 가려고 시험을 친 적이 있었다. 떨어졌고, 그 뒤로는 지원하지 않았다. 이제 그 학교는 공모로 뜻있는 교사를 뽑는 게 아니라 다른 학교와 똑같이 발령을 낸다. 많은 것들이 달라졌다. 문학캠프도 그러할지 모르겠다. 교사들 모임이 주도되어 진행되었던 프로그램들이 언제부턴가 교육청 주관으로 옮겨갔던 것 같다. 학교수업과 별개로 움직이던 프로그램들이 학교수업과 동등한 자격으로 움직인다.

오늘은 정월대보름 날이다. 달집태우기와 대각다리 밟기, 정월대보름 행사를 알리는 현수막이 걸렸다. 나로선 태인에서 처음 보는 것이고 관심이 생길 수밖에 없었다. 어린 시절의 정월대보름은 굿패들이 마을 곳곳을 돌았고, 가난한 우리 집은 대문을 닫아걸었다. 풍물 배우러 다니던 교직 초임 시절에는 내가 굿패가 되어 시골마을을 가기도 했는데, 정말 논다는 것이 무엇인지를 보았다. 결혼해서는 시어머님이 꼬박꼬박 챙기시는 대보름 상차림 때문에 대보름이 정말 중요한 날인 줄 알고 살았다. 지금의 나는, 박제화된 현수막으로 정월대보름을 바라보고 있다.

올 겨울엔 정읍에서 눈 풍경 한번 제대로 보지 못했다. 오늘 대보름날에도 하루 내 비가 내린다. 이제 농사준비를 하기 시작한다는 날, 교사인 나는 새 학년 준비를 시작한다. 조금 일찍 도서관을 나가 동진강을 지나면서 오늘 대보름날 행사를 보아야겠다. 호남제일정이라는 피향정, 동학농민혁명 최후 전적지, 동헌, 삼일운동 기념비, 태인에는 의외로 중요한 역사들이 많다. 대보름날 행사도 그러한 자부심일지 모르겠다. 널찍한 주차장과 행사용 무대 같이 변화되어버린 피향정, 올해 늘 보고 지나다니던 동진강변의 공사판 풍경도 그러한 것은 아닐지. 나의 뜻과는 아무 상관없이 변하고 변하는 그러한 풍경 속에서, 내가 애정 기울였던 '문학캠프'는 어떤 모습으로 변해간 것일까.

하지만 모든 것이 썩 낙관적이지 않다고 해도, 내가 적어간 이 두 권의 책이 정읍국어교사모임이었던 선생님들이 다시 활용할 재료로 살아났으면 좋겠고, 새로 만나고 새로 이야기를 써가는 다른 선생님들의 마음까지도 조금이나마 두드릴 수 있다면 마음에 위안이 될 것 같다.

내장산우체국 자리에 내장산문학관은 어떨까 문득 제안해보고 싶었다. 황지우 '내장산' 시부터, 김용 시인과 박찬 시인의 '내장산' 또는 '서래봉' 시들, 정읍 출신의 윤흥길, 신경숙, 박성우 작가와 작품들, 독립문학관이 아니더라도 오히려 내장산이라는 이미지와 어울린다면 멋진 예술작품이 될 수 있을 것 같았다. 그리고 그곳에 정읍국어교사모임 선생님들과 정읍의 아이들이 함께했던 정읍문학캠프 문집들이 전시되는 것이다. 태백산맥문학관에 정읍 아이들의 태백산맥문학캠프 문집이 전시되었듯이.

[2019. 02. 19.]

학생들과 함께 만든 문학캠프 

동진강 들꽃

인쇄 2019년 9월 16일
발행 2019년 9월 20일

지은이 홍숙정
발행인 서정환
펴낸곳 신아출판사
주소 전북 전주시 완산구 공북 1길 16(태평동 251－30)
전화 (063) 275－4000 · 0484 · 6374
팩스 (063) 274－3131
이메일 sina321@hanmail.net, shina2347@naver.com
출판등록 제465－1984－000004호
인쇄 · 제본 신아출판사

ISBN 979-11-5605-663-8 (04810)
ISBN 979-11-5605-661-4 (세트)
값 18,000원

* 저자와 협의, 인지는 생략합니다.

이 도서의 국립중앙도서관 출판예정도서목록(CIP)은 서지정보유통지원시스템 홈페이지(http://seoji.nl.go.kr)와 국가자료공동목록시스템(http://www.nl.go.kr/kolisnet)에서 이용하실 수 있습니다.(CIP제어번호: CIP2019034359)

* 잘못된 책은 바꿔 드립니다.

Printed in KOREA

학생 활동 중심의 이 책을 쓰면서, 가능한 작가들에게는 메일을 통해 내용을 확인 받고자 노력하였습니다. 하지만 활용한 모든 자료에 대하여 일일이 저작자의 허락을 구하기란 힘든 일이었습니다. 너그러운 이해 부탁드리며, 제 연락처를 여기에 남깁니다. (sjhong63@hanmail.net)